Neukirchener Beiträge zur Systematischen Theologie

Herausgegeben von
Wolfgang Huber, Bertold Klappert,
Hans-Joachim Kraus und Jürgen Moltmann

Band 4
Wolfgang Huber
Folgen christlicher Freiheit

Neukirchener Verlag

Wolfgang Huber

Folgen christlicher Freiheit

Ethik und Theorie der Kirche im Horizont der Barmer Theologischen Erklärung

1983

Neukirchener Verlag

Neukirchener Verlag des Erziehungsvereins GmbH,
Neukirchen-Vluyn

Umschlagentwurf: Kurt Wolff, Düsseldorf
Gesamtherstellung: Breklumer Druckerei Manfred Siegel
Printed in Germany
ISBN 3-7887-0731-3

CIP-Kurztitelaufnahme der Deutschen Bibliothek

Huber, Wolfgang:
Folgen christlicher Freiheit: Ethik u. Theorie d.
Kirche im Horizont d. Barmer Theolog. Erklärung /
Wolfgang Huber. — Neukirchen-Vluyn: Neukirchener
Verlag, 1983.
(Neukirchener Beiträge zur systematischen Theologie;
Bd. 4)
ISBN 3-7887-0731-3
NE: GT

Alfred Schindler und Michael Theunissen
in Freundschaft zugeeignet

Vorwort

Vor einem Jahrzehnt, zum vierzigjährigen Jubiläum der Barmer Theologischen Erklärung, wurde ich zum ersten Mal aufgefordert, mich aus der Sicht eines Nachgeborenen öffentlich zur Aktualität des Barmer Bekenntnisses vom Mai 1934 zu äußern. Zu den Zuhörern zählten Teilnehmer an der Barmer Synode ebenso wie junge Zeitgenossen, denen die Barmer Thesen zu einem fernen, historischen Text geworden waren. Schon damals begegnete mir diese Theologische Erklärung als ein Bekenntnistext, dessen Geschichte nicht nur hinter, sondern zugleich vor uns liegt: Konsequenzen sind noch zu ziehen. Deshalb stellte ich mir während der vergangenen zehn Jahre aus unterschiedlichen Anlässen die Frage, welche Schritte diese theologischen Aussagen aus der Zeit des Kirchenkampfs uns heute abverlangen. Die Rückfrage nach der Aktualität der Barmer Erklärung verband sich für mich immer stärker mit der Frage, welche aktuelle Herausforderung in der Theologie Dietrich Bonhoeffers liegt, dessen Weg während des »Dritten Reichs« vom kirchlichen Kampf in den politischen Widerstand führte.

Ich bin den damit aufgeworfenen Fragen vor allem hinsichtlich der Ethik und des Kirchenverständnisses nachgegangen. Damit sind die Themen nicht erschöpft, die in den Barmer Thesen zur Sprache kommen; jedoch für die damalige wie für unsere heutige Situation wichtige Bereiche sind damit genannt. Ethik und Theorie der Kirche verbinden sich für mich unter der Perspektive, wie christliche Freiheit erfahrbare Gestalt gewinnen kann. Sie veranlaßt mich dazu, Ethik als Ethik kommunikativer Freiheit zu entwickeln und die Kirche als Raum und als Anwalt der Freiheit zu verstehen. Diese Perspektive ist in der Barmer Theologischen Erklärung zwar angelegt, weist aber zugleich über sie hinaus.

Die Barmer Theologische Erklärung macht deutlich: Zwischen der Zusage der Befreiung, aus der der christliche Glaube lebt, und der Verantwortung der Freiheit im Dasein für andere besteht ein unlöslicher Zusammenhang und ein unumkehrbares Gefälle. Der »freie, dankbare Dienst« der Christen folgt aus der »frohen Befreiung«, die ihnen widerfährt (Barmen II); die Freiheit der Kirche hat in der Botschaft von der freien Gnade Gottes, die sie zu verkündigen hat, ihren Grund (Barmen VI). Den Zusammenhang zwischen der Wahrheit, auf die sich der Glaube bezieht, und der Existenzform, in der er gelebt und erfahren wird, muß eine Theologie zum Thema machen, die sich heute im Horizont der Barmer Theologischen Erklärung verantworten will. Diese Aufgabe, der auch der Titel dieses Bandes Ausdruck geben soll, stellt sich für die Ethik und für die Theorie der Kirche in gleicher Weise.

Fünf Jahre lang, von 1975 bis 1980, haben Theologen aus der DDR und aus der Bundesrepublik miteinander im Theologischen Ausschuß der Evangelischen Kirche der Union über die Aktualität der Dritten, das Kirchenverständnis betreffenden Barmer These nachgedacht. Diese nicht immer einfache Arbeit gehört für mich zu den wichtigen Erfahrungen theologischer Kooperation; Anregungen aus ihr habe ich in diesem Buch dankbar aufgenommen. Daß Theologen in Ost und West auch künftig eine gemeinsame Sprache finden, ist meine Hoffnung. Denn die Theologie dient der Verantwortung des Glaubens. Daß es den Christen gelingt, die Grenzen durchlässig zu machen, die durch politische Entwicklungen errichtet werden, ist heute dringlicher denn je. Kein Thema nötigt uns nachdrücklicher zur Rückfrage nach der Aktualität des Barmer Bekenntnisses als die gemeinsame Verantwortung für den Frieden.

Das fünfzigjährige Jubiläum der Barmer Theologischen Erklärung steht vor der Tür. Solche Erinnerungsdaten zu kritischer Selbstprüfung und zu geschichtlich verantworteter Neuorientierung zu nutzen, sind wir nur wenig gewohnt. Doch die Erinnerungsdaten, die mit dem 30. Januar 1933 beginnen, können anders überhaupt nicht zureichend wahrgenommen werden. Zu ihnen zählt auch der 31. Mai 1934, an dem die Barmer Erklärung verabschiedet wurde. Ohne die nationalsozialistische Machtergreifung wäre diese Erklärung nicht entstanden; ohne den Geist kritischer Selbstprüfung und die Bereitschaft zur Neuorientierung können wir sie uns nicht aneignen.

Dazu sollen die folgenden Studien eine Hilfe sein. Ihre Absicht ist nicht, einen historischen Kommentar zur Barmer Theologischen Erklärung zu geben; auch die Frage nach der Vorgeschichte des Barmer Textes, so erhellend sie ist, soll in ihnen nicht zum Thema gemacht werden. Sie sollen vielmehr Beiträge zu einer heute verantworteten Ethik und Theorie der Kirche im Horizont des Barmer Bekenntnisses leisten. Damit zielen sie über eine Interpretation des Textes von Barmen selbst hinaus; auch die historischen Erläuterungen, die sie beisteuern, stehen im Dienst dieser systematischen Aufgabe. Die Mehrzahl der folgenden Kapitel geht auf Vorarbeiten zurück, die ich während des letzten Jahrzehnts an unterschiedlichen Stellen veröffentlicht habe. All diese Vorarbeiten habe ich für den vorliegenden Band einer Revision unterzogen; sie wurden durch eine Reihe bisher unveröffentlichter Kapitel ergänzt. Um die Arbeit mit diesem Buch zu erleichtern, stelle ich den folgenden Studien den Text der Barmer Erklärung voran.

Die Orientierung an der Barmer Theologischen Erklärung ist einer der leitenden Gesichtspunkte, unter denen die »Neukirchener Beiträge zur Systematischen Theologie« stehen. Gern habe ich deshalb den vorliegenden Band für diese Reihe zur Verfügung gestellt. Den Mitherausgebern danke ich für die theologische Gemeinsamkeit, die im Konzept dieser Reihe zum Ausdruck kommt, dem Verlag, insbesondere Dr. Christian Bartsch, für seinen Einsatz für diese Reihe wie für die sorgfältige Betreuung dieses Bandes.

Kara Huber-Kaldrack hat dieses Buch durch ihre Ermutigung und ihren kritischen Rat gefördert. Wolfgang Heger und Joachim von Soosten haben mir bei der Überarbeitung wichtige Hinweise gegeben; Wolfgang Heger hat auch die Register erstellt. Ihnen gilt mein herzlicher Dank.

Ich widme dieses Buch zwei Freunden: dem Kirchenhistoriker Alfred Schindler, dem ich nicht nur die Anregung zu dem Kapitel über Kriterien kirchlicher Ökonomie verdanke, und dem Philosophen Michael Theunissen, auf den der für dieses Buch zentrale Begriff der kommunikativen Freiheit zurückgeht. Mit beiden verbinden mich wichtige Erfahrungen aus der gemeinsamen Zeit während der siebziger Jahre in Heidelberg; die Verbundenheit dauert auch unter veränderten äußeren Bedingungen fort.

Marburg, im März 1983 W. H.

Inhalt

A

Hinführung

1. Der Text der Barmer Theologischen Erklärung

Der Kirchenkampf, der sich schon bald nach der nationalsozialistischen Machtübernahme am 30. Januar 1933 ankündigte, traf die beiden großen Konfessionskirchen unvorbereitet. Aus den Zeiten der Monarchie waren sie die Nähe zum Staat gewohnt. Zwar war vor allem die evangelische Kirche zum demokratischen Staatswesen von Weimar auf beträchtlichen Abstand gegangen; doch für die grundsätzliche Auseinandersetzung mit der faschistischen Ideologie und totalitären Praxis des nationalsozialistischen Regimes waren kaum Voraussetzungen geschaffen. Dieses Regime seinerseits versuchte, sich der Kirchen auf je spezifische Weise zu bemächtigen. Der katholischen Kirche, ihrem Wesen als einer unter dem Primat des Papstes geeinten Weltkirche entsprechend, trat es zuerst auf dieser obersten Ebene entgegen; das Reichskonkordat vom 20. Juli 1933 bildete den Erfolg dieser Bemühungen. Der deutsche Protestantismus war in 28 Landeskirchen organisiert; der Plan, eine einheitliche deutsche Reichskirche zu gründen, machte den Versuch, die Landeskirchen unmittelbar »gleichzuschalten«, nicht überflüssig. Dieser Aufgabe diente die »Glaubensbewegung Deutsche Christen«, die sich sehr schnell in den Synoden Einfluß zu verschaffen verstand und die Durchsetzung des Führerprinzips in nahezu allen Landeskirchen erzwang. Parallel dazu wurde durch die Verfassung vom 11. Juli 1933 die Deutsche Evangelische Kirche geschaffen, die der Leitung des Reichsbischofs Müller, des kirchenpolitischen Vertrauten Adolf Hitlers, unterstellt wurde. Die skandalöse Kundgebung der Deutschen Christen im Berliner Sportpalast am 13. November 1933 — auf Luthers 450. Geburtstag gemünzt — endete in einer Katastrophe für diese »Glaubensbewegung«, durch die ihr kirchenpolitischer Einfluß drastisch zurückging. Doch die verheerenden Auswirkungen, die ihr Regiment schon nach sich gezogen hatte, behielten Bestand, und die Versuche des Regimes, die Selbständigkeit der evangelischen Kirchen auszuhöhlen und sie dem direkten staatlichen Zugriff zu öffnen, dauerten an. Die Auseinandersetzungen um die Einführung des staatlichen Arierparagraphen in der Kirche waren dafür das deutlichste Signal; sie führten zur Gründung des Pfarrernotbunds, der Keimzelle der Bekennenden Kirche[1].

1 Zum Kirchenkampf im Jahr 1933 siehe *K. Scholder*, Die Kirchen und das Dritte Reich, Bd. 1, 1977, S. 277ff., zur weiteren Entwicklung den demnächst erscheinenden zweiten Band dieses Werkes; *K. Meier*, Der evangelische Kirchenkampf, Bd. 1, 1976. Zur Einordnung der Barmer Theologischen Erklärung in diese Entwicklung vgl. insbesondere *E. Wolf*, Barmen. Kirche zwischen Versuchung und Gnade, 2. Aufl. 1970, S. 14ff.; *Th. Mahlmann*, Die Barmer Theologische Erklärung. Ein Beitrag zu ihrer Neuinterpretation für die Gegenwart, in: Korrespondenzblatt evangelischer Schulen und Heime 21, 1980, S. 86ff.

Die hier knapp in Erinnerung gerufenen Entwicklungen nötigten dazu, daß die Bekennende Kirche sich auf Reichsebene – und nicht nur auf der Ebene der Landeskirchen, vor allem der altpreußischen Union – organisierte und artikulierte. Dieser Schritt wurde durch die »Bekenntnisgemeinschaft der Deutschen Evangelischen Kirche« vorbereitet, die mit der »Ulmer Erklärung« vom 22. April 1934 protestierend an die Öffentlichkeit trat[2]. Der Arbeitsausschuß der Bekenntnisgemeinschaft beschloß am 7. Mai 1934, eine Bekenntnissynode der Deutschen Evangelischen Kirche einzuberufen. Diese erste Reichssynode der Bekennenden Kirche trat vom 29. bis zum 31. Mai 1934 in Barmen-Gemarke zusammen. Sie verabschiedete fünf Entschließungen und Erklärungen: einen Aufruf an die evangelischen Gemeinden und Christen in Deutschland; eine Entschließung zur Theologischen Erklärung; die Theologische Erklärung selbst; eine Erklärung zur Rechtslage der Deutschen Evangelischen Kirche; und schließlich eine Erklärung zur praktischen Arbeit der Bekenntnissynode der Deutschen Evangelischen Kirche[3]. Unter diesen Texten ist die Theologische Erklärung der mit großem Abstand folgenreichste. Doch seine Bedeutung für die Zeit seiner Entstehung wird erst deutlich, wenn man ihn in die anderen Entschließungen und Erklärungen der Synode einordnet.

Schon der »Aufruf an die evangelischen Gemeinden und Christen« enthält die programmatische Absage an das Kirchenregiment und an die Verkündigung der Deutschen Christen. Ihnen gegenüber wird erklärt: »Den Versuchen, durch falsche Lehre, durch Anwendung von Gewalt, Unlauterkeit des Vorgehens die Einheit der Deutschen Evangelischen Kirche herzustellen, setzt die Bekenntnissynode entgegen: *Die Einigkeit der evangelischen Kirchen Deutschlands kann nur werden aus dem Worte Gottes im Glauben durch den Heiligen Geist. So allein wird die Kirche erneuert.*« Folgerichtig stellt die »Erklärung zur Rechtslage« fest, daß die derzeitige Reichskirchenregierung des Reichsbischofs Müller den Anspruch verwirkt habe, rechtmäßige Leitung der Deutschen Evangelischen Kirche zu sein; denn sie habe das Evangelium von Jesus Christus, wie es in der Heiligen Schrift bezeugt und in den Bekenntnissen der Reformation neu ans Licht getreten sei, und damit die unantastbare Grundlage der Deutschen Evangelischen Kirche verlassen. Die »Erklärung zur praktischen Arbeit der Bekenntnissynode« kündigt entsprechende Konsequenzen an, vor allem Maßnahmen zur Erneuerung des Pfarrerstandes sowie zum Aufbau und zur Sendung der bekennenden Gemeinden.

Durch diesen Rahmen ist die Hauptaufgabe der Theologischen Erklärung bereits bestimmt; durch die den sechs Thesen vorausgehende Einleitung wird diese Hauptaufgabe noch einmal herausgestellt. Es muß klargelegt

2 Text: *J. Beckmann* (Hg.), Kirchliches Jahrbuch 1933–1944, 2. Aufl. 1976, S. 65f.

3 Die Beschlüsse der Barmer Synode sind abgedruckt in: *G. Niemöller*, Die erste Bekenntnissynode der Deutschen Evangelischen Kirche zu Barmen, Bd. 2, 1959, S. 196ff. sowie in *J. Beckmann* (Hg.), Kirchliches Jahrbuch 1933–1944, 2. Aufl. 1976, S. 69ff.

werden, worin die falsche Lehre der Deutschen Christen besteht und in bezug auf welchen Maßstab, auf welche »evangelischen Wahrheiten« sie als häretisch erscheinen muß. Doch schon damit gewinnen die sechs Thesen eine potentielle Bedeutung, die über den Anlaß ihrer Entstehung hinausweist. Denn die »evangelischen Wahrheiten«, an denen die Lehre der Deutschen Christen gemessen wird, sind an die Situation, die zu diesem Bekenntnis nötigt, nicht gebunden.

Dem trägt auch schon die Entschließung Rechnung, mit der die Synode sich die Theologische Erklärung zu eigen macht. Sie »erkennt die Theologische Erklärung zur gegenwärtigen Lage der Deutschen Evangelischen Kirche im Zusammenhang mit dem Vortrag von Pastor Asmussen[4] als christliches, biblisch-reformatorisches Zeugnis an und nimmt sie auf ihre Verantwortung«. Zugleich weist die Synodalentschließung der weiteren theologischen Arbeit an den sechs Sätzen der Theologischen Erklärung die Richtung. Sie übergibt die Erklärung den Bekenntniskonventen (also den Zusammenschlüssen lutherischer, reformierter und unierter Synodaler) »zur Erarbeitung verantwortlicher Auslegung von ihren Bekenntnissen aus«[5]. Mit

4 *Hans Asmussens* Vortrag zur Einbringung der Theologischen Erklärung in der Synode, der mit den beiden anderen Mitgliedern der vorbereitenden Kommission, Karl Barth und Thomas Breit, im Wortlaut abgestimmt war, wird damit als authentische Interpretation der Theologischen Erklärung anerkannt; er findet sich bei *G. Niemöller*, a.a.O., Bd. 2, S. 49ff.

5 Zu dieser »verantwortlichen Auslegung« von den reformatorischen Bekenntnissen aus ist es in der Folgezeit nicht gekommen; vgl. dazu *G. Niemöller*, a.a.O., Bd. 1, S. 142ff.; *H. J. Reese*, Bekenntnis und Bekennen. Vom 19. Jahrhundert zum Kirchenkampf der nationalsozialistischen Zeit, 1974, S. 268ff. Zwar gab es von Anfang an massive Gegenpositionen zur Barmer Erklärung – vor allem in Gestalt des »Ansbacher Ratschlags« vom 11. Juni 1934 –; doch die theologische Überprüfung der Barmer Erklärung blieb aus. Die Forderung nach einer solchen Überprüfung wurde immer wieder erneuert, um dadurch die kirchliche Bedeutung des Barmer Bekenntnisses zu schwächen. So heißt es in einer Erklärung des Lutherischen Rats vom 17. Februar 1937: »Dabei ist die lutherische Kirche gehalten – und die Beschlüsse von Barmen unterstützen diese Aufgabe –, die Barmer Sätze an ihrem Bekenntnis zu prüfen und durch das Bekenntnis auszulegen. Da die Barmer Sätze bewußt keine Entscheidung über die Wahrheit des lutherischen und reformierten Bekenntnisses treffen und auch weder das eine noch das andere Bekenntnis bestätigend aufgreifen, sind sie selbst einer maßgeblichen Auslegung auf Grund der Bekenntnisse der Kirchen bedürftig. So lehnen wir es ab, aus der Tatsache, daß Lutheraner, Reformierte und Unierte die Theologische Erklärung gemeinsam abgegeben haben, zu folgern, daß hierdurch ein neues Bekenntnis als Grundlage einer neuen Kirche entstanden sei« (*G. Niemöller*, a.a.O., Bd. 1, S. 226). Bis zum heutigen Tag aber hat die lutherische Kirche unterlassen, wozu sie nach Auskunft dieser Erklärung verpflichtet ist. Und zugleich hat sie durch die künstliche Alternative, Barmen als ein »neues Bekenntnis« müßte dann Grundlage einer »neuen Kirche« sein, die Rezeption der Barmer Erklärung als eines wegweisenden Bekenntnistextes erschwert. An Auslegungen der Barmer Erklärung von den lutherischen Bekenntnisschriften aus sind aus der Zeit des Kirchenkampfs selbst insbesondere die Beiträge von Hermann Diem und Edmund Schlink zu nennen: *H. Diem*, Zur Prüfung der 3. Barmer These an den lutherischen Bekenntnisschriften (1936), in: *ders.*, Sine vi – sed verbo, 1965, S. 60ff.; *ders.*, Zur Prüfung der 4. Barmer These an den lutherischen Bekenntnisschriften (1936), ebd. S. 73ff.; *E. Schlink*, Die Verborgenheit Gottes des Schöpfers nach lutherischer Lehre. Ein Beitrag zum Verständnis der ersten Barmer These, in: Theol. Aufsätze. Karl Barth zum 50. Geburtstag, 1936, S. 202ff. Zusammenfassend im Rückblick: *H. Brunotte*, Die Theologische Erklärung von Barmen 1934 und ihr Verhältnis zum lutherischen Bekenntnis, 1955.

dieser Entschließung bekräftigt die Synode also ihre Zuversicht, daß hier ein »christliches, biblisch-reformatorisches Zeugnis« gelungen ist, das die verschiedenen reformatorischen Konfessionsrichtungen in gleicher Weise zu binden vermag, ohne doch den Charakter eines nivellierenden Unionsbekenntnisses zu tragen. Die einstimmige Beschlußfassung der Synode ist ein Ausdruck für dieses Zutrauen.

So viel sei zum historischen Rahmen der Barmer Erklärung in Erinnerung gerufen. Ihr Wortlaut geht auf einen Entwurf von Karl Barth und auf Vorarbeiten einer Kommission zurück, die am 16. Mai 1934 in Frankfurt zusammengetreten war. Ihr gehörten Hans Asmussen, Karl Barth und Thomas Breit sowie Hermann Sasse an; Sasse konnte jedoch an der Sitzung in Frankfurt aus Krankheitsgründen nicht teilnehmen[6]. Die aus den Frankfurter Beratungen hervorgegangene Vorlage wurde vom theologischen Ausschuß der Barmer Synode überarbeitet und dem Plenum zur Annahme vorgelegt. Die verschiedenen Textentwürfe, so interessant sie sind, können uns in diesem Buch, dem es um die systematische Bedeutung dieses Textes geht, nicht beschäftigen. Auf den endgültigen Wortlaut aber müssen wir so oft zurückgreifen, daß er hier in vollem Umfang wiedergegeben sei.

Theologische Erklärung zur gegenwärtigen Lage der Deutschen Evangelischen Kirche

Die Deutsche Evangelische Kirche ist nach den Eingangsworten ihrer Verfassung vom 11. Juli 1933 ein Bund der aus der Reformation erwachsenen, gleichberechtigt nebeneinanderstehenden Bekenntniskirchen. Die theologische Voraussetzung der Vereinigung dieser Kirchen ist in Art. 1 und Art. 2,1 der von der Reichsregierung am 14. Juli 1933 anerkannten Verfassung der Deutschen Evangelischen Kirche angegeben:

Art. 1: Die unantastbare Grundlage der Deutschen Evangelischen Kirche ist das Evangelium von Jesus Christus, wie es in der Heiligen Schrift bezeugt und in den Bekenntnissen der Reformation neu ans Licht getreten ist. Hierdurch werden die Vollmachten, deren die Kirche für ihre Sendung bedarf, bestimmt und begrenzt.

Art. 2,1: Die Deutsche Evangelische Kirche gliedert sich in Kirchen (Landeskirchen).

Wir, die zur Bekenntnissynode der Deutschen Evangelischen Kirche vereinigten Vertreter lutherischer, reformierter und unierter Kirchen, freier Synoden, Kirchentage und Gemeindekreise erklären, daß wir gemeinsam auf dem Boden der Deutschen Evangelischen Kirche als eines Bundes der deutschen Bekenntniskirchen stehen. Uns fügt dabei zusammen das Bekenntnis zu dem einen Herrn der einen, heiligen, allgemeinen und apostolischen Kirche.

6 Vgl. *G. Niemöller*, a.a.O., Bd. 1, S.95ff.; *Chr. Barth*, Bekenntnis im Werden, 1979.

Wir erklären vor der Öffentlichkeit aller evangelischen Kirchen Deutschlands, daß die Gemeinsamkeit dieses Bekenntnisses und damit auch die Einheit der Deutschen Evangelischen Kirche aufs schwerste gefährdet ist. Sie ist bedroht durch die in dem ersten Jahr des Bestehens der Deutschen Evangelischen Kirche mehr und mehr sichtbar gewordene Lehr- und Handlungsweise der herrschenden Kirchenpartei der Deutschen Christen und des von ihr getragenen Kirchenregimentes. Diese Bedrohung besteht darin, daß die theologische Voraussetzung, in der die Deutsche Evangelische Kirche vereinigt ist, sowohl seitens der Führer und Sprecher der Deutschen Christen als auch seitens des Kirchenregimentes dauernd und grundsätzlich durch fremde Voraussetzungen durchkreuzt und unwirksam gemacht wird. Bei deren Geltung hört die Kirche nach allen bei uns in Kraft stehenden Bekenntnissen auf, Kirche zu sein. Bei deren Geltung wird also auch die Deutsche Evangelische Kirche als Bund der Bekenntniskirchen innerlich unmöglich.

Gemeinsam dürfen und müssen wir als Glieder lutherischer, reformierter und unierter Kirchen heute in dieser Sache reden. Gerade weil wir unseren verschiedenen Bekenntnissen treu sein und bleiben wollen, dürfen wir nicht schweigen, da wir glauben, daß uns in einer Zeit gemeinsamer Not und Anfechtung ein gemeinsames Wort in den Mund gelegt ist. Wir befehlen es Gott, was dies für das Verhältnis der Bekenntniskirchen untereinander bedeuten mag.

Wir bekennen uns angesichts der die Kirche verwüstenden und damit auch die Einheit der Deutschen Evangelischen Kirche sprengenden Irrtümer der ›Deutschen Christen‹ und der gegenwärtigen Reichskirchenregierung zu folgenden evangelischen Wahrheiten:

1. »Ich bin der Weg und die Wahrheit und das Leben; niemand kommt zum Vater denn durch mich« (Joh. 14,6).

»Wahrlich, wahrlich ich sage euch: Wer nicht zur Tür hineingeht in den Schafstall, sondern steigt anderswo hinein, der ist ein Dieb und ein Mörder. Ich bin die Tür; so jemand durch mich eingeht, der wird selig werden« (Joh. 10,1.9).

Jesus Christus, wie er uns in der Heiligen Schrift bezeugt wird, ist das eine Wort Gottes, das wir zu hören, dem wir im Leben und im Sterben zu vertrauen und zu gehorchen haben.

Wir verwerfen die falsche Lehre, als könne und müsse die Kirche als Quelle ihrer Verkündigung außer und neben diesem einen Worte Gottes auch noch andere Ereignisse und Mächte, Gestalten und Wahrheiten als Gottes Offenbarung anerkennen.

2. »Jesus Christus ist uns gemacht von Gott zur Weisheit und zur Gerechtigkeit und zur Heiligung und zur Erlösung« (1. Kor. 1,30).

Wie Jesus Christus Gottes Zuspruch der Vergebung aller unserer Sünden ist, so und mit gleichem Ernst ist er auch Gottes kräftiger Anspruch auf unser ganzes Leben; durch ihn widerfährt uns frohe Befreiung aus den gottlosen Bindungen dieser Welt zu freiem dankbarem Dienst an seinen Geschöpfen.

Wir verwerfen die falsche Lehre, als gebe es Bereiche unseres Lebens, in denen wir nicht Jesus Christus, sondern anderen Herren zu eigen wären, Bereiche, in denen wir nicht der Rechtfertigung und Heiligung durch ihn bedürften.

3. »Lasset uns aber rechtschaffen sein in der Liebe und wachsen in allen Stücken an dem, der das Haupt ist, Christus, von welchem aus der ganze Leib zusammengefügt ist« (Eph. 4,15–16).

Die christliche Kirche ist die Gemeinde von Brüdern, in der Jesus Christus in Wort und Sakrament durch den Heiligen Geist als der Herr gegenwärtig handelt. Sie hat mit ihrem Glauben wie mit ihrem Gehorsam, mit ihrer Botschaft wie mit ihrer Ordnung mitten in der Welt der Sünde als die Kirche der begnadigten Sünder zu bezeugen, daß sie allein sein Eigentum ist, allein von seinem Trost und von seiner Weisung in Erwartung seiner Erscheinung lebt und leben möchte.

Wir verwerfen die falsche Lehre, als dürfe die Kirche die Gestalt ihrer Botschaft und ihrer Ordnung ihrem Belieben oder dem Wechsel der jeweils herrschenden weltanschaulichen und politischen Überzeugungen überlassen.

4. »Ihr wisset, daß die weltlichen Fürsten herrschen und die Oberherren haben Gewalt. So soll es nicht sein unter euch; sondern so jemand will unter euch gewaltig sein, der sei euer Diener« (Matth. 20,25–26).

Die verschiedenen Ämter in der Kirche begründen keine Herrschaft der einen über die anderen, sondern die Ausübung des der ganzen Gemeinde anvertrauten und befohlenen Dienstes.

Wir verwerfen die falsche Lehre, als könne und dürfe sich die Kirche abseits von diesem Dienst besondere, mit Herrschaftsbefugnissen ausgestattete Führer geben oder geben lassen.

5. »Fürchtet Gott, ehret den König!« (1. Petr. 2,17).

Die Schrift sagt uns, daß der Staat nach göttlicher Anordnung die Aufgabe hat, in der noch nicht erlösten Welt, in der auch die Kirche steht, nach dem Maß menschlicher Einsicht und menschlichen Vermögens unter Androhung und Ausübung von Gewalt für Recht und Frieden zu sorgen.

Die Kirche erkennt in Dank und Ehrfurcht gegen Gott die Wohltat dieser seiner Anordnung an. Sie erinnert an Gottes Reich, an Gottes Gebot und Gerechtigkeit und damit an die Verantwortung der Regierenden und Regierten. Sie vertraut und gehorcht der Kraft des Wortes, durch das Gott alle Dinge trägt.

Wir verwerfen die falsche Lehre, als solle und könne der Staat über seinen besonderen Auftrag hinaus die einzige und totale Ordnung menschlichen Lebens werden und also auch die Bestimmung der Kirche erfüllen.

Wir verwerfen die falsche Lehre, als solle und könne sich die Kirche über ihren besonderen Auftrag hinaus staatliche Art, staatliche Aufgaben und staatliche Würde aneignen und damit selbst zu einem Organ des Staates werden.

6. »Siehe, ich bin bei euch alle Tage bis an der Welt Ende« (Matth. 28,20).

»Gottes Wort ist nicht gebunden« (2. Tim. 2,9).

Der Auftrag der Kirche, in welchem ihre Freiheit gründet, besteht darin, an Christi Statt und also im Dienst seines eigenen Wortes und Werkes durch Predigt und Sakrament die Botschaft von der freien Gnade Gottes auszurichten an alles Volk.

Wir verwerfen die falsche Lehre, als könne die Kirche in menschlicher Selbstherrlichkeit das Wort und Werk des Herrn in den Dienst irgendwelcher eigenmächtig gewählter Wünsche, Zwecke und Pläne stellen.

Die Bekenntnissynode der Deutschen Evangelischen Kirche erklärt, daß sie in der Anerkennung dieser Wahrheiten und in der Verwerfung dieser Irrtümer die unumgängliche theologische Grundlage der Deutschen Evangelischen Kirche als eines Bundes der Bekenntniskirchen sieht. Sie fordert alle, die sich ihrer Erklärung anschließen können, auf, bei ihren kirchenpolitischen Entscheidungen dieser theologischen Erkenntnisse eingedenk zu sein. Sie bittet alle, die es angeht, in die Einheit des Glaubens, der Liebe und der Hoffnung zurückzukehren.

Verbum Dei manet in aeternum.

2. Die Aktualität der Barmer Theologischen Erklärung

Die Barmer Synode des Jahres 1934 verabschiedete ihre Theologische Erklärung mit eindrucksvoller Einstimmigkeit. Doch die Folgen dieser Entscheidung waren von Anfang an umstritten. Wie verbindlich die Erklärung sei, ob sie den Charakter eines Bekenntnisses trage, welche Kraft nicht allein ihren Verwerfungssätzen, sondern auch ihren affirmativen Aussagen zukomme: all das war von Anfang an umstritten und blieb es bis zum heutigen Tag. Der Text der Theologischen Erklärung selbst wie auch die authentische Erläuterung von Hans Asmussen lassen freilich über deren Bekenntnischarakter keinen Zweifel. Es handelt sich nicht um die Beschreibung einer theologischen Position, über deren Vertretbarkeit in einer weiteren Debatte erst gestritten werden müßte, sondern um die verbindliche Formulierung evangelischer Wahrheiten. Die Verbindlichkeit dieser Formulierungen wird durch den Aufbau der sechs Thesen unterstrichen. Jede beginnt mit einem oder zwei Schriftzitaten. Dadurch soll hervorgehoben werden, daß es, wie Asmussen formuliert, »uns nicht um programmatische Forderungen geht, über die man allenfalls reden kann, sondern daß wir auf Leben und Seligkeit hin gerufen sind«[1]. An diese Schriftzitate schließt sich die bündige Formulierung der jeweils auf dem Spiel stehenden evangelischen Wahrheit an. Den Abschluß jeder These bildet die Verwerfung derjenigen falschen Lehren, mit denen die Deutschen Christen die Kirche verwüsten und denen die Bekennende Kirche um der Wahrheit willen entgegentreten muß. Einem solchen Bekenntnis kann man sich entziehen; man kann dessen Rezeption verweigern. Doch man kann mit solcher Verbindlichkeit formulierte Sätze nicht — gegen ihren ausdrücklichen Sinn — in den Status einer theologischen Programmerklärung verweisen; man kann sie nicht als theologische Schulmeinung behandeln. Man muß sich dem Anspruch dieser Sätze stellen; er liegt darin, daß sie biblische Wahrheit verbindlich aussagen wollen.

Sie tun dies zunächst für eine Kirche, die sich auf der Barmer Synode als »Bekennende Kirche« konstituiert. Sie versteht sich nicht einfach als »Bekenntniskirche«; das Bekenntnis, auf das sie sich beruft, trägt also nicht den Charakter eines ein für allemal fixierten »Statuts«. Sondern sie versteht sich als Kirche, die angesichts des ihr aufgenötigten Kampfes das Bekenntnis vollzieht; ihr Bekennen trägt also aktualen Charakter. Doch gerade dieses in der Situation vollzogene Bekenntnis weist zugleich über die Situation hinaus. Dietrich Bonhoeffer hat dieser Bedeutung von Barmen schon 1936 in seinem zweiten Katechismus-Entwurf mit einer schlichten und klaren For-

1 *G. Niemöller*, Die erste Bekenntnissynode der Deutschen Evangelischen Kirche zu Barmen, Bd. 2, 1959, S. 55.

mulierung Ausdruck gegeben. Auf die Frage: »Worauf gründet sich diese Kirche?« heißt bei ihm die Antwort: »Unsere Kirche gründet sich allein auf das Wort Gottes Heiliger Schrift. Dazu hat der Heilige Geist unserer Kirche eine evangelische Auslegung der Schrift und Beweis des Glaubens geschenkt in den Bekenntnisschriften der Reformation und der Synode von Barmen«[2]. Eine so eindeutige Fassung hat die Zustimmung zu Barmen später nur selten erhalten. Doch positiv festzustellen ist zunächst: In ihren neuen Grundordnungen aus der Zeit nach 1945 haben sich die meisten Gliedkirchen der EKD wie auch diese selbst ausdrücklich auf die Barmer Theologische Erklärung bezogen; in der Grundordnung der EKD von 1948 geschieht das mit den Worten: »Mit ihren Gliedkirchen bejaht die Evangelische Kirche in Deutschland die von der ersten Bekenntnissynode in Barmen getroffenen Entscheidungen. Sie weiß sich verpflichtet, als bekennende Kirche die Erkenntnisse des Kirchenkampfes über Wesen, Auftrag und Ordnung der Kirche zur Auswirkung zu bringen« (Art. 1, Abs. 2). Noch ausdrücklicher heißt es in der Ordnung der Evangelischen Kirche der Union (EKU) von 1953: »Gebunden an das Wort der Heiligen Schrift bejahen sie (die Gliedkirchen bzw. Gemeinden) die Theologische Erklärung von Barmen als ein Glaubenszeugnis in seiner wegweisenden Bedeutung für die versuchte und angefochtene Kirche«. Die Vereinigte Evangelisch-Lutherische Kirche Deutschlands (VELKD) dagegen beschränkt die Rezeption von Barmen auf die Verwerfungssätze der Theologischen Erklärung. Zwar spricht die Verfassung der VELKD von 1948 ihre positive Stellung zu der »auf der Bekenntnissynode von Barmen 1934 ausgesprochenen Gemeinschaft« aus, schweigt aber dann über die affirmativen Sätze des Barmer Bekenntnisses und erklärt lediglich: »Die dort ausgesprochenen Verwerfungen bleiben in der Auslegung durch das lutherische Bekenntnis für ihr (sc. der VELKD) kirchliches Handeln maßgebend« (Art. 2). Noch die Thesen des Theologischen Ausschusses der VELKD »Zum Verständnis der Barmer Theologischen Erklärung« vom Januar 1983[3] sind in ihrer Stellung zur Frage nach der Verbindlichkeit der Barmer Erklärung von einer ähnlichen Zwiespältigkeit gekennzeichnet. Auch ein halbes Jahrhundert nach der feierlichen Proklamation dieses Textes darf man sich nicht darüber täuschen: seine Bedeutung für den Weg der evangelischen Kirchen ist umstritten. Umstritten ist auch seine Bedeutung für die Theologie. Wie gering sie von manchen veranschlagt wird, kann man beispielhaft daran ermessen, daß das neue und repräsentative, auf viele Bände veranschlagte Nachschlagewerk für den Bereich der evangelischen Theologie, die »Theologische Realenzyklopädie«, die Barmer Synode und ihre Theologische Erklärung keines eigenen Artikels würdigt.

Angesichts dieser bis zum heutigen Tag zwiespältigen Aufnahme fragen wir nach der Aktualität des Barmer Bekenntnisses. Ich sehe sie vor allem in drei Hinsichten: in der kritischen Kraft, die sich aus der christologischen

2 *D. Bonhoeffer*, Gesammelte Schriften, Bd. 3, 2. Aufl. 1966, S. 359.
3 Abgedruckt in: Luth. Monatshefte 22, 1983, H. 5.

Konzentration dieses Textes ergibt; in der Begründung christlicher Weltverantwortung; und in der Klärung des evangelischen Begriffs von der Kirche.

1. Die Barmer Erklärung ist das Ereignis kirchlichen Bekennens in einer bestimmten Situation. Sie ist grundlegend Bekenntnis zu Jesus Christus als dem einen Wort Gottes. Dieses Bekenntnis wird in einer Situation der »nationalen Revolution« ausgesprochen, in der natürliche oder politische Offenbarungen Gottes an Christus vorbei für möglich gelten, und in der die geschichtliche Stunde selbst als Wort Gottes gedeutet wird. Der Auslieferung des Glaubens an das nationale Schicksal tritt das Barmer Bekenntnis mit seiner Konzentration auf das Christusereignis entgegen; an dieser Konzentration hängt die kritische Kraft dieses Bekenntnisses im Ganzen. Wer die erste Barmer These zu ermäßigen unternimmt – etwa mit der Begründung, hier habe sich das Offenbarungsverständnis Karl Barths und damit eine theologische Sonderlehre durchgesetzt –, der beraubt die Barmer Erklärung insgesamt ihres tragenden Grundes und hebt ihre kritische Potenz auf.

Worin liegt diese kritische Potenz? Wie jedes Bekenntnis enthält die Barmer Erklärung Elemente der Abgrenzung. Sie richtet sich zunächst gegen die Irrtümer der Deutschen Christen und der damaligen Reichskirchenregierung. Dabei vertraut sie auf die ideologiekritische Kraft des Evangeliums. Diese ideologiekritische Kraft wendet sie vorrangig gegen diejenigen Ideologien, die sich selbst religiös gebärden und unter christlichem Vorzeichen auftreten. Sie wendet diese Kraft gegen die politische Religion der damaligen Zeit. Daß die Ereignisse und Mächte der nationalen Geschichte mit Offenbarungsqualität versehen werden, daß in bestimmten Bereichen des Lebens nicht das Gebot Gottes, sondern andere Herren und Gewalten bestimmend sein sollen, daß die Kirche in ihrer Verkündigung wie in ihrer Ordnung zu einem Spielball weltanschaulicher und politischer Überzeugungen wird, vor allem: daß sie wie alle anderen gesellschaftlichen Bereiche auch der allgegenwärtigen Herrschaft des Führerprinzips unterworfen werden darf, daß der Staat als die totale Ordnung menschlichen Lebens betrachtet und die Kirche dieser totalen Ordnung angeglichen wird, daß die Verkündigung des Evangeliums im Dienst menschlicher Geschichtsziele funktionalisiert wird: in diesen Entwicklungen und Überzeugungen sieht die Barmer Erklärung die Irrlehren der politischen Religion ihrer Zeit.

Seit dem Ende des Zweiten Weltkriegs haben große Teile des Protestantismus die ideologiekritische Kraft des Evangeliums nur noch gegen Weltanschauungen gewandt, die sich selbst als atheistisch verstanden oder als atheistisch angesehen wurden. Das kritische Potential des christlichen Glaubens, dessen man sich in der Zeit des Kirchenkampfs erinnert hatte, wurde nun insbesondere gegen die atheistische Weltanschauung des sowjetischen Kommunismus gerichtet. Daß man den Kommunismus und den Nationalsozialismus unter dem gemeinsamen Oberbegriff des Totalitarismus faßte, erleichterte diese Wendung. Die vom Evangelium bestimmte Ideologiekritik galt vermeintlich nur für andere; sie mußte nicht auf den Aufbau und die Leitideen der eigenen Gesellschaft bezogen werden. Das überlieferte und in Resten noch immer wirksame Amalgam von Christentum und Nationalgefühl, die weltanschauliche Überhöhung des »christlichen Westens« oder des »christlichen Abendlands« und andere Elemente der politischen Religion der Nachkriegsgesellschaft wurden nicht in Frage gestellt. Der Kritik entzogen blieben insbesondere die Grundprinzipien des wirtschaftlichen Wiederaufbaus mitsamt den Wertvorstellungen, die er vermittelte. Die quasireligiöse Wertung eines unbegrenzten Wachstums oder einer möglichst unumschränkten Verfügung über Privateigentum, die Vorstellung von der immer umfassenderen Herrschaft des Menschen über die Natur und die immer umfassendere Abhängigkeit des Lebenssinns von den materiellen Bedingungen des Lebens: all diese Leitideen des industriellen Expansionismus waren, wenn überhaupt, dann nur in geringem Umfang Gegenstände kirchlicher Ideologiekritik. Nicht die lebendige Erinnerung an das kritische Potential des christlichen Glaubens, wie es durch die Barmer Erklärung neu entdeckt worden war, sondern die Ambivalenz dieser Leitideen selbst, die seit Beginn der siebziger Jahre immer offener zutage trat, leitete hier eine allmähliche Umorientierung ein. Die Aktualität der Barmer Erklärung liegt zuallererst in ihrem Hinweis auf die kritische Potenz eines Glaubens, der um das Christusbekenntnis zentriert ist. Gerade die Einsicht, wie oft der Protestantismus in seiner Nachkriegsentwicklung diesem Hinweis nicht gefolgt ist, unterstreicht dessen Dringlichkeit.

2. Zu Recht hat man nach 1945 aus der zweiten Barmer These einen Öffentlichkeitsauftrag der Kirche hergeleitet. Dieser Öffentlichkeitsauftrag verbindet zwei Tendenzen miteinander: zum einen die Distanzierung des Glaubens von den »gottlosen Bindungen dieser Welt«, zugleich damit die Distanzierung der Kirche vom Staat; zum anderen die Zuwendung des Glaubens zur Welt und der Kirche zu ihrer Aufgabe in der Öffentlichkeit. Beide Tendenzen gehören zusammen, weil sie beide christologisch, nämlich in dem umfassenden Herrschaftsanspruch Christi, begründet sind. Die Unbedingtheit des in Jesus Christus an die Menschen ergehenden Wortes Gottes läßt keine Bindungen an staatlich-politische oder an »natürliche« Ordnungen zu, in denen diese zu obersten Werten erklärt, so vergöttert und dadurch gerade gottlos werden. Das Wort Gottes ruft vielmehr in die Distanz zu solchen Bindungen. Die Entwicklung des Staates zur »einzigen und totalen Ordnung menschlichen Lebens« verfälscht die Aufgabe des Staates selbst; deshalb hat die Kirche gerade in der Wahrnehmung ihres Öffentlichkeitsauftrags den Staat an die ihm eigenen Aufgaben und an seine Grenzen zu erinnern. Dieser Öffentlichkeitsauftrag ist insgesamt auf die »Sorge um die Menschlichkeit des Menschen und um eine relative Ordnung in der Unordnung dieser Welt«[4] gerichtet. Die fünfte Barmer These, die von der Aufgabe des Staates handelt, ist konsequent von der zweiten These her zu verstehen, aus der sich der Öffentlichkeitsauftrag der Kirche begründet. Die zweite These aber hat ihren Grund in der ersten, alles weitere bestimmen-

4 *E. Wolf*, Barmen. Kirche zwischen Versuchung und Gnade, 2. Aufl. 1970, S. 114.

den These, die von Jesus Christus als dem einen Wort Gottes spricht. Der Öffentlichkeitsauftrag der Kirche wird also an den Öffentlichkeitsanspruch des Evangeliums gebunden und empfängt von ihm Richtung und Maß.

Es ist kein Zufall, daß nach 1945 in der Bundesrepublik häufig nicht von einem Öffentlichkeitsauftrag, sondern vom Öffentlichkeitsanspruch der Kirche die Rede war. Der Öffentlichkeitswille der Kirche, den Otto Dibelius schon 1926 in seinem »Jahrhundert der Kirche« proklamiert hatte, wurde nun wieder aufgenommen. Die Interessen der Kirche als eines gesellschaftlichen Verbands mit einem besonders begründeten Öffentlichkeitsanspruch wurden nun zu einer maßgebenden Richtschnur kirchlichen Handelns. In konfessioneller Parität zur katholischen Kirche bemühte sich auch die evangelische Kirche um die Durchsetzung »christlicher Grundsätze« im öffentlichen Leben. Allzu direkten und allzu weitreichenden Folgerungen aus der der Kirche anvertrauten Botschaft für den Bereich der Politik wurde dabei häufig mit Hilfe der »Zwei-Reiche-Lehre« vorgebeugt. Deren faktische Funktion für die kirchliche Politik der fünfziger und sechziger Jahre bestand vornehmlich darin, eine Beteiligung der Kirche an der politischen Debatte zu ermöglichen, die politischen Beiträge der Kirche aber zugleich von vermeintlichen inhaltlichen Überforderungen zu befreien. Diese doppelte Funktion der neulutherischen Zwei-Reiche-Lehre läßt sich an den Auseinandersetzungen um die Wiederaufrüstung der Bundesrepublik und die atomare Bewaffnung der Bundeswehr in den fünfziger Jahren exemplarisch studieren[5]. Sich dieser Tendenz gegenüber auf die Barmer Theologische Erklärung zu berufen bedeutete schon in den fünfziger Jahren, die Frage nach dem Zusammenhang von Bekenntnis und politischer Verantwortung zu thematisieren; die theologische Formel von der »Königsherrschaft Christi« war ein Signal für diese Frage[6].

Bereits in den sechziger Jahren bahnte sich in der Bundesrepublik eine »Entkonfessionalisierung« des öffentlichen Lebens an. Die hervorgehobene Position der Kirchen im Nachkriegsdeutschland ließ sich nicht auf Dauer bewahren; ihr öffentlicher Einfluß reduzierte sich auf einen Umfang, wie er auch aus anderen weithin säkularisierten Gesellschaften bekannt ist; die starke rechtliche Stellung der Kirchen im Verhältnis zum Staat blieb freilich erhalten. Zugleich erweiterte sich jedoch der Horizont kirchlicher Verantwortung. Ökumenische Bewußtseinsbildung gewann an Dringlichkeit; die Überzeugung, daß Christen aus der Hoffnung auf das Reich Gottes heraus an der Bemühung um weltweite soziale Gerechtigkeit mitzuwirken vermochten, brach sich Bahn. So ergab sich auf der einen Seite der Eindruck, daß die weitreichenden rechtlichen Rahmenbedingungen kirchlichen

5 Vgl. *J. Vogel*, Kirche und Wiederbewaffnung, 1978; *Chr. Walther* (Hg.), Atomwaffen und Ethik, 1981.

6 Daß der Gegensatz zwischen Zwei-Reiche-Lehre und Lehre von der Königsherrschaft Christi theologisch nur ein scheinbarer war, habe ich zusammenfassend dargestellt in: Kirche und Öffentlichkeit, 1973, S. 435ff.

Handelns in einem Mißverhältnis zu der begrenzten gesellschaftlichen Ausstrahlung der Kirchen stünden. Und auf der anderen Seite wuchs das Bewußtsein einer inneren Fremdheit zwischen den Inhalten kirchlicher und christlicher Weltverantwortung und den pragmatischen Handlungskonzepten staatlicher Politik.

Diese Spannung artikuliert sich seit Ende der siebziger Jahre mit wachsender Deutlichkeit und Schärfe am Problem des Friedens. Aus der Tradition der Barmer Theologischen Erklärung ergibt sich zwingend die Frage, welche Bedeutung das Bekenntnis zu Jesus Christus für die Friedensverantwortung der Kirche hat[7]. Das Ja zur umfassenden politischen Gestaltung des Friedens und das Nein zur weiteren Entwicklung und Stationierung von Massenvernichtungsmitteln wurde und wird von einer wachsenden Zahl von Menschen unmittelbar mit dem Bekenntnis zur Herrschaft Jesu Christi verknüpft; die Absage an die Eigendynamik des Rüstungswettlaufs ist eine der Formen, in denen heute die falsche Lehre verworfen wird, »es gebe Bereiche unseres Lebens, in denen wir nicht Jesus Christus, sondern anderen Herren zu eigen wären«. Die Frage nach der Aktualität der Barmer Theologischen Erklärung kehrt heute in der Form wieder, daß nach dem Zusammenhang zwischen christlichem Bekenntnis und Friedensverantwortung gefragt wird.

3. Das Hauptthema der Barmer Erklärung ist die Kirche. Die dritte Barmer These stellt die Achse der gesamten theologischen Erklärung dar. Von dieser These hat Klaus Scholder einmal gesagt, sie enthalte, was dem deutschen Protestantismus seit der Reformation gefehlt hat: eine evangelische Definition der Kirche[8]. Seiner Tradition nach orientiert sich evangelisches Kirchenverständnis an der knappen Formel, mit der die Augsburgische Konfession die mögliche Übereinstimmung hinsichtlich des Kirchenverständnisses formuliert: Die Kirche sei die Versammlung der Gläubigen, bei denen das Evangelium rein gepredigt und die Sakramente dem Evangelium gemäß gefeiert werden. Die Barmer Erklärung erinnert an den theologischen Sinn dieser reformatorischen Feststellung: Predigt und Feier der Sakramente sind Zeugnis dafür, daß die Kirche Eigentum Christi ist. An diesem Zeugnischarakter haben aber Ordnung und Handeln der Kirche insgesamt Anteil. Damit nimmt die Barmer Erklärung auch diejenigen Inhalte von Luthers Kirchenverständnis auf, die die Confessio Augustana aus dem Interesse an der Einheit der Kirche nicht ausdrücklich erwähnt hat, insbesondere die Auffassung der Kirche als der allein durch ihr Haupt Jesus Christus bestimmten geistlichen Christenheit. Durch den Rückgriff auf diesen lutherischen Grundgedanken wird die statische Trennung von unsichtbarer

7 Programmatisch in dieser Richtung ist schon die Überschrift der Erklärung des Moderamens des Reformierten Bundes: Das Bekenntnis zu Jesus Christus und die Friedensverantwortung der Kirche, 1982.

8 *K. Scholder,* Die Bedeutung des Barmer Bekenntnisses für die evangelische Theologie und Kirche, in: EvTheol 27, 1967, S. 435ff. (442).

und sichtbarer Kirche, von Wesenskirche und Rechtskirche überwunden. Denn von ihm aus kann auch die sichtbare Gestalt der Kirche daran geprüft werden, daß sie die Zugehörigkeit der Kirche zu Christus zu bezeugen hat. Dementsprechend wird die falsche Lehre verworfen, »als dürfe die Kirche die Gestalt ihrer Botschaft und ihrer Ordnung ihrem Belieben oder dem Wechsel der jeweils herrschenden weltanschaulichen und politischen Überzeugungen überlassen«.

Nicht nur in ihren Verwerfungssätzen, sondern auch in ihren affirmativen Aussagen beschreibt die Barmer Erklärung nicht zuletzt Defiziterfahrungen mit der Kirche, keineswegs nur mit der Kirche ihrer Zeit. Sie bezeichnet es als Defizit, wenn die Kirche mit einer Lehre von der Eigengesetzlichkeit natürlicher Ordnungen – sei diese in der Vorordnung des Gesetzes vor das Evangelium oder in der Trennung zwischen »Reich Gottes« und »Welt« begründet – vorgegebene Ordnungen religiös sanktioniert oder gesellschaftliche Prozesse ihrer Eigendynamik überantwortet. Sie betrachtet es als Defizit, wenn die Kirche sich mit ihrer Verkündigung in die Bereiche des Privaten und Innerlichen abdrängen läßt und deshalb den dem ganzen Leben geltenden »Zuspruch und Anspruch« des Evangeliums nicht mehr zu verkündigen vermag. Sie bezeichnet es als ein Defizit, wenn eine den Strukturen der jeweiligen staatlichen Verwaltung nachgebildete Behördenkirche den Charakter der Kirche als einer Gemeinde von Brüdern und Schwestern im Namen Christi immer mehr verkümmern läßt. Sie bezeichnet es als Defizit, wenn die Kirche an der Eigenständigkeit ihres Auftrags irre wird oder wenn sie gerade aus Sorge um ihre Eigenständigkeit den Mut zu kritischen Äußerungen in öffentlichen Fragen verliert, obwohl es zu ihren spezifischen Aufgaben gehört, an Gottes Gebot und Gerechtigkeit und deshalb an die gemeinsame Verantwortung von Regierenden und Regierten zu erinnern.

Je tiefer Christen sich in den Jahren zwischen 1933 und 1945 auf die Auseinandersetzung mit dem nationalsozialistischen Gewaltregiment einließen, desto massiver bekamen sie es auch mit den Defiziterfahrungen im Blick auf die Kirche zu tun, die schon die Barmer Erklärung andeutend beschreibt. Der Weg Dietrich Bonhoeffers ist dafür ebenso ein Beispiel wie derjenige Martin Niemöllers. Nach 1945 war zu entscheiden, ob diese Defiziterfahrungen beim kirchlichen Wiederaufbau verarbeitet oder umgangen werden sollten. Für die zweite Möglichkeit plädierte mit eindrucksvoller Direktheit Otto Dibelius, der spätere Vorsitzende des Rates der Evangelischen Kirche in Deutschland. »Was heißt Neubau?« fragte Dibelius im Rückblick auf die ersten Nachkriegsjahre und gab selbst die Antwort: »Wir haben 1945 da wieder angefangen, wo wir 1932 aufhören mußten«[9]. Die Gegenposition vertrat im Jahr 1945 neben anderen Martin Niemöller. In seiner Rede vor der Kirchenführerkonferenz in Treysa im August 1945 findet sich der Satz:

9 Zitiert nach *E. Wolf*, Volk, Nation, Vaterland im protestantischen Denken von 1930 bis zur Gegenwart, in: *H. Zillessen* (Hg.), Volk – Nation – Vaterland. Der deutsche Protestantismus und der Nationalismus, 1970, S. 172ff. (209).

»Darüber darf es in unserer Mitte allerdings keinen Zweifel geben, ... daß eine kirchliche Restauration auf der Grundlage der Zustände vor 1933 auf gar keinen Fall das Ergebnis sein darf, wenn nicht die ganzen Kämpfe, Leiden und Opfer der letzten zwölf Jahre umsonst sein sollen«[10].

Die in den Namen von Otto Dibelius und Martin Niemöller symbolisierte Alternative stand am Anfang der Entwicklung nach 1945. Die Kräfte der Restauration erwiesen sich in der Nachkriegsepoche nicht nur in Gesellschaft und Politik, sondern auch in der Kirche als stärker. Die Entwicklung der evangelischen Kirchen in der Bundesrepublik nach 1945 stellte in wichtigen Hinsichten einen Rückschritt hinter die Barmer Theologische Erklärung dar. Daß das Erbe des Kirchenkampfs nicht verarbeitet war, zeigte sich besonders schmerzlich in einer Serie abgebrochener Reformversuche: in der nur ansatzweise, oft nur in einzelnen »Experimenten« durchgeführten Kirchenreform der sechziger Jahre oder in dem anspruchsvoll begonnenen und kläglich gescheiterten Versuch einer Reform der EKD und ihrer Grundordnung in den siebziger Jahren. Die unterschiedlichen Grundorientierungen des Kirchenverständnisses stehen noch immer nahezu unverbunden nebeneinander; seit den siebziger Jahren verbinden sie sich wieder verstärkt mit konfessionellen Optionen: In der Vereinigten Evangelisch-Lutherischen Kirche Deutschlands (VELKD) wird eine Legitimation der gegenwärtigen, als »volkskirchlich« bezeichneten Realität von Kirche unter direktem Rückgriff auf die reformatorischen Bekenntnisse, vor allem die Confessio Augustana unternommen[11]. In der Evangelischen Kirche der Union (EKU) und in anderen Kirchen der Arnoldshainer Konferenz bemüht man sich, den Ertrag des Kirchenkampfs für die Gegenwart lebendig zu erhalten, eine Theologie im Bewußtsein von Auschwitz zu entwickeln und die Konsequenzen aus dem Barmer Bekenntnis für das gegenwärtige Handeln der Kirche zu ermitteln[12]. Hier tritt der Begriff der Volkskirche in den Hintergrund; statt dessen wird die Kirche als »Zeugnis- und Dienstgemeinschaft« verstanden. Die Aufgabe der Theologie wird nicht vorrangig in der Legitimation der bestehenden kirchlichen Wirklichkeit, sondern in deren kritischer, weitere Entwicklungsperspektiven eröffnender Reflexion gesehen.

Das Barmer Bekenntnis thematisiert Differenzerfahrungen mit der Kirche. Es nötigt zu einer Theologie, die sich als kritische Reflexion kirchlicher und gesellschaftlicher Wirklichkeit begreift. Nicht zuletzt darin liegt seine Aktualität.

10 *K. Kupisch*, Quellen zur Geschichte des deutschen Protestantismus von 1945 bis zur Gegenwart, Teil 1, 1971, S. 40.

11 Vgl. *W. Lohff / L. Mohaupt* (Hg.), Volkskirche – Kirche der Zukunft? Leitlinien der Augsburgischen Konfession für das Kirchenverständnis heute, 1977.

12 Vgl. *A. Burgsmüller* (Hg.), Kirche als »Gemeinde von Brüdern« (Barmen III), Bd. 1, 1980; Bd. 2, 1981.

B

Zur Ethik

1. Barmer Theologische Erklärung und Zwei-Reiche-Lehre

Die Frage nach dem Verhältnis von christlichem Glauben und gesellschaftlichem Handeln ist ein Grundthema der Theologie im 20. Jahrhundert. Sie ist vor allem in unterschiedlichen Modellen einer »Lehre von den zwei Reichen« (Reich Gottes und Welt, geistliches und weltliches Regiment Gottes) beantwortet worden. Wo diese Zwei-Reiche-Lehre als Handlungstheorie ausgearbeitet werden sollte, endete sie in aller Regel aporetisch. Ihre Kraft erwies sie am ehesten dort, wo sie die Eigenständigkeit gesellschaftlicher Verantwortung, die Freiheit christlichen Handelns in der Gesellschaft von klerikaler Bevormundung hervorhob. Darin nahm sie einen grundlegenden Impuls der reformatorischen Tradition auf. Doch ein zweites Element der reformatorischen Überlieferung blieb dabei sehr häufig unterbestimmt: nämlich der unlösliche Zusammenhang zwischen Glaubensorientierung und gesellschaftlicher Verantwortung. Diesen Zusammenhang akzentuiert die zweite These der Barmer Theologischen Erklärung bereits in der auf Karl Barths Entwurf zurückgehenden Formulierung: »Wie Jesus Christus Gottes Zuspruch der Vergebung aller unserer Sünden ist, so und mit gleichem Ernst ist er auch Gottes kräftiger Anspruch auf unser ganzes Leben.« Unterstrichen wird dieser Zusammenhang durch den auf den Lutheraner Hans Asmussen zurückgehenden Zusatz: »Durch ihn widerfährt uns frohe Befreiung aus den gottlosen Bindungen dieser Welt zu freiem, dankbarem Dienst an seinen Geschöpfen«[1]. Das gesellschaftliche Handeln der Christen wird hier als Folge der Rechtfertigung interpretiert. Der Zusammenhang wie die unumkehrbare Reihenfolge von Rechtfertigung und Heiligung, von Indikativ und Imperativ werden aus der Theologie des Paulus aufgenommen, auf die das vorangestellte Bibelzitat verweist. Doch der präzise Sinn dieser These kann sich erst erschließen, wenn man sie mit ihren Verwerfungssätzen verknüpft. Welche Auffassungen sind gemeint, wenn die falsche Lehre verworfen wird, »als gebe es Bereiche unseres Lebens, in denen wir nicht Jesus Christus, sondern anderen Herren zu eigen wären, in denen wir nicht der Rechtfertigung und Heiligung durch ihn bedürften«? Diese Frage soll im folgenden mit einer weiteren Frage verknüpft werden: Warum und worin hat gerade diese zweite Barmer These nach 1945 Widerstand geweckt? Wie erklärt sich ihre ambivalente Wirkungsgeschichte? Einige Vorüberlegungen sollen diese beiden Argumentationsgänge vorbereiten[2].

1 Vgl. den Nachweis bei *C. Nicolaisen*, Anwendung der Zwei-Reiche-Lehre im Kirchenkampf – Emanuel Hirsch und Dietrich Bonhoeffer, in: *N. Hasselmann*, Gottes Wirken in seiner Welt, Bd. 2. Zur Diskussion um die Zwei-Reiche-Lehre, 1980, S. 15ff. (26).

2 Im Folgenden nehme ich in revidierter Form einen Aufsatz auf, der zuerst erschienen ist in: *U. Duchrow* (Hg.), Zwei Reiche und Regimente, 1977, S. 33ff.

I

Daß der Theologie eine politische Dimension eignet, darüber ist der Konsens größer, als es manchmal scheint. Trutz Rendtorff hat ihn auf folgende analytische Formel gebracht: »Es gelingt der Theologie nicht, ihr Thema gleichsam aus dem Verkehr zu ziehen, um es besser in seiner Eigentlichkeit würdigen zu können. Im Gegenteil, die Theologie ist heute hinreichend über sich selbst aufgeklärt, um den produktiven Anteil des Welterkennens im Gotteserkennen, der Lebenserfahrung in der Glaubenserfahrung noch vergessen oder gering achten zu können. Wo sie diesen Zusammenhang nicht nur reflektierend analysiert, sondern bewußt ergreift, wird die Theologie heute politisch«[3].

Auch daß von der Kirche in ihrer faktischen Existenz politische Wirkungen ausgehen, ist unter Einsichtigen kaum umstritten. Die Erkenntnis, daß die gelegentlich noch heute wiederholte These von der »politischen Neutralität« der Kirche diese Funktion nicht beseitigt, sondern allenfalls verschleiert, ist beinahe schon ein Gemeinplatz. Umstritten kann einerseits nur sein, ob und gegebenenfalls welche inhaltlichen Kriterien für ihre politische Wirkung und Wirksamkeit sich aus dem Auftrag der Kirche zur Verkündigung des Evangeliums und zum Dienst am Menschen ergeben, ob also – anders gewendet – zwischen der Kirche als der Gemeinschaft, in der das Evangelium verkündigt und gehört wird, und der Kirche als der Trägerin einer politischen Wirkung eine inhaltlich aufweisbare Entsprechung besteht. Die im Regelfall in den Vordergrund gerückte Frage nach den *Grenzen* für das politische Handeln der Kirche kann offensichtlich erst in der Konsequenz jener anderen Frage nach den *Kriterien* beantwortet werden[4].

Umstritten kann andererseits sein, wie sich eine bewußte Wahrnehmung und kritische Reflexion derjenigen politischen Wirkungen, die von der Kirche in der Gegenwart ausgehen, zur theologisch-kirchlichen Tradition verhält. Unter dieser Perspektive sind in den letzten Jahrzehnten verschiedentlich theologische Vorstellungen wie die »Zwei-Reiche-Lehre« auf der einen, die Lehre von der »Königsherrschaft Christi« auf der anderen Seite untersucht worden. Es handelt sich um theologische Vorstellungen, deren Bedeutung über die Frage nach der politischen Wirkung der Kirche unzweifelhaft hinausgeht; doch ebenso unbezweifelbar ist, daß sie beide für politisches Handeln kirchlicher Organe in vielen Fällen eine begründende, interpretierende oder legitimierende Bedeutung gewonnen haben. Insofern hat die eingegrenzte Fragestellung, unter der sie vielfach betrachtet werden, ein historisches Recht.

Diese Verknüpfung theologischer Inhalte mit kirchenpolitischen Ent-

3 *T. Rendtorff*, Theorie des Christentums, 1972, S. 63f.

4 Diese Frage nach den »Grenzen« steht in der Regel im Vordergrund, wenn auf die Denkschrift der EKD über »Aufgaben und Grenzen kirchlicher Äußerungen zu gesellschaftlichen Fragen« (1970) Bezug genommen wird; der Denkschrift selbst wird man mit einer derart eingeschränkten Fragestellung nicht gerecht.

wicklungen bewirkt, daß auch der Versuch ihrer historischen Aufhellung von kirchenpolitischen Implikationen nicht frei ist. Verbinden sich die so entstehenden Differenzen mit den Kontroversen, durch welche die Interpretation der neueren Theologiegeschichte überhaupt gekennzeichnet ist, so entsteht eine möglicherweise weitreichende Konfusion.

Denn das Bild, das die verschiedenen theologischen Richtungen der Gegenwart von der theologiegeschichtlichen Entwicklung des 19. und 20. Jahrhunderts zeichnen, ist durch offenkundige Gegensätze bestimmt. Ein Vergleich zwischen zusammenfassenden Beurteilungen bei Jürgen Moltmann und Trutz Rendtorff kann das verdeutlichen.

Jürgen Moltmann sieht es als Kennzeichen der neueren theologischen Entwicklung an, daß die Theologie sich auf das »kalte Schisma von Heilsgewißheit und Weltverantwortung, von Glauben und Denken, Theologie und Wissenschaft« eingelassen habe. »Sie gab das Wissen preis, daß die Wahrheit immer *eine* sei und die Wahrheit des *Ganzen* sein müsse. Sie gab die Erwartung auf ein ganzes Heil oder das Heil des Ganzen preis. Schiedlich und friedlich bildeten sich verschiedene Wahrheitssphären heraus«[5]. Gerade in dieser Hinsicht findet Moltmann keinen Unterschied zwischen Schleiermacher auf der einen, Barth und Bultmann auf der anderen Seite.

Ganz anders lautet Trutz Rendtorffs Auskunft: »Die Theologie des 19. Jahrhunderts hat sich aufs Ganze gesehen so verstanden, daß sie ihre Aufgabe, die Auslegung der geschichtlich vermittelten Wahrheit für den Glauben, im Horizont des allgemeinen Wahrheitsbewußtseins und seinen gesellschaftlichen wie politischen Ausbildungen wahrzunehmen suchte. Das gilt bis hin zu Ernst Troeltsch. Die Theologie des 20. Jahrhunderts dagegen ist durch den Versuch charakterisiert, die radikale Emanzipation der Theologie und damit auch des Glaubens und seiner Wahrheit von eben dieser Welt des neuzeitlichen Christentums durchzuführen. Sie ist dabei von dem Willen getragen, die Freiheit des Glaubens ausschließlich nach der ihm selbst eignenden Wahrheit zu bestimmen und diese Wahrheit in konsequenter Ausscheidung jedes Zusammenhanges mit der neuzeitlichen Welt zu erfassen«[6].

Die zweite Barmer These ist von keiner dieser beiden theologiegeschichtlichen Konstruktionen aus verständlich zu machen. Moltmanns Behauptung, alle theologischen Strömungen des 19. und 20. Jahrhunderts stimmten gerade darin überein, daß sie die Frage nach der ganzen Wahrheit oder der Wahrheit des Ganzen nicht mehr stellten, sieht sich in der Barmer Theologischen Erklärung mit einem Bekenntnisdokument konfrontiert, das Jesus Christus als das eine Wort Gottes und damit als die »Wahrheit des Ganzen« behauptet; die zweite Barmer These versucht, den Konsequenzen dieser grundlegenden Behauptung für die Ethik und für die öffentliche Verantwortung der Kirche den Weg zu bahnen.

Eben dieser Versuch aber entsteht auf dem Boden der Dialektischen

5 *J. Moltmann*, Perspektiven der Theologie, 1968, S. 270.272.
6 *T. Rendtorff*, a.a.O., S. 108f.

Theologie – ein Tatbestand, der auf dem Hintergrund der von Rendtorff vorgetragenen Geschichtskonstruktion als unbegreiflich erscheinen muß. Ihr aber will ich folgende Beobachtung entgegenhalten: Diejenigen Konzeptionen des 19. Jahrhunderts, die im Rahmen organologischer oder evolutionistischer Vorstellungen eine allmähliche christliche Durchgestaltung der Welt auf dem Weg zum Reich Gottes proklamierten, haben sich aufs Ganze gesehen nicht durchgesetzt. Am Ende der theologischen Entwicklung des 19. Jahrhunderts stand vielmehr sowohl in der konfessionell-lutherischen wie in der liberalen Theologie die These von der für den Menschen unaufhebbaren Differenz zwischen Schöpfungsordnung und Erlösungsordnung, zugespitzt in der These von der Eigengesetzlichkeit der natürlichen Ordnungen, in die der Christ sich zu ergeben[7] und für deren Bewahrung – oder auch: für deren prinzipielle Unveränderlichkeit – die Kirche einzutreten habe. Die Fassung, in der Grundelemente der »Zwei-Reiche-Lehre« zwischen dem Ersten Weltkrieg und den ausgehenden sechziger Jahren weithin vertreten wurden, konnte deshalb eine so bemerkenswerte Wirksamkeit entfalten, weil in ihr bestimmte Tendenzen in der Entwicklung sowohl der konfessionell-lutherischen als auch der liberalen Theologie zusammenflossen. Diese »Zwei-Reiche-Lehre« ist aber gerade nicht ein Versuch, die neuzeitliche Welt im ganzen als »christliche Welt« zu begreifen, sondern sie als Welt eigener Gesetze zu interpretieren.

Die Dialektische Theologie dagegen, von der gesagt wird, sie habe die Diastase zwischen neuzeitlicher Welt und christlichem Glauben proklamiert, sie habe durch die Projektion der in der Neuzeit zum Thema gewordenen menschlichen Autonomie in eine »radikale Autonomie Gottes«[8] eine Verkirchlichung der Theologie (und zugleich damit deren »Entweltlichung«) bewirkt – eben diese Dialektische Theologie setzte einen Reflexionsprozeß in Gang, in dem die Frage nach der Bewährung des christlichen Glaubens auch in gesellschaftlichen Prozessen und damit auch die Frage nach der politischen Verantwortung der Kirche besonderen Nachdruck erhielt.

II

Ein programmatischer Ausdruck dieses Reflexionsprozesses – ein Ausdruck zugleich, der über den Bereich der Anhänger der Dialektischen Theologie hinaus konsensfähig sein sollte – war die 2. Barmer These. Von ihr wird gesagt, sie richte sich gegen den Totalitätsanspruch des Nationalsozialismus[9]; daran knüpft Martin Honecker die kritische Bemerkung, »die Alter-

7 Vgl. *E. Troeltsch*, Politische Ethik und Christentum, 1904, S. 35.

8 *T. Rendtorff*, a.a.O., S. 161ff.; vgl. *ders.* (Hg.), Die Realisierung der Freiheit. Beiträge zur Kritik der Theologie Karl Barths, 1975.

9 *M. Honecker*, Weltliches Handeln unter der Herrschaft Christi. Zur Interpretation von Barmen II, in: ZThK 69, 1972, S. 72ff. (73); die dort erfolgende Berufung auf *E. Wolf*, Barmen, 2.

native zum ideologischen Totalitarismus des Nationalsozialismus« könne »nicht ein christologischer Totalitarismus sein«[10]. Eine Analyse des Verwerfungssatzes wie der zeitgenössischen Quellen allerdings zeigt, daß die Stoßrichtung der 2. These mit dem Begriff des »Totalitarismus« allein nicht zureichend erfaßt ist. Die These richtet sich vielmehr zugleich gegen diejenigen Voraussetzungen in der neuzeitlichen religiösen Entwicklung, die einen politischen Totalitarismus allererst ermöglicht haben. Sie richtet sich gegen die später von Dietrich Bonhoeffer scharf charakterisierte Tendenz, »die Sache Christi zu einer partiellen, provinziellen Angelegenheit innerhalb des Wirklichkeitsganzen« zu machen[11]. Denn erst diese Provinzialisierung von Wirklichkeitsbereichen ermöglichte es, daß diese zu Objekten einer »Weltanschauung« werden konnten. Die Autoren des Barmer Bekenntnisses sahen die Ursachen für die Irrtümer, mit denen die Bekennende Kirche sich auseinanderzusetzen hatte, vorwiegend in der kirchlich-theologischen Entwicklung; ihre Situationsanalyse ging nicht von den machtpolitischen Faktoren, sondern von den ideengeschichtlichen Entwicklungen aus. Man kann dies aus einer der wichtigsten Vorstufen des Barmer Bekenntnisses, nämlich der Erklärung der Freien Reformierten Synode in Barmen vom 4. Januar 1934 belegen:

»In diesen Ereignissen [sc. den kirchlichen Vorgängen des Jahres 1933, W. H.] ist ein die evangelische Kirche seit Jahrhunderten verwüstender Irrtum reif und sichtbar geworden. Er besteht in der Meinung, daß neben Gottes Offenbarung, Gottes Gnade und Gottes Ehre auch eine berechtigte Eigenmächtigkeit des Menschen über die Botschaft und die Gestalt der Kirche, d.h. über den zeitlichen Weg zum ewigen Heil, zu bestimmen habe. Damit ist abgelehnt die Ansicht: die kirchliche Entwicklung seit der Reformation sei eine normale gewesen und es handle sich in der heutigen Not unserer Kirche um eine vorübergehende Störung, nach deren Beseitigung jene Entwicklung geradlinig weitergehen dürfe.«[12]

Karl Barth, wichtigster Autor auch dieser Barmer Erklärung vom 4. Januar 1934, hat die Fragen, vor welche die Bekennende Kirche zu Beginn des Kirchenkampfes gestellt war, im Sommer 1935 folgendermaßen zusammengefaßt:

»Ob es wohl möglich sei, die plötzlich siegreich gewordenen und auf allen Gassen mit populärster Überredungskraft und doch auch mit höchster Autorität verkündigten Ideen des Natio-

Aufl. 1970, S. 114 ist allerdings etwas irreführend. Vgl. zur Interpretation von Barmen II außerdem: *F.-W. Marquardt*, Entbindung zum Leben, in: *M. Karnetzki* (Hg.), Ein Ruf nach vorwärts (ThExh NF 115), 1964, S. 19ff.; *D. Schellong*, Barmen II und die Grundlegung der Ethik, in: Parrhesia, Festschrift für Karl Barth, 1966, S. 491ff.; *A. Burgsmüller* (Hg.), Zum politischen Auftrag der christlichen Gemeinde (Barmen II), 1974; *M. Honecker*, Theologische Kriterien und politische Urteilsbildung. Anfrage an das Votum des Theologischen Ausschusses der EKU, in: ZThK 71, 1974, S. 456ff.; *ders.*, Das Problem der Eigengesetzlichkeit, in: ZThK 73, 1976, S. 92ff.

10 *M. Honecker*, Weltliches Handeln, a.a.O., S. 75f.

11 *D. Bonhoeffer*, Ethik, 7. Aufl. 1966, S. 209.

12 *K. D. Schmidt*, Die Bekenntnisse und grundsätzlichen Äußerungen zur Kirchenfrage, Bd. 2: Das Jahr 1934, 1935, S. 22.

nalsozialismus (Blut, Rasse, Volkstum, Boden, Führung usw.) sozusagen in den christlichen Glauben aufzunehmen und also auch für Predigt, Unterricht und Ordnung der Kirche maßgebend werden zu lassen? Ob man das Ereignis der nationalsozialistischen Revolution als eine Art zweiter Offenbarung neben dem Evangelium von Christus oder doch als dessen Fortsetzung und zeitgemäße Form zu betrachten und zu ehren habe? Ob es neben Gott oder doch als das heute für uns gültige Werk seines Willens wirklich auch noch ein ›ewiges Deutschland‹ gebe? Neben dem Gebot Gottes oder in ihm enthalten auch noch die Stimme des arischen Blutes bzw. das Gebot Adolf Hitlers? Ob auch sie, die Kirche, hinfort von ›Bischöfen‹ als von kleinen ›Führern‹ autoritativ und militärisch regiert werden solle? Ob dem Staat wirklich zukomme, ›totalen‹ Anspruch auf das Leben der Menschen zu erheben, der Kirche aber nur das Recht und die Pflicht, eben diesen Anspruch als göttlichen Anspruch zu wiederholen, zu verherrlichen und die Menschen mit ihm zu versöhnen und vertraut zu machen?«[13]

Mit wünschenswerter Klarheit erläutert auch der Synodalvortrag Hans Asmussens in Barmen die Fragestellung, der sich die Autoren der 2. These gegenübersahen:

»Wer uns vorwirft, daß unsere Verkündigung kein Verständnis für die göttliche Schöpfung und das göttliche Weltregiment habe, der macht uns diese Vorwürfe aus Unverstand oder aus Böswilligkeit. Wir erfahren die Schönheit der Kreaturen Gottes und ihre Dämonie, wir erfahren Höhepunkte und Tiefstände in der unter Gottes Weltregiment sich vollziehenden Geschichte genau so wie andere Leute. Was wir aber fürchten mehr als den Tod, ist die Tatsache, daß die Kreaturen Gottes und Geschehnisse der Geschichte uns in Versuchung führen . . ., aus ihnen und in ihnen Gott *ohne Christus* zu suchen. Wo immer das geschieht, ob unter heidnischen oder christlichen Bezeichnungen, vollzieht sich eigene Weisheit, eigene Gerechtigkeit, eigene Heiligung, eigene Erlösung. Es gewinnen andere Herren als Jesus Christus, andere Gebote als seine Gebote über uns Gewalt. Sie bieten sich uns an als Erlöser, aber sie erweisen sich als Folterknechte einer unerlösten Welt. Darum ermahnen wir alle Christen, sich mit äußerstem Fleiß vor der Irrlehre zu hüten, als könne man Rechtfertigung und Heiligung auseinanderreißen. Wir warnen alle vor dem Mißbrauch des göttlichen Angebotes, in welchem man Zuspruch der Sündenvergebung will, aber Gottes Anspruch auf Grund der Sündenvergebung verweigert.«[14]

Worin die kritische Intention der 2. Barmer These zu sehen ist, wird schließlich deutlich, wenn man die verschiedenen Vorentwürfe zum Vergleich heranzieht. In der »Frankfurter Konkordie« vom 16. Mai 1934 heißt der Verwerfungssatz der 2. These: »Wir verwerfen die falsche Lehre, als gäbe es Gebiete unseres Lebens, auf denen wir nicht Jesus Christus, sondern Herren außer ihm gehören, nicht seinem, sondern einem von ihm unabhängigen Gesetz verantwortlich wären.«[15]

Aus diesen Belegen, die sich leicht vermehren ließen, ergibt sich: Die 2. Barmer These richtet sich vor allem anderen gegen die Lehre von der »Eigengesetzlichkeit« der weltlichen Lebensbereiche. Die Herauslösung dieser Lebensbereiche aus dem Herrschaftsanspruch Christi unter der Behauptung,

13 *Karl Barth* zum Kirchenkampf (ThExh NF 49), 1956, S. 30f.
14 *G. Niemöller*, Die erste Bekenntnissynode der Deutschen Evangelischen Kirche zu Barmen, Bd. 2, 1959, S. 58.
15 Ebd., S. 199.

sie unterlägen »eigenen Gesetzen«, sie seien »anderen Herren zu eigen«, zieht deren »Vergöttlichung« nach sich; sie gewinnen den Charakter einer unbedingten und letzten Beanspruchung »unabhängig von Christus«. Insofern erweist sich die Lehre vom »Volksnomos« als eine Konsequenz aus der Lehre von der »Eigengesetzlichkeit«; denn die Verselbständigung der weltlichen Bindungen führt dazu, daß sie absolut und gottlos werden – selbst und gerade dann, wenn sie mit religiösen Gehalten aufgeladen und in religiöser Sprache beschrieben werden[16].

Dieser falschen Lehre setzt Barmen entgegen, daß der »Anspruch«, unter dem der Christ in den »weltlichen« Lebensbereichen steht, allein in dem Zuspruch der vergebenden Gnade Gottes in Christus begründet ist, und daß das Handeln in diesen Bereichen den Charakter »freien dankbaren Dienstes« haben kann und muß, weil es in der »frohen Befreiung« gründet. Gerade weil sie der Verselbständigung der »weltlichen« Lebensbereiche und damit ihrer religiösen Überhöhung entgegentritt, kann die Barmer Theologische Erklärung diese Lebensbereiche in ihrer Relativität, eben in ihrer »Weltlichkeit« ernst nehmen. Als entscheidendes Kriterium für das Handeln in politischen und gesellschaftlichen Zusammenhängen aber ergibt sich aus ihr, daß dieses Handeln den Charakter eines Leben und Freiheit ermöglichenden Dienstes trägt. Dieser Dienst wird dabei eindeutig nicht selbst als »Verwirklichung« des Evangeliums, sondern als Folge aus dem Hören des Evangeliums verstanden. In dieser Form nimmt die 2. Barmer These grundlegende Intentionen aus Luthers Zwei-Reiche-Lehre auf.

Aus dieser knappen Interpretation ergeben sich auch schon Hinweise auf Grenzen der 2. Barmer These. Sie hängen damit zusammen, daß die kirchlichen Auseinandersetzungen der Jahre 1933/34 ausschließlich in spezifisch theologischen Kategorien gedeutet werden; die politischen Ursachen und die möglichen politischen Folgen des Konflikts werden ausgeblendet. Auch die in der Folgezeit gelegentlich so prononciert politisch interpretierte 2. Barmer These fügt sich ohne Bruch in die erste Phase des deutschen Kirchenkampfs ein, der die Theologische Erklärung von 1934 nicht nur zeitlich angehört. E. Bethge hat diese erste Phase des Kirchenkampfs von 1933 bis 1935 so bestimmt, sie sei »die Zeit eines vermeintlich unpolitischen Nonkonformismus . . .: die Bekennende Kirche versteht ihren Kampf als einen reinen Kirchen-Kampf«[17]. Die Frontstellung, in die sich die Barmer Erklärung begibt, ist durch innerkirchlich-theologische Entwicklungen be-

16 Insofern geht die Argumentation von *K. Nowak*, Zwei-Reiche-Lehre. Anmerkungen zum Entstehungsprozeß einer umstrittenen Begriffsprägung und kontroversen Lehre, in: ZThK 78, 1981, S. 105ff. (113) in die Irre. Aus dem Faktum, daß *E. Hirsch* eine »neoidealistische Vergottung der Wirklichkeit« vornimmt, schließt *Nowak*, daß *Hirsch* denkbar weit davon entfernt war, die Welt als eigengesetzlich hinzustellen. Demgegenüber läßt sich zeigen, daß die These von der Eigengesetzlichkeit der Welt gerade die Bedingung dafür ist, daß Natur und Geschichte religiös überhöht werden können; vgl. zu *E. Hirsch* auch unten S. 62ff.

17 *E. Bethge*, Umstrittenes Erbe, in: Am gegebenen Ort. Aufsätze und Reden, 1979, S. 103ff. (103).

stimmt, deren verheerende Auswirkungen man in der eigenen Gegenwart deutlich zu sehen meint; ihre Absicht ist deshalb zu allererst, ja allein auf die Klärung des kirchlichen Bekenntnisses gerichtet. Daß dieses Bekenntnis, so nonkonformistisch es auch in seiner eigenen Zeit war, für unterschiedliche politische Zielsetzungen genau deshalb funktionalisiert werden konnte, weil es den politischen Bedingungszusammenhang, in dem es selbst wie auch die von ihm abgelehnte Position stand, nicht ausreichend reflektierte, sollte sich in der Wirkungsgeschichte der Barmer Erklärung deutlich genug zeigen[18].

Die Konzentration, ja Beschränkung auf innerkirchlich-theologische Gesichtspunkte tritt besonders deutlich zutage in der Art, in der die Lehre, der Christ sei in den weltlichen Lebensbezügen »anderen Herren zu eigen«, ausschließlich auf innertheologische Fehlentwicklungen zurückgeführt wird. So leitet Karl Barth die Position der Deutschen Christen in verblüffender und irreführender Weise aus der »Unionstheologie« des 19. Jahrhunderts ab: »Der heute in der Theologie und Kirchenpolitik der Deutschen Christen ausgebrochene Irrtum hat nun seinen Ursprung weder in der Schule Luthers noch in der Calvins, sondern er ist – Schleiermacher, R. Rothe, W. Beyschlag wären unter seinen Vätern zu nennen – der typische Irrtum des Endstadiums gerade jener ›Union‹ des 19. Jahrhunderts«[19]. Diese sonderbare Genealogie erklärt sich einerseits aus Barths schon seit dem Ersten Weltkrieg zu beobachtender Tendenz, die Sünden der zeitgenössischen Theologie auf die Theologen des 19. Jahrhunderts zurückzuführen; sie erklärt sich zum anderen aus der scharfen Kritik, die Barth an der Verselbständigung der Ethik gegenüber der Dogmatik als einem Grundübel jener Theologie übt[20]. Mit dieser Fixierung auf ein innertheologisches Problem aber übergeht Barth den ungleich tiefergreifenden Tatbestand, den man als eine Verselbständigung der Ethik nicht nur *innerhalb* der Theologie, sondern *gegenüber* der Theologie bezeichnen kann[21]. Diese die Neuzeit durchziehende Entwicklung ist aber nicht durch isolierbare theologische Faktoren, sondern durch einen gesellschaftlichen Prozeß bestimmt, der sich auch auf die Theologie auswirkt. Ich gehe im folgenden diesem Zusammenhang nach, um folgende These plausibel zu machen: Die neuprotestantische Fassung der Zwei-Reiche-Lehre kann als ein Versuch gedeutet werden, die Emanzipation der Ethik von der Theologie theologisch zu verarbeiten; die 2. Barmer These aber muß als theologischer Protest gegen die Emanzipation der Ethik von der Theologie verstanden werden.

18 Vgl. dazu *E. Bethge*, Barmen und seine Wirkungsgeschichte, ebd., S. 140ff.

19 *Karl Barth* zum Kirchenkampf, a.a.O., S. 17 (Vorwort zu ThEx 7, datiert vom 26. Januar 1934).

20 Vgl. *K. Barths* Ethik-Vorlesung der Jahre 1928/29 bzw. 1930/31: Ethik I, 1973; Ethik II, 1978. Die für unseren Zusammenhang wichtigen Partien der Einleitung und des 1. Kapitels haben Eingang in die Kirchliche Dogmatik gefunden; vgl. KD I/2, S. 875ff.; KD III/2, S. 564ff.

21 Vgl. *G. Ebeling*, Die Evidenz des Ethischen und die Theologie, in: Wort und Glaube, Bd. 2, 1969, S. 1ff. (2).

III

Grundelemente aus Luthers Reichs- und Regimentenlehre sind in der Geschichte des Protestantismus immer tradiert und vertreten worden. Doch es waren sehr unterschiedliche Motive, an die man sich anschloß: die Gegenüberstellung von Reich Gottes und Reich der Welt; die Differenzierung zwischen dem geistlichen und dem weltlichen Regiment Gottes; die Unterscheidung zwischen dem, was der Christ als Person für sich selbst, und dem, was er in seinem Amt für andere tut; die Lehre von den drei Ständen christlicher Existenz: dem status ecclesiasticus, dem status politicus und dem status oeconomicus; und in all dem die für Luthers Theologie fundamentale Unterscheidung zwischen Gesetz und Evangelium. Diese Vielfalt der Motive zeigt schon: Was wir heute zusammenfassend als »Zwei-Reiche-Lehre« bezeichnen, trägt bei Luther nicht den Charakter einer in sich abgerundeten und systematisch ausgeformten »Lehre«. Sondern es handelt sich um einen Vollzug des theologischen Urteilens, den Luther angesichts der vor ihm stehenden Herausforderungen zu situationsbezogener Verkündigung und Beratung in immer wieder neuen Variationen und an immer wieder neuen Themen durchführt. Daraus erklärt sich die abwechslungsvolle Begrifflichkeit, in der Luther seine Auffassung entwickelt; sie hat die späteren Interpreten immer vor besondere Schwierigkeiten gestellt. Doch in all diesen wechselnden Begriffen hält sich eine Grundform des theologischen Denkens durch; sie bildet den unaufgebbaren Sinn der »Zwei-Reiche-Lehre«. Diese Grundform des theologischen Denkens besteht in der Einheit von Unterscheiden und Zuordnen. Theologisches Denken hat die Aufgabe des Unterscheidens; der Unterschied zwischen Gott und Mensch ist die Grundunterscheidung, die sie zu bedenken hat. Doch theologisches Denken bleibt beim Anfang stehen, wenn es nicht in einem nächsten Schritt das voneinander Unterschiedene zueinander ins Verhältnis setzt: Sie macht die Zuwendung Gottes zum Menschen und die Wendung des Menschen zu Gott zum Thema. Der Sinn der Unterscheidung besteht gerade darin, das Verhältnis des Unterschiedenen bestimmen zu können; er wird verfehlt, wenn man den Akt des Unterscheidens als Trennung zweier Elemente mißversteht, die dann beziehungslos nebeneinander stehen. Luther vollzieht in all den Zusammenhängen, in denen uns Elemente der Reichs- und Regimentenlehre begegnen, diese zwei zusammengehörigen Schritte des Unterscheidens und Zuordnens[22]; er übt damit immer wieder neu in diese entscheidende Grundform des theologischen Denkens ein.

Die Motive, an denen Luther dies tut, sind in der Geschichte des Prote-

22 Als »Kunst des Unterscheidens« hat *T. Rendtorff* die Zwei-Reiche-Lehre bezeichnet (Die Zwei-Reiche-Lehre oder die Kunst des Unterscheidens. Bemerkungen zur theologischen Deutung des Politischen, in: *U. Duchrow*, Zwei Reiche und Regimente. Ideologie oder evangelische Orientierung?, 1977, S. 53ff.). Von der je neu zu vollziehenden »Grundoperation des Unterscheidens und Zuordnens« spricht *H.-R. Reuter* (Kunst der Differenzierung. Über Schaden und Nutzen der Zwei-Reiche-Lehre, in: Dt. Pfarrerblatt 83, 1983, S. 171ff. [172]).

stantismus in wechselnden Kombinationen aufgenommen worden; sie wurden jedoch über Jahrhunderte hinweg nicht in einer einheitlichen Lehre zusammengefaßt und nicht einem einzelnen Begriff zugeordnet. Der Ausdruck »Lehre von den zwei Reichen« oder gar »Zwei-Reiche-Lehre« entsteht erst im 20. Jahrhundert. Den frühesten Beleg scheint eine Äußerung Karl Barths aus dem Jahr 1922 darzustellen, die sich auf die »Luthersche Lösung, die paradoxe Lehre von den zwei Reichen« bezieht[23]. Ein fester Terminus wird daraus zunächst noch nicht; dies zeigt beispielhaft eine Äußerung Ernst Wolfs aus dem Jahr 1932, in der noch ganz unbestimmt von der »lutherischen sog. Zweisphären-Theorie« die Rede ist[24]. Auch in den ersten Jahren des Kirchenkampfs wird der Ausdruck, wie Kurt Nowak nachgewiesen hat[25], in der theologischen Sprache nicht heimisch; Möglichkeiten, die Zwei-Reiche-Lehre gegen die Theologie der Deutschen Christen ins Feld zu führen, werden nicht genutzt. In der durch Paul Althaus und Werner Elert vertretenen Richtung des Luthertums bleibt die Gegenüberstellung von Gesetz und Evangelium zunächst wichtiger als die Lehre von den beiden Reichen. Anspielungen an diese Lehre finden sich vor allem bei Emanuel Hirsch und Friedrich Gogarten. Doch in systematischer Ausarbeitung begegnet sie zum ersten Mal in der Dissertation Harald Diems über »Luthers Lehre von den zwei Reichen, untersucht von seinem Verständnis der Bergpredigt aus«[26]. Sie richtet sich unter anderem ausdrücklich gegen den Versuch des nationalsozialistischen Historikers Arno Deutelmoser, Luther in die deutsche Reichs- und Machtstaatstradition einzuordnen und für den »Glauben des Reichs«, also für die religiöse Überhöhung von nationalem Staat und völkischer Geschichte in Anspruch zu nehmen[27]. Diem versucht, sowohl dieser religiösen Überhöhung des weltlichen Reichs als auch der Lehre von der Eigengesetzlichkeit entgegenzutreten, indem er Luthers Auffassung als das »unterschiedene Beieinander« von Reich Gottes und Reich der Welt interpretiert; Unterscheidung und Zusammengehörigkeit deutlich zu machen, ist nach seiner Deutung Aufgabe des Predigtamts.

Seit dieser Arbeit Harald Diems kann der Ausdruck »Lehre von den zwei Reichen« als eingeführt gelten. Bereits 1940 rechnet Paul Althaus sie zum gesicherten lutherischen Lehrbestand und unterstreicht ihre zentrale Bedeutung für Luthers politische Ethik: »Reformator der Kirche wurde Luther durch seine aus der Heiligen Schrift, vor allem aus Paulus begründete strenge und saubere Unterscheidung von Gesetz und Evangelium. Mit ihr hängt eng zusammen die Unterscheidung der beiden Reiche, des Reiches Gottes

23 Abgedruckt in: *U. Duchrow / W. Huber*, Die Ambivalenz der Zwei-Reiche-Lehre in lutherischen Kirchen des 20. Jahrhunderts (TKTG 22), 1976, S. 40ff. (41); künftig zitiert: Texte 22.
24 Ebd., S. 45.
25 Siehe Anm. 16. In dieser Hinsicht nehme ich die Präzisierungen, die *K. Nowak* gegenüber der ersten Fassung meiner Überlegungen geltend macht, dankbar auf.
26 Wiederabgedruckt bei *G. Sauter / J. Haun*, Zur Zwei-Reiche-Lehre Luthers, 1973, S. 1ff.
27 *A. Deutelmoser*, Luther. Staat und Glaube, 1937. Vgl. dazu *K. Nowak*, a.a.O., S. 118ff.

und des Reiches der Welt. Sie ist die Wurzel aller Sätze Luthers über den Staat und über das Ethos der Politik«[28].

Schon diese Formulierung allerdings zeigt, daß in der allgemeinen Rezeption der »Lehre von den zwei Reichen« Diems Versuch, Unterscheidung und Zusammengehörigkeit der beiden Reiche miteinander zu verknüpfen, nur selten nachvollzogen wurde. Die Einsicht, daß die Unterscheidung zwischen Reich Gottes und Welt gerade darauf zielt, den Zusammenhang des Unterschiedenen bestimmen zu können, trat in den Hintergrund. Die Unterscheidung als solche galt bereits als zureichende Erkenntnisleistung der »Lehre von den zwei Reichen«. Im Rahmen einer solchen Auffassung aber wird »Welt« verstanden als der Inbegriff derjenigen Bereiche, die ihren eigenen Gesetzen gehorchen und deshalb zur Offenbarung Gottes in Christus in einem allenfalls vermittelten Verhältnis stehen. Für die Vorgeschichte dieser »Lehre von den zwei Reichen« kommt also jenen Denktraditionen eine Schlüsselbedeutung zu, die in den Begriff der »Eigengesetzlichkeit« mündeten, jene Denktraditionen also, gegen die der Verwerfungssatz der 2. Barmer These gerichtet ist.

Martin Honeckers Untersuchungen haben die These bestätigt, daß der für die theologische Diskussion so wichtige Begriff der »Eigengesetzlichkeit« keine Erfindung der Theologen ist[29]. Vielmehr stammt er von Max Weber[30]. Er bezeichnet diejenige Rationalität, die den Inbegriff der neuzeitlichen Gesellschaftsentwicklung bildet: »Wie das ökonomische und das politische rationale Handeln seinen Eigengesetzlichkeiten folgt, so bleibt jedes andere rationale Handeln innerhalb der Welt unentrinnbar an die brüderlichkeitsfremden Bedingungen der Welt, die seine Mittel oder Zwecke sein müssen, gebunden und gerät daher irgendwie in Spannung zur Brüderlichkeitsethik«[31]. Die These von der Eigengesetzlichkeit der Lebensbereiche bindet das Handeln in diesen Bereichen prinzipiell an diejenigen Formen der Rationalität, die von der neuzeitlichen Wissenschaft und Technik entwickelt wurden. Sie formuliert eine ethische Konsequenz aus der Einsicht, daß Wissenschaft und Technik die bestimmenden Produktionsfaktoren der neuzeitlichen Welt geworden sind – die Konsequenz nämlich, daß ein Handeln in dieser Welt prinzipiell denjenigen Regeln zu folgen habe, die für die wissenschaftlich-technische Entwicklung selbst maßgebend sind. Andere Regeln (»Brüderlichkeitsethik«) können allenfalls in dem Bereich zur Geltung kom-

28 *P. Althaus*, Luther und die Politik, in: *Th. Knolle*, Luther in der deutschen Kirche der Gegenwart (SLG 14), 1940, S. 17ff.; vgl. *K. Nowak*, a.a.O., S. 124f.

29 Dies ist die Vermutung von *A. Hakamies*, Der Begriff »Eigengesetzlichkeit« in der heutigen Theologie und seine historischen Wurzeln, in: Studia Theologica 24, 1970, S. 117ff.; *ders.*, »Eigengesetzlichkeit« der natürlichen Ordnungen als Grundproblem der neueren Lutherdeutung, 1971.

30 *M. Honecker*, Eigengesetzlichkeit, a.a.O., S. 96ff. Der Hinweis auf Max Weber auch schon in: *U. Duchrow / W. Huber / L. Reith*, Umdeutungen der Zwei-Reiche-Lehre Luthers im 19. Jahrhundert (TKTG 21), 1975, S. 8; künftig zitiert: Texte 21.

31 *M. Weber*, Gesammelte Aufsätze zur Religionssoziologie, Bd. 1, 6. Aufl. 1972, S. 552. Zu *M. Weber* ausführlicher unten S. 55f.

men, der von der wissenschaftlich-technischen Entwicklung in geringerem Maß beeinflußt ist: im Bereich personaler Beziehungen.

Für die Bereiche des politischen und gesellschaftlichen Zusammenlebens aber setzt sich mit dem Siegeszug der neuzeitlichen Wissenschaft in fortschreitendem Maß der Gesichtspunkt durch, daß die Handlungsregeln für diese Bereiche an jenes Kriterium intersubjektiver Verständigung gebunden werden, das von der neuzeitlichen Wissenschaft entwickelt wurde: an das Kriterium objektiver Feststellbarkeit[32]. Der für Naturprozesse entwickelte Begriff des »Gesetzes« wird nun auch auf soziale Vorgänge angewandt. Mit diesem Gesetzesbegriff zugleich aber wird die Voraussetzung eingeführt, daß gesellschaftliche Entwicklungen nicht von Menschen auf bestimmte Ziele hin gestaltet werden, sondern naturhaft verlaufen. Dem nun als allein gültig anerkannten Kriterium objektiver Feststellbarkeit genügen ethische Normen, die unmittelbar oder mittelbar religiös begründet werden, nicht; sie werden deshalb der subjektiven Entscheidung überantwortet, in ihrem Geltungsbereich aber zugleich auf die Privatsphäre eingeschränkt[33]. Die liberalistische Forderung nach der Trennung der Kirche vom Staat und nach der Verweisung der Religion in die Privatsphäre ist eine ebenso stringente Folgerung aus dieser Konstellation wie die Konzentration theologischer Überlegungen auf den Begriff und den Bereich der Person. Die Auswanderung aller öffentlich relevanten ethischen Fragen aus dem Bereich der Theologie ist die Folge. Insofern ist die Feststellung berechtigt, daß nicht die Verselbständigung der Ethik *innerhalb* der Theologie, sondern ihre Verselbständigung *gegenüber* der Theologie das in der Neuzeit gestellte Grundproblem theologischer Ethik ist[34].

Über das Resultat der geschilderten Entwicklung allerdings kann kein Zweifel bestehen: Zwischen der Rationalität gesellschaftlichen Handelns auf der einen und der Subjektivität des persönlichen Gewissens auf der anderen Seite wird die Frage nach den *Zielen* gesellschaftlicher Entwicklung ortlos; diese Frage aber muß zum Thema gemacht werden, wenn gesellschaftliche Prozesse nicht nur als Produkt irreversibler historischer Abläufe, sondern zugleich als Gegenstand menschlicher Entscheidung und Gestaltung betrachtet werden sollen, wenn also der Begriff der menschlichen Freiheit einen angebbaren Sinn behalten soll. In dem Maß jedoch, in dem eine pragmatische Betrachtung der Gesellschaft und eine Ethik der subjektiven Entscheidung auseinandertreten, geht die Möglichkeit eines Diskurses über die Ziele gesellschaftlicher Entwicklung verloren. Denn der Pragmatismus als die herrschende Handlungstheorie der neuzeitlichen Gesellschaft kann zwar über Zweck-Mittel-Relationen, nicht aber über Ziele gesellschaftlichen Handelns Auskunft geben; die Ethik der subjektiven Entscheidung

32 Dieses Kriterium verbirgt sich hinter *M. Webers* Hinweis auf »Rationalität« ebenso wie hinter *M. Honeckers* Hinweis auf die »Vernunft«.

33 Vgl. zu diesem Zusammenhang *K.-O. Apel*, Transformation der Philosophie, Bd. 2, 1973, S. 358ff.

34 Siehe oben Anm. 21.

aber erhebt auf solche Zielaussagen keinen Anspruch. Diese Problemkonstellation kehrt in der neuprotestantischen Fassung der Zwei-Reiche-Lehre in präziser Form wieder. Sie versucht eine theologische Erklärung dafür, *warum* Kriterien des christlichen Glaubens in der öffentlichen Urteilsbildung über gesellschaftliche Fragen nicht mehr unmittelbar zur Geltung gebracht werden können; sie findet diese Erklärung in dem Eigencharakter der Welt gegenüber dem Reich Gottes, der Schöpfungsordnung gegenüber der Erlösungsordnung.

Gerade wegen des ausdrücklichen Erklärungsinteresses dieser Lehre ist es keineswegs eine »ideologische Denunziation«[35], wenn man ihre Abhängigkeit von der sozial- und wissenschaftsgeschichtlichen Entwicklung der Neuzeit behauptet[36]. Manche Theologen haben im übrigen diesen Zusammenhang ausdrücklich zum Thema gemacht[37]. Sie lassen erkennen, daß die Begründung der Theologie auf eine personal verstandene Sittlichkeit und ihre grundsätzliche Absonderung von denjenigen Bereichen, die wissenschaftlichem Welterkennen zugänglich sind, eine Reaktion der Theologie auf die Eigendynamik darstellt, die die wissenschaftlich-technische und ökonomische Entwicklung in der Neuzeit angenommen hat. In dem Maß, in dem derartige Ansätze in die neuprotestantische Fassung der Zwei-Reiche-Lehre eingehen, ist die Vermutung berechtigt, daß diese einen Versuch darstellt, die Emanzipation der (pragmatisch verstandenen oder dann »weltanschaulich« aufgeladenen) Ethik von der Theologie theologisch zu verarbeiten. Diese Form der Verarbeitung aber hat gegenüber dem geschilderten Phänomen vorwiegend die Form einer theologischen Beschreibung und damit auch der Bestätigung. Ein kritischer Vorbehalt gegenüber der Unterwerfung der ethischen Problematik unter die Regeln pragmatischer Rationalität und dem damit verbundenen »Schwund des ethischen Phänomens«[38] kann in diesem Ansatz kaum zur Geltung kommen.

Nun wird kaum jemand die »relative Eigengesetzlichkeit« der verschiedenen Lebensbereiche bestreiten wollen; denn die ihnen jeweils eigentümlichen geschichtlichen Strukturen kann man nur um den Preis der Wirkungslosigkeit des Handelns einfach überspringen. Doch auch dann wird man folgenden von G. Ebeling formulierten Gesichtspunkt theologisch für unverzichtbar halten müssen: »Eine der dringendsten Aufgaben ethischer Besinnung heute ist . . ., zu untersuchen, wie in der sogenannten Eigengesetzlichkeit der einzelnen Lebensbereiche der spezifisch menschliche Gesichtspunkt, d.h. die Verantwortung für den Menschen, zur Geltung drängt, so

35 So *T. Rendtorff*, Dokumentation als Kirchenpolitik?, in: ZEE 20, 1976, S. 64ff. (64).

36 *M. Honecker*, Thesen zur Aporie der Zwei-Reiche-Lehre, in: ZThK 78, 1981, S. 128ff. (132) hält mir vor, in der vorliegenden Interpretation der neuprotestantischen Zwei-Reiche-Lehre handle es sich um »rein ideengeschichtliche Ausführungen«; da ich gerade den sozialgeschichtlichen Zusammenhang, in dem diese Lehre entstanden ist, hervorhebe, ist mir dieser Vorhalt nicht recht begreiflich.

37 Vgl. etwa die Texte von *W. Herrmann*, in: Texte 21, S. 41ff.

38 *G. Ebeling*, a.a.O., S. 17.

daß die Bedienung von Apparaten gesteuert wird durch den Gesichtspunkt des Dienstes am Menschen. Die Nötigung zur Hingabe schließt die Unterscheidung zwischen Person und Sache und die Dominanz des Menschen über die Dinge in sich«[39].

Eine solche, dem pragmatischen Akzeptieren der »Eigengesetzlichkeit« gegenüber kritische Ethik aber erschließt sich theologischem Nachdenken nur von der christologisch begründeten Einsicht in den Zusammenhang und in die Differenz von »Zuspruch« und »Anspruch«, nicht aber von der geschilderten Fassung der Zwei-Reiche-Lehre her. Darin liegt, denkt man der in der 2. Barmer These vorgenommenen Abgrenzung nach, die systematische Bedeutung jener These, die über ihren Entstehungszusammenhang hinausweist.

IV

Allerdings ist dem hinzuzufügen, daß die Konsequenzen der 2. Barmer These schon im Kirchenkampf nur bruchstückhaft gezogen wurden. Ansätze dazu finden sich vor allem in folgenden Vorgängen: in der Denkschrift der 2. Vorläufigen Leitung der Bekennenden Kirche vom 28. Mai 1936, die sich ausdrücklich gegen die Zerstörung von Sittlichkeit und Recht im nationalsozialistischen Staat wendet; in der Gebetsliturgie vom 30. September 1938 aus Anlaß der Tschechenkrise; in dem Wort der Preußischen Bekenntnissynode vom 16./17. Oktober 1943 zur Auslegung des 5. Gebots; in dem seltenen Übergang in den aktiven Widerstand, der »einen Mann wie Dietrich Bonhoeffer um den Preis seiner kirchlichen Reputation in die Einsamkeit der Verschwörung« zwang[40]. Diese Beispiele[41] sind hier nicht zu erörtern; sie zeigen alle, daß die Frage der Rezeption gerade der 2. Barmer These von vornherein aufs äußerste umstritten war. Für die einen trat diese These in die Klammer der dann rein binnenkirchlich interpretierten 1. These auf der einen und der vorwiegend auf die Erhaltung gegebener Ordnungen orientierten Interpretation der 5. These auf der anderen Seite. Für andere ergaben sich aus der Ermächtigung und dem Aufruf zu einem Leben und Freiheit ermöglichenden Dienst eindeutige Konsequenzen für ein am Lebens- und Freiheitsrecht der Menschen orientiertes Handeln mit politischer Konsequenz. Die einen orientierten sich, gerade von der 1. Barmer These ausgehend, nur an der Frage, wie die Kirche in der Konzentration (die dann allzu leicht als Beschränkung mißverstanden wurde) auf die Verkündigung des einen Wortes Gottes die Stürme der Zeit überstehen könne; die anderen erklärten im Gegenzug gegen eine solche Selbstbezüglichkeit der Kirche, daß Kirche radikal als »Kirche für andere« zu verstehen sei.

39 Ebd.
40 *E. Bethge*, Am gegebenen Ort, 1979, S. 146.
41 Zu ihnen insgesamt: *E. Wolf*, Kirche im Widerstand?, 1965.

Der Zwiespalt, der in dieser Rezeptionsgeschichte der Barmer Theologischen Erklärung während des Kirchenkampfs selbst liegt, kam auch nach 1945 zur vollen Geltung. Weitgehendes Einverständnis bestand darüber, daß aus der 2. Barmer These ein »Öffentlichkeitsanspruch« bzw. »Öffentlichkeitsauftrag« der Kirche abzuleiten sei, von welchem die Evangelische Kirche in Deutschland in der Nachkriegssituation mit besonderem Nachdruck Gebrauch zu machen habe. Doch welche Folgerungen sollten aus diesem Öffentlichkeitsanspruch gezogen werden? Eine Position markiert mit besonderem Nachdruck die Rede, die Martin Niemöller bei der Kirchenführerkonferenz in Treysa im August 1945, also in der Geburtsstunde der EKD, gehalten hat. Sie ist für unseren Zusammenhang bemerkenswert, weil sie ausdrücklich auf die neuprotestantische Zwei-Reiche-Tradition in der Form Bezug nimmt, daß sie kritisch an Rudolph Sohms bekanntes Wort über das Recht – und damit auch den Staat – als »geborene Heiden«[42] anknüpft. Der entsprechende Passus der Rede Niemöllers, aus der bereits in früherem Zusammenhang zitiert wurde[43], heißt:

> »Damit, daß wir den Staat einfach als Heiden betrachten, und damit, daß wir ihm die heiligen zehn Gebote als Richtschnur vorhalten, ist es jedenfalls nicht getan. Wir Christen wissen als einzige darum, daß nicht allein wir, sondern alle Menschen unter der Hülle der Sünde das schöpfungsgemäße Ebenbild Gottes tragen, wir allein wissen darum, daß der christliche und nichtchristliche Bruder an unserer Seite zur Gotteskindschaft berufen sind wie wir selbst. Wir haben deshalb eine andere Stellung zu unseren Mitmenschen; wir wissen, daß sie gleich uns einen Anspruch auf Recht und Freiheit haben, und daß sie darum niemals für uns und für andere zum Gegenstand der Ausbeutung werden sollten. Wenn in dieser Welt die christliche Kirche einen Platz hat und gehört wird, dann haben wir als Kirche ein Interesse und eine Aufgabe, daß den Menschen Recht und Freiheit auch im öffentlichen und staatlichen Leben gegeben werde . . . Die Demokratie . . . hat nun einmal mehr mit dem Christentum zu tun als irgendeine autoritäre Form der Staatsführung, die das Recht und die Freiheit für den einzelnen verneint. Über diese Dinge haben wir uns klar zu werden und für das praktische Verhalten der Kirche wie für unser Reden als Kirche daraus die Folgerungen zu ziehen . . .«[44].

Aus der so formulierten Position ergaben sich Initiativen, zur politischen Entwicklung Nachkriegsdeutschlands eine dezidierte Stellung zu beziehen. Charakteristisch für sie ist vor allem das Darmstädter Wort des Reichsbruderrats von 1947. Sein Ausgangspunkt ist die Versöhnung der Welt mit Gott in Christus, die zur Erkenntnis nicht nur individueller, sondern auch politischer Schuld befreit; von diesem Ausgangspunkt aus beschreibt das Darmstädter Wort diejenigen Wege, auf denen die evangelische Kirche in ihrer vorherrschenden politisch-gesellschaftlichen Grundorientierung in die Irre gegangen ist: in dem Bündnis mit Nationalismus und militärischer Machtentfaltung, in dem Bündnis mit den konservativen Mächten, in der weltan-

42 Siehe Texte 21, S. 48.
43 Oben S. 29f.
44 *K. Kupisch*, Quellen zur Geschichte des deutschen Protestantismus von 1945 bis zur Gegenwart, Teil 1, 1971, S. 44.

schaulichen Front der Guten gegen die Bösen, in der Alternativ-Parole »Christentum oder Marxismus«[45]. Der Versuch, die Wiederholung solcher Irrwege zu vermeiden, steht im Hintergrund der kritischen Stellungnahmen zur Wiederbewaffnung der Bundesrepublik, zum Militärseelsorgevertrag und zum Problem der atomaren Bewaffnung der Bundeswehr – Initiativen, als deren Träger vor allem die Kirchlichen Bruderschaften hervortraten. In der Auseinandersetzung um die Friedensverantwortung der Kirche, die seit dem NATO-Beschluß vom Dezember 1979 neu entbrannt ist, knüpfen verschiedene Gruppen der christlichen Friedensbewegung an diese Tradition an. Die Einsicht, daß die Friedensfrage eine Bekenntnisfrage darstellt, erscheint als eine heute notwendige Konsequenz aus der 2. Barmer These[46].

Eine andere Auslegungstradition, die sich nach 1945 herausbildete, interpretierte den Öffentlichkeitsanspruch der Kirche, der sich aus der 2. Barmer These ergebe, vorwiegend im Sinn kirchlicher Bestandsentfaltung und Bestandssicherung. Die Interpretation des Verhältnisses von Staat und Kirche im Sinn der Partnerschaft beider Größen, die Anerkennung des kirchlichen Öffentlichkeitsauftrags von staatlicher Seite in der solennen Form von Staatskirchenverträgen, die fortdauernde Anerkennung der Kirchen als Körperschaften des öffentlichen Rechts – allesamt Phänomene, die einer mehrfachen Auslegung fähig sind – traten in der Nachkriegsepoche *vorwiegend* in einen Bedeutungszusammenhang, der vom Selbstentfaltungswillen der Kirche, von ihrem »Öffentlichkeitswillen« geprägt war[47].

Diejenige Auffassung, die aus der 2. Barmer These nur einen »Öffentlichkeitsauftrag« der Kirche ohne weitere inhaltliche Bestimmung entnahm, sah sich für die Frage, mit welcher Zielsetzung die Kirche öffentlich wirksam werden solle, auf die Zwei-Reiche-Lehre zurückverwiesen. Der »Öffentlichkeitsauftrag« als solcher wurde nun also auf den in der Barmer Theologischen Erklärung behaupteten Zusammenhang von »Zuspruch« und »Anspruch« begründet; die Kriterien für die inhaltliche Wahrnehmung dieses »Öffentlichkeitsauftrags« aber orientierten sich an der These von der Differenz zwischen Reich Gottes und Welt. Die Argumentationsstruktur, die sich aus diesem doppelten Ansatz ergab, trat in den Auseinandersetzungen um die Wiederbewaffnung der Bundesrepublik mit besonderer Klarheit hervor. Dem Widerspruch, den Gustav Heinemann, Martin Niemöller und andere im Namen ihres christlichen Glaubens gegen die deutsche Remilitarisierung geltend machten, traten lutherische Theologen mit dem Hinweis entgegen, hier liege eine unzulässige Vermischung von Kirche und Politik vor. Sie sahen darin die Gefahr einer »schwärmerischen Irrlehre von den Möglichkeiten oder gar Notwendigkeiten einer heilbringenden Einwirkung von seiten

45 Ebd., S. 57ff. – Zur Interpretation vgl. in unserem Zusammenhang besonders *B. Klappert*, Die ökumenische Bedeutung des Darmstädter Wortes, in: *A. Baudis* u.a. (Hg.), Richte unsere Füße auf den Weg des Friedens. Für Helmut Gollwitzer, 1979, S. 629ff. mit weiterer Lit.

46 Siehe unten S. 249ff.

47 Für Einzelheiten verweise ich auf die entsprechenden Abschnitte meines Buchs: Kirche und Öffentlichkeit, 1973.

der Gemeinde Jesu Christi auf den Gang der Welt«[48]. Gegenüber einer solchen Irrlehre sollte gelten: »Vielmehr lehrt uns Luther mit seiner Regimenten-Lehre, die Unzulänglichkeiten und Katastrophen dieser Welt ertragen«[49].

Als Einsicht des Kirchenkampfs, die für die Gegenwart fruchtbar gemacht werden müsse, wurde nun allein noch dies geltend gemacht: Man habe erkannt, »wohin es führt, wenn der Staat mit einem totalen Anspruch auf den Menschen die Kirche zum Werkzeug irdischer Machtpolitik machen will«[50]. Die ursprüngliche Stoßrichtung der 2. Barmer These, die sich gerade kirchlich-theologischen Fehlentwicklungen kritisch zuwendet, wird nicht mehr berücksichtigt. Vielmehr wird allein ihre Totalitarismus-kritische Spitze verknüpft mit jenen Grundelementen einer politischen Ethik des deutschen Protestantismus, die schon geraume Zeit vor dem Kirchenkampf klar ausgeprägt waren: Verwiesen wird zum einen auf die – inhaltlich unbestimmte – politische Verantwortung der Einzelperson; verwiesen wird zum anderen auf die Notwendigkeit, »die Unzulänglichkeiten und Katastrophen dieser Welt zu ertragen«. Dies aber sind genau diejenigen »Begleitgedanken«, die nach Ernst Troeltschs Auffassung das Christentum allein zu einer politischen Ethik beitragen kann: die Gedanken nämlich der Persönlichkeit und der Ergebung in die natürlichen Ordnungen[51]. Der Gedanke, daß das politische Handeln der Christen ein Leben und Freiheit ermöglichender Dienst ist, der Gedanke auch, daß die christliche Gemeinde den Ort bildet, an dem Christen über diesen Dienst Klarheit gewinnen, der Gedanke schließlich, daß auch das öffentliche Handeln der Kirche an diesem Kriterium zu messen sei – sie treten in den Hintergrund und finden nicht einmal mehr als »Begleitgedanken« Erwähnung. Dies aber heißt: unter formaler Rezeption der Barmer Theologischen Erklärung wird inhaltlich eine Position vertreten, die der *neuprotestantischen* Fassung der Zwei-Reiche-Lehre entspricht.

Die hier am Beispiel der Auseinandersetzungen während der ersten Nachkriegsjahre verdeutlichte Differenz kehrt auch in den siebziger Jahren in genauer struktureller Entsprechung wieder. Verdeutlicht werden kann dies an dem Votum des Theologischen Ausschusses der Evangelischen Kirche der Union (EKU) zur 2. Barmer These von 1974 auf der einen, an Martin Honeckers Auslegung dieser These auf der anderen Seite.

Beides kann hier nicht in vollem Umfang und in allen Nuancen referiert werden. Ich beschränke mich auf wenige, für unseren Zusammenhang wichtige Gesichtspunkte.

Das Votum des Theologischen Ausschusses der EKU interpretiert die 2. Barmer These so, daß »zwischen Zuspruch und Anspruch zwar zu unter-

48 Stellungnahme des Theologischen Konvents der Bekenntnisgemeinschaft der Evangelisch-Lutherischen Landeskirche Hannover von 1950, verfaßt von *E. Wilkens* (Texte 22, S. 79).

49 Ebd., S. 80.

50 Stellungnahme der Bischofskonferenz der VELKD vom März 1952 (ebd., S. 83).

51 *E. Troeltsch*, a.a.O., S. 35.

scheiden ist, daß letzterer in ersterem gründet, daß ersterer auf letzteren zielt, aber daß beide nicht zu trennen, nicht zeitlich auseinanderzureißen oder gegeneinander auszuspielen sind, sondern zusammengehören wie Licht und Wärme der Sonne«[52]. Von hier aus wird die Formel vom »Anspruch auf unser ganzes Leben« interpretiert:

»Wenn dem totalen Anspruch des NS-Regimes Gottes Anspruch auf unser ganzes Leben entgegengestellt wurde, so darf doch nicht übersehen werden, daß Gottes Totalitätsanspruch völlig anderer Art ist: Es ist der Anspruch des gekreuzigten Christus, der sich nicht mit Gewalt durchsetzt, sondern der als der uns Dienende der Herr ist. Unser Tun kann dem nur entsprechen, indem auch wir nicht herrschen, sondern dienen, d.h. Leben erhalten, anstatt es zu zerstören, vergeben, anstatt zu vergelten, Zukunft eröffnen, anstatt in Angst und Resignation zu versetzen (vgl. Mk 10,43–45). Solcher ›Dienst an Gottes Geschöpfen‹ beschränkt sich nicht auf das Handeln innerhalb der Grenzen und Möglichkeiten eines bestehenden Ordnungsgefüges, sondern kann zur Kritik und Änderung der Strukturen nötigen. Daß ein Gesellschaftssystem niemals ›christlich‹ werden kann (so gewiß es nicht glauben oder sich bekehren kann), daß auch seine Änderung niemals das Reich Gottes auf Erden aufrichtet, heißt nicht, daß sich der Gehorsam gegen den Anspruch Gottes nicht darauf auswirkte oder auch von ihm positiv oder negativ tangiert würde. Politische und gesellschaftliche Strukturen sind daraufhin zu prüfen, ob sie ein wahrhaft menschliches Leben ermöglichen helfen oder dem im Wege stehen.«[53]

Solche kritische Prüfung aber ist Aufgabe nicht nur des einzelnen Christen, sondern auch der christlichen Gemeinde. So ergibt sich aus dem Anspruch Gottes auf unser ganzes Leben ein politischer Auftrag der christlichen Gemeinde, der inhaltlich als Leben und Freiheit ermöglichender Dienst zu verstehen ist.

Demgegenüber vertritt Martin Honecker die Auffassung, aus der 2. Barmer These ergäben sich keine inhaltlichen Kriterien für die Wahrnehmung des kirchlichen Öffentlichkeitsauftrags[54]. Der Zusammenhang zwischen der Herrschaft Christi und dem weltlichen Handeln wird strikt auf die Ebene der Motivation begrenzt. Mit der Herrschaft Christi ist eine »Voraussetzung alles Handelns und Verhaltens von Christen in der Welt« bezeichnet; doch aus dieser Begründung christlichen Handelns in dem Bekenntnis zur Herrschaft Christi können inhaltliche Kriterien für dieses Handeln nicht entnommen werden. Honecker prüft die in dem Votum des Theologischen Ausschusses der EKU enthaltenen Handlungskriterien nicht, sondern behauptet pauschal, solche Kriterien könnten sich aus einer christologischen Argumentation nicht ergeben[55]. Diese Behauptung ist für ihn darin begründet, daß Handlungskriterien an die Bedingung der wissenschaftlichen Überprüfbarkeit gebunden sind; sie aber kann von christologisch begründeten Kriterien niemals erfüllt werden. Damit unterwirft Honecker sich einem Grund-

52 *A. Burgsmüller*, a.a.O., S. 244.
53 Ebd.
54 *M. Honecker*, Weltliches Handeln, a.a.O.; *ders.*, Konzept einer sozialethischen Theorie, 1971, S. 15 u.ö.
55 *M. Honecker*, Theologische Kriterien, a.a.O., S. 464ff. (474).

dogma des Szientismus[56], das er zusätzlich mit einer anthropologisch, nämlich rollentheoretisch gefaßten Variante der Zwei-Reiche-Lehre begründet[57].

Für deren Einführung beruft er sich auf die 5. Barmer These; denn in deren Linie »läge es zweifellos, den Unterschied zwischen der Aufgabe der Kirche und der Aufgabe des Staates, zwischen Verkündigung des Evangeliums und politischem Wirken zu bedenken und festzuhalten«[58]. Auch die 2. Barmer These kennt diesen Unterschied, aber ganz offenkundig im Sinn eines »unterschiedenen Beieinander«. Honecker aber betrachtet die Unterscheidung zwischen der Verkündigung des Evangeliums und dem politischen Wirken nur unter dem Gesichtspunkt der Trennung, nicht unter dem Gesichtspunkt des Zusammenhangs; er bedient sich dazu einer Interpretation der 5. Barmer These, die deren Zusammenhang mit der 2. These eliminiert. Folgt man seiner Auffassung, so muß man die Formulierung der 2. Barmer These für mißlungen halten, da sie zur 5. These »in Spannung« stehe[59]. Demgegenüber muß jedoch als Interpretationsregel gelten, daß man die Aussagen der Barmer Erklärung über das Staatsproblem von der 2. These her auslegen muß und nicht eine verselbständigte Staatstheorie der 5. These zum Maßstab der gesamten Theologischen Erklärung machen darf. Dann aber gilt: Wenn Christen als Regierende oder Regierte ihre Verantwortung dafür wahrnehmen, daß der Staat nach dem Maß menschlicher Einsicht für Recht und Frieden sorgt, dann stehen sie auch bei solchem Handeln unter dem Zuspruch der Versöhnung und unter dem Anspruch, ihr Leben als Befreite und deshalb als dankbaren Dienst an Gottes Geschöpfen zu führen. Je massiver menschliches Leben auf der Erde durch das Handeln von Menschen selbst bedroht wird, desto deutlicher wird auch vielen Christen bewußt, daß die Unterscheidung zwischen der Verkündigung des Evangeliums und politischem Wirken den Zusammenhang zwischen der Zusage der Versöhnung und dem Gebot der Lebenserhaltung und Lebensförderung nicht verdunkeln darf. Dieser Zusammenhang ist das Thema der 2. Barmer These.

56 Zu dessen Kritik gerade in ethischer Hinsicht verweise ich nochmals auf *K.-O. Apel,* Transformation der Philosophie, Bd. 2, 1973, S. 358ff.

57 *M. Honecker,* Zwei-Reiche-Lehre und Sozialethik, in: *ders.,* Sozialethik zwischen Tradition und Vernunft, 1977, S. 175ff.; *ders.,* Thesen zur Aporie der Zwei-Reiche-Lehre, a.a.O.

58 *Ders.,* Theologische Kriterien, a.a.O., S. 467.

59 *Ders.,* Evangelische Theologie vor dem Staatsproblem, 1981, S. 14.

2. »Eigengesetzlichkeit« und »Lehre von den zwei Reichen«

Der Verwerfungssatz der 2. Barmer These, so zeigte das vorangehende Kapitel, richtet sich gegen die These von der Eigengesetzlichkeit weltlicher Lebensbereiche und damit gegen eine Aussage, die für die Ausbildung der neuprotestantischen Zwei-Reiche-Lehre eine wichtige Bedeutung hatte. Diesem Zusammenhang zwischen der Eigengesetzlichkeitsthese und der neuprotestantischen Fassung der Zwei-Reiche-Lehre will ich im Folgenden genauer nachgehen[1].

I

In der Diskussion um die »Zwei-Reiche-Lehre« verbinden sich Versuche, gegenwärtige Wirklichkeitserfahrungen theologisch zu verarbeiten, mit der Übernahme von Deutungsschemata der theologischen Tradition. Der Rückgriff auf *Luthers* Lehre von den Reichen und Regimenten Gottes erfolgte in unserem Jahrhundert zu dem Zweck, ein *gegenwärtiges* Problem der Theologie zu lösen; dieses Problem bestand darin, den christlichen Glauben in einer Welt zu vertreten, mit deren komplexen Strukturen dieser Glaube nicht mehr einfach vermittelt werden kann. Daß solche Versuche der Verarbeitung gegenwärtiger Wirklichkeitserfahrung mit einer »Lehre« Luthers verknüpft wurden, verlieh ihnen zunächst den Anschein einer unbezweifelbaren theologischen Legitimität. Im Anschluß an solche Konzepte wurde dann die Lehre von den zwei Reichen auch in kirchenpolitischen und politischen Zusammenhängen dazu verwendet, die Anpassung an eine gegebene Wirklichkeit zu legitimieren. Diese Form der Aneignung der Lehre Luthers von den Reichen und Regimenten Gottes ist noch keineswegs an ein Ende gekommen. Um dieser nach wie vor aktuellen Bedeutung willen ist es deshalb nötig, sich an einigen Beispielen die Bedingungen zu vergegenwärtigen, unter denen im 20. Jahrhundert auf Luthers Anschauungen zurückgegriffen wurde.

Ein solcher kritischer Blick auf Stationen der Wiederaufnahme der »Lehre von den zwei Reichen« in unserem Jahrhundert hat sein Ziel darin, eine hermeneutisch geklärte Bezugnahme auf Luthers Lehre von den Reichen und Regimenten Gottes möglich zu machen. Denn deren Bedeutung für heutige theologische Urteilsbildung und kirchliche Orientierung wurde in

1 Das Folgende geht zurück auf den Aufsatz: »Eigengesetzlichkeit« und »Lehre von den zwei Reichen«, in: *N. Hasselmann* (Hg.), Gottes Wirken in seiner Welt, Bd. 2, Zur Diskussion um die Zwei-Reiche-Lehre, 1980, S. 27ff.

den Verwendungsweisen, die im folgenden darzustellen sind, keineswegs ausgeschöpft, sondern in wesentlichen Hinsichten eher verstellt. Die Absicht der folgenden Überlegungen liegt also keineswegs in einer *Destruktion* dieser Lehre; sie liegt vielmehr darin, die Bedingungen für eine *konstruktive* Bezugnahme auf Luthers Anschauungen im Rahmen heutiger theologischer Urteilsbildung freizulegen[2].

Der explizite Rückgriff auf Luthers Reden von den Reichen und Regimenten Gottes erfolgte in unserem Jahrhundert angesichts einer besonderen, nämlich einer spezifisch modernen Form von Wirklichkeitserfahrung. Diese war durch den Eindruck der Expansion menschlicher Herrschaft über die Natur bestimmt. Angesichts der Ausweitung menschlicher Verfügungsmöglichkeiten über die Erde aber tat sich eine Kluft zwischen dem Glauben an die Weltherrschaft Gottes und der Überzeugung von der Weltherrschaft des Menschen auf; zugleich traten überlieferte sittliche Normen und geschichtliche Lebenswelt auseinander. Daß die Welt im ganzen unter der Herrschaft des gnädigen Gottes stehe, war ein Gedanke, der sich mit der zunehmenden Weltherrschaft des Menschen nur schwer vereinbaren ließ. Und ebenso erschien der Gedanke als nicht mehr vollziehbar, daß menschliches Verhalten in dieser Welt sich im ganzen an den Maßstäben eines in spezifischem Sinn christlichen Ethos orientieren könne. Der theologischen Verarbeitung solcher Erfahrungen dienten in unserem Jahrhundert Elemente der Reiche- und Regimentenlehre Luthers.

Theologische Signale für diese moderne Wirklichkeitserfahrung gibt es im ausgehenden 19. und beginnenden 20. Jahrhundert in unterschiedlicher Gestalt; als besonders kennzeichnend gilt zu Recht Friedrich Naumanns »theologischer Widerruf«[3]. Die unerbittliche Härte, die Politik und Ökonomie kennzeichnet, veranlaßte Naumann, den Versuch, diese Lebensgebiete aus dem Geist des Evangeliums zu gestalten, zu widerrufen. Politische Fragen lagen für ihn damit »außerhalb des Wirkungskreises des Evangeliums«. Für diese Position berief Naumann sich ausdrücklich auf den »alten großen Doktor deutschen Glaubens«; die *»lutherische Scheidung der Gebiete«* habe sich »bei tieferer Durchdringung des Stoffes auch für uns als richtig ergeben«[4].

In Naumanns »theologischem Widerruf« klingen zwei Grundmotive an, die auch für die folgenden Jahrzehnte Bedeutung behalten sollten: die Erfah-

2 Zur historischen und systematischen Interpretation von Luthers »Zwei-Reiche-Lehre« vgl. die Texte und Literaturhinweise bei *H.-H. Schrey* (Hg.), Reich Gottes und Welt. Die Lehre Luthers von den zwei Reichen, 1969, sowie bei *G. Sauter / J. Haun* (Hg.), Zur Zwei-Reiche-Lehre Luthers, 1973. Für mein eigenes Verständnis sind am wichtigsten: *U. Duchrow*, Christenheit und Weltverantwortung. Traditionsgeschichte und systematische Struktur der Zwei-Reiche-Lehre, 2. Aufl. 1982; *H. E. Tödt*, Die Bedeutung von Luthers Reiche- und Regimentenlehre für heutige Theologie und Ethik, in: *N. Hasselmann*, a.a.O., S.52ff.; *G. Scharffenorth*, Den Glauben ins Leben ziehen ... Studien zu Luthers Theologie, 1982.

3 Vgl. *H. Timm*, Friedrich Naumanns theologischer Widerruf, 1967.

4 *F. Naumann*, Briefe über Religion (1903), in: Werke, Bd. 1, 1964, S. 626 (Texte 21, S. 53).

rung des »ehernen Zwanges«, der die Bereiche von Wirtschaft und Politik vor allem kennzeichne, und die Verbindung dieser Erfahrung mit der lutherischen Scheidung von Gebieten, von Lebenssphären oder eben von »Reichen«. Noch nicht im terminologischen Sinn, wohl aber der Sache nach begegnet also schon bei Friedrich Naumann eine Position, die die Erfahrung der »Eigengesetzlichkeit« mit der »Lehre von den zwei Reichen« verknüpft. Gerade diese Elemente im Denken Friedrich Naumanns haben in den folgenden Jahrzehnten in Kirche und Theologie nachgewirkt.

Mit besonderer Schärfe wurde zu Beginn unseres Jahrhunderts die neue Wirklichkeitserfahrung, die durch die Erfolge der Naturwissenschaften, den Prozeß der Industrialisierung und die Etablierung moderner Nationalstaaten bestimmt war, außerhalb der Theologie artikuliert. Max Weber hat die dadurch entstehende Spannung zwischen Wirklichkeitserfahrung und Religion auf einen einprägsamen und folgenreichen Begriff gebracht; er charakterisiert die Entwicklung der okzidentalen Rationalität als Entwicklung zu einer *Eigengesetzlichkeit,* die sich mit der *Brüderlichkeitsethik* der Religion, vor allem des Christentums, nicht mehr vermitteln lasse[5]. Vor allem die »Zwischenbetrachtung« am Ende des ersten Bandes von Max Webers religionssoziologischen Aufsätzen ist diesem Thema gewidmet[6]. In fünf Bereichen zeigt Weber die Entwicklung zur Eigengesetzlichkeit: Die rationale kapitalistische *Wirtschaft* ist durch die Orientierung an der abstrakten und unpersönlichen Größe des Geldes und durch den Interessenkampf im Rahmen des Marktmechanismus gekennzeichnet; ihre Rationalität und Unpersönlichkeit zerschneiden jeden Bezug zur religiösen Brüderlichkeitsethik. Die Ausbildung des modernen *Staatsapparats* ist an der Pragmatik der Staatsräson orientiert. Der Staat ist derjenige Verband, der das Monopol legitimer Gewaltsamkeit in Anspruch nimmt; in diesem Anspruch ist er nicht von einem ethischen »Recht«, sondern vom Erfolg abhängig. Doch die Politik verhält sich nicht nur, wie die Ökonomie, zur religiösen Ethik neutral, sondern sie kann als deren direkte Konkurrentin auftreten. Dies zeigt sich im Krieg als der realisierten Gewaltandrohung; denn er schafft ein Pathos der Gemeinschaft und der Hingabe, welchem »die Religionen im allgemeinen nur in Heroengemeinschaften der Brüderlichkeitsethik ähnliches zur Seite zu stellen haben«. Gerade dies aber verschärft die »Fremdheit beider Sphären gegeneinander«[7]. Aber nicht nur zu denjenigen Sphären steht die religiöse Ethik in Spannung, die den »Eigengesetzlichkeiten des zweckrationalen Handelns« folgen, sondern auch zu denjenigen Lebensmächten, die durch einen arationalen oder irrationalen Charakter gekennzeichnet sind. Weber meint damit einerseits den Bereich der *Kunst,* andererseits den der *Sexualität.* Am größten aber ist schließlich die Spannung der Religiosität zum Bereich des denkenden Erkennens, zur *Wissenschaft.* »Wo immer ... rational

5 Siehe auch oben S. 43.
6 *M. Weber,* Gesammelte Aufsätze zur Religionssoziologie, Bd. 1, 6. Aufl. 1972, bes. S. 544ff.
7 Ebd., S. 548.

empirisches Erkennen die Entzauberung der Welt und deren Verwandlung in einen kausalen Mechanismus konsequent vollzogen hat, tritt die Spannung gegen die Ansprüche des ethischen Postulats: daß die Welt ein gottgeordneter, also irgendwie ethisch sinnvoll orientierter Kosmos sei, endgültig hervor«[8].

Ökonomie, Politik, Kunst, Sexualität und Wissenschaft sind die fünf Bereiche, an denen Weber zeigen will, daß die Eigengesetzlichkeit der Religion mit der Eigengesetzlichkeit der Welterfahrung und Weltbewältigung nicht mehr zur Deckung gebracht werden kann. Weber verschafft damit einer Empfindung präzisen Ausdruck, die in den ersten Jahrzehnten unseres Jahrhunderts weit verbreitet ist. In besonderem Maß scheint der Erste Weltkrieg mit seiner Entfesselung vorher unbekannter Gewaltpotentiale für viele zum Anlaß einer derartigen Empfindung geworden zu sein; daraus erklärt sich vielleicht, daß in den Jahren des Ersten Weltkriegs der Begriff der Eigengesetzlichkeit plötzlich bei vielen Autoren auftaucht und sofort zu dem Begriff wird, an dem sich der Konflikt über die gebotene ethische Orientierung der Christen und der Kirchen entzündet.

Das erste mir bekannte Dokument über eine derartige Verwendung des Begriffs der »Eigengesetzlichkeit« ist der Artikel »Über die Ursache des Krieges«, den der Schweizer Religiöse Sozialist Leonhard Ragaz im September 1914 in den »Neuen Wegen« veröffentlichte[9]. In ihm kritisiert Ragaz das »offizielle Christentum«, welches dem Krieg »seine Seele geliehen und ihm damit eine Kraft gegeben« habe, »die er sonst nie gehabt hätte«. Den Theologen wirft Ragaz vor, sie hätten entweder zur Entwicklung von Kapitalismus, Nationalismus und Imperialismus – den Ursachen des Kriegs – geschwiegen oder aber »zu schwach« geredet, nämlich Theorien von der »Eigengesetzlichkeit« der Welt aufgestellt; einige gar seien so weit gegangen, das »Ideal des Völkerfriedens zu verspotten und für Dreadnoughts [d.h. die damals modernsten Schlachtschiffe – die ›Fürchtenichts‹, W. H.] und starke Regimente zu schwärmen«. Wenn aber nun die Welt an ihrer »Eigengesetzlichkeit« zugrunde zu gehen drohe, so trage daran »das militaristische Christentum einen guten Teil der Schuld«.

Mit diesem Artikel von Leonhard Ragaz ist ein Grundmuster der Diskussion während der folgenden Jahrzehnte vorgezeichnet. Einer vorherrschenden theologischen Strömung wird vorgehalten, sie vertrete eine Lehre von der Eigengesetzlichkeit der Lebensbereiche; dieser Vorwurf wird häufig pauschal und ohne Einzelnachweise erhoben. Die Kritik an der Lehre von der Eigengesetzlichkeit wird so massiv vorgetragen, daß in der Verwendung dieses Begriffs sich schon bald eine bemerkenswerte Vorsicht geltend macht. Die Unbefangenheit, mit der etwa Hermann Jordan ihn verwendet[10], ist in den

8 Ebd., S. 564.

9 *L. Ragaz*, Über die Ursache des Krieges, in: Neue Wege 1914, S. 364ff. (372); vgl. *B. Wiegand*, Krieg und Frieden im Spiegel führender protestantischer Presseorgane Deutschlands und der Schweiz in den Jahren 1890–1914, 1976, S. 203ff.

10 *H. Jordan*, Luthers Staatsauffassung, 1917, S. 191 (Texte 22, S. 22).

folgenden Jahrzehnten wohl nur noch selten zu beobachten. Schon Karl Holl setzt, um einen kritischen Vorbehalt anzumelden, den Ausdruck in Anführungszeichen[11].

Holls Gesammelte Aufsätze zur Theologie Luthers, in denen die Rede von der Eigengesetzlichkeit der weltlichen Lebensbereiche schon als geläufig vorausgesetzt, zugleich aber bereits in kritischer Distanzierung verwendet wird, erschienen in erster Auflage 1921. Im selben Jahr veröffentlichte Georg Wünsch seine Schrift über den »Zusammenbruch des Luthertums als Sozialgestaltung«. Wünschs These, die lutherische Tradition sei für die Orientierung in den gesellschaftlichen Verhältnissen der Neuzeit nicht mehr tragfähig, gründet auf einer Reihe von Behauptungen. An deren Spitze steht die von Ernst Troeltsch übernommene Charakterisierung der Ethik Luthers als einer Lehre von der doppelten Moral, als einer Lehre nämlich, in der Personmoral und Amtsmoral auseinanderfallen. Damit verbindet sich die Meinung, Luther sei für eine Stabilität und Einfachheit des wirtschaftlichen Lebens eingetreten, die überhaupt nur unter agrarischen Verhältnissen möglich sei; deshalb seien seine sozialethischen Ansätze auf die Situation einer modernen Gesellschaft schlechterdings nicht übertragbar.

Schärfer als die Kritik an Luther ist jedoch Wünschs Kritik am späteren Luthertum. Er leitet sie mit dem provozierenden Satz ein: »Luthers großartige Welt- und Sozialanschauung wurde von der Nachwelt als Selbstverständlichkeit übernommen, aber die Epigonen verstanden ihre Größe nicht, hielten sich an die grobe, schematische Form, brachen die feinen, zarten Spitzen, welche Luthers Welt den Zauber der Tiefe geben, ab und wußten die in Luthers Dualismus beschlossene Gefahr nicht zu meiden: nämlich, daß er ein Tummelplatz gemeiner Menscheninstinkte und geistiger Mittelmäßigkeit in dem heuchlerischen Lichte christlicher Moral wurde: das Luthertum«[12]. Den Effekt des neuzeitlichen Luthertums sieht Wünsch darin, daß es nicht zu einer »Verchristlichung des Weltlebens«, sondern zu einer »Verweltlichung des Christenlebens« beitrug. »Am ausgiebigsten mußte dabei Luthers Dualismus zwischen Welt und Gottesreich herhalten; die beiden Sphären wurden noch schroffer getrennt als es bei Luther schon der Fall war. Man nützte dic Möglichkeiten der Doppelmoral bis aufs äußerste und schroffste aus. Man predigte die Eigengesetzlichkeit jeder der beiden Welten, hielt einen Übergriff einer in die andere für schädlich und unreinlich und kam auf diese Weise zu einer riesigen Konzession an die menschlich-tierischen Instinkte ..., zu einer, wenn auch ungewollten Bevorzugung und Unterstützung der politisch und wirtschaftlich herrschenden Klasse, ... zu einer unehrlichen Klassenreligion, die mit dem ursprünglichen Christentum nichts mehr zu tun hat«[13].

11 *K. Holl*, Ges. Aufsätze, Bd. 1, 2. Aufl. 1923, S. 264.266.468f.501.507; *ders.*, Brief an A. Schlatter vom 8. 1. 1920, hg. von *R. Stupperich*, in: ZThK 64, 1967, S. 229.

12 *G. Wünsch*, Der Zusammenbruch des Luthertums als Sozialgestaltung, 1921, S. 21.

13 Ebd., S. 32.

Mit dem ersten Auftreten des Begriffs der Eigengesetzlichkeit setzt alsbald, so sahen wir, dessen polemische Verwendung ein. Ein Instrument der Polemik wird er zunächst vor allem im Bereich des religiösen Sozialismus. Der vorherrschenden Theologie wird der Vorwurf gemacht, sie habe sich der Lehre von der Eigengesetzlichkeit der weltlichen Lebensbereiche ausgeliefert und darauf verzichtet, eine Sozialgestaltung zu entwerfen, welche die Motive der Bergpredigt auch in den »unpersönlichen« Bereichen von Ökonomie und Politik zur Geltung bringe. So pauschal die Diskussion, die ich bisher nachzuzeichnen versuchte, auch verlief, so verweist sie doch zweifellos auf ein Grundproblem, das sich theologischer Ethik unabweisbar stellt: Wie kann verhindert werden, daß die notwendigen Unterscheidungen, die Luthers Theologie so nachhaltig einschärft – zwischen der Gottesrelation und der Weltrelation des Menschen, zwischen dem geistlichen und dem weltlichen Regiment Gottes, zwischen dem Handeln für sich und für andere –, zu Trennungen werden, aus denen sich dann im Ergebnis eine schlichte Legitimation derjenigen Verhaltensmaximen ergibt, die aus der Eigendynamik der jeweiligen ökonomisch-politischen Ordnung hervorgehen?

Der Begriff der Eigengesetzlichkeit wurde geprägt, um das Ergebnis zu diagnostizieren, auf das der Prozeß okzidentaler Rationalisierung hinführt; bei Max Weber dient der Begriff als analytische Kategorie. In der Lutherdeutung wird er alsbald in historisch unzulässiger Weise in Luthers Denken zurückgespiegelt; die – unzutreffende – Behauptung, Luther habe eine Lehre von der Eigengesetzlichkeit der Welt vertreten, verleiht, da der Theologie des Reformators insgesamt verbindliche Bedeutung zuerkannt wird, zugleich dem Begriff der Eigengesetzlichkeit einen normativen Rang. Dagegen wendet sich der vehemente, vor allem durch den Religiösen Sozialismus inspirierte Protest. Er aber muß sich nun gegen beide Verwendungsweisen des Wortes zugleich richten: Er muß dem Begriff der Eigengesetzlichkeit die theologisch-ethische Legitimität und die analytische Brauchbarkeit zugleich absprechen.

II

Im selben Jahr, in dem Holls Luther-Buch und Wünschs Schrift über den Zusammenbruch des Luthertums als Sozialgestaltung erschienen, veröffentlichte Paul Althaus eine Schrift mit dem Titel »Religiöser Sozialismus. Grundfragen einer christlichen Sozialethik«. Auch Althaus nimmt auf den Begriff der Eigengesetzlichkeit Bezug; zur Beschreibung der Position Luthers erscheint er ihm als nicht zureichend[14]. In dem Versuch der Religiös-Sozialen, die Normen für das Verhalten in Wirtschaft und Politik aus dem Evangelium, aus den Motiven der Bergpredigt zu entwickeln, sieht er einen Nomismus am Werk, der das Evangelium zum Gesetz verkehrt. Beiden Irr-

14 *P. Althaus*, Grundfragen der christlichen Sozialethik, 1921, S. 76ff. (Texte 22, S. 38f.).

wegen – der Lehre von der Eigengesetzlichkeit und dem »schwärmerischen« Nomismus – gegenüber versucht er die Position Luthers zur Geltung zu bringen. Sie ist nach Althaus' Deutung durch einen schroffen Dualismus von Reich Gottes und Weltverfassung und damit auch von Liebesethik und Staatsleben gekennzeichnet. Diese »Trennung der Gebiete« aber schließt nicht aus, daß das Handeln der Christen auch in der rauhen Wirklichkeit des Rechts-, Staats- und Kriegslebens vom Geist der Bergpredigt durchdrungen ist. Allerdings zielt die Bergpredigt nicht auf eine bestimmte Gestaltung der Weltverhältnisse, sondern auf die »Tiefe der Gesinnung«. Und der Begriff des Reiches Gottes meint allein »eine bestimmte Haltung und Verbundenheit der Herzen«. So wird die Zusammengehörigkeit der von Luther schroff geschiedenen Gebiete allein in der »stets unveränderten Herzensgesinnung« gefunden. Gerade dadurch aber können auf der anderen Seite die »lebendige Bewegung der Geschichte« und der jeweilige Beruf eines Volkes Fragen »von transzendenter Tiefe« werden[15]; gerade so können die Gesetze der Geschichte als Ausdruck des Willens Gottes betrachtet werden.

Angesichts dieser Darstellung der lutherischen Position hat Karl Barth in einer Erwiderung aus dem Jahr 1922 den Begriff der »Lehre von den zwei Reichen« geprägt[16]. Barth stimmt zunächst dieser »paradoxen Lehre« als Ausgangspunkt zu. Dabei interpretiert er die Zwei-Reiche-Lehre vom Rechtfertigungsgedanken her. Luther unterscheidet zwischen dem Reich Gottes und der Weltwirklichkeit eben deshalb so scharf, weil in jedem Fall deutlich sein muß: Der Mensch ist vor Gott im Unrecht und kann sich durch keine Leistungen – seien diese religiöser, moralischer oder politischer Natur – selbst Rechtfertigung verschaffen; die Verwirklichung des Willens Gottes in der Welt ist deshalb niemals erreichtes Resultat, sondern immer »Aufgabe und Hoffnung, aber auch Frage und Verlegenheit des Christen«[17]. Barth interpretiert also die »paradoxe Lehre von den zwei Reichen« im Sinn der eschatologischen Differenz von Reich Gottes und Welt; wie die Eschatologie in der Ethik ernst genommen werden kann, ist die grundlegende Frage seiner Überlegungen. Bei Althaus aber sieht er eine – dem Ansatz Luthers gar nicht entsprechende – Eliminierung der Eschatologie am Werk, wodurch die Spannung zwischen den beiden Reichen dann doch zum schiedlich-friedlichen Nebeneinander von Gebieten gerät. Dabei wird zunächst das eine Gebiet: das Gebiet der Innerlichkeit, der Herzen, religiös verklärt (als ob die Herzen nicht in der Welt wären); damit wird – so urteilt Barth – eine »psychologische Verwirklichung« des Willens Gottes behauptet, während dessen »politische Verwirklichung« zunächst mit Entschiedenheit zurückgewiesen wird[18]. Doch die Freisetzung des politischen Gebiets hat dann auch

15 Ebd., S. 62.66.
16 *K. Barth*, Grundfragen der christlichen Sozialethik. Auseinandersetzung mit Paul Althaus, abgedruckt in: *J. Moltmann* (Hg.), Anfänge der dialektischen Theologie, Bd. 1, 2. Aufl. 1966, S. 152ff. (vgl. Texte 22, S. 40ff.).
17 *J. Moltmann*, a.a.O., S. 156 (Texte 22, S. 41).
18 Ebd., S. 163.

dessen religiöse Überhöhung zur Folge; denn nun werden dessen Gesetze – im Unterschied zur These Luthers von der sündigen Bedingtheit der elementaren Regeln gesellschaftlichen Zusammenlebens – als unmittelbarer Ausdruck des Willens Gottes gedeutet. Deshalb hält Barth Althaus vor, »daß seine Wendung von der äußeren zur inneren Politik den Sinn hat, dem Menschen zunächst religiös eine feste Burg zu schaffen, wo er sich vor Gott gerechtfertigt-geschützt weiß, um damit auch sein übriges weltliches Tun zu bestätigen, mit einem leise verklärenden Schimmer von Gottgewolltheit zu umgeben, daß der Entfernung der Eschatologie von der Ethik die Absicht zugrunde liegt, die erstere zu verharmlosen und die letztere aus dem drohenden Schatten der ersteren ad majorem gloriam hominis hinauszurücken«[19].

Die Kontroverse zwischen Althaus und Barth hat ihre Bedeutung nicht nur in dem Tatbestand, daß in ihr – so weit bisher ermittelt wurde[20] – der Begriff einer »Lehre von den zwei Reichen« geprägt wurde; ihre Bedeutung hat sie vielmehr vor allem in dem Umstand, daß in ihr bereits eine Reihe grundlegender Themen anklingt, die die Diskussionen über diese Lehre während der nächsten Jahrzehnte teils offen, teils unterschwellig bestimmen sollten. In den Vordergrund tritt schon in dieser frühen Debatte die Alternative zwischen einer im Horizont der Eschatologie und der Rechtfertigungslehre ausgelegten »Lehre von den zwei Reichen« einerseits, die die Verbindung dieser Reiche vorrangig in Gottes Gericht und Gnade begründet sieht, und andererseits einer anthropologisch orientierten »Lehre von den zwei Reichen«, die den Zusammenhang dieser Reiche vorrangig in der Gesinnung der Christen verankert. In den Vordergrund tritt ferner die Alternative zwischen einer Verselbständigung der Gesetze des gesellschaftlichen Zusammenlebens einerseits, die dann gerade deren religiöse oder weltanschauliche Überhöhung erlaubt, und andererseits der These, daß die Erkenntnis des Willens Gottes und das Tun des Gerechten Aufgaben sind, die sich auf alle Bereiche geschichtlichen Lebens beziehen.

Im Blick auf diese Alternativen hat die Diskussion der Reiche- und Regimentenlehre Luthers während der vergangenen Jahrzehnte nicht nur in einen »Irrgarten« geführt, sondern auch zu manchen Klärungen verholfen. So ist deutlich geworden, daß *Luthers* Lehre konsequent vom Handeln *Gottes* in seinen Reichen und Regimenten im Kampf gegen das Reich des Bösen aus entworfen ist; sie ist deshalb zuallererst Einweisung des Menschen in die Gottesrelation. Doch sie ist gerade dadurch zugleich Einweisung des Menschen in seine dem Handeln Gottes nachfolgende Kooperation, in seine der Subjektstellung Gottes nachfolgende Konsubjektivität (H. E. Tödt). Die Verbindung der Reiche und Regimente kann also allein im Handeln Gottes, in seinem Gericht und seiner Gnade gefunden werden; doch dies schließt die ethische Frage nach dem Handeln des Menschen keineswegs aus, sondern vielmehr mit Notwendigkeit ein. Die *ethische* Bedeutung der Reiche- und

19 Ebd., S. 163 (Texte 22, S. 43).
20 Siehe oben S. 42.

Regimentenlehre erschließt sich also gerade nur dann, wenn man sie konsequent *theozentrisch* interpretiert; gerade die ethische Bedeutung dieser Lehre kommt nur unzureichend zum Ausdruck, wenn man sie anthropologisch auslegt.

Für eine solche anthropologische Auslegung der »paradoxen Lehre von den zwei Reichen« ist bereits Althaus' kleine Schrift von 1921 ein Beispiel. Dabei verbindet sich der Rückgriff auf Luther offenkundig mit dem Fortwirken von Traditionen, die im Lauf des *19. Jahrhunderts* Gestalt gewonnen haben. Schon im 19. Jahrhundert bildet sich eine Denkweise aus, die Heilsordnung und Naturordnung, Gottesreich und Weltreich, Erlösungsordnung und Schöpfungsordnung einander gegenüberstellt[21]. Schon im 19. Jahrhundert stellt sich die Frage, wie diese beiden Ordnungen zueinander in Beziehung gesetzt werden können[22]. Als Vermittlungsinstanz gilt dabei in aller Regel die Sittlichkeit. In der »sittlichen Freiheit«, im »freien Handeln« sind Heilsordnung und Naturordnung miteinander verbunden; diesen Grundgedanken findet man im Verlauf des 19. Jahrhunderts bei sehr unterschiedlichen Autoren[23]. Die Frage nach der Zuordnung der getrennten Sphären von Heilsordnung und Naturordnung wird also mit einer fundamentalen *anthropologischen* Kategorie, eben der Kategorie der Sittlichkeit, beantwortet. Später wird diese Antwort in psychologischem Sinn abgewandelt; denn nun ist nicht mehr von der Sittlichkeit, sondern von der *Gesinnung* die Rede.

Eine klassische Formulierung dieser Antwort findet sich z.B. bei Chr. Ernst Luthardt: »Demnach besteht die Christlichkeit des irdischen Lebens nicht darin, daß das irdische Leben etwa beschränkt oder irgendwie äußerlich modifiziert oder von der Kirche äußerlich geweiht werde oder was dergleichen mehr ist, sondern in der christlichen Gesinnung des im Glauben neugewordenen Herzens, welche der Christ in alles irdische Leben hineintragen soll«[24]. Derselbe Begriff der Gesinnung begegnet Jahrzehnte später auch bei Wilhelm Herrmann. Er übernimmt Friedrich Naumanns Diagnose, daß das gegenwärtige Handeln von Jesus und seiner Art zu leben durch eine tiefe Kluft geschieden sei; doch er lehnt Naumanns Folgerung, daß man deshalb »auf das ganze Christentum« verzichten müsse, ab. Denn »aus der Gesinnung heraus, in der wir mit Jesus einig sind, wollen wir den nationalen Staat, dessen Wesen und Aufgaben Jesus noch nicht kannte, und lassen uns dadurch nicht irre machen, wenn manches an diesem Gebilde der menschlichen Natur mit der Lebensführung und Stimmung Jesu in so grellem Widerspruch steht wie die Waffenrüstung und ihr mutiger Gebrauch«[25].

21 Dafür einige Belege in Texte 21, S. 16ff.

22 Dadurch, daß in den jeweiligen Einführungen zu den in Texte 21 abgedruckten Quellen gelegentlich ohne weitere Erläuterungen vom »Dualismus« oder der »Diastase« zwischen den beiden Ordnungen die Rede ist, tritt nicht deutlich genug hervor, daß auch die Theologen des 19. Jahrhunderts nach einer Vermittlung zwischen diesen Ordnungen gefragt haben.

23 Vgl. in Texte 21 z.B. *Stahl* (S. 16), *Vilmar* (S. 18f.), *Th. Harnack* (S. 28f.), *Ritschl* (S. 34ff.).

24 *Chr. E. Luthardt*, Die Ethik Luthers in ihren Grundzügen, 1867, S. 79f. (Texte 21, S. 31).

25 *W. Herrmann*, Die sittlichen Weisungen Jesu, 1907, S. 237 (Texte 21, S. 46).

Auch hier also kommt die Erfahrung zu schroffem Ausdruck, daß die Weltwirklichkeit durch ihre »eigenen Gesetze«[26] gekennzeichnet und durch sie vom Bereich der Religion getrennt sei; eine Verbindung zwischen beiden stiftet die Gesinnung. Diese psychologisierende Auskunft aber bestimmt auch die Auslegung, die Paul Althaus der Lehre Luthers von den zwei Reichen im Jahr 1921 gibt. Die anthropologische Deutung, die er Luthers Auffassungen unterlegt, ist also durch die theologischen Entwicklungen im 19. und beginnenden 20. Jahrhundert vorbereitet.

III

Die Schemata zur Deutung der modernen Wirklichkeitserfahrung, die unter den Stichworten der »Eigengesetzlichkeit« und der »Lehre von den zwei Reichen« entwickelt worden waren, wurden von einer Reihe von Theologen in der Zeit des nationalsozialistischen Regimes aufgenommen und weitergeführt[27]. Vor allem Emanuel Hirsch begründete seine Zustimmung zu der nationalen Wende, die Deutschland 1933 genommen habe, ausdrücklich mit Luthers »Lehre von den zwei Reichen«. Dabei erschien ihm im Rückblick auf die Jahre von 1918 bis 1933 die Anknüpfung an die »Anschauung Luthers von den zwei Reichen« als das eigentliche Charakteristikum des »jungen nationalen Luthertums«, dem er sich selbst zurechnete[28].

Diese Selbstinterpretation Hirschs läßt sich belegen. Auch hierfür wähle ich eine Schrift aus dem Jahr 1921 – dem Jahr also, in dem auch die erwähnten Schriften von Karl Holl, Georg Wünsch und Paul Althaus erschienen. Hirsch veröffentlichte in diesem Jahr eine knappe Abhandlung mit dem Titel »Die Reich-Gottes-Begriffe des neueren europäischen Denkens«. Am Begriff des Reiches Gottes will Hirsch die Unterschiede zwischen den naturrechtlich-englischen, den sozialistisch-französischen und den idealistisch-deutschen Auffassungen von Gesellschaft und Staat deutlich machen. Die Ansätze des deutschen Idealismus aber gehen in ihren Grundelementen über Leibniz auf Luther zurück; durch ihn wird es zu einem Grundzug deutschen Denkens, die »Leiden und Widersprüche dieser harten Wirklichkeit . . . als die geheimnisvoll notwendige Kehrseite an der Erscheinung der lebendig an der Welt wirkenden Liebe und Vollkommenheit« zu bejahen[29].

26 Dieser Ausdruck findet sich bei *W. Herrmann* in dem Aufsatz »Der Glaube an Gott und die Wissenschaft unserer Zeit« aus dem Jahr 1904 (Texte 21, S. 42).

27 Vgl. dazu jetzt die Darstellung von *K. Nowak*, Zwei-Reiche-Lehre. Anmerkungen zum Entstehungsprozeß einer umstrittenen Begriffsprägung und kontroversen Lehre, in: ZThK 78, 1981, S. 105ff.

28 *E. Hirsch*, Die gegenwärtige geistige Lage im Spiegel philosophischer und theologischer Besinnung. Akademische Vorlesungen zum Verständnis des Jahres 1933, 1934, S. 115. Vgl. dazu auch *C. Nicolaisen*, »Anwendung« der Zwei-Reiche-Lehre im Kirchenkampf – Emanuel Hirsch und Dietrich Bonhoeffer, in: *N. Hasselmann*, a.a.O., S. 15ff.

29 *E. Hirsch*, Die Reich-Gottes-Begriffe des neueren europäischen Denkens. Ein Versuch zur Geschichte der Staats- und Gesellschaftsphilosophie, 1921, S. 3; vgl. *J. H. Schjørring*, Theologi-

Diese Bejahung wird gerade dadurch möglich, daß Luther das Gottesreich aller irdischen Gemeinschaft überordnet. Luther – so charakterisiert Hirsch das Denken des Reformators – stellt das Reich Gottes als »die alle Zeiten und Lande umspannende Liebes- und Gesinnungsgemeinschaft« dem Reich der Welt als dem Inbegriff aller irdischen Ordnungen, vor allem des Staats, gegenüber[30]. Diese »von Luther vollzogene Scheidung der beiden Ordnungen oder Reiche«[31] nehmen die Philosophen des deutschen Idealismus auf; sie begegnet bei ihnen in der scharfen und bestimmten Abgrenzung der Rechtsgemeinschaft gegen die sittliche Gemeinschaft. Auch in säkularisierter Gestalt also ist die Einsicht unverzichtbar, daß man den Reich-Gottes-Gedanken nicht »in irgend eine an die Gegenwart knüpfende Staats- und Gesellschaftslehre umsetzen« kann.

Hirsch verknüpft mit diesem Gedanken den Begriff der *Eigengesetzlichkeit.* Er wehrt diejenige Fassung des Begriffs ab, nach der Staat und Gesellschaft »aus allen innern Beziehungen auf höheres persönliches Leben gelöste Selbstzwecke« seien. Mit der sittlichen Gemeinschaft des Reiches Gottes sind also Staat und Gesellschaft durch die persönliche Haltung und Gesinnung der einzelnen verbunden. Nach dieser Klarstellung verwendet Hirsch den Begriff der Eigengesetzlichkeit in positivem Sinn: Recht und Staat werden »durch die natürlichen Lebensbedingungen in unzerstörbarer Eigengesetzlichkeit gestaltet«; kraft dieser Eigengesetzlichkeit sind sie eine »dem einzelnen gehorsamheischend gegenübertretende unabhängige Ordnung des Ganzen«[32].

Es ist also gerade die »Scheidung der beiden Ordnungen oder Reiche«, welche es ermöglicht, Recht und Staat vorrangig unter der Perspektive des Gehorsams zu betrachten. Eine Verbindung zwischen den geschiedenen Gebieten ist auch nach Hirsch nur in der persönlichen Gesinnung denkbar. Dies aber heißt zugleich: Die Frage, ob aus dem christlichen Glauben Konsequenzen für die Gestaltung von Gesellschaft und Staat zu ziehen sind, kann nur in der individuellen Verantwortung des einzelnen entschieden werden. Aus der Scheidung der beiden Ordnungen oder Reiche ergibt sich also die Trennung zwischen der Verantwortung des einzelnen und der Verantwortung der Kirche. Dies ist der systematische Hintergrund dafür, warum man sich auch in den Diskussionen nach 1945 für die Trennung zwischen diesen bei-

sche Gewissensethik und politische Wirklichkeit. Das Beispiel Eduard Geismars und Emanuel Hirschs, 1979, v.a. S. 63ff. Schjørring nimmt allerdings für die Zeit um 1921 die »Zwei-Reiche-Lehre Luthers« (a.a.O., S. 75f.) zu selbstverständlich als eine gegebene Größe an.

30 *E. Hirsch,* a.a.O., S. 7.

31 Ebd., S. 22. Vgl. auch die entsprechende Formulierung in: *ders.,* Deutschlands Schicksal, 2. Aufl. 1922, S. 71f.: »Diese Erkenntnisse zwingen auf jeden Fall herbei eine reinliche Scheidung zwischen der Rechtsordnung des Staats einerseits, der Liebesordnung des Reiches Gottes andererseits. Sie sind Gebilde völlig verschiedenen Ursprungs. Staat und Recht gehören ins irdischnatürliche Leben, das Reich Gottes dagegen ist eine geistliche Größe, ist die als lebendig-wirkende Macht empfundene Gemeinschaft der Gewissen in Gott. Diese Scheidung ist die erste Erkenntnis Luthers.«

32 *Ders.,* Die Reich-Gottes-Begriffe, a.a.O., S. 23.

den Verantwortungsbereichen häufig auf die »Lehre von den zwei Reichen« berufen hat[33]. Der Grund für die prinzipielle Trennung zwischen dem Verantwortungsbereich des einzelnen und demjenigen der Kirche liegt also in einer psychologischen Umdeutung der Zwei-Reiche-Lehre: Die geschiedenen Gebiete des Reiches Gottes und der Welt sind allein in der persönlichen Gesinnung der einzelnen miteinander verbunden.

Emanuel Hirsch macht also bereits im Jahr 1921 Luthers »Scheidung der beiden Ordnungen oder Reiche« zum Ausgangspunkt einer theologisch-politischen Konzeption. Im »Dritten Reich« aber erhält diese Konzeption dadurch eine veränderte Qualität, daß der Begriff des Politischen neu gefaßt wird. Diese Veränderung im Begriff des Politischen bestimmt die Form, in der die Zwei-Reiche-Lehre in die von E. Hirsch verfaßte Denkschrift der Reichskirchenregierung von 1934 Eingang findet. In ihr wird über die politische Gemeinschaft folgendes gesagt: »Die irdische Gemeinschaft baut sich durch allen menschlich-irdischen Dienst auf und hat ihre bestimmte Form an der politischen Ordnung. Man kann sie entsprechend der Weite und Tiefe, die heute der Begriff des Politischen gewonnen hat, bis in ihre letzte Verzweigung hinaus als politische Gemeinschaft bezeichnen. Der von ihr umfaßte Mensch ist der politische Mensch«[34]. Mit der These, der Begriff des Politischen habe in der Gegenwart des Jahres 1934 eine »neue Weite und Tiefe« gewonnen, erinnert Hirsch nicht nur an die Realität des »totalen Staats«, sondern auch, so ist zu vermuten, an die programmatischen Überlegungen Carl Schmitts zum »Begriff des Politischen«. Für sie ist es gerade charakteristisch, daß die Differenz zwischen Staat und Gesellschaft aufgehoben und damit auch die These von der jeweiligen Eigengesetzlichkeit der verschiedenen gesellschaftlichen Lebensbereiche negiert wird. Denn in dieser These sieht Carl Schmitt eine »Neutralisierung« und »Entpolitisierung« wichtiger Sachgebiete. Der totale Staat dagegen ist die Identität von Staat und Gesellschaft und ergreift deshalb potentiell alle Gebiete. »In ihm ist infolgedessen *alles* wenigstens der Möglichkeit nach politisch, und die Bezugnahme auf den Staat ist nicht mehr imstande, ein spezifisches Unterscheidungsmerkmal des ›Politischen‹ zu begründen«[35].

Schließt man sich einer solchen Auffassung des Politischen an, so werden alle gesellschaftlichen Lebensbereiche in den Sog der Politik gezogen; allein der Glaube repräsentiert dann noch, wie Hirschs Denkschrift von 1934 zeigt, ein »Reich«, das dem Politischen entzogen ist und bleiben muß[36]. Doch religiöse Qualität kommt nicht nur dem Bereich des Glaubens, sondern auch der so umfassend interpretierten Wirklichkeit des Politischen zu: Sie wird erfahren als »Handeln des Schöpfers an uns«; die Offenbarung des göttlichen Gesetzes geht mit der Ordnung des Politischen eine Verbindung ein

33 Vgl. die Belege in: Texte 22, S. 76ff.

34 Texte 22, S. 58; vgl. zu diesem Passus *H.-W. Schütte*, Zwei-Reiche-Lehre und Königsherrschaft Christi, in: Handbuch der christlichen Ethik, Bd. 1, 1978, S. 339ff. (345ff.).

35 *C. Schmitt*, Der Begriff des Politischen, 1932, Nachdruck 1963, S. 24.

36 Denkschrift der Reichskirchenregierung, a.a.O., S. 60.

und wird so zum »Gesetz im Gesetze«; das Telos der Politik, nämlich die »volkliche« Ordnung, wird deshalb auch religiös legitimiert[37]. Eben deshalb darf die »Lehre von den zwei Reichen« – so ist nun die Auffassung von Emanuel Hirsch – nicht im Sinn einer Diastase der beiden Gebiete gedeutet werden; denn dann würde dem Bereich des Politischen gerade seine religiöse Tiefe genommen. Deshalb spricht Hirsch nun nicht mehr von der »Scheidung der beiden Ordnungen und Reiche«; vielmehr erklärt er, Luther habe das irdische Reich und das Reich Gottes »lebendig ineinander« gesehen; er habe sie gerade nicht zertrennt und habe sie ferner nicht einfach mit den Lebenssphären des Staates und der Kirche identifiziert. Denn: »Bei jener Zertrennung in zwei Lebenssphären bekommt man eine religiös indifferente politische Ordnung und eine politisch indifferente religiöse Ordnung«[38].

Doch Hirsch löst die »Zwei-Reiche-Lehre« keineswegs durch eine »Ein-Reich-Lehre« ab[39]. Denn er hält an der Unterscheidung der beiden Reiche fest, um so der »volklich-politischen Ordnung« eine eigenständige Legitimität zuerkennen und die Kirche zugleich von einer unmittelbaren Mitverantwortung für das Feld des Politischen entlasten zu können. Doch diese Unterscheidung wird von einer Verbindung überlagert, die darauf zielt, die Legitimität des Politischen als religiöse zu qualifizieren. Die Kirche aber wird zur religiösen Seele der religiös aufgeladenen politischen Einheit des Volkskörpers. Die kritisch-differenzierende Funktion der Zwei-Reiche-Lehre kann nicht mehr zur Wirkung kommen. Demgegenüber hat gerade Dietrich Bonhoeffer, später ein vehementer Kritiker der neuprotestantischen Zwei-Reiche-Lehre, in der Situation der Jahre 1933 und 1934 das spannungsvolle Gegenüber von Kirche und Staat festgehalten; jeder religiösen Überhöhung der politischen Wirklichkeit ist er scharf entgegengetreten[40]. Damit stand er Luthers Unterscheidung der beiden Regimente um vieles näher als die meisten lutherischen Theologen seiner Zeit.

»Das Regiment im Reiche Gottes übt allein Gott durch sein Wort und seinen Geist«[41]. Aus diesem Grundsatz ergibt sich keineswegs mit Zwangsläufigkeit, daß Eingriffe des Staates in die Ordnung der Kirche ausgeschlossen wären. Emanuel Hirsch sah in solchen Eingriffen – wie sie im »Dritten Reich« schnell alltäglich wurden – einen über die genuinen Aufgaben des Staates hinausgehenden »freiwilligen Dienst«. Wilhelm Stapel dagegen sah in einem solchen Eingreifen des Staats in die Ordnung der Kirche eine selbstverständliche Folge aus der richtigen Unterscheidung zwischen Staat und

37 Ebd., S. 61.

38 Ebd., S. 58.

39 So deutet zu Unrecht *K. Nowak*, a.a.O., S. 115, Anm. 34 Hirsch.

40 Schon 1932 spricht Bonhoeffer von dem »gespannten Nebeneinander« von Staat und Kirche, »das hier nie ein Ineinander sein darf« (Gesammelte Schriften, Bd. 3, S. 282). Und im April 1933 zieht er angesichts der ersten Maßnahmen des neuen Regimes gegen die Juden erste Folgerungen für die Aufgaben der Kirche gegenüber dem Staat (Gesammelte Schriften, Bd. 2, S. 47ff.). Dazu auch unten S. 82ff.

41 Denkschrift der Reichskirchenregierung, a.a.O., S. 60.

Kirche. Seine Auffassung vom Volksnomos führte, wie Klaus Scholder es ausgedrückt hat, zu einer »Radikalisierung der Zwei-Reiche-Lehre«[42]. Dem totalen Staat, der auf dem Volksnomos als der für das deutsche Volk spezifischen Offenbarung des Gesetzes Gottes beruhe, schrieb Stapel eine Alleinzuständigkeit für Recht und Sittlichkeit zu; zur Kirche dagegen gehöre alles, »was das Himmelreich betrifft«[43]. Wegen dieses Unterschiedes, so hieß Stapels Folgerung, kann der Kirche ein Anspruch auf rechtliche Autonomie nicht zugestanden werden; vielmehr sind Ordnung und Recht der Kirche vollständig dem Staat zu unterstellen. Die Sittlichkeit aber, die zu lehren die Kirche verpflichtet ist, besteht in demjenigen Ethos, das dem Nomos des Volkes entspricht. Allein »die Quelle des Glaubens: das Evangelium und die Sakramente« sollten nach Stapels Vorstellung dem Zugriff des Staates entzogen sein. Im übrigen aber ergab sich aus der Volksnomoslehre die »rabiateste Landeskirchenherrlichkeit«, wie Stapel selber sagte, nämlich die vollständige Unterordnung der Kirche unter die Macht und das Recht des Staates.

In der Tat ist Stapels Konzeption ungleich rabiater als diejenige, für die Hirsch in der Denkschrift der Reichskirchenregierung eintrat. Doch die Denkfiguren sind sehr ähnlich. Die Unterscheidung der zwei Reiche oder zwei Gebiete führt zunächst zu einer Verselbständigung der Gesetze des Politischen, der »volklich-politischen Ordnung« bzw. des Volksnomos. Diesen Gesetzen aber wird gerade wegen ihrer Verselbständigung eine eigenständige Qualität zuerkannt – mit dem Ergebnis, daß sie den Vorrang vor der Verkündigung des Evangeliums und vor der Eigenständigkeit des kirchlichen Zeugnisses erhalten. Zugleich damit wird bestritten, daß sich aus der Verkündigung des Evangeliums spezifische ethische Konsequenzen ergeben könnten; vielmehr soll die ethische Unterweisung der Kirche vorbehaltlos der »Sittlichkeit« und der »Weltanschauung« unterworfen werden, die im Bereich des Politischen Geltung beanspruchen[44]. Der der Kirche allein überlassene Bereich des Evangeliums und der Sakramente wird zur Inhaltsleere und zur Wirkungslosigkeit verurteilt. Die Unterscheidung der beiden Reiche mündet in einen unumschränkten Vorrang des politisch definierten Reichs der Welt vor dem Reich Gottes; deshalb kommt die von der Zwei-

42 *K. Scholder*, Die Kirchen und das Dritte Reich, Bd. 1, 1977, S. 534.

43 *W. Stapel*, Die Kirche Christi und der Staat Hitlers, 1933, S. 65.

44 Diese Gesichtspunkte bestimmen auch – im Gegensatz zu seiner frühen Polemik gegen den Begriff der »Eigengesetzlichkeit« – die politische Ethik, die *Georg Wünsch* 1936 veröffentlichte. Hatte *Wünsch* 1921 den Zusammenbruch des Luthertums als Sozialgestaltung diagnostiziert, so ging es ihm nun gerade darum, die fortdauernde geschichtliche Wirksamkeit lutherischer Sozialgestaltung herauszuarbeiten. Er sah in den auf »deutschlutherischem Boden« gewachsenen Auffassungen den »dritten geschichtsstarken christlichen Sozialtypus« neben dem katholischen und dem calvinistischen. Und er fügte hinzu: »Es ist die vornehmliche Aufgabe dieses Buches, diesen dritten lutherischen Typus in der Reinheit seiner Entwicklung darzustellen – denn er hat in der Tat seinen Sinn in der deutschen Geschichte entfalten können – und ihn für die gegenwärtige Zeit fruchtbar zu machen« (Evangelische Ethik des Politischen, 1936, S. 253).

Reiche-Lehre ausgehende Argumentation mit der monistischen Reichsideologie der Deutschen Christen, aber auch Arthur Rosenbergs weitgehend zur Deckung[45].

Gegen die Anerkennung eines Volksnomos als selbständiger religiöser Erkenntnisquelle und gegen die Totalisierung des Politischen richtete sich – schon wenige Wochen vor der von Hirsch verfaßten Denkschrift der Reichskirchenregierung – der Protest der Barmer Theologischen Erklärung. Der Auffassung, daß dem Bereich des Politischen eine eigenständige religiöse Würde zukomme, hält die 1. Barmer These das Bekenntnis zu Jesus Christus als dem einen Wort Gottes und die 2. Barmer These das Bekenntnis zu Jesus Christus als Gottes Anspruch auf unser ganzes Leben entgegen.

IV

Die Frage, welche Konsequenzen sich an dieses Bekenntnis der Barmer Synode angeschlossen haben, wie auch die Kontroversen, die gerade die 2. Barmer These auslöste, wurden schon in früherem Zusammenhang besprochen[46]. Hier kam es darauf an nachzuweisen, daß schon in der Zeit zwischen dem Ersten Weltkrieg und dem Beginn des Kirchenkampfs sich eine Konstellation der theologischen Kontroverse unter den Stichworten »Eigengesetzlichkeit« und »Lehre von den zwei Reichen« ausgebildet hat, in die einerseits Elemente der theologischen Tradition des 19. Jahrhunderts eingeflossen sind und die andererseits prägende Bedeutung auch für die theologisch-politischen Auseinandersetzungen hatte, die im deutschen Protestantismus nach 1945 auftraten. Diese Auseinandersetzungen nötigten dazu – und darin liegt ihr größter Gewinn! –, genauer nachzufragen, welche Bedeutung der Rede von Reichen und Regimenten bei Luther, auf den man sich immer wieder berufen hatte, zukommt. Diese Nachfrage aber muß ergänzt werden durch Untersuchungen darüber, in welcher Konstellation und auf Grund welcher geschichtlichen Traditionen die »Lehre von den zwei Reichen« in unserem Jahrhundert mit solcher Vehemenz und mit teilweise mehr als zweifelhaften Folgen zur Geltung gebracht wurde[47]. Dieser zweiten Fragerichtung waren die vorstehenden Überlegungen gewidmet.

Die Rede von der »Eigengesetzlichkeit« und von den zwei »Sphären« oder »Reichen« muß, so sahen wir einleitend, zunächst gedeutet werden im Horizont einer spezifisch modernen Wirklichkeitserfahrung. Diese Wirklichkeitserfahrung, die wir uns in der Interpretation des Soziologen Max Weber

45 Zur »politischen Religion« der Deutschen Christen unter dem hier interessierenden Gesichtspunkt vgl. die knappe Skizze bei *K. Nowak,* a.a.O., S. 108ff.; ferner *H.-J. Sonne,* Die politische Theologie der Deutschen Christen, 1981.

46 Siehe oben S. 36ff.

47 Solche Untersuchungen anzuregen und über diese Traditionen und Konstellationen das Gespräch zu eröffnen, war das Ziel der Quellenhefte, die 1975 und 1976 zur Wirkungsgeschichte von Luthers Lehre im 19. und 20. Jahrhundert veröffentlicht wurden (vgl. Texte 21 und 22).

zugänglich machten, wurde unter Rückgriff auf Elemente der lutherischen Tradition theologisch verarbeitet. Daraus entstand eine theologische Debatte über die Zwei-Reiche-Lehre, die sich über lange Zeit hinweg verselbständigte. Schließlich aber fand auch sie wieder Eingang in gesellschaftstheoretische Erwägungen, die direkt oder indirekt an Weber anknüpften; die »Zwei-Reiche-Lehre« wurde zu einem derart geläufigen Schlagwort, daß auch die Soziologie ihr Respekt zollte.

Zwei Belege mögen das illustrieren. In seinem Entwurf einer pluralistischen Ethik knüpft Arnold Gehlen direkt an Max Webers Überlegungen an, in denen dieser die Spannung zwischen Brüderlichkeitsethik und Politik diagnostizierte. Diese Spannung, so sagt Gehlen, sei offenkundig gewesen, »seit Luthers Theologie die Verschiedenheit, ja den Gegensatz beider Reiche, des Liebesevangeliums und des Staates, scharf betont hatte«[48]. Zur Begründung dieser Lutherdeutung beruft Gehlen sich auf die einschlägigen Arbeiten von Gustav Törnvall und Gunnar Hillerdal[49]. Aus deren Darstellung zieht er die Konsequenz: »Die Reformation Luthers hatte für lange Zeit die Kirche als Machtfaktor der Politik und als politische Eigenpotenz staatsungefährlich gemacht.« Dem fügt er hinzu: »Erst neuerdings zeigen sich in einem von Luther abgekehrten Protestantismus andere Tendenzen, nur daß die Menschen nicht mehr wie damals vom Dasein Gottes und einer künftigen Welt bis zur Selbstverständlichkeit überzeugt sind«[50]. In einer solchen Situation kommt es nach Gehlens Zeitdiagnose zu einer Überdehnung der Ethosform der Brüderlichkeit und Sympathiebereitschaft; deren Übertragung auf den Bereich des Politischen aber verkennt völlig die »ethische Selbstgesetzlichkeit« des Politischen; denn dessen Ethos ist nicht von den Kategorien der Brüderlichkeit, sondern von den Kategorien der Sicherheit und der Ehre bestimmt[51].

Hier findet die »Lehre von den zwei Reichen« Eingang in eine Theologen- und Kirchenschelte. Unter Rückgriff auf Luthers vermeintliche Auffassung vom »Gegensatz beider Reiche« wird eine Situation beschworen, in der die Kirche als »politische Eigenpotenz staatsungefährlich« ist und zum rauhen Geschäft der Politik allenfalls »das gute Gewissen« beisteuert, »indem sie irgendeinen Kompromiß von Gewaltgebrauch und Religion« findet[52]. Von dem so mißverstandenen Luther aber sollte der Protestantismus sich in der Tat abkehren; er sollte vollziehen, was Gehlen ihm weithin zu Unrecht als schon geschehen vorhält, und damit zugleich alle verschleiernden Kompromisse zwischen Gewaltgebrauch und Religion aufkündigen.

Die Rede von »zwei Reichen« findet sich auch bei einem anderen Gesell-

48 *A. Gehlen,* Moral und Hypermoral, 2. Aufl. 1970, S. 125.

49 *G. Törnvall,* Geistliches und weltliches Regiment bei Luther, 1947; *G. Hillerdal,* Gehorsam gegen Gott und Menschen. Luthers Lehre von der Obrigkeit und die moderne evangelische Staatsethik, 1955.

50 *Gehlen,* a.a.O., S. 128.

51 Ebd., S. 111f.; vgl. auch S. 83 und 103.

52 Ebd., S. 116.

schaftstheoretiker der Gegenwart, nämlich bei Niklas Luhmann. Er behandelt die Frage nach dem Verhältnis von Religion und Politik im Zusammenhang des umfassenderen Problems, ob angesichts eines gesellschaftlichen Differenzierungsprozesses die Entwicklung des Religionssystems mit der gesamtgesellschaftlichen Entwicklung kompatibel gehalten werden könne. Die Frage nach dem Verhältnis von Religion und Politik wurde in der christlichen Tradition, so argumentiert Luhmann, mit einer Differenzierungsformel beantwortet, die zwischen zwei Reichen unterschied; sie ist bei Augustin bereits klar ausgeprägt. Dabei war das »Reich Gottes« weder als ein Prinzip zu verstehen, welches das politische Konstitutionsprinzip der Gesellschaft einfach ersetzte, noch als ein solches, welches zu dem politischen Konstitutionsprinzip einfach in Gegensatz trat. Dieser Überlegung fügt Luhmann den Satz an: »Die Notwendigkeit und der systematische Stellenwert der Differenzierung *zweier* Reiche ist besonders für die christliche Tradition evident, nachdem Jesus von Nazareth an ihrer mangelnden Evidenz gescheitert war«[53]. Daraus, daß sich in der christlichen Tradition mit Notwendigkeit eine Zwei-Reiche-Lehre ergab, zieht Luhmann eine doppelte Schlußfolgerung: Für die soziologische Betrachtungsweise ist damit klar, daß die Gesellschaft weder vom Politischen noch vom Religiösen her einheitlich interpretiert werden kann; doch die Theologie kann sich mit dieser Auskunft nie ganz zufriedengeben, weil ihr immer die Aufgabe gestellt bleibt, den Begriff des Reiches Gottes als nicht-partikulare und damit umfassende Kategorie auszulegen.

Die beiden soziologischen Rezeptionen der Rede von zwei Reichen, die ich erwähnte, sind dadurch charakterisiert, daß sie in dieser theologischen Denkfigur vor allem einen Ansatzpunkt anthropologischer Differenzierung sehen; Gehlen charakterisiert die beiden Pole mit den Stichworten des Liebesevangeliums und des Staats, Luhmann mit den Stichworten des Religiösen und des Politischen. Das theologische Motiv der Reiche und Regimente Gottes wird damit zu einem anthropologisch-soziologischen Schema. Wir haben gesehen, daß die theologische Diskussion über die Zwei-Reiche-Lehre zu dieser Art ihrer Zitierung kräftig beigetragen hat; es ist gerade kennzeichnend für die Geschichte der Wiederentdeckung und Umdeutung dieser Lehre in unserem Jahrhundert, daß die Frage nach dem Verhältnis der beiden Reiche zueinander in anthropologischen und psychologischen Kategorien beantwortet wurde. Gerade durch diese Deutung wurde die »Lehre von den zwei Reichen« als ein theologisches Deutungsmuster brauchbar, welches die Anerkennung der jeweils gegebenen Bedingungen in Gesellschaft und Staat zu rechtfertigen vermochte. Auch im Spiegel der außertheologischen Rezeption, die diese *anthropologische* Deutung der Zwei-Reiche-Lehre gefunden hat, zeigt sich noch einmal die Notwendigkeit, den *theologischen* Sinn dieses Motivs genauer herauszuarbeiten. Er liegt gerade darin, die Welt im Ganzen als Welt Gottes zu begreifen und christliches Le-

53 *N. Luhmann,* Funktion der Religion, 1977, S. 150, vgl. S. 107.

ben insgesamt unter dem Zuspruch und Anspruch der Versöhnung wahrzunehmen. Denn nur von diesem Ausgangspunkt aus kann man die Spannung zwischen dem Reich Gottes und dem Reich der Welt mit Luther als ein Konfliktgeschehen deuten, in dem Gott durch sein geistliches wie durch sein weltliches Regiment der Macht der Sünde und ihren Folgen entgegentritt; nur von dieser vorausgesetzten Einheit aus kann man die Institutionen des weltlichen Zusammenlebens – einschließlich der Zwangsgewalt des Staates – als Ausdruck des weltlichen Regiments *Gottes* begreifen. Luthers Differenzierung zwischen dem Reich Gottes und dem Reich der Welt setzt ebenso wie seine Unterscheidung von geistlichem und weltlichem Regiment die theologische Einsicht in die Einheit der gnädigen Zuwendung Gottes zur Welt voraus. Unter dieser Perspektive erweist sich die Barmer Theologische Erklärung als ein neuer Zugang zu dem theologischen Sinn der Zwei-Reiche-Lehre, der in ihrer neuprotestantischen Fassung verstellt wurde.

3. Die Kirche vor der »Judenfrage«

Nach der Lektüre von Eberhard Bethges großer Bonhoeffer-Biographie schreibt Karl Barth, Hauptverfasser der Barmer Theologischen Erklärung, am 22. Mai 1967 an den Autor:

»Neu war mir vor allem die Tatsache, daß Bonhoeffer 1933ff. als Erster, ja fast Einziger die *Judenfrage* so zentral und energisch ins Auge gefaßt und in Angriff genommen hat. Ich empfinde es längst als eine Schuld meinerseits, daß ich sie im Kirchenkampf jedenfalls öffentlich (z.B. in den beiden von mir verfaßten Barmer Erklärungen von 1934) nicht ebenfalls als entscheidend geltend gemacht habe[1]. Ein Text, in dem ich das getan hätte, wäre freilich 1934 bei der damaligen Geistesverfassung der ›Bekenner‹ weder in der reformierten noch in der allgemeinen Synode akzeptabel geworden. Aber das entschuldigt nicht, daß ich damals – weil anders interessiert – in dieser Sache nicht wenigstens in aller Form gekämpft habe. Daß Bonhoeffer das von Anfang an getan hat, ist mir erst durch Ihr Buch ins Bewußtsein gerückt worden. Vielleicht hat er auch darum weder in Barmen noch nachher in Dahlem dabei sein mögen.«[2]

Der selbstkritische Ton in diesem Rückblick ist berechtigt. Die Grenze der Barmer Theologischen Erklärung zeigt sich an keiner Stelle deutlicher als in ihrem Schweigen über die Judenverfolgung. Gerade in dieser Frage war durch die Maßnahmen des neu etablierten nationalsozialistischen Regimes ein eindeutiges christliches Bekenntnis herausgefordert. Zu dieser Einsicht hat die Bekennende Kirche sich weder in Barmen noch später durchringen können. Wenn wir heute nach den Gründen dieses Versagens fragen, so geschieht dies nicht unter dem Aspekt eines Vorwurfs an eine vorangehende Generation. Wir können einem Urteil nichts hinzufügen, das Werner Danielsmeyer so formuliert hat: »Die Bekennende Kirche hat nicht geschwiegen, sie hat aber auch nicht so vernehmlich geredet, wie es notwendig gewesen wäre, vor allem in der Judenfrage. Wer von den Nachgeborenen will ihr das verdenken? Sie können sich nicht vorstellen, welche Macht ein Schrekkensregime auch über die ausübt, die es durchschauen und sich ihm wider-

1 Barth meint außer der Barmer Theologischen Erklärung vom 31. Mai 1934 die von ihm formulierte und von der Freien Reformierten Synode in Barmen am 4. Januar 1934 angenommene »Erklärung über das rechte Verständnis der reformatorischen Bekenntnisse in der Deutschen Evangelischen Kirche der Gegenwart«. In ihr wird immerhin – im Unterschied zur späteren Barmer Erklärung – das Problem des kirchlichen »Arierparagraphen« aufgenommen und die Ansicht abgelehnt, »als sei es mit der Einheit der Botschaft und Gestalt der Kirche vereinbar, die Gliedschaft und die Befähigung zum Dienst in ihr auf die Angehörigen einer bestimmten Rasse zu beschränken« (Kirchliches Jahrbuch 1933–1944, 2. Aufl. 1976, S. 51). Doch auf die staatlichen Maßnahmen gegen die Juden geht auch die Erklärung der Freien Reformierten Synode nicht ein.

2 *K. Barth,* Briefe 1961–1968, 1975, S. 403.

setzen möchten«[3]. Bestimmend kann für uns allein die Frage sein, was wir als Nachgeborene aus der Schuldverstrickung jener Zeit lernen können. Von ihr ist die folgende Skizze bestimmt, die sich auf einige Grundlinien und wenige Beispiele beschränken muß[4].

I

Die Geschichte des »Dritten Reichs« ist durch nichts so sehr charakterisiert wie durch die laufende Verschärfung der Maßnahmen zur Judenverfolgung und Judenvernichtung. Innerhalb dieser Entwicklung heben sich vier Abschnitte voneinander ab:

In den Jahren 1933 bis 1935 werden auf der Basis einer scheinbaren Legalität, die durch die Machtübergabe, die Notverordnungen und das Ermächtigungsgesetz erreicht ist, einzelne Maßnahmen gegen die Juden ergriffen. Der Boykott jüdischer Geschäfte am 1. April 1933, das Gesetz zur Wiederherstellung des Berufsbeamtentums vom 7. April 1933, die Einführung des Numerus clausus für jüdische Studenten sind Beispiele für diese Maßnahmen.

Mit den Nürnberger Gesetzen vom 15. September 1935 beginnt der zweite Abschnitt der Judenverfolgung. Von nun an gelten nur noch »Arier« als Reichsbürger, die über die vollen politischen Rechte verfügen. Juden werden zu »Staatsangehörigen«, die zwar noch Pflichten zu erfüllen haben, aber keine staatsbürgerlichen Rechte mehr wahrnehmen dürfen. Das »Blutschutzgesetz« verbietet die Eheschließung zwischen »Ariern« und »Nichtariern«. An diese Gesetze schließt sich eine Serie von Verordnungen an, die vor allem die Möglichkeiten der Berufstätigkeit von Juden Schritt für Schritt einschnüren.

Im Oktober 1938 setzt mit der Ausweisung polnischer Juden aus Deutschland ein dritter Abschnitt ein. Ihr folgen die Pogrome des November 1938. Die ersten Massendeportationen von Juden in Konzentrationslager schließen sich an. Die Errichtung von Ghettos und der Zwang zum Tragen des Judensterns folgen.

Mit dem Angriff auf die Sowjetunion im Sommer 1941 beginnt der vierte Abschnitt. Er soll die »Endlösung der Judenfrage« bringen. Pogrome, Massenerschießungen, Vergasungen sind deren Mittel. Der staatliche Plan, nach dem diese »Endlösung« erreicht werden soll, wird in der Wannsee-Konferenz vom 20. Januar 1942 genau festgelegt; damit beginnt auch erst im vollen Sinn die Phase geheim geplanter und geheimgehaltener Maßnahmen. Nach dem Ende des Krieges enthüllt sich dann das Ausmaß dieser organisierten Menschenvernichtung.

3 *W. Danielsmeyer*, Führungen. Ein Leben im Dienste der Kirche, 1982, S. 73.

4 Sie ist auf Grund meines Beitrags zu einer Heidelberger Vorlesungsreihe im Wintersemester 1979/80 entstanden, in erster Fassung abgedruckt in: *R. Rendtorff / E. Stegemann* (Hg.), Auschwitz – Krise der christlichen Theologie, 1980, S. 60ff.

Was konnten die Kirchen gegen eine solche Eskalation der Gewalt unternehmen? Ihre wichtigsten Handlungsmöglichkeiten waren schon verstrichen, als das nationalsozialistische Regime die Macht übernahm. Weder haben die Kirchen in der Zeit der Weimarer Republik die junge und gefährdete Demokratie wirksam unterstützt und gefördert; noch sind sie dem um sich greifenden Antisemitismus mit der notwendigen Eindeutigkeit entgegengetreten. Die evangelischen Landeskirchen waren vielmehr auch nach 1918 noch weithin von der Tradition des Nationalprotestantismus geprägt. Ein aufmerksamer Beobachter, der Bonner Neutestamentler Erik Peterson, der 1936 zur katholischen Kirche übertrat, brachte solche Beobachtungen schon 1928 auf die knappe und bittere Formel: »Geistig-soziologisch korrespondiert die evangelische Kirche ungefähr dem geistigen und soziologischen status der Deutschnationalen Volkspartei.« Und er fügte hinzu: Wie die Deutschnationale Volkspartei »sich notwendig zersetzen muß, so muß sich auch das evangelische Kirchentum in der Zukunft zersetzen«[5]. Deutlichstes Zeichen für eine solche Zersetzung des evangelischen Kirchentums war in den zwanziger Jahren die Ausbildung einer völkischen Theologie, die sich mit antijüdischen und antisemitischen Elementen nur allzu selbstverständlich verknüpfte.

Der Kirchenkampf, in den Teile des deutschen Protestantismus nach 1933 eintraten, hat zum Geschehen des Holocaust nur an manchen Stellen einen direkten Bezug. Zugespitzt wurde er – im Gegensatz zu dem unter deutschen Theologen geläufigen Geschichtsbild – als eine »Fußnote zum Holocaust« bezeichnet[6]. Auch diejenigen, die im Kirchenkampf entschlossen Partei ergriffen, waren kaum darauf vorbereitet, rechtzeitig und deutlich für die verfolgten Juden einzutreten. Der bewundernswerte Einsatz einzelner verdeckt gerade nicht, sondern ist in sich selbst ein Hinweis darauf, daß die Kirche vor der »Judenfrage« kapitulierte. Man kann sich dies verdeutlichen, indem man den Abschnitten der Judenverfolgung die Etappen des Kirchenkampfs zur Seite stellt. Mit Eberhard Bethge lassen sich vier derartige Etappen unterscheiden:

»I. die Zeit eines vermeintlich unpolitischen Nonkonformismus von 1933 bis 1935: die Bekennende Kirche versteht ihren Kampf als einen reinen Kirchen-Kampf;
II. die Zeit erzwungenen Gehorsams gegen staatliches Gesetz von 1935 bis 1938: mit halbem Herzen muß der Kirchenkampf auch als ein politischer Kampf angenommen werden;
III. die Zeit eines ungleichen Waffenstillstands von 1938 bis 1945: am verweigerten politischen Kampf zerbröckelt der Kirchenkampf;
IV. die Zeit der Konfrontation nach 1945: ist der Kirchenkampf primär als

5 *E. Peterson*, Briefwechsel mit A. v. Harnack, in: *ders.*, Theologische Traktate, 1951, S. 301.

6 So *F. H. Littell*, The Crucifixion of the Jews, New York 1975; vgl. *ders.*, Nach dem Holocaust. Konsequenzen für Zivilisation, Kultur, Politik, Religion, in: Deutscher Evangelischer Kirchentag Nürnberg 1979, Dokumente, 1979, S. 731ff. sowie *F. H. Littell / H. G. Locke* (Hg.), The German Church Struggle and the Holocaust, Detroit 1974.

Kampf um den Gehorsam Christi oder als Kampf um die Freiheit Christi für den Mitmenschen zu interpretieren?«[7]

Die beiden ersten Etappen des Kirchenkampfs entsprechen zeitlich den beiden ersten Abschnitten der Judenverfolgung; die dritte Etappe des Kirchenkampfs deckt sich mit den beiden letzten Abschnitten des Holocaust. Bethge fügt mit Absicht noch eine nächste Etappe des Kirchenkampfs hinzu: der Streit um seine Deutung, die ambivalente Wirkungsgeschichte ist selbst ein Teil dieses Konflikts.

Wie reagiert nun die Kirche in diesen verschiedenen Etappen auf die Verfolgung der Juden? Ich beschränke mich zunächst auf einen knappen und unvollständigen Überblick. In der ersten Etappe des Kirchenkampfs spielte die »Judenfrage« in einer bestimmten, kirchlich eingeschränkten Fassung eine wichtige Rolle. Die Auseinandersetzung darum, ob der Arierparagraph, der Juden vom Beamtenstand ausschloß, auch in der Kirche einzuführen sei, stand am Anfang des Kirchenkampfs. Davon wird nachher ausführlicher zu sprechen sein.

Die zweite Etappe des Kirchenkampfs von 1935 bis 1938 war darin politisch, daß durch staatliches Gesetz unmittelbar in die Leitung und Verwaltung der Kirche eingegriffen wurde. Wollte die Kirche ihre Eigenständigkeit aufrechterhalten, so mußte sie zum Widerstand gegen staatliches Gesetz greifen. Dieser Widerstand war also im wesentlichen auf die Frage der kirchlichen Eigenständigkeit bezogen. Er richtete sich nur am Rande auf die allgemeine Zerstörung des Rechts, die an nichts anderem so deutlich wurde wie an der »Rechtsstellung« der Juden. Am deutlichsten sprach – noch vor den Nürnberger Gesetzen – eine Denkschrift, die Marga Meusel im Auftrag des Spandauer Superintendenten Martin Albertz ausarbeitete. Diese Denkschrift »Zur Lage der deutschen Nichtarier« beschränkte sich – im Gegensatz zu vielen anderen Äußerungen – nicht auf die Situation der Judenchristen, sondern untersuchte die rechtliche Diskriminierung und physische Verfolgung der Juden insgesamt. Nachdrücklich ist in dieser Denkschrift vom Versagen und der Schuld der Kirche die Rede, die es einem bitter schwer mache, sie zu verteidigen[8].

So deutlich wurde schon in der Denkschrift der Zweiten Vorläufigen Leitung der Deutschen Evangelischen Kirche an Hitler vom Sommer 1936, dem gleichwohl wichtigsten und eindrucksvollsten Dokument der Bekennenden Kirche aus dieser Zeit, nicht mehr gesprochen. Sie ist vorwiegend auf spezifisch kirchliche Interessen bezogen, äußert sich aber auch ausdrücklich zur Judenverfolgung. Die Verherrlichung der Rasse gilt ihr als unvereinbar mit dem Ersten Gebot; der Antisemitismus und der Judenhaß der nationalsozialistischen Weltanschauung verstoßen gegen das Gebot der

7 *E. Bethge,* Am gegebenen Ort. Aufsätze und Reden, 1979, S. 103.

8 Vgl. das Zitat bei *E. Bethge,* Dietrich Bonhoeffer. Theologe, Christ, Zeitgenosse. Eine Biographie, 1967, S. 557f.

Nächstenliebe[9]. Für wie gefährlich man in der Bekennenden Kirche die Erwähnung der »Judenfrage« hielt, zeigt sich freilich schon daran, daß sie in der Kanzelabkündigung vom 23. August 1936, die den Inhalt der Denkschrift zusammenfaßte, nicht mehr erwähnt wurde[10]. Doch inmitten eines weitverbreiteten Schweigens begegnen immer wieder einzelne klare Aussagen zur Verfolgung der Juden. Die Predigt mancher Pfarrer in dieser Zeit, die die bleibende Erwählung Israels hervorhob, galt der Geheimen Staatspolizei als eine »Herausforderung der nationalsozialistischen Bevölkerung«.

Schon bald nach den Nürnberger Gesetzen wurden kirchliche Hilfsstellen für nichtarische Christen eingerichtet. Doch: ein öffentlicher und verbindlicher Protest gegen die Novemberpogrome des Jahres 1938 wurde im Namen der Kirchen nicht ausgesprochen[11]. Nur einzelne Pfarrer kommentierten das Geschehen in unerschrockener Offenheit. Doch die Kirche als ganze stellte sich nicht auf die Seite der Bedrängten und Verfolgten. Es begann eben die Zeit des »ungleichen Waffenstillstands« zwischen Kirche und Staat; sie umfaßte die beiden letzten Abschnitte der Judenverfolgung.

Nachdem jener dritte Zeitraum ohne kirchlichen Protest begonnen hatte, war auch für den letzten Abschnitt dieses schrecklichen Geschehens kein eindeutiger kirchlicher Widerstand zu erwarten. Seit dem 1. September 1941 mußten die Juden auch im »Altreich« den Gelben Stern tragen; daraufhin richtete die Kirchenkanzlei der Deutschen Evangelischen Kirche an die Leitungen der Landeskirchen die Aufforderung, »geeignete Vorkehrungen zu treffen, daß die getauften Nichtarier dem kirchlichen Leben der deutschen Gemeinde fernbleiben«; denn die deutschen Landeskirchen könnten als Körperschaften des öffentlichen Rechts nicht achtlos an der Tatsache vorübergehen, daß die Juden aus der Gemeinschaft des deutschen Volkes ausgeschieden worden seien[12].

Es blieben die Stimmen einzelner, die gegen die Vernichtung der Juden Protest erhoben. In einem Brief an Hitler vom 16. Juli 1943 protestierte der württembergische Landesbischof Wurm gegen die »Vernichtungsmaßnahmen«. Sie stehen, so erklärte er, »im schärfsten Widerspruch zu dem Gebot Gottes und verletzen das Fundament alles abendländischen Denkens und

9 Text in: Kirchliches Jahrbuch 1933–1944, 2. Aufl. 1976, S. 132; vgl. auch *W. Niemöller,* Die Bekennende Kirche sagt Hitler die Wahrheit, 1954; *E. C. Helmreich,* Die Veröffentlichung der »Denkschrift der Vorläufigen Leitung der Deutschen Evangelischen Kirche an den Führer und Reichskanzler, 28. Mai 1936«, in: ZKG 87, 1976, S. 39ff. sowie die autobiographische Schilderung bei *W. Koch,* Sollen wir K. weiter beobachten? Ein Leben im Widerstand, 1982, S. 141ff. Ferner: *K. Meier,* Kirche und Judentum, 1968; *W. Gerlach,* Zwischen Kreuz und Davidstern. Bekennende Kirche in ihrer Stellung zum Judentum im Dritten Reich, Diss. theol. Hamburg 1972; *R. Gutteridge,* Open thy mouth for the dumb!, 1976; *E. Busch,* Juden und Christen im Schatten des Dritten Reiches, 1979.

10 Kirchliches Jahrbuch 1933–1944, S. 137ff.

11 Vgl. *G. van Roon,* Der Novemberpogrom 1938, in: epd-Dokumentation 1/79, S. 10.

12 Kirchliches Jahrbuch 1933–1944, S. 482.

Lebens; das gottgegebene Urrecht menschlichen Daseins und menschlicher Würde überhaupt«[13].

Die Kirche vor der »Judenfrage«: In dem Bild, das ein derart knapper und schematischer erster Überblick zeigt, mischen sich Ohnmacht und Versagen, Zwänge der geschichtlichen Herkunft und der besonderen Situation, institutioneller Egoismus und persönlicher Mut. Es wird im Rückblick nie möglich sein, Urteile über die Chancen eines kirchlichen Widerstands abzugeben. Fest steht, daß die kirchlichen Handlungsmöglichkeiten mit wachsender Gleichschaltung und wachsender Repression eingeschränkt wurden. Festhalten müssen wir jedoch auch: Daß die Vernichtung der Juden allen drei Artikeln des christlichen Glaubens widerstreitet und die Kirche in den »Status confessionis« stellt, ist als öffentliches Bekenntnis im Namen der Kirche nicht ausgesprochen worden – auch wenn die Bekenntnissynode der altpreußischen Union in Breslau am 17. Oktober 1943 erklärte: »Vernichtung von Menschen, lediglich weil sie Angehörige eines Verbrechers, alt oder geisteskrank sind oder einer fremden Rasse angehören, ist keine Führung des Schwertes, das der Obrigkeit von Gott gegeben ist ... Das Leben aller Menschen gehört Gott allein. Es ist ihm heilig, auch das Leben des Volkes Israel«[14].

Diese wichtige Aussage vermag jedoch den Tatbestand nicht zu verdekken, daß dem entscheidenden Bekenntnistext des Kirchenkampfs, der Barmer Theologischen Erklärung, jeder ausdrückliche Hinweis auf das Volk Israel und auf das Verhältnis von Juden und Christen fehlt. Darin liegt der bedrückendste Mangel dieses für den Protestantismus und für die Ökumene so wichtigen Dokuments. Deshalb steht die Aufgabe noch bevor, im Bekenntnis der Kirche auszusprechen, daß die Juden die Brüder und Schwestern Jesu sind, zu denen sich die Christen in einem Verhältnis dankbarer Abhängigkeit befinden – einer Abhängigkeit, gegen welche die Judenfeindschaft vieler Jahrhunderte schwer verstoßen hat. Der Bekennenden Kirche war dies Bekenntnis nicht möglich. Eben deshalb müssen wir in einer Situation, in der in Deutschland infolge des Holocaust nur noch sehr wenige jüdische Mitbürger leben, in mühsamen Schritten Ereignisse »erinnern, wiederholen, durcharbeiten«[15], für deren Deutung uns die Kategorien – auch die theologischen – weithin noch fehlen. Denn auch im Blick auf die Kirche gilt der Satz von George Santayana: »Wer die Vergangenheit verleugnet, gerät in Gefahr, sie zu wiederholen«.

In vier Phasen war die Kirche während des »Dritten Reichs« mit der Ver-

13 *R. Fischer / G. Schäfer* (Hg.), Landesbischof D. Wurm und der nationalsozialistische Staat 1940–1945, 1968, S. 164f.

14 *R. M. Heydenreich*, Erklärungen aus der Evangelischen Kirche Deutschlands und der Ökumene in der jüdischen Frage 1932–1961, in: *D. Goldschmidt / H.-J. Kraus* (Hg.), Der ungekündigte Bund. Neue Begegnungen von Juden und christlicher Gemeinde, 1962, S. 183ff. (246f.).

15 *S. Freud*, Erinnern, Wiederholen, Durcharbeiten, in: Gesammelte Werke, Bd. 10, 4. Aufl. 1967, S. 126ff.; vgl. *A.* und *M. Mitscherlich*, Die Unfähigkeit zu trauern, Neuausgabe 1977, S. 24f.

folgung der Juden konfrontiert. Wir konzentrieren uns nun in einem nächsten Schritt auf die erste dieser Phasen: auf die Einleitung der Judenverfolgung durch den Boykott vom 1. April und das Gesetz zur Wiederherstellung des Berufsbeamtentums vom 7. April 1933. Wir konzentrieren uns also auf das Jahr 1933. Denn in diesem Jahr des Auf- und Umbruchs war vieles in Bewegung; selbständiges Eingreifen schien möglich; der Gang der Ereignisse trug nicht einfach den Charakter eines über die Menschen verhängten Geschicks. Am Beispiel einiger kirchlicher und theologischer Reaktionen auf Vorgänge dieses Jahres wollen wir klären, vor welchen Fragen die Kirche angesichts der »Judenfrage« stand und steht.

II

Am 28. März 1933 befahl Hitler der Partei einen allgemeinen Boykott aller Juden und jüdischen Geschäfte zum 1. April. Weder die evangelische noch die katholische Kirche konnte sich zu einem Protest gegen diesen Vorgang bereitfinden. Am 29. März 1933 notierte Jochen Klepper, selbst mit einer Jüdin verheiratet, in sein Tagebuch: »Zu der ganzen jüdischen Boykottangelegenheit habe ich nur eins zu sagen: Ich trauere um die evangelische Kirche«[16]. Zu Recht: Das Handeln dieser Kirche war, wie ein Rundschreiben Hermann Kaplers, des Präsidenten des Deutschen Evangelischen Kirchenausschusses, vom Tag des Judenboykotts zeigte, vorwiegend vom Interesse an Selbsterhaltung bestimmt. Es gehe darum, so schrieb Kapler an die Leitungen der Landeskirchen, »dem nationalen Aufbruch gegenüber die richtige Stellung einzunehmen und die Selbständigkeit der Kirche in ihrem eigengesetzlichen Handeln nicht zu gefährden«[17]. Keine der beiden großen Kirchen konnte sich zu einer öffentlichen oder geheimen Intervention gegen den »Judenboykott« entschließen. Über die Motive, von denen sich katholische Kirchenführer bei dieser Entscheidung bestimmen ließen, sind wir genauer informiert.

Am 31. März 1933 wurde der Vorsitzende der katholischen Fuldaer Bischofskonferenz, der Breslauer Kardinal Bertram, gebeten, beim Reichspräsidenten und bei der Reichsregierung gegen die Boykottaktion zu intervenieren. Er befragte daraufhin die anderen deutschen Erzbischöfe über die »Opportunität eines solchen Schritts«. Er teilte ihnen aber zugleich mit, daß er selbst ein kirchliches Eingreifen für unangebracht halte. Zur Begründung führte er folgendes an:

»Meine Bedenken beziehen sich 1. darauf, daß es sich um einen wirtschaftlichen Kampf in einem uns in kirchlicher Hinsicht nicht nahestehenden Interessentenkreise handelt; 2. daß der

16 *J. Klepper*, Unter dem Schatten deiner Flügel. Aus den Tagebüchern der Jahre 1932–1942, 1976, S. 46.
17 Zitiert nach *K. Scholder*, Die Kirchen und das Dritte Reich, Bd. 1, 1977, S. 342.

Schritt als Einmischung in eine Angelegenheit erscheint, die das Aufgabengebiet des Episkopates weniger berührt, der Episkopat aber triftigen Grund hat, sich auf sein eigenes Arbeitsgebiet zu beschränken; 3. daß der Schritt keinen Erfolg haben dürfte, weil die Gründe pro und contra den maßgebenden Stellen auch ohne unsere Vorstellung genügend bekannt sind; dazu kann 4. die taktische Erwägung kommen, daß dieser Schritt, der nicht vertraulich im engeren Kreis bleiben kann, sicher die übelste Interpretation in den weitesten Kreisen von ganz Deutschland finden würde, was bei der überaus diffizilen und dunklen Gesamtlage keineswegs gleichgültig sein kann. Daß die überwiegend in jüdischen Händen befindliche Presse gegenüber den Katholikenverfolgungen in verschiedenen Ländern durchweg Schweigen beobachtet hat, sei nur nebenbei berührt«[18].

Zwei Motive treten in derartigen Stellungnahmen in den Vordergrund: Zum einen sehen die Kirchen keinen besonderen Anlaß, sich ausgerechnet für die Juden einzusetzen; zum anderen halten sie es angesichts des »nationalen Aufbruchs« für besonders wichtig, sich auf »ihr eigenes Arbeitsgebiet« zu »beschränken« und »die Selbständigkeit der Kirche in ihrem eigengesetzlichen Handeln nicht zu gefährden«. Antijudaismus auf der einen Seite und das Interesse an der Sicherung des kirchlichen Bestandes auf der anderen Seite stützen sich, wie dieser Vorgang zeigt, wechselseitig. Vielleicht interpretieren sie sich auch wechselseitig. Vielleicht – so läßt sich fragen – hat der kirchliche Antijudaismus gerade darin eine der Wurzeln seiner Wirksamkeit, daß die fortdauernde Existenz und Präsenz der Juden eine Anfrage an den Bestand, an die Existenzform und an das Selbstverständnis der Kirche darstellt. Die beginnende Judenverfolgung jedenfalls hätte die Kirchen, wenn sie zu ihr hätten dezidiert Stellung nehmen wollen, zu einem veränderten Verhältnis gegenüber dem Judentum genötigt. Dies aber wäre nur möglich gewesen, wenn sie gleichzeitig zu ihren eigenen Existenzbedingungen, zu den Fragen ihres eigenen organisatorischen Bestands eine veränderte Stellung eingenommen hätten. Dazu aber sahen die verantwortlichen Sprecher der Kirchen im Jahr 1933 keinen Anlaß. Angesichts des »nationalen Aufbruchs« und der beginnenden Judenverfolgung sind die dominierenden kirchlichen Handlungsweisen vielmehr von denselben Maximen geprägt, die kirchliches Handeln auch im Umbruch der Jahre 1918/19 bestimmt haben. Das dominierende Motiv ist das Interesse an der Erhaltung geschichtlich gewachsener Bestände. Dieses Handlungsmotiv aber ist gerade für Kirchen charakteristisch, die sich selbst als Volkskirchen begreifen. Nimmt man den Holocaust als Frage an die Kirche ernst, so ergibt sich aus ihm nicht zuletzt eine tiefgreifende Anfrage an ein verbreitetes volkskirchliches Handlungsschema.

Doch kehren wir zum Jahr 1933 zurück. Auf den Boykott jüdischer Geschäfte folgte schon nach wenigen Tagen die nächste Herausforderung: das Gesetz zur Wiederherstellung des Berufsbeamtentums. Dessen § 3 stellte fest, daß »Beamte, die nicht arischer Abstammung sind«, in den Ruhestand

18 *B. Stasiewski*, Akten deutscher Bischöfe über die Lage der Kirche 1933–1945, Bd. 1, 1968, S. 42f.

zu versetzen seien. Nur wenige Ausnahmen waren vorgesehen. Dieses Sondergesetz, der sogenannte Arierparagraph, war mit einer allgemeinen Drohung verknüpft, deren Opfer in den folgenden Monaten viele politisch mißliebige, insbesondere sozialdemokratische Beamte wurden. Der § 4 des Gesetzes hieß: »Beamte, die nach ihrer bisherigen politischen Betätigung nicht die Gewähr dafür bieten, daß sie jederzeit rückhaltlos für den nationalen Staat eintreten, können aus dem Dienst entlassen werden.«

Es stand zu erwarten, daß der nationalsozialistische Staat und mit ihm die »Glaubensbewegung Deutsche Christen« darauf dringen würden, der Arierparagraph müsse auch in der Kirche in Kraft treten und hier die Entlassung aller kirchlichen Amtsträger jüdischer Abstammung zur Folge haben. Deshalb legte Hermann Kapler als Präsident des preußischen Oberkirchenrats schon zu einer Konferenz am 11. April den versammelten Generalsuperintendenten und Konsistorialpräsidenten der altpreußischen Kirche ein Gutachten von »sachkundiger Seite« zu dem Thema »Die Kirche und die Judenfrage in Deutschland« vor. Dessen Autor war Walter Künneth, der damals zweiunddreißigjährige Leiter der Apologetischen Zentrale in Berlin-Spandau und spätere Professor in Erlangen. Sein Gutachten stellte eine damals verbreitete, und zwar eine gemäßigte Auffassung dar. Ihm wollen wir uns deshalb als einem exemplarischen Text zuwenden[19].

Künneth schafft sich dadurch die Ausgangsbasis für eine eigenständige kirchliche Beurteilung der »Judenfrage«, daß er zwischen den Bereichen staatlichen und kirchlichen Handelns strikt unterscheidet. Dem Staat erkennt er das Recht zu, auf gesetzlichem Weg die Juden von bestimmten Berufstätigkeiten auszuschließen. So hart eine solche Maßnahme auch sei, so sei sie doch notwendig, um »das deutsche Volk vor Überfremdung zu sichern«; denn bisher seien die Juden in öffentlichen Ämtern überrepräsentiert. Künneth erinnert freilich zugleich an die Lage deutscher Minderheiten im Ausland und mahnt unter diesem Gesichtspunkt zu einem sittlich vertretbaren Umgang mit dem Minderheitenproblem. Deshalb muß auch und gerade in der »Judenfrage« die Kirche sich als »Gewissen der Nation« verste-

19 Künneths Gutachten wurde bei seiner Sitzung am 25./26. April 1933 auch dem Deutschen Evangelischen Kirchenausschuß vorgelegt. Der Text dieser Fassung ist zum ersten Mal veröffentlicht in: *W. Huber / I. Tödt* (Hg.), Ethik im Ernstfall. Dietrich Bonhoeffers Stellung zu den Juden und ihre Aktualität, 1982, S. 255ff. Weitere Fassungen des Gutachtens erschienen in *W. Künneth / H. Schreiner* (Hg.), Die Nation vor Gott, 1. Aufl. 1933, S. 90–105 und in den folgenden sechs Aufl. bis 1937 (daraus ein Auszug in: *G. van Norden*, Der deutsche Protestantismus im Jahr der nationalsozialistischen Machtergreifung, 1979, S. 341ff.). Bei *A. Boyens*, Kirchenkampf und Ökumene 1933–1939. Darstellung und Dokumentation, 1969, S. 295ff. ist ein Auszug aus der Niederschrift über die Verhandlungen des DEKA am 25./26. April 1933 zu finden, ohne den Künnethschen Text und ohne Hinweis auf Künneths Verfasserschaft. – Künneths Text wird im Vergleich mit Bonhoeffers Aufsatz »Die Kirche vor der Judenfrage« erörtert bei *K. Scholder*, Die Kirchen und das Dritte Reich, Bd. 1, 1977, S. 347ff.; *H. E. Tödt*, Judendiskriminierung 1933 – der Ernstfall für Bonhoeffers Ethik, in: *W. Huber / I. Tödt*, a.a.O., S. 139ff.; *E. A. Scharffenorth*, Die Kirche vor der Bekenntnisfrage – Bonhoeffers Aufruf zur Solidarität mit den Juden, ebd., S. 184ff.

hen. Sie hat sich – so heißt es in der veröffentlichten Fassung von Künneths Gutachten wörtlich – »dafür einzusetzen, daß die Ausschaltung des jüdischen Einflusses im Volksleben sich in einer Weise vollzieht, die dem christlichen Ethos, zu dem der Staat wiederholt ein freudiges Ja gesprochen hat, nicht widerspricht ... Die einzelnen Gemeinden wie die evangelische Gesamtkirche Deutschlands werden darum den Mut haben müssen, gegen jede Art von gewaltsamer Schädigung oder Unterdrückung der Juden in Deutschland ... schärfsten Einspruch zu erheben, will sie nicht selbst mitschuldig werden an Geschehnissen, die im Widerspruch stehen zu ihrer Verkündigung und der Lebenshaltung eines christlichen Volkes«[20].

An dieser Stellungnahme sind drei Momente besonders hervorzuheben: Künneth akzeptiert das Ziel, daß der jüdische Einfluß aus dem Volksleben ausgeschaltet werden soll; er anerkennt auch, wie andere Äußerungen zeigen, Elemente der Rassentheorie, die im Hintergrund dieses Vorhabens stehen[21]. Er ist sich ferner der Gefahr, ja der Wahrscheinlichkeit bewußt, daß dies sich auf gewaltsamem Weg vollziehen wird. Deshalb weist er ausdrücklich darauf hin, daß die Kirche im Fall solcher Gewaltsamkeiten um ihrer eigenen Botschaft willen zu deutlichem Protest verpflichtet ist. Wiederum ist offenkundig, daß die gängige Judenfeindschaft als selbstverständliche Voraussetzung akzeptiert ist. Nur ihretwegen kann es Künneth verborgen bleiben, daß sich der Protest der Kirche nicht erst gegen die gewaltsamen Mittel, sondern schon gegen das Ziel richten muß, das zu solchen Mitteln mit Zwangsläufigkeit greifen läßt: das Ziel eben, die Juden aus dem Volksleben auszuschalten.

Vom staatlichen Handeln ist nach Künneths Auffassung das Handeln der Kirche sorgfältig zu unterscheiden. Für die Zugehörigkeit zur christlichen Gemeinde aber »ist nicht irgendwelche rassische Abstammung, sondern der Glaube an Jesus Christus als den Herrn maßgebend«. Die Anerkennung der Taufe als Sakrament verpflichtet deshalb die Kirche zur grundsätzlichen Gleichberechtigung von Judenchristen und Heidenchristen. Diese prinzipielle Gleichstellung bedeutet freilich »keineswegs Gleichgültigkeit in biologischer Hinsicht«. Vielmehr muß die Kirche im Rahmen ihres missionarischen Handelns auf rassische Besonderheit durchaus eingehen. Doch die Grundsätze ihres Handelns kann sie sich nicht vom Staat vorgeben lassen; sie muß diese vielmehr aus ihren eigenen Wesensbestimmungen ableiten. Die Kirche wird deshalb auf der einen Seite Judenchristen prinzipiell zu ihren Ämtern zulassen müssen; auf der anderen Seite ist jedoch in einer Volkskirche, die »zum Dienst am deutschen Volk berufen« ist, darauf zu achten, »daß ein zu starkes Hervortreten des judenchristlichen Elementes« verhindert wird. Angesichts der Tatsache, so muß man hinzufügen, daß nur ein geringer Anteil der evangelischen Pfarrer jüdischer Herkunft war, lag in einer

20 *G. van Norden*, a.a.O., S. 350.

21 Vgl. *W. Künneth*, Antwort auf den Mythus. Die Entscheidung zwischen dem nordischen Mythus und dem biblischen Christus, 3. Aufl. 1935, S. 67ff.90 u.ö.

derartigen Formel doch eine Blankovollmacht zu einer modifizierten Einführung des Arierparagraphen in der Kirche.

Ein Element in Künneths Gutachten muß noch erwähnt werden. Wegen des Gewichts der Taufe fordert er den Staat auf, in seiner Gesetzgebung zwischen Juden und Judenchristen sorgfältig zu unterscheiden. Denn sonst würde der Gesetzgeber sich eine Mißachtung der kirchlichen Sakramente zuschulden kommen lassen. Der Staat muß nach Künneths Überzeugung, wenn er überhaupt die Kirche anerkennt, auch die unterscheidende Wirkung ihrer Sakramente akzeptieren. Er muß deshalb auch in seinen Gesetzen »die Angehörigen der Synagoge von den Gliedern der Kirche unterscheiden«.

Wir stoßen damit auf ein weiteres Grundmotiv in kirchlichen Stellungnahmen zu diesen Fragen: Zwischen Judenchristen und Juden wird scharf unterschieden; nur den Judenchristen wird in der Regel ein Versuch kirchlichen Beistands in Aussicht gestellt. Damit wird die Rechtlosigkeit der nicht getauften Juden aber nur verschärft: die Rechtlosigkeit von Menschen, die es versäumt haben, sich durch die christliche Taufe die Eintrittskarte in den nationalen Staat zu verschaffen. Der Gang der Entwicklung sollte freilich deutlich genug zeigen, daß das nationalsozialistische Regime diese Unterscheidung nicht zu akzeptieren gewillt war. Vielmehr lag es in der Konsequenz der vom Nationalsozialismus vertretenen Rassentheorie, daß die christliche Taufe ignoriert wurde.

Damit wurde die Konsequenz aus einer Überzeugung gezogen, die der Historiker Häusser schon im Jahr 1862 so formuliert hatte: »Mit dem Wechsel der Religion ändert nach Ansicht des Volkes der Israelit die natürliche Eigentümlichkeit nicht, die ihn vom Christen scheidet; er mag konfessionell zu den letzteren gehören, in allem übrigen bleibt er, was er vorher gewesen ist«[22]. Diese Auffassung fand in der nationalsozialistischen Rassentheorie ihre Fortsetzung; die Verfolgung traf deshalb je länger desto deutlicher Juden und Judenchristen in gleichem Maß. Erschreckend ist der Umfang, in dem diese rassistische Ideologie von den evangelischen Kirchen übernommen wurde. Eine Bekanntmachung über die kirchliche Stellung evangelischer Juden vom 17. Dezember 1941 – unterzeichnet von den Repräsentanten der Landeskirchen in Sachsen, Nassau-Hessen, Mecklenburg, Schleswig-Holstein, Anhalt, Thüringen und Lübeck – erklärte ausdrücklich:

> »Durch die christliche Taufe wird an der rassischen Eigenart eines Juden, seiner Volkszugehörigkeit und seinem biologischen Sein nichts geändert. Eine deutsche Evangelische Kirche hat das religiöse Leben deutscher Volksgenossen zu pflegen und zu fördern. Rassejüdische Christen haben in ihr keinen Raum und kein Recht«[23].

22 *Th. Nipperdey/R. Rürup*, Antisemitismus, in: Geschichtliche Grundbegriffe, Bd. 1, 1972, S. 129ff. (134).

23 Kirchliches Jahrbuch 1933–1944, S. 460.

III

Die Frage nach der Stellung der Kirche zum Staat, die Frage nach der Stellung der Judenchristen in der Kirche und schließlich das Verhältnis zwischen Judenchristen und Juden – diese drei Fragen bilden die Schlüsselprobleme in dem Gutachten von Walter Künneth. Dieselben Fragen begegnen auch in Dietrich Bonhoeffers Aufsatz »Die Kirche vor der Judenfrage«. Nahezu gleichzeitig mit Künneths Gutachten und ohne dessen Kenntnis stellte Bonhoeffer, der damals siebenundzwanzigjährige Privatdozent an der Berliner Universität, seinen Aufsatz am 15. April 1933 fertig[24].

Bonhoeffer beginnt – ganz ähnlich wie Künneth – seine Überlegungen mit einer schroffen Unterscheidung zwischen der Aufgabe des Staats und der Aufgabe der Kirche. Eine Kirche, die diese Unterscheidung kennt, wird sich nicht vorschnell in staatliches Handeln einmischen. Doch beziehungslos steht die Kirche den Aktionen des Staats nicht gegenüber. Vielmehr ist sie in dreifacher Hinsicht zu eigenem Eingreifen herausgefordert:

(1) Die Kirche kann und soll den Staat immer wieder fragen, »ob sein Handeln von ihm als legitim staatliches Handeln verantwortet werden könne«. Damit nimmt sie dem Staat nicht seine Verantwortung ab, sondern macht ihn gerade auf seine Verantwortung für »Recht und Ordnung« aufmerksam. In der Situation des April 1933 muß sie diese Frage vor allem im Blick auf die staatliche Behandlung der Juden stellen.

(2) Die Kirche ist verpflichtet, den Opfern staatlichen Handelns zu helfen, auch wenn diese nicht der christlichen Gemeinde angehören. Damit stellt Bonhoeffer klar, daß die kirchliche Diakonie nicht nur den Judenchristen, sondern auch den ungetauften Juden gelten muß.

(3) Unmittelbar politisches Handeln der Kirche ist dann möglich und gefordert, »wenn die Kirche den Staat in seiner Recht und Ordnung schaffenden Funktion versagen sieht«. Dann gilt es, »nicht nur die Opfer unter dem Rad zu verbinden, sondern dem Rad selbst in die Speichen zu fallen«. Dies ist dann nötig, wenn der Staat »hemmungslos ein Zuviel oder ein Zuwenig an Ordnung und Recht verwirklicht«. Ein Zuwenig liegt darin, daß eine bestimmte Gruppe – eben die Juden – rechtlos gemacht wird; ein Zuviel läge z.B. darin, daß der Staat in den Rechtsbereich der Kirche eingreift, indem er den Ausschluß der getauften Juden aus der Kirche erzwingt und die Judenmission verbietet.

Neben diese Unterscheidung zwischen drei Hinsichten kirchlichen Han-

24 *D. Bonhoeffer*, Die Kirche vor der Judenfrage, zuerst veröffentlicht in dem Monatsblatt »Der Vormarsch«, hg. von *G. Kunze / F. Söhlmann*, 3. Jg., H. 6 – Juni 1933, S. 171ff.; abgedruckt in: Gesammelte Schriften, Bd. 2, S. 44ff. sowie in: *W. Huber / I. Tödt*, a.a.O., S. 245ff. Zu diesem Aufsatz sowie zu Bonhoeffers Stellung zu den Juden insgesamt vgl. vor allem: *R. Zerner*, Dietrich Bonhoeffer and the Jews, in: Jewish Social Studies 37, 1975, S. 235ff.; *E. Bethge*, Dietrich Bonhoeffer und die Juden, in: *E. Feil / I. Tödt* (Hg.), Konsequenzen. Dietrich Bonhoeffers Kirchenverständnis heute, 1980, S. 171ff. sowie die Beiträge von *J. Peck, E. Bethge, B. Klappert, H. E. Tödt* und *E. A. Scharffenorth* in: *W. Huber / I. Tödt*, a.a.O.

delns gegenüber dem Staat tritt die Frage nach den fälligen innerkirchlichen Entscheidungen. Sie heißt: Kann die Kirche staatliche Verhaltensweisen für ihren eigenen Bereich übernehmen? Bonhoeffer antwortet, sie könne sich ihr Handeln an ihren Gliedern nicht vom Staat vorschreiben lassen. Täte sie dies, so mache sie die Zugehörigkeit zur Kirche von einem »Gesetz« abhängig. Daraus ergibt sich die ironische Wendung, daß der Ausschluß der getauften Juden die Kirche selbst im theologischen Sinn »judenchristlich« machen würde. Denn: »Judenchrist im Sinne der Kirche ist der, der die Zugehörigkeit zum Volk Gottes, zur Kirche Christi bedingt sein läßt durch die Beobachtung eines göttlichen Gesetzes. Demgegenüber kennt das Heidenchristentum keine Voraussetzung für die Zugehörigkeit zum Volk Gottes, zur Kirche Christi, als den Ruf Gottes durch sein Wort in Christus«[25].

In dem Flugblatt »Der Arierparagraph in der Kirche« zieht Bonhoeffer im August 1933 die eindeutige Konsequenz aus diesen Einsichten. Gegenüber der Forderung, alle Nichtarier aus der »deutschen Reichskirche« auszuschließen, erklärt er zusammenfassend:

»Kirche ist die Gemeinde der Berufenen, in der das Evangelium recht gepredigt und die Sakramente recht verwaltet werden, die kein Gesetz für die Zugehörigkeit zu ihr aufrichtet. Darum ist der Arierparagraph eine Irrlehre von der Kirche und zerstört ihre Substanz. Darum gibt es einer Kirche gegenüber, die den Arierparagraphen in dieser radikalen Form durchführt, nur noch einen Dienst der Wahrheit, nämlich den Austritt. Dies ist der letzte Akt der Solidarität mit meiner Kirche, der ich nie anders als allein mit der ganzen Wahrheit und mit allen ihren Konsequenzen dienen kann«[26].

Angesichts des Arierparagraphen stellt sich die Frage nach dem Verhältnis zwischen der ganzen, unteilbaren Wahrheit und der Existenzform der Kirche in besonderer Zuspitzung. Der Zusammenhang zwischen beiden wird gerade zerstört, wenn die Existenzform der Kirche statt dem gnädigen Gebot Gottes einem fremden Gesetz unterstellt wird. Nur wenige haben dies so früh und so radikal erkannt wie Bonhoeffer[27]. Deshalb stellte ihn der Kirchenkampf gleichzeitig mitten in die Kirche und an deren Grenze. Weil er sich selbst der Frage aussetzen mußte, ob der Ort der Wahrheit nicht jenseits der Grenzen des verfaßten Kirchentums liege, mußte er die Frage nach den wahren Grenzen der Kirche unerbittlich stellen.

Gegen die Einführung des Arierparagraphen in der Kirche wurde auch von anderer Seite Widerspruch angemeldet; zu nennen ist insbesondere das Gutachten der Marburger Theologischen Fakultät[28]. Doch die Konsequenzen, die sich aus dieser Frage für das Kirchenverständnis ergaben, hat Bonhoeffer mit einer Geradlinigkeit formuliert, der kaum Vergleichbares an die

25 *D. Bonhoeffer*, Gesammelte Schriften, Bd. 2, S. 51.
26 Ebd., S. 62ff. (65f.); *W. Huber / I. Tödt*, S. 251ff. (253).
27 Siehe dazu auch unten S. 169ff.
28 Vgl. *H. Liebing* (Hg.), Die Marburger Theologen und der Arierparagraph in der Kirche. Eine Sammlung von Texten aus den Jahren 1933 und 1934, 1977.

Seite zu stellen ist. Auf die wechselvolle Geschichte des Arierparagraphen, der durch Kirchengesetz eingeführt und wieder aufgehoben wurde, hatten seine Aufrufe und Aktionen freilich keinen unmittelbaren Einfluß. Indessen zeigte sich bald, daß die sogenannte Rechtslage auch für die Behandlung judenchristlicher Pfarrer nicht mehr allein ausschlaggebend sein sollte. Besonders anschaulich kann man dies am Schicksal des Bochumer Pfarrers Hans Ehrenberg sehen, an das ich in exemplarischer Absicht kurz erinnern will[29].

Hans Ehrenberg, im Jahr 1883 als Sohn jüdischer Eltern geboren, hatte sich 1909 evangelisch taufen lassen. Seit 1910 Privatdozent, nach dem Ersten Weltkrieg außerordentlicher Professor der Philosophie in Heidelberg, war er von der Frage nach dem Verhältnis zwischen idealistischer Philosophie und christlichem Glauben bewegt. Die Erfahrung des Krieges aber führte ihn zur Frage nach der Kirche. Deshalb begann er 1920 ein Theologiestudium; nach dessen Abschluß übernahm er eine Pfarrstelle in Bochum. Zu Beginn des »Dritten Reichs« war er der einzige judenchristliche Pfarrer in der westfälischen Kirchenprovinz. Ähnlich wie Bonhoeffer sah er sofort im Jahr 1933 die Frage nach der Behandlung der Judenchristen als diejenige Frage an, in der es um die Wahrheit der Kirche ging. In seinen »Leitsätzen zur judenchristlichen Frage« heißt es: »Die Kirche der Reformation in Deutschland steht oder fällt 1933 bei der Versuchung, die Judenchristen – ganz oder teilweise – aus sich auszusondern. – Die judenchristliche Frage wird im letzten Teil des Kirchenstreites zu seinem Sinnbild und Kern«[30]. Deshalb schloß Ehrenberg seine Thesenreihe mit den Worten: *»In statu confessionis«*. Doch keine Bekenntnissynode, keine Kirchenleitung hat sich in den Jahren seit 1933 diese Überzeugung wirklich zu eigen gemacht und ein entsprechendes Bekenntnis mit eindeutigen kirchenrechtlichen Folgen ausgesprochen. Eben dies wurde einem Mann wie Hans Ehrenberg zum Verhängnis. Nachdem man seit 1933 auf verschiedenen Wegen versucht hatte, ihn unter Druck zu setzen, forderte der stellvertretende Gauleiter von Westfalen-Süd im Februar 1937 das westfälische Konsistorium in ultimativer Form zur Abberufung Ehrenbergs auf. Es sei unzumutbar, so wurde erklärt, daß dem deutschen Kind und dem deutschen Menschen das Wort Gottes von einem Juden gepredigt werde[31]. Diesem Druck beugten sich das Konsistorium in Münster und der Evangelische Oberkirchenrat in Berlin. Sie taten dies in der Form, daß sie Ehrenberg drängten, seinerseits die Versetzung in den Ruhestand zu beantragen. Aus dem Objekt der Verfolgung wurde so zum Schein das handelnde Subjekt. Zu Ehrenbergs Abschied aus dem Pfarramt wurde eine Kanzelabkündigung des Westfälischen Bruderrats und der Bochumer Bekenntnispfarrer verlesen; deren entscheidender Satz heißt: »Wenn Pfarrer Ehrenberg jetzt aus seinem Gemeindeamt scheidet, so geschieht das, weil

29 Vgl. die zusammenfassende Darstellung bei *G. Brakelmann*, Kirche in Konflikten ihrer Zeit. Sechs Einblicke, 1981, S. 128ff.

30 *R. M. Heydenreich*, a.a.O., S. 202; *W. Huber / I. Tödt*, a.a.O., S. 263.

31 *G. Brakelmann*, a.a.O., S. 150.

die Kirche keine Möglichkeit hat, für ihn und für seinen Bezirk so einzutreten, wie es die Sache erfordert«[32].

Dies war das Resultat nach vier Jahren nationalsozialistischen Regimes, ein Resultat der Entwicklungen, die im Jahr 1933 eingesetzt hatten, ein Resultat auch der Entscheidungen, die im Jahr 1933 gefallen waren oder unterlassen worden waren. In diesem Jahr 1933 finden wir zwar Äußerungen von einzelnen und von Gruppen zur Judenfrage; wir finden aber keine Erklärungen, die im Namen der Kirche aussprechen, daß mit der Verfolgung der Juden der Status confessionis gegeben ist[33]. Wenn überhaupt von einem solchen Status confessionis die Rede ist, so nur im Blick auf die Anwendung des Arierparagraphen im Raum der Kirche[34]. Die Behandlung der Judenchristen und der Umgang mit kirchlichen Amtsträgern sind die beherrschenden Gesichtspunkte, unter denen in der Kirche eine eigene Verantwortung für die »Judenfrage« gesehen wird. Bonhoeffer steht gerade darin sehr allein, daß er von Anfang an die politische Verantwortung der Kirche angesichts der Judenverfolgung hervorhebt und die Unterscheidung zwischen Judenchristen und Juden in dieser Hinsicht in Frage stellt.

Besonders beunruhigend ist im Rückblick die Selbstverständlichkeit, mit der man kirchlicherseits die Definition der Fragestellung übernahm, vor die das nationalsozialistische Regime sich und das deutsche Volk stellte. Es handelte sich um die »Judenfrage«. Als nicht selbstverständlich galten also Existenz und Lebensberechtigung der Juden. Auch Bonhoeffer übernahm diese Definition des Problems: »Ohne Zweifel ist eines der geschichtlichen Probleme, mit denen unser Staat fertig werden muß, die Judenfrage, und ohne Zweifel ist der Staat berechtigt, hier neue Wege zu gehen«[35]. Eine derartig einseitige Definition des Problems galt sowohl für die Stellung der Juden in der Gesellschaft wie für ihr Verhältnis zur Kirche. In beiden Hinsichten sei die »Judenfrage« kurz erläutert.

Die Kirche hatte ihr Verhältnis zu Israel über Jahrhunderte hinweg mit einer Enterbungs- oder Substitutionstheorie beschrieben. Daß Christus das »Ende des Gesetzes« sei (wie man Röm. 10,4 wiedergab, ohne andere Übersetzungsmöglichkeiten in Erwägung zu ziehen), galt als eine der wichtigsten biblischen Begründungen für diese Theorie. Ihre wesentlichen Aussagen sind: Die Verheißungen, die Israel als dem Volk Gottes gegolten haben, sind auf die Kirche übergegangen; denn Israel hat Jesus als den Messias verworfen und damit allen Anspruch auf diese Verheißungen verwirkt. Dadurch ist Israel zu einem Phänomen der geschichtlichen Vergangenheit geworden. Daß dennoch Juden gegenwärtig existieren, ist die »Judenfrage«. Die ungleichzeitige Gleichzeitigkeit der Juden verträgt sich nicht mit einer derartigen Ent-

32 Ebd., S. 156.

33 Siehe dazu unten S. 255ff.

34 So im Punkt 4 der Verpflichtung des Pfarrernotbunds vom September 1933; vgl. Kirchliches Jahrbuch 1933–1944, S. 35.

35 Gesammelte Schriften, Bd. 2, S. 45.

erbungstheorie. Dies ist eine der Spannungen, aus denen der kirchliche und theologische Antijudaismus immer wieder neue Nahrung erhält, bis in unsere Tage hinein.

Die »Judenfrage« der bürgerlichen Gesellschaft[36] ist mit dieser Judenfrage der Kirche keineswegs identisch. Sie richtet sich vielmehr darauf, welche Stellung die Juden angesichts ihrer eigengeprägten, insbesondere auch ökonomischen Tradition in der bürgerlich-kapitalistischen Gesellschaft und dem ihr zugeordneten konstitutionellen Staat innehaben sollen. Die Antwort auf diese Frage heißt zunächst Emanzipation; sie heißt, wie vor allem die Schrift von Karl Marx zur Judenfrage zeigt, für viele Juden selbst Assimilation; und sie heißt seit der Krise der bürgerlichen Gesellschaft im ausgehenden 19. Jahrhundert schließlich Antisemitismus.

Diese »Judenfrage« der bürgerlichen Gesellschaft genauer zu beschreiben, ist hier nicht der Ort; hier geht es allein um die Rückwirkungen dieser Entwicklung auf die Kirche. In ihrer Struktur entspricht die »Judenfrage« der bürgerlichen Gesellschaft der kirchlichen »Judenfrage« genau. In beiden Fällen nämlich ist das absolut Unselbstverständliche die Existenz der Juden. Unselbstverständlich ist die Existenz der Juden angesichts der Wirklichkeit einer Kirche, die die Verheißungen des Volkes Israel an sich genommen, usurpiert hat. Unselbstverständlich ist die Existenz der Juden im gesellschaftlichen Rahmen sogenannter »Wirtsvölker«. Eine Lösung dieser Judenfrage kann deshalb nur durch eine Änderung der Juden, nicht etwa durch eine Änderung dieser »Wirtsvölker«, auch nicht durch eine Änderung der Kirche erfolgen. Von diesem Ausgangspunkt aus haben auch Theologen immer wieder Listen möglicher Lösungen der »Judenfrage« aufgestellt, die mit der Emanzipation der Juden begannen und mit deren Ausrottung – etwa von G. Kittel als Möglichkeit ausdrücklich benannt, wenn auch abgelehnt[37] – endeten. Genau diese zweite Lösung wurde schließlich realisiert. Mit dieser »Endlösung« aber kehrt sich die »Judenfrage« unwiderruflich um: Aus einer Frage nach der Veränderung der Juden wird sie zur Frage nach der Veränderung eines »Wirtsvolkes«, in dessen Namen die »Endlösung« unternommen wurde. Aus einer Frage nach der wirtschaftlichen Stellung der Juden wird sie zur Frage nach der Legitimität von Wirtschaftsordnungen (privatkapitalistischer oder staatskapitalistischer Art), deren eigene Bestandsprobleme durch Antisemitismus kompensiert werden.

Die Erfahrung des Holocaust nötigt uns heute dazu, die Frage anders zu

36 Vgl. insbesondere *R. Rürup*, Emanzipation und Antisemitismus. Studien zur »Judenfrage« der bürgerlichen Gesellschaft, 1975.

37 Vgl. *G. van Norden*, a.a.O., S. 328ff. (329). Zu G. Kittel vgl. die Untersuchungen von *L. Siegele-Wenschkewitz*, Die Evangelisch-theologische Fakultät Tübingen in den Anfangsjahren des Dritten Reichs, II: Gerhard Kittel und die Judenfrage, in: *E. Jüngel* (Hg.), Tübinger Theologie im 20. Jahrhundert, ZThK Beiheft 4, 1978, S. 53ff.; *dies.*, Neutestamentliche Wissenschaft vor der Judenfrage. Gerhard Kittels theologische Arbeit im Wandel deutscher Geschichte (ThExh 208), 1980; *dies.*, Mitverantwortung und Schuld der Christen am Holocaust, in: EvTheol 42, 1982, S. 171ff.

stellen, als sie selbst von dem klarsichtigsten theologischen Beteiligten im Jahr 1933, von Dietrich Bonhoeffer, gestellt wurde. Die Kirche stand und steht nicht vor der »Judenfrage«, sondern vor der Frage des christlichen Verhältnisses zu den Juden und damit vor einer Christenfrage. Versucht man, die Frage in dieser Art neu zu stellen, dann muß man auch auf diejenigen antijudaistischen Elemente achten, die sogar in einer Position wie derjenigen Dietrich Bonhoeffers noch anklingen.

In dem Aufsatz »Die Kirche vor der Judenfrage«, um den meine Überlegungen in diesem Abschnitt kreisen, begegnen unreflektierte antijudaistische Elemente in der Art, in der Bonhoeffer den Begriff des »Judenchristlichen« verwendet. Eine der Pointen seiner Überlegung liegt, wie wir sahen, darin, daß er den Vorwurf des »Judenchristlichen« umadressiert. Judenchristen im theologischen Sinn sind gerade die »Deutschen Christen«, weil sie die Zugehörigkeit zur Kirche von einem vermeintlich unabänderlichen, »göttlichen« Gesetz abhängig machen wollen, nämlich von der Zugehörigkeit zu einer bestimmten Rasse. Doch diese Umadressierung ändert nichts daran, daß das Wort »Judenchrist« als Vorwurf, als negatives Urteil gemeint ist, auch wenn es ironische Verwendung findet.

Ein solcher Gebrauch des Wortes »Judenchrist« knüpft an eine Tradition an, die ihren Ausgangspunkt bei Paulus hat. Er berichtet im Galaterbrief mit aller Leidenschaft von einem Streit mit Petrus in Antiochien. Petrus hatte sich – nach der Darstellung des Paulus – zunächst zu den gemeinsamen Mahlzeiten mit den Heidenchristen bereit gefunden. Dann aber ließ er sich von den Abgesandten des Jakobus einschüchtern. Daraufhin fuhr Paulus den Petrus vor allen anderen an: »Wenn du als Jude heidnisch und nicht jüdisch lebst, wie kannst du dann die Heiden zwingen zu judaisieren?« (Gal. 2,14). Judaisieren, sich nach jüdischem Gesetz richten, ist seit Paulus zu einem Schlüsselwort kirchlicher Polemik geworden. Dabei richtet sich dieser polemische Begriff niemals nur gegen Christen jüdischer Herkunft, sondern gerade auch gegen Heidenchristen, die meinen, für das Leben der Kirche unwandelbare rituelle oder andere Gesetze aufstellen zu müssen. Schon in der Alten Kirche, dann aber insbesondere auch in den Kirchen der Reformation richtet sich die Polemik immer wieder gegen diese Erscheinung des »Judaisierens«[38]. Ein Begriff, der bei Paulus in einer bestimmten Auseinandersetzung auftaucht, wird verallgemeinert und findet so als Universalschlüssel nicht nur in der Kritik an den Juden, sondern in den verschiedenartigsten innerkirchlichen Auseinandersetzungen Verwendung. Wie vielseitig er eingesetzt werden kann, zeigt sich gerade an der Art, in der Bonhoeffer von den Judenchristen redet. Aber auch in seiner ironischen Redeweise ist noch vor-

38 Vgl. *F.-W. Marquardt,* Die Entdeckung des Judentums für die christliche Theologie. Israel im Denken Karl Barths, 1967, S. 59. – *W. Künneth* hat, was in unserem Zusammenhang der Hervorhebung wert ist, Alfred Rosenberg und seinen »Mythus des 20. Jahrhunderts« mit dem Judaismus-Vorwurf belegt: »Der Mythus ... gründet schlechthin alles auf Blut und Rasse und denkt nicht christlich, sondern steht in Parallele zu judaistischen Vorstellungen« (*W. Künneth,* Antwort auf den Mythus, a.a.O., S. 90).

ausgesetzt, daß das Jude-Sein und das Judaisieren mit formalistischer Gesetzlichkeit gleichgestellt werden.

Ein derart eingeengter Begriff des »Jude-Seins« aber sieht von der reichen Überlieferungsgeschichte des Judentums ganz ab. Die Enterbungstheorie, nach der die Kirche die Verheißungen Israels übernommen hat, kann die nachchristliche Geschichte des Volkes Israel nur als Geschichte des Fluchs, des göttlichen Strafgerichts sehen. Enterbungstheorie und Fluchtheorie entsprechen einander. Deshalb gewinnt die christliche Theologie nur selten einen positiven und produktiven Zugang zur nachchristlichen Geschichte jüdischer Frömmigkeit und Theologie. Daß wir uns einen solchen Zugang erarbeiten, ist eine Aufgabe, die nach dem Holocaust vor uns steht.

IV

Bei Dietrich Bonhoeffer begegnet uns gleich zu Beginn des »Dritten Reichs« eine klarsichtige Formulierung der Aufgaben, die sich der Kirche angesichts der Judenverfolgung stellten; sie aber wurden weithin verdrängt, ja sogar im Barmer Bekenntnis mit Schweigen übergangen. Hat dies, so will ich abschließend fragen, nach 1945 zu einem entsprechend klaren Eingeständnis der Schuld und zu einem Neubeginn geführt?

Daß ein neuer Anfang das unverstellte Eingeständnis der eigenen Schuld voraussetzt, war schon während des Krieges von manchen deutlich erkannt worden[39]. Daß die evangelische Kirche in Deutschland dabei vor allem anderen ihre eigene Schuld zu bekennen habe, sprach Martin Niemöller am 28. August 1945 in seiner Rede vor der Kirchenführerkonferenz in Treysa, aus der schon mehrfach zitiert wurde[40], klar aus:

> »Die eigentliche Schuld liegt auf der Kirche; denn sie allein wußte, daß der eingeschlagene Weg ins Verderben führte, und sie hat unser Volk nicht gewarnt, sie hat das geschehene Unrecht nicht aufgedeckt oder erst, wenn es zu spät war. Und hier trägt die Bekennende Kirche ein besonders großes Maß an Schuld; denn sie sah am klarsten, was vor sich ging und was sich entwickelte; sie hat sogar dazu gesprochen und ist dann doch müde geworden und hat sich vor Menschen mehr gefürchtet als vor dem lebendigen Gott. So ist die Katastrophe über uns alle hereingebrochen und hat uns mit in ihren Strudel gezogen. Wir aber, die Kirche, haben an unsere Brust zu schlagen und zu bekennen: meine Schuld, meine Schuld, meine übergroße Schuld!«[41]

Doch das Wort der Treysaer Konferenz an die Gemeinden vom 31. August 1945 spricht deutlicher als von der Schuld der Kirche davon, daß sie ihre

39 Vgl. die Texte bei *M. Greschat* (Hg.), Die Schuld der Kirche. Dokumente und Reflexionen zur Stuttgarter Schulderklärung, 1982, S. 20ff.

40 Siehe oben S. 29f.47.

41 *K. Kupisch*, Quellen zur Geschichte des deutschen Protestantismus von 1945 bis zur Gegenwart, Teil 1, 1971, S. 41; *M. Greschat*, a.a.O., S. 79.

Verantwortung ernst genommen habe; in diesem Zusammenhang ist auch ausdrücklich von den Verbrechen am europäischen Judentum die Rede:

»Mitten in den Versäumnissen der Kirche und des Volkes gab Gott Männern und Frauen aus allen Bekenntnissen, Schichten und Parteien Kraft, aufzustehen wider Unrecht und Willkür, zu leiden und zu sterben. Wo die Kirche ihre Verantwortung ernst nahm, rief sie zu den Geboten Gottes, nannte bei Namen Rechtsbruch und Frevel, die Schuld in den Konzentrationslagern, die Mißhandlung und Ermordung von Juden und Kranken, und suchte der Verführung der Jugend zu wehren. Aber man drängte sie in die Kirchenräume zurück wie in ein Gefängnis. Man trennte unser Volk von der Kirche. Die Öffentlichkeit durfte ihr Wort nicht mehr hören.«[42]

Sollte in der Situation des Neubeginns vor allem von der Schuld der Kirche oder auch von ihrem Protest gegen das nationalsozialistische Regime die Rede sein und sollte vor allem von der eigenen Schuld oder von der Wechselseitigkeit der Schuld gesprochen werden? Vor diesen Fragen stand der Rat der EKD, als er im Oktober 1945 in Stuttgart mit einer ökumenischen Delegation zusammentraf, die die Kontakte mit den deutschen evangelischen Kirchen wieder aufnehmen wollte, dabei aber ein Wort zur deutschen Schuld erwartete. Ihr gegenüber gab der Rat eine – zunächst nicht für die Öffentlichkeit bestimmte – Erklärung ab, die als »Stuttgarter Schulderklärung« in die Geschichte des deutschen Protestantismus eingegangen ist. Die Tatsache, daß sie abgegeben wurde, ist von bleibendem Gewicht. Doch trotz der Bedeutung, die dieser Erklärung zukommt, kann man vor einem Faktum die Augen nicht verschließen: mit keinem Wort ist in dieser Erklärung die Judenverfolgung ausdrücklich erwähnt. Vielmehr heißt es nur allgemein: »Durch uns ist unendliches Leid über viele Völker und Länder gebracht worden.« Und die Verstrickung der Kirche in diese Schuld wird in die allgemeine Formel gekleidet, »daß wir nicht mutiger bekannt, nicht treuer gebetet, nicht fröhlicher geglaubt und nicht brennender geliebt haben«[43].

Je länger ich darüber nachdenke, desto erschrockener bin ich – bei allem Respekt vor dem Schritt von Stuttgart – über die Allgemeinheit dieser Worte. Wie viel präziser ist der Entwurf eines Schuldbekenntnisses, den Dietrich Bonhoeffer im Jahr 1940, unmittelbar nach Hitlers Sieg in Frankreich und noch vor dem letzten Abschnitt der Judenverfolgung, niederschrieb; in ihm heißt es: »(Die Kirche) war stumm, wo sie hätte schreien müssen, weil das Blut der Unschuldigen zum Himmel schrie ... Sie ist schuldig geworden am Leben der schwächsten und wehrlosesten Brüder Jesu Christi (sc. der Juden)«[44].

Verglichen mit einer derart präzisen Sprache, die im Gegensatz zum Sprachgebrauch der Bekennenden Kirche die Juden als »Brüder Jesu« bezeichnet, verstellt die »gesteigert religiöse Sprache jenes komparativischen

42 *M. Greschat*, a.a.O., S. 77.
43 Ebd., S. 102.
44 *D. Bonhoeffer*, Ethik, 7. Aufl. 1966, S. 120.122.

Satzes«, in dem die Stuttgarter Schulderklärung gipfelt[45], gerade die Möglichkeit zu einer konkreten Analyse. Einer solchen Analyse aber bedarf vor allem die Frage, wie die Verkündigung der Kirche und ihre institutionelle Stellung in der Gesellschaft zur Ausbildung der Judenfeindschaft beigetragen haben.

Auch als die Synode der EKD in Berlin-Weißensee im Jahr 1950 ein Wort zur Schuld an Israel verabschiedete, wurde einer solchen Analyse nicht der Weg geebnet. Die Synode erklärte unter anderem: »Wir sprechen es aus, daß wir durch Unterlassen und Schweigen vor dem Gott der Barmherzigkeit mitschuldig geworden sind an dem Frevel, der durch Menschen unseres Volkes an den Juden begangen worden ist«[46]. Durch diese, für ein im Protestantismus verbreitetes Bewußtsein zweifellos schon sehr weitreichende Formulierung wurde der Zugang zu der Frage aber noch nicht eröffnet, wie die Kirche, der von ihr vertretene Antijudaismus und die durch ihre Verkündigung geweckte Strafmentalität Einstellungen und Verhaltensweisen begünstigt haben, die sich in der Judenverfolgung in grauenerregender Weise entluden[47]. Denn die Schuld der Kirche wird in dem Synodalwort von Berlin-Weißensee ausdrücklich nur auf den Bereich des *Schweigens* und des *Unterlassens* bezogen. Die Frage nach den Wirkungen kirchlichen *Redens* und *Handelns* blieb in den kirchlichen Stellungnahmen der ersten Nachkriegsjahre weithin ausgespart.

Dies aber gilt nicht nur für die Organe der sich neu bildenden EKD, sondern auch für den Reichsbruderrat, der die Tradition der Bekennenden Kirche in die Zeit nach 1945 hinüberzuretten suchte. Im Jahr 1947 veröffentlichte er das Darmstädter »Wort zum politischen Weg unseres Volkes«[48]. In verschiedenen Hinsichten schildert es die politischen Irrwege, die das deutsche Volk und mit ihm die evangelische Kirche gegangen sind; der Traum von der besonderen Sendung der Deutschen, das Bündnis der Kirche mit den konservativen Kräften, das Freund-Feind-Denken und der Antikommunismus werden erwähnt. Von der Verfolgung der Juden ist in diesem selbstkritischen Rückblick mit keinem Wort die Rede. Statt diese Frage in das »Darmstädter Wort« einzubeziehen, ließ der Reichsbruderrat ihm vielmehr 1948 ein besonderes »Wort zur Judenfrage« folgen.

Dieses Wort bleibt *vor* der notwendigen Erkenntnis und Neuorientierung stehen. Das zeigt schon sein Titel, der erneut das zu verhandelnde Problem als »Judenfrage« charakterisiert. Das zeigen aber vor allem die sechs Thesen zum Verhältnis zwischen Israel und Kirche, die in diesem »Wort« enthalten sind. Alle Grundelemente des traditionellen christlichen Antijudaismus kehren in diesen Thesen wieder: In Jesus haben Erwählung und Bestimmung

45 *E. Bethge*, Am gegebenen Ort, a.a.O., S. 117ff. (123).

46 *R. M. Heydenreich*, a.a.O., S. 256f.

47 Die Fragestellungen, die in den Beiträgen zu *W. Huber / G. Liedke* (Hg.), Christentum und Militarismus, 1973 entwickelt sind, müssen auch auf das Problem des christlichen Antijudaismus angewandt werden.

48 Siehe oben S. 47f.

Israels ihre Erfüllung gefunden. Als Aufgabe der Kirche gilt es deshalb, jedem anderen Verständnis Israels zu widerstehen. Die Enterbungs- und Substitutionstheorie für das Verhältnis zwischen dem Volk Israel und der Kirche wird aufgenommen und mit Nachdruck festgehalten. Damit verbindet sich die These, daß »Israel den Messias kreuzigte« und damit seine eigene Erwählung und Bestimmung verwarf. Gottes Treue aber läßt Israel trotz dessen Untreue nicht los. »Daß Gottes Gericht Israel in der Verwerfung bis heute nachfolgt, ist Zeichen seiner Langmut.« Sogar dasjenige Element christlicher Judenfeindschaft, das die Judenverfolgungen als Ausdruck des göttlichen Gerichts und darin der göttlichen Langmut deutet, wird hier also aufgenommen. Und dann heißt es: »Daß Gott nicht mit sich spotten läßt, ist die stumme Predigt des jüdischen Schicksals, uns zur Warnung, den Juden zur Mahnung, ob sie sich nicht bekehren möchten zu dem, bei dem allein auch ihr Heil steht«[49].

Dieses »Wort zur Judenfrage«, das die christliche Judenfeindschaft kritisch aufarbeiten will, enthält – nach Auschwitz! – alle theologischen Grundelemente des christlichen Antijudaismus: die Enterbungstheorie, nach der die Verheißungen Israels auf die Kirche übergegangen sind; die Substitutionstheorie, nach der die Kirche als Volk Gottes an die Stelle Israels getreten ist; die These, daß Israel als Volk die Schuld an der Kreuzigung Jesu trage; die These, das Geschick der Juden sei Ausdruck der göttlichen Strafe; und schließlich die These, die Juden müßten sich zu dem von der Kirche vertretenen Christusglauben bekehren, also die Forderung nach einer christlichen Judenmission. All diese Thesen kehren in dem »Wort zur Judenfrage« von 1948 wieder. Mir erscheint dieses – gutgemeinte – Wort als Ausdruck eines erschreckenden Wiederholungszwangs.

Gewiß: Seit dem Jahr 1948 ist an der Analyse und Überwindung des christlichen Antijudaismus weiter gearbeitet worden. Zu erinnern ist vor allem an die seit mehr als dreißig Jahren durchgeführte Arbeit der »Gesellschaften für christlich-jüdische Zusammenarbeit«. Im kirchlichen Bereich ist neben anderen Initiativen die »Arbeitsgemeinschaft Juden und Christen« beim Deutschen Evangelischen Kirchentag zu nennen, die seit zwei Jahrzehnten die Traditionen des deutschen Protestantismus aufarbeitet und Konsequenzen für eine Neuorientierung formuliert[50]. Zu nennen ist zugleich die im Auftrag des Rates der EKD 1975 veröffentlichte Studie »Christen und Juden«, der im Jahr 1979 ein ausführliches Arbeitsbuch als Kommentar folgte[51]. Doch diese wichtigen Bemühungen haben bisher erst in einer westdeutschen Landeskirche eine verbindliche Erklärung zur Schuld der deutschen evangelischen Christenheit an Israel und zum Neubeginn des

49 *R. M. Heydenreich*, a.a.O., S. 251ff. (252).

50 Vgl. die zusammenfassende Darstellung von *D. Goldschmidt*, Zwanzig Jahre Arbeitsgemeinschaft »Juden und Christen«, in: Deutscher Evangelischer Kirchentag Hamburg 1981, Dokumente, 1981, S. 608ff.

51 Christen und Juden, in: Die Denkschriften der EKD, Bd. 1/2, 1978, S. 119ff.; *R. Rendtorff* (Hg.), Arbeitsbuch Christen und Juden, 1979.

Verhältnisses zwischen Kirche und Israel zur Folge gehabt, die Erklärung der rheinischen Landessynode »Zur Erneuerung des Verhältnisses von Christen und Juden« vom Januar 1980[52]. Weder die anderen Landeskirchen noch die Evangelische Kirche in Deutschland haben sich bisher zu einer Bekenntnisformulierung durchringen können, die mit gleicher Klarheit von der christlichen Schuld gegenüber den Juden und von der unwiderrufenen Heilszusage Gottes gegenüber Israel spricht[53]. Dies nötigt zu einer Rückfrage danach, was innerhalb der kirchlich-theologischen Interessen und Beschäftigungen Priorität beansprucht. Dietrich Bonhoeffer hat die Prioritäten seiner – und wohl nicht nur seiner – Zeit mit dem kurzen und schneidenden Satz in Frage gestellt: »Nur wer für die Juden schreit, darf auch gregorianisch singen«[54]. Welche Konsequenzen hat dieser Satz für Theologie und Kirche nach dem Holocaust?

Nur im Dialog mit Juden und nur unter Aufnahme ökumenischer Erfahrungen können die Kirchen in Deutschland solche Konsequenzen erkennen und verwirklichen. Zu den erstaunlichen Vorgängen der letzten Jahre gehört es, daß die Erklärung über das Verhältnis der Kirche zu den nichtchristlichen Religionen, die das II. Vatikanische Konzil 1965 verabschiedet hat, überhaupt keine langfristig spürbare Reaktion im deutschen Protestantismus hervorgerufen hat; nicht einmal die Studie »Christen und Juden« und der ihr nachfolgende Kommentarband gehen ausführlicher auf die Erklärung »Nostra aetate« ein[55]. Auch diese Erklärung kann kritisiert werden; ihre endgültige Fassung bleibt hinter der Eindeutigkeit der Vorentwürfe zweifellos zurück. Doch wichtig bleibt an ihr, daß sie zentralen Elementen des theologischen Antijudaismus in kirchlich verbindlicher Form den Abschied gibt. Sie erinnert daran, daß die Berufung der Kirche in Israel ihren Anfang hat und daß die Zuwendung Gottes zu Israel niemals widerrufen werden kann. Die theologische Tradition, die erklärt, daß die Erwählung Israels zu Ende gegangen sei, verleugnet gerade den souveränen Heilswillen Gottes. Die Erklärung des II. Vaticanum bekennt sich zu Jesus, der dem Fleisch nach ein Jude ist. Daß er im Israel seiner Zeit abgelehnt wurde, berechtigt gerade nicht dazu, von den Juden zu sagen, sie seien »verworfen«. Auch die These, die Juden trügen die Schuld am Kreuzestod Jesu, wird zurückgewiesen[56].

52 Zur Erneuerung des Verhältnisses von Christen und Juden (Handreichung ... der Ev. Kirche im Rheinland, Nr. 39), 1980 sowie die ausführlich kommentierende Veröffentlichung: *B. Klappert / H. Starck* (Hg.), Umkehr und Erneuerung, 1980. Zu der anschließenden, vor allem durch dreizehn Mitglieder der Bonner Evangelisch-Theologischen Fakultät ausgelösten Kontroverse vgl. vor allem: *B. Klappert / H. Gollwitzer / E. Bethge / P. Lapide*, Kritische Stellungnahmen zu einem Bonner Theologen-Papier über das Verhältnis von Christen und Juden, epd-Dokumentation Nr. 42/80, sowie: Theologie nach dem Holocaust?, in: Kerygma und Dogma 27, 1981, H. 3.

53 Vgl. *E. Bethge*, Am gegebenen Ort, a.a.O., S. 219ff.240f.

54 *Ders.*, Dietrich Bonhoeffer, 1967, S. 685.

55 Die Studie »Christen und Juden« weist nur im Anhang im Rahmen eines Überblicks über die ökumenische Diskussion auf die Erklärung hin; vgl. Die Denkschriften der EKD, Bd. 1/2, S. 161.154.

Es ist an der Zeit, daß solche Ansätze auch im Bereich des deutschen Protestantismus in verpflichtender Form aufgenommen werden. Die Rheinische Landessynode hat damit einen Anfang gemacht, der eine Fortsetzung finden muß. Gerade im Blick auf das Verhältnis der Kirche zu Israel gilt die vom Reichsbruderrat der Bekennenden Kirche 1945 formulierte Einsicht noch immer: »Wir haben einst das Wort von Barmen gesprochen und sind dankbar, daß wir es sprechen durften. Wir wissen aber auch, ... daß in Barmen noch nicht alles hat gesagt werden können, was heute gesagt werden muß«[57]. Es ist Zeit für das Bekenntnis, daß Israel und die Kirchen gemeinsam dem einen Volk Gottes angehören, und daß die Kirchen in diesem Volk nur als die später Hinzugekommenen kraft der Kreuzigung und Auferweckung Jesu ein Heimatrecht haben. Für Christen ergibt sich diese Zusammengehörigkeit aus den elementaren Grundformen des christlichen Bekenntnisses, aus dem Bekenntnis zu Jesus als dem Christus, das heißt dem Messias, und aus dem Bekenntnis zu Jesus als dem Sohn Gottes – nämlich des Gottes Abrahams, Isaaks und Jakobs. Die gemeinsame Zugehörigkeit Israels und der Kirche zum Volk Gottes stiftet in christlicher Perspektive der Jude Jesus von Nazareth. Israel und die Kirchen berufen sich auf den Bund Gottes mit seinem Volk, auf das Gesetz und die Propheten. Der christliche Glaube nennt den Juden Jesus von Nazareth Sohn Gottes und steht damit zur Geschichte des jüdischen Volkes in einem Verhältnis dankbarer Abhängigkeit. Er nennt Jesus den »Christus« und bekennt sich damit zu der Wahrheit der messianischen Erwartung, aus welcher der Glaube der Juden lebt. Diese Zusammengehörigkeit haben die christlichen Kirchen und die Theologie häufig verleugnet und zerstört; deshalb tragen sie Mitverantwortung und Schuld am Holocaust, dem massenhaften Mord am europäischen Judentum. Doch sie durchschnitten damit ihren eigenen Lebensnerv; indem sie die Juden verfolgten, beschädigten sie ihre eigene Identität. Wie weit solche Beschädigung reicht, zeigt sich besonders stark an Schwierigkeiten, nach 1945, nach dem Holocaust den Anteil des christlichen Antijudaismus an der Judenverfolgung zu benennen und daraus Konsequenzen zu ziehen. Heute sind solche Konsequenzen an der Zeit.

56 *K. Rahner / H. Vorgrimler*, Kleines Konzilskompendium, 1966, S. 357ff.; vgl. *A. Bea*, Die Kirche und das jüdische Volk, 1966.

57 *M. Greschat*, a.a.O., S. 75.

4. Aufgaben und Grenzen des Staats

Politische Ethik im Anschluß an die 5. Barmer These

Die einen sagen, die fünfte, vom Staat handelnde These der Barmer Theologischen Erklärung sei im Ganzen unstrittig und sei deshalb auch in weit stärkerem Ausmaß rezipiert worden als andere Aussagen dieses Textes[1]. Andere halten gerade diese These für äußerst problematisch. Zu den Skeptikern zählt nicht zuletzt der Hauptautor, Karl Barth, von dem der Entwurf der Theologischen Erklärung im Ganzen wie auch der fünften These stammt. Schon 1952 bemerkt Barth, mit etwas resigniertem Unterton, man dürfe den Text nicht an dem messen, was eine »sehr lebendige Kirche damals hätte sagen können und müssen«. Und er fügt hinzu: »Ein Bußwort an den nationalsozialistischen Staat war der Satz nur indirekt, eine Gerichtsverkündigung gar nicht. Im Verhältnis zu der damals in Deutschland herrschenden politischen Ideologie war das Gesagte in seiner ganzen Gemessenheit immerhin ein ganz ungeheuerlicher Widerspruch. Er entsprach dem, was die Gemeinde um des Glaubens willen als Minimum sagen mußte, und als äußerlich sehr bedrängte und politisch nicht einheitlich orientierte Gemeinde zur Not und unter Aufbietung alles Mutes gerade noch sagen konnte. Eine sehr starke und sehr lebendige Kirche waren wir eben nicht«[2]. Dieses zwar vorsichtige, aber doch klare Wort wird neuerdings vielfach beschworen; in der Diskussion über die Friedensverantwortung des Staates und der Kirche hat es eine unerwartete Aktualität erlangt. Pazifistischen Strömungen in der Kirche wird entgegengehalten, auch die 5. Barmer These kenne die Unausweichlichkeit staatlicher Gewaltandrohung und Gewaltausübung in dieser »noch nicht erlösten Welt«. Diesem Vorhalt wird der Hinweis entgegengestellt, die 5. Barmer These binde das staatliche Gewaltmonopol mit aller Eindeutigkeit an die Aufgaben des Rechts und des Friedens. Unterschiedliche Akzentuierungen der gegenwärtigen politischen Ethik werden so mit der 5. Barmer These verknüpft; deren Text wird dabei nicht selten überfordert. Diese Lage bietet Grund genug, daß wir uns den Sinn und die Grenzen der 5. Barmer These verdeutlichen. Zunächst soll in sechs Punkten der bleibende Ertrag dieser These für das theologische Staatsverständnis zusammengefaßt werden; anschließend will ich in sechs Hinsichten erläutern, worin eine heutige politische Ethik über Barmen hinausdenken muß.

1 *M. Honecker*, Zur gegenwärtigen Bedeutung von Barmen V, in: ZEE 16, 1972, S. 207ff. (212); *ders.*, Barmer Theologische Erklärung, in: ESL, 7. Aufl. 1980, Sp. 120ff. (121).
2 *K. Barth*, Barmen, in: Bekennende Kirche. Festgabe für Martin Niemöller, 1952, S. 9ff. (15).

I

1. Wer den Sinn der 5. Barmer These ermitteln will, muß ihren Ort im Aufbau der Theologischen Erklärung angeben. Vorausgesetzt ist in ihr zunächst der in der 1. These entfaltete theologische *Grund*, von dem aus die Erklärung insgesamt argumentiert. Das Bekenntnis zu Jesus Christus als dem einen Wort Gottes bildet die entschiedene Gegenposition gegen alle mit der nationalsozialistischen Weltanschauung verbundenen Offenbarungsansprüche und die von den Deutschen Christen daraus abgeleiteten Irrlehren; dieses Bekenntnis ist die Basis auch der fünften These. Vorausgesetzt ist aber auch die *Konsequenz*, die die 2. These aus jener theologischen Grundlegung zieht. Sie stellt klar, daß und warum das Leben und Handeln in den verschiedenen Lebensbereichen, also auch dem staatlichen Bereich, unter dem Anspruch Jesu Christi zu betrachten sind. Nachdem so die beiden ersten Thesen den theologischen Grund und dessen allgemeine Konsequenz klargelegt haben, verdeutlichen die Thesen 3 und 4 dies im Blick auf das Kirchenverständnis. Die 3. These hebt den unlöslichen Zusammenhang von Glauben und Gehorsam im Blick auf das Kirchenverständnis hervor; die 4. These zieht die Folgerungen für die Ämter in der Kirche, die keine Herrschaftsverhältnisse oder gar »Führer«-Positionen begründen, sondern in ihrer Gestaltung und Wahrnehmung ausschließlich an dem der Gemeinde gemeinsam aufgetragenen Dienst zu messen sind.

Diese ekklesiologischen Aussagen sind theologisch mit aller Eindeutigkeit in der grundlegenden Feststellung der 1. These und in der aus ihr in der 2. These abgeleiteten Konsequenz begründet. Aus dieser Beobachtung ergibt sich der hermeneutische Grundsatz, daß man auch die 5. und 6. These im Rahmen des durch die beiden ersten Thesen gegebenen Auslegungskanons verstehen muß. Löst man sie aus diesem Zusammenhang, wie es in der Rezeptionsgeschichte der Barmer Thesen bis zum heutigen Tag immer wieder geschehen ist[3], dann kann die 5. These in die Nähe einer traditionellen theologischen Obrigkeitslehre gerückt werden. Doch damit ist sie gründlich mißverstanden. Vielmehr gilt: auch was theologisch über den Staat zu sagen ist, hat seinen ausschließlichen Maßstab darin, daß Jesus Christus das eine Wort Gottes ist. Die 5. Barmer These will den unlöslichen Zusammenhang von Glauben und Gehorsam im Blick auf das Staatsverständnis herausstellen. Das nötigt zur Unterscheidung von Kirche und Staat. Deshalb kehrt die 6. These noch einmal zur Frage nach dem Auftrag der Kirche zurück. Gegenüber allen Versuchen, die Kirche an die Direktiven des totalen Staats zu binden und ihm gleichzuschalten, wird die Freiheit der Kirche hervorgehoben. Sie gründet in ihrem Auftrag, allen Menschen die Botschaft von der freien Gnade Gottes auszurichten. Die Freiheit der Kirche ist eine Folge der Befreiung, die sie zu verkündigen hat.

3 Charakteristisch dafür etwa *M. Honecker*, a.a.O., sowie *ders.*, Evangelische Theologie vor dem Staatsproblem, 1981, S. 14.

2. Die Korrektur gegenüber der tradierten Staatslehre wird schon durch das Schriftzitat vorbereitet, das die 5. These einleitet. Es ist nicht dem 13. Kapitel des Römerbriefs entnommen, das als klassische Belegstelle der politischen Ethik gilt. Vielmehr wird 1. Petr. 2,17 zitiert: »Fürchtet Gott, ehret den König.« In welchem Sinn dieser Satz hier aufgenommen ist, ergibt sich aus dem Gesamtzusammenhang der Erklärung: Die Anerkennung der staatlichen Autorität (des Königs) hat in der Gottesfurcht ihren Grund und ihre Grenze. Zwischen der Gottesfurcht und dem Respekt vor dem Staat herrscht ein eindeutiges und unumkehrbares Gefälle. Wer den Respekt gegenüber dem Staat aus dieser Einbindung und aus diesem Gefälle löst, der pervertiert damit auch alle Akte des Gehorsams gegenüber dem Staat; ja, er pervertiert den Staat selbst.

3. Die an dieses Bibelwort anschließenden staatsethischen Aussagen werden in der »göttlichen Anordnung« verankert. Mit dieser theologischen Begründung wird eine folgenreiche Verschiebung im theologischen Staatsverständnis angebahnt. Denn hier wird nicht dem Staat als solchem kraft seiner göttlichen Einsetzung eine besondere Dignität, ein Wert an sich zuerkannt. Sondern die göttliche Anordnung bezieht sich ausschließlich auf die Aufgabe, der der Staat nachzukommen hat. Nicht der Wert des Staates an sich, sondern sein Wert für den Menschen ist es, worin sich die göttliche Anordnung zeigt. Das entspricht präzise einem eindeutigen, wenn auch über weite Strecken der Auslegungsgeschichte verdrängten Grundzug von Römer 13, woher der in Barmen V verwendete Begriff der »Anordnung« stammt (Röm. 13,2): Die staatlichen Autoritäten sind darin und darum Gottes Diener, weil sie dem Bösen mit Hilfe ihrer Strafgewalt wehren (Röm. 13,4)[4]. Einem ontologischen Staatsverständnis, das die göttliche Autorität im Wesen des Staates findet[5], tritt also eine funktionale Staatsauffassung entgegen, die den Staat und seine göttliche Beauftragung daran bemißt, was die Menschen brauchen, um miteinander leben zu können: Recht und Frieden. Nicht weil er Herrschaft ausübt, verfügt der Staat über göttliche Autorität; sondern weil und solange er – auch mit seinen Herrschaftsinstrumenten – den Menschen und ihrem gemeinsamen Leben dient, kann er sich auf eine göttliche Beauftragung berufen. Nicht an einem als Herrschaft definier-

4 Dazu insbesondere: *E. Käsemann*, Römer 13,1–7 in unserer Generation, in: ZThK 56, 1959, S. 316ff.; *ders.*, Grundsätzliches zur Interpretation von Römer 13, in: Exegetische Versuche und Besinnungen Bd. 2, 1964, S. 204ff.; *U. Wilckens*, Röm. 13,1–7, in: Rechtfertigung als Freiheit, 1974, S. 203ff.; *W. Schrage*, Die Christen und der Staat nach dem Neuen Testament, 1971, S. 50ff.; *ders.*, Ethik des Neuen Testaments, 1982, S. 226ff.

5 Unter den der Barmer Theologischen Erklärung gleichzeitigen theologischen Staatslehren argumentiert insbesondere diejenige von *P. Althaus* vom Wesen des Staates her. Der Staat ist ihm »das in der Verantwortung für seine geschichtliche Bestimmung als unabhängige Macht rechtlich geeinte Volk« (Christentum, Krieg und Frieden, in: *E. Gerstenmaier* [Hg.], Kirche, Volk und Staat, 1937, S. 167ff. [169]); noch kürzer definiert er den Staat als »Herrschaft in der Form des Rechtes« (Zum gegenwärtigen lutherischen Staatsverständnis, in: Die Kirche und das Staatsproblem der Gegenwart, 2. Aufl. 1935, S. 6ff. [6]).

ten *Wesen* des Staats, sondern an der den Menschen dienenden *Funktion* des Staats orientiert sich eine theologische Staatslehre.

Damit verbindet sich die entscheidende Differenz der 5. Barmer These zu theologischen wie nichttheologischen Staatstheorien ihrer Zeit: Sie beruft sich für die Beschreibung der staatlichen Aufgabe nicht auf die Erhaltung und Entfaltung des Volks[6]. Vielmehr knüpft sie an die klassische Formel der christlichen politischen Ethik an – iustitia et pax, Recht und Frieden sind die entscheidenden Aufgaben der politischen Ordnung[7]. Damit allerdings ist schon im Ansatz einer Ungleichbehandlung von Volksgenossen und Nichtvolksgenossen, von Ariern und Nichtariern, von Deutschen und Ausländern der Boden entzogen. Daraus hätte die Barmer Erklärung die Folgerung ableiten müssen: daß man die Juden rechtlos macht, weil sie keine Volksgenossen sind, ist mit der Aufgabe des Staates nicht zu vereinbaren; dieser entzieht sich damit der ihm von Gott gesetzten Aufgabe[8].

4. Die Aufgabe, für Recht und Frieden zu sorgen, ist an einem bestimmten Ort zu vollziehen. Barmen bezeichnet diesen Ort als die »noch nicht erlöste Welt«. Damit ist zum einen begründet, warum der Staat bei der Erfüllung seiner Aufgabe nicht darauf verzichten kann, im Notfall[9] Gewalt anzudrohen und einzusetzen. Er muß auf die Realität des Bösen, auf menschliche Sünde und Bosheit gefaßt sein. Staatliche Ordnung muß eine Antwort auf die Frage enthalten, wie das gebrochene Recht und der gestörte Frieden wiederhergestellt werden können. Mit der Tradition der Lehre vom neuzeitlichen Staat antwortet Barmen, daß der Staat im Interesse von Recht und Frieden Gewalt einzusetzen befugt ist und daß er zu diesem Zweck über das »Monopol legitimer Gewaltsamkeit«[10] verfügt. Mit jener Ortsanweisung wird zum andern jeder Überheblichkeit des Staats gewehrt: er bewirkt nicht die Erlösung; auch aller politische Fortschritt bleibt, wenn er gelingt, Fortschritt innerhalb der noch nicht erlösten Welt. Die Würde des Staats und seine Grenzen hängen unmittelbar miteinander zusammen. Jeder unmittelbare politische Messianismus, der dem Staat Möglichkeiten erlösenden Wirkens zuschreibt, ist eine Perversion des Staats.

6 Die unmittelbare Verknüpfung von Staats- und Volksbegriff bestimmte das Staatsverständnis der Deutschen Christen (vgl. etwa Kirchliches Jahrbuch 1933–1944, S. 42); sie kam auch in dem von ihren Verfassern (*P. Althaus, W. Elert* u.a.) als »genuin lutherische Stimme« angesehenen Ansbacher Ratschlag vom 11. Juni 1934 kräftig zum Ausdruck (Text: *G. Niemöller*, Die erste Bekenntnissynode der Deutschen Evangelischen Kirche zu Barmen, Bd. 1, 1959, S. 142ff.).

7 Diesen Hintergrund von Barmen V beleuchtet *Th. Strohm*, Justitia et Pax – Erwägungen zu einer Grundformel der politischen Ethik, in: ZEE 16, 1972, S. 193ff.

8 Dazu oben S. 71ff.

9 *K. Barth* schlug diese erläuternde Ergänzung von Barmen V 1963 gesprächsweise vor, womit er der Sache nach nichts Neues hinzufügte. Das Gespräch wird zitiert bei *F.-W. Marquardt*, Staatsbejahung oder Staatskritik? Über den Gebrauch von Barmen 5, in: *V. Deile* (Hg.), Zumutungen des Friedens. Kurt Scharf zum 80. Geburtstag, 1982, S. 83ff. (88f.).

10 Damit charakterisiert bekanntlich *M. Weber* den modernen Staat (Wirtschaft und Gesellschaft, 5. Aufl. 1976, Bd. 1, S. 29f.).

Dies wird zusätzlich dadurch hervorgehoben, daß staatliches Handeln ausdrücklich als ein Handeln »nach dem Maß menschlicher Einsicht und menschlichen Vermögens« bezeichnet wird. Darin liegt zunächst ein Plädoyer für die Weltlichkeit der Politik. Politik entscheidet nicht über das Letzte, sondern vollzieht sich im Bereich des Vorletzten. Politische Entscheidungen sind immer relativ, der Kritik zugänglich und bedürftig; denn die Resultate menschlicher Einsicht und menschlichen Vermögens sind zu Recht immer wieder umstritten. Vor allem aber folgt die Barmer Erklärung nicht jenem Grundmuster lutherischer Staatslehre, in dem sich ein tiefer Pessimismus hinsichtlich der menschlichen Bosheit mit einem immer wieder überraschenden Optimismus hinsichtlich der heilsamen Möglichkeiten staatlicher Machtausübung zu paaren pflegt. Fehlbar, so hebt die 5. Barmer These hervor, sind nicht nur die, die staatlicher Gewalt unterworfen sind; fehlbar, an die Grenzen menschlicher Einsicht und menschlichen Vermögens gebunden sind vielmehr auch die, die staatliche Gewalt ausüben. Charakteristisch für die Barmer Erklärung ist also nicht schon, daß sie das Element der Gewalt überhaupt nennt; darin stimmt sie vielmehr mit der Tradition des theologischen Staatsverständnisses wie mit der Lehre vom staatlichen Gewaltmonopol überein. Charakteristisch ist vielmehr, wie sie dieses staatliche Gewaltmonopol begründet (»in der noch nicht erlösten Welt«), an eine bestimmte Aufgabe bindet (»für Recht und Frieden zu sorgen«) und begrenzt (»nach dem Maß menschlicher Einsicht und menschlichen Vermögens«).

5. Die 5. Barmer These verknüpft diese Schilderung der Staatsaufgabe mit einer Kennzeichnung des Verhältnisses von Kirche und Staat. Dieses wird in drei knappen Sätzen entfaltet: »Die Kirche erkennt in Dank und Ehrfurcht gegen Gott die Wohltat dieser seiner Anordnung an. Sie erinnert an Gottes Reich, an Gottes Gebot und Gerechtigkeit und damit an die Verantwortung der Regierenden und Regierten. Sie vertraut und gehorcht der Kraft des Wortes, durch das Gott alle Dinge trägt.«

Der erste dieser drei Sätze schärft ein: Die Anordnung, daß zwischen den Menschen Recht und Frieden gewahrt und gefördert werden sollen, ist eine Wohltat für die Menschen; denn sie ist lebensnotwendig. Deshalb hat die Kirche allen Grund, das Wohltätige anzuerkennen, das dann im Staat liegt, wenn er seiner Aufgabe nachkommt. Diese Feststellung knüpft unmittelbar an die entsprechende Aussage des Augsburgischen Bekenntnisses von 1530 an, »quod legitimae ordinationes civiles sint bona opera Dei« (CA XVI). Die dankbare Anerkennung dieser göttlichen Wohltat ist – so verdeutlicht der zweite Satz – begründet und begrenzt darin, daß die Kirche eine Wirklichkeit zu bezeugen hat, die über die Wirklichkeit des Staates hinausweist. Dadurch erinnert sie daran, daß die Verantwortung, die Regierende und Regierte für das politische Gemeinwesen tragen, in ihrer Verantwortung vor Gott ihren Grund hat. Die Gerechtigkeit Gottes, sein gegenwärtiges Gebot und die Verheißung seiner Herrschaft bilden den letzten, unüberbietbaren Maßstab dieser Verantwortung. Gerade darin folgt die 5. Barmer These dem ursprünglichen Ansatz der Zwei-Reiche-Lehre bei Luther, daß sie nicht allein den Unterschied zwischen kirchlicher Verkündigung und politischem Handeln hervorhebt[11], sondern zugleich deutlich macht, daß die Kirche in ihrer Verkündigung an diejenigen – nicht von ihr selbst, sondern von Gott gesetzten – Maßstäbe erinnert, an denen auch alles staatliche Handeln zu prüfen ist. Der Staat selbst kann also gerade nicht als die letzte Instanz von Vertrauen und Gehorsam gelten; denn nicht er ist die Kraft, die alle Dinge trägt, sondern – so muß man ergänzen – Jesus Christus, von dem das Neue Testament sagt, »daß er alle Dinge trägt mit seinem kräftigen Wort« (Hebr. 1,3). Der Staat verfügt nur über eine begrenzte Zuständigkeit und eine begrenzte Leistungsfähigkeit. Deshalb aber kann er auch nur einen begrenzten Gehorsam verlangen. Umfassendes Vertrauen und unbegrenzter Gehorsam können sich nur auf die Kraft des einen Wortes Gottes, auf die Kraft Jesu Christi richten. Die Anerkennung des Staates als einer um der Menschen willen wohltätigen Anordnung Gottes kann also nur ausgesprochen werden, indem zugleich auf die Grenze der staatlichen Gehorsamsforderung hingewiesen wird. Wo der Staat unumschränkten Gehorsam fordert und damit zugleich das Vertrauen und den Gehorsam gegenüber dem Wort Gottes hindern oder unmöglich machen will, dort ist deshalb der Fall gegeben, in dem die Christen zum Widerstand berechtigt und verpflichtet sind. Auch mit dieser sich aus Barmen V zwingend ergebenden Folgerung wird die Argumentation des Augsburgischen Bekenntnisses aufgenommen. Dort wird die Widerstandspflicht der Christen aus der klassischen neutestamentlichen Belegstelle, der *clausula Petri*, abgeleitet: »Deshalb sind die Christen verpflichtet, der Regierung, ihren Anordnungen und Gesetzen in allem zu gehorchen, soweit dies ohne Sünde geschehen kann. Wenn man jedoch den Anordnungen der Regierenden nicht ohne Sünde folgen kann, soll man Gott mehr gehorchen als den Menschen (Apg. 5,29)« (CA XVI).

6. Jede theologische Staatslehre muß auf der Grenze des Staates und auf der Differenz zwischen Kirche und Staat insistieren. Das unterstreicht die 5. Barmer These zusätzlich mit ihren beiden Verwerfungssätzen. Sie sind in genauer Parallele zu den beiden affirmativen Abschnitten aufgebaut. Deren erster hatte sich auf den Staat, der zweite auf die Kirche bezogen. Entsprechend handelt der erste Verwerfungssatz vom Staat, der zweite von der Kirche.

Hinsichtlich des Staats wird die falsche Lehre verworfen, als könne der Staat die einzige und totale Ordnung menschlichen Lebens werden und damit auch die Bestimmung der Kirche erfüllen. Damit erinnert Barmen an den Begriff des »totalen Staats«, der schon 1933 zur Interpretation der »nationalen Revolution« vielfach gebraucht worden war[12]. Der nationalsozialistische Staat verstand sich als totaler Staat; die Verwerfungsformel der 5.

11 In dieser »klaren Unterscheidung« sieht *M. Honecker* die »Stoßrichtung« der 5. Barmer These (Zur gegenwärtigen Bedeutung von Barmen V, a.a.O., S. 211).

12 Siehe oben S. 64f.

These ist deshalb die direkteste politische Aussage der ganzen Theologischen Erklärung. Es ist kein Wunder, daß die Verfasser vor den Folgen ihrer eigenen Worte zurückschreckten. »Wir sind keine Rebellen«, erklärte Hans Asmussen in seinem Einführungsreferat vor der Synode beschwörend; an der 5. These war ihm besonders wichtig, »daß wir Glieder der Bekenntnisfront im Gehorsam und in der Treue gegen Volk und Staat durch ein göttliches Gebot gehalten sind«. Es geschehe nur in der Abwehr deutsch-christlicher Irrtümer, wenn die Erklärung darauf aufmerksam mache, »daß auch die Staatsweisheit in unserer gegenwärtigen Staatsform, über die wir uns sonst kein Urteil erlauben, nicht Gottes Weisheit, daß auch das Maß der Gerechtigkeit, welches in unserem Staatswesen herrscht, nicht das Maß göttlicher Gerechtigkeit ist«. Und in offenkundiger Abschwächung des Textes bemühte Asmussen sich, auch dem Wort »totaler Staat« eine mögliche positive Bedeutung abzugewinnen; anzuerkennen sei der »totale Staat«, der »sich bemüht, *innerhalb* der von Gott gesetzten Grenzen das gesamte Leben des Volkes zu umfassen«[13]. Daß jeder Anschein politischer Opposition vermieden wurde, war offenbar für die einstimmige Annahme der Barmer Theologischen Erklärung entscheidend; deshalb verwandte Asmussen besondere Anstrengungen darauf, die 5. These, deren politische Konsequenzen unabweisbar waren, in einem vermeintlich unpolitischen Sinn zu interpretieren.

Damit allerdings verstrickte Asmussen sich in einen Selbstwiderspruch. Denn wenn er dem »totalen Staat« das Recht zuerkannte, »das gesamte Leben des Volkes zu umfassen«, dann verkam der einschränkende Hinweis auf die »von Gott gesetzten Grenzen« zur Leerformel. Wenn alles, was in einer Gesellschaft vor sich geht, und wenn zugleich alles Politische der Bestimmungsgewalt des Staates unterworfen ist, dann gibt es keine Instanz, die dem Staat gegenüber eine eigene Sphäre und eine eigenständige Aufgabe reklamieren könnte. Dann entfällt auch für die Kirche die Möglichkeit, sich dem Staat gegenüber auf eine Aufgabe zu berufen, die dessen politischer Verfügungsgewalt entzogen ist. Vielmehr nimmt der Staat dann auch die Bestimmung der Kirche für sich in Anspruch; er erklärt tendenziell die Kirche für überflüssig. Diese Lehre vom totalen Staat wird von der Barmer Theologischen Erklärung als Irrlehre verworfen, weil sie mit dem von ihr vertretenen biblischen Staatsverständnis nicht in Übereinstimmung gebracht werden kann.

Hinsichtlich der Kirche wird die falsche Lehre verworfen, als könne die Kirche sich staatliche Art, staatliche Aufgaben und staatliche Würde aneignen und damit selbst zu einem Organ des Staates werden. Damit wird eine Einsicht noch einmal zusammenfassend formuliert, die sich bereits aus den ekklesiologischen Thesen 3 und 4 ergibt, und die in der 6. These nochmals verdeutlicht wird. Auch dem Staat gegenüber nimmt die Kirche ihre Aufgabe nur dann wahr, wenn sie von der Freiheit Gebrauch macht, die sie allein

13 *G. Niemöller*, Die erste Bekenntnissynode der Deutschen Evangelischen Kirche zu Barmen, Bd. 2, 1959, S. 50.63.

der freien Gnade Gottes und keiner staatlichen Gewährleistung verdankt. Ihre Aufgabe gegenüber dem Staat erfüllt sie nur, wenn sie als »Umkehrung der Welt«[14] existiert, als Anwalt der Gerechtigkeit Gottes in der noch nicht erlösten Welt, der sie selbst angehört und in der sie zugleich von der kommenden Welt Gottes Zeugnis ablegt. Diesen Zeugnisauftrag würde sie verleugnen, wenn sie sich der staatlichen Existenzform angleichen oder staatliche Aufgaben usurpieren würde.

II

In der knappen Formulierung der 5. Barmer These ist eine Fülle von Perspektiven zusammengefügt, die auch für eine heutige Staatsethik verbindliche Kraft haben. Doch das kann den Blick auf die Grenzen dieser These nicht verstellen. Eine politische Ethik, die sich an der Barmer Theologischen Erklärung orientieren will, kommt nicht umhin, über sie hinauszufragen. Einige Hinsichten, in denen eine heutige politische Ethik über die 5. Barmer These hinausfragen muß, seien knapp erörtert.

1. Man hat gemeint, die 5. Barmer These als Beleg für eine vereinfachende neulutherische Lehre von den zwei Regimenten oder Regierweisen Gottes heranziehen zu können[15]. Das hat darin seinen Grund, daß die Barmer Erklärung – wie übrigens auch Karl Barths an sie anschließende Konzeption von »Christengemeinde und Bürgergemeinde«[16] – einer spezifisch deutschen Tradition verhaftet bleibt, die in der statischen Gegenüberstellung von Staat und Kirche denkt. Ihre klassische Ausprägung hat sie in der nachhegelschen Denkweise gefunden, nach der Staat und Kirche als die beiden öffentlichen Hoheitsmächte der Gesellschaft als dem Inbegriff der privaten und partikularen Interessen gegenüberstehen[17]. Die fortschreitende Differenzierung der Gesellschaft und die ihr entsprechende Vergesellschaftung des Staats haben dieser Denkweise den Boden entzogen. Zwar lehrt die Erfahrung mit dem totalen Staat auch heute, daß um der individuellen Freiheit willen zwischen Gesellschaft und Staat zu unterscheiden ist[18]. Doch der

14 So *H. Asmussen*, a.a.O., S. 61.

15 Stellungnahme des Theologischen Ausschusses der VELKD »Zum Verständnis der Barmer Theologischen Erklärung« vom 26. Januar 1983 (Luth. Monatshefte 22, 1983, H. 5); zu der hinter diesem Versuch stehenden Interpretation der Zwei-Reiche-Lehre vgl. die Thesenreihe desselben Ausschusses »Die beiden Regierweisen Gottes«, in: *N. Hasselmann* (Hg.), Gottes Wirken in seiner Welt. Zur Diskussion um die Zwei-Reiche-Lehre, Bd. 2, 1980, S. 162ff.

16 *K. Barth*, Christengemeinde und Bürgergemeinde, 1946; die wichtigste weiterführende Interpretation findet sich bei *H.-G. Geyer*, Einige vorläufige Erwägungen über Notwendigkeit und Möglichkeit einer politischen Ethik in der evangelischen Theologie, in: *A. Burgsmüller* (Hg.), Zum politischen Auftrag der christlichen Gemeinde (Barmen II), 1974, S. 172ff.

17 Dazu ausführlicher *W. Huber*, Kirche und Öffentlichkeit, 1973, S. 11ff.490ff.609ff.

18 Vgl. *E.-W. Böckenförde*, Die verfassungstheoretische Unterscheidung von Staat und Gesellschaft als Bedingung der individuellen Freiheit, 1973; *ders.*, Die Bedeutung der Unterscheidung von Staat und Gesellschaft im demokratischen Sozialstaat der Gegenwart, in: *ders.*, Staat, Gesellschaft, Freiheit, 1976, S. 185ff.

Staat kann nicht länger als gesellschaftsunabhängige Hoheitsmacht gedacht werden. Vielmehr wird diese in ihrer Struktur vordemokratische Staatsauffassung von einer anderen abgelöst, die den Staat als die Form der politischen Selbstorganisation der Gesellschaft auffaßt[19]. Den wichtigsten Anstoß zu dieser Verschiebung im Staatsverständnis haben die Funktionsveränderungen des Staates in der hochindustrialisierten Gesellschaft gegeben. Der Staat übernimmt die Aufgabe, für die Rahmenbedingungen wirtschaftlicher Tätigkeit zu sorgen; und er übernimmt die Verantwortung für erhebliche Teile der sozialen Sicherung. Diese Funktionen aber werden auf unterschiedlichen Ebenen staatlicher Organisation wahrgenommen; die im 19. Jahrhundert ausgebildeten Nationalstaaten bilden nur eine derartige Ebene neben anderen. Kommunale, regionale, nationale und transnationale Formen der staatlichen Organisation stehen nebeneinander und greifen ineinander.

Auch eine theologische Staatslehre kann von diesen Veränderungen in der Struktur und im Verständnis des Staates nicht absehen. Eine christliche Ethik des öffentlichen Bereichs kann deshalb nicht mehr ausschließlich auf »den Staat« bezogen werden, sondern muß sich auf die Gesellschaft in ihren verschiedenen Handlungsfeldern richten; dabei muß sie die zentrale Stellung der ökonomischen Entwicklung für die Gesellschaftsgestaltung berücksichtigen. Und sie kann nicht länger ein eindimensionales Bild des Staats voraussetzen. Was die theologische Tradition »Obrigkeit« nennt, begegnet heute auf sehr unterschiedlichen Ebenen und in verschiedenen Formen, die von der Kommune bis zu den Vereinten Nationen reichen[20]. Das statische Modell des Gegenübers von Staat und Kirche, an dem sich die 5. Barmer These noch orientiert, bedeutet demgegenüber eine Simplifikation, die heute nicht mehr zureicht.

2. Die klassische Formel der politischen Ethik, der Staat habe für Recht und Frieden zu sorgen, erweist sich darin als verkürzend, daß sie die Wohlfahrtsfunktion des Staates, die die Erhaltung der natürlichen Bedingungen menschlichen Lebens einschließen muß, unerwähnt läßt. In der Form, in der sie in der 5. Barmer These begegnet, bleibt diese Formel darüber hinaus abstrakt. Denn ihr fehlen alle näheren Bestimmungen. Was in dieser Formel unter »Recht« zu verstehen sei, hat indes in der neuzeitlichen Entwicklung eine nähere Bestimmung in der Ausgestaltung der Menschenrechte bzw. der Grundrechtskataloge gefunden. Unter Gewährleistung des Rechts verstehen wir seitdem die Anerkennung fundamentaler, der staatlichen Organisation vorgegebener und nicht erst von ihr hervorgebrachter Menschenrechte; sie entfalten in je unterschiedlicher Gestalt die Forderung nach Frei-

19 Für die Rezeption dieses Ansatzes in der deutschen Diskussion ist noch immer wichtig: *H. Ehmke*, »Staat« und »Gesellschaft« als verfassungstheoretisches Problem, in: Staatsverfassung und Kirchenordnung, Festschrift für R. Smend, 1962, S. 23ff.

20 Unter »Obrigkeit« versteht *Luther* »alle mit dem Recht befaßten Berufe und somit die Gesamtheit der verfassungsmäßigen Instanzen« (*G. Scharffenorth*, Den Glauben ins Leben ziehen . . ., 1982, S. 284).

heit, Gleichheit und Teilhabe aller Menschen[21]. Die vorkonstitutionelle Bedeutung der Menschenrechte hat ihren theologischen Grund darin, daß jedem Menschen eine ihm von Gott verliehene Würde zukommt, über die keine staatliche oder gesellschaftliche Macht zu verfügen beanspruchen kann. Deshalb hat gerade eine theologische Staatslehre allen Grund, auf dieser konstitutiven Bedeutung der Menschenrechte zu beharren. Aus ihr aber ergibt sich das Postulat einer staatlichen Verfassung, die den Bedingungen der Rechtsstaatlichkeit, der Sozialstaatlichkeit und der Demokratie genügt und darin den Forderungen nach Freiheit, Gleichheit und Teilhabe zu entsprechen sucht. Die traditionelle Gleichgültigkeit des protestantischen Staatsdenkens gegenüber der demokratischen Staatsform muß dann überwunden werden, wenn man die Orientierung des Staatsverständnisses an der Aufgabe der Rechtsverwirklichung ernst nimmt.

Einer ähnlichen Präzisierung bedarf die Staatszielbestimmung, die mit dem Begriff des Friedens umschrieben wird. Angesichts der globalen Vernichtungsdrohung, die mit der Zerstörungskraft moderner militärischer Mittel verbunden ist, tritt die politische Bedeutung des Friedensbegriffs hervor, die bis in das Zeitalter der Weltkriege immer wieder verdrängt wurde. Frieden meint die gelingende Gestaltung gemeinsamen Lebens. Frieden im internationalen System meint deshalb die dauerhafte Gestaltung eines gewaltfreien Zusammenlebens von Staaten auch bei unterschiedlichen, ja gegensätzlichen Gesellschaftsordnungen. Auch zwischen ihnen ist Frieden nur noch als gemeinsamer Frieden möglich; Sicherheit als Element des Friedens kann auch zwischen ihnen nur noch als gemeinsame Sicherheit verläßlich sein. Je größer die Gewaltpotentiale werden, über welche die Staaten verfügen, desto funktionsloser werden sie für die Gestaltung und Sicherung des Friedens; die – noch in der 5. Barmer These implizierte – Meinung, Gewaltanwendung könne ein funktionales Mittel zur Wiederherstellung des Friedens sein, wird zunehmend sinnlos. Die Gestaltung des Friedens bedarf vielmehr der politischen, wirtschaftlichen und kulturellen Kooperation über Grenzen hinweg; das Zutrauen zu den Möglichkeiten solcher Kooperation zu stärken und Wege zu ihrer Verwirklichung zu erkunden, wird zu einem vorrangigen Thema politischer Ethik. Die Koppelung der Friedensaufgabe mit dem Gewaltproblem, die durch die 5. Barmer These nahegelegt wird, erleichtert die Wahrnehmung dieses Themas nicht[22].

Die Bestimmung der Staatsaufgaben in der 5. Barmer These bedarf also einerseits der Ergänzung, andererseits der Präzisierung. Hinzugefügt werden muß die Wohlfahrtsaufgabe des Staats; die Aufgabe der Rechtsverwirklichung muß im Sinn der Gewährleistung der Menschenrechte, die Aufgabe

21 Vgl. *W. Huber / H. E. Tödt*, Menschenrechte – Perspektiven einer menschlichen Welt, 2. Aufl. 1978; siehe auch *H. Gollwitzer*, Befreiung zur Solidarität, 1978, S. 195ff.

22 In dieser Hinsicht ist die evangelische Friedensethik nach 1945 über die 5. Barmer These hinausgegangen; das gilt auch im Blick auf die Denkschrift der EKD »Frieden wahren, fördern und erneuern«, 1981.

der Friedenssicherung im Sinn der politischen Gestaltung eines gemeinsamen Friedens verdeutlicht werden.

3. Für die Tradition der politischen Ethik im Protestantismus ist über weite Strecken eine Gleichgültigkeit gegenüber der Frage nach der politischen Form charakteristisch[23]. Die viel bescholtene, aber nur selten behobene Rechtsfremdheit der evangelischen Theologie ist nur eine besondere Ausprägung dieses weiter reichenden Phänomens. »Politische Form« meint dabei in erster Linie die Verfassungsordnung, meint darüber hinaus aber auch alle institutionellen Verfahren der politischen Willensbildung und Entscheidung. Von dieser Indifferenz gegenüber der politischen Form ist auch die 5. Barmer These nicht frei; Hans Asmussens Erläuterung hebt dieses Desinteresse noch zuspitzend hervor. Angedeutet wird ein Interesse für diese Frage nur in der Formel von der »Verantwortung der Regierenden und Regierten«; doch von den institutionellen Bedingungen, die erfüllt sein müssen, wenn diese Verantwortung wirksam wahrgenommen werden soll, ist mit keinem Wort die Rede. Nimmt man die Formel jedoch beim Wort, dann nötigt sie zu einer beständigen Arbeit an der politischen Form.

Unter den heutigen Bedingungen wird immer offenkundiger, daß die Institution der repräsentativen Demokratie *allein*, so unersetzlich sie nach wie vor ist, dieser Verantwortung keine zureichenden Chancen mehr bietet. Politische Entscheidungen, soweit sie überhaupt bei den staatlichen Instanzen liegen und nicht durch wirtschaftliche Maßnahmen schon vorweggenommen sind, verlagern sich immer stärker von den Parlamenten in die Administrationen. Dadurch verringern sich die Chancen der Bürger, auf diese Entscheidungen durch ihre gewählten Repräsentanten Einfluß zu nehmen[24]. Zugleich greifen politische Planungen immer tiefer in die Lebensbedingungen der Bürger ein; um so dringlicher wird die Forderung, daß die Betroffenen an solchen Planungen partizipieren können. Neue Formen der Bürgerbeteiligung sind deshalb ebenso erforderlich wie eine Erweiterung der Möglichkeiten direkter Partizipation durch Volksbegehren oder Volksentscheide. Nur dann verkommt die Formel von der »Verantwortung der Regierenden und Regierten« nicht zur Leerformel, wenn an der Weiterentwicklung der Institutionen des demokratischen Rechtsstaats gearbeitet wird. Paart sich diese Formel dagegen mit der Indifferenz gegenüber dem Problem der politischen Form, dann gerät sie zu einer fatalen Legitimation für die faktische Alleinherrschaft wirklicher oder vermeintlicher Experten. Deren Planungen können durch Bürgerinitiativen und Bürgerproteste, durch Aktionen von Friedens- oder Ökologiebewegungen zwar verlangsamt und im Einzelfall auch verhindert werden. Glaubwürdigere Formen der politischen Entscheidung aber entstehen erst, wenn die institutionell verfügbaren Ent-

23 Dazu *H. Zillessen*, Protestantismus und politische Form. Eine Untersuchung zum protestantischen Verfassungsverständnis, 1971; *ders.*, Die politische Form, in: Handbuch der christlichen Ethik, Bd. 2, 1978, S. 234ff.

24 Vgl. *H. Zillessen*, Die politische Form, a.a.O., S. 239ff.

scheidungsverfahren erweitert werden. Heute, ein halbes Jahrhundert nach der Barmer Theologischen Erklärung, wird dies zu einem der entscheidenden Probleme für die Legitimität des demokratischen Rechtsstaats.

4. Die 5. Barmer These orientiert sich auch darin an einem klassischen Topos der politischen Ethik, daß sie mit Nachdruck von den Grenzen des Staats spricht. Sie verdeutlicht diese Grenzen einerseits durch den Hinweis auf die Unterscheidung zwischen Gott und Mensch, auf die Unterscheidung also zwischen dem, was Gottes ist, und dem, was in die Einsicht und das Vermögen des Menschen gestellt ist. Im unmittelbaren Zusammenhang damit verdeutlicht sie diese Grenzen andererseits durch die Unterscheidung zwischen den Aufgaben des Staats und denjenigen der Kirche. Präzisiert werden diese Hinweise durch den Bezug auf den totalen Staat, der das gesamte Leben aller Bürger seiner Herrschaft zu unterwerfen versucht. Auch heute wird man jeden Anspruch des Staats darauf, zu definieren, was den Menschen zum Menschen macht, und diesen Definitionsanspruch mit seinen Gewaltmitteln durchzusetzen, als eine Überschreitung der dem Staat gesetzten Grenzen bezeichnen müssen; eben diese Grenzen sind es, die durch die Menschenrechte markiert werden. Doch man muß hinzufügen, daß daneben anders geartete Grenzen auftauchen, die staatlichem Handeln gesetzt sind und die doch durch staatliche Entscheidungen permanent überschritten werden. Gemeint sind diejenigen Entscheidungen, in deren Folge irreversible Eingriffe in die Lebensmöglichkeiten künftiger Generationen vorgenommen und deren Lebenschancen in unaufhebbarer Weise beeinträchtigt werden. Großtechnische Anlagen im Bereich der Kernenergie, die Ausbeutung der natürlichen Ressourcen durch industrielle Nutzung, die Zerstörung der Biosphäre durch Umweltschäden und schließlich die Aufhäufung militärischer Vernichtungspotentiale in für frühere Generationen unvorstellbarem Ausmaß sind die deutlichsten Beispiele für diesen Typ staatlicher Entscheidungen. Ihnen gegenüber muß aber gelten: Das Interesse der jetzt lebenden Generationen an der Steigerung ihrer Lebensbedingungen kann keine Rechtfertigung dafür abgeben, die Lebenschancen künftiger Generationen zu mindern. Deshalb muß auch und gerade in staatlichen Entscheidungen dem ökologischen Erhaltungsinteresse der Vorrang vor dem ökonomischen Steigerungsinteresse zuerkannt werden. Wo dieser Vorrang verletzt wird, kann der Beitrag der politischen Ethik nicht in Vorschlägen bestehen, wie man die Entscheidungsverfahren verbessern und die Akzeptanzchancen für derartige Entscheidungen erhöhen kann. Aufgabe der politischen Ethik wird es vielmehr sein, auf die Grenzen des Staats hinzuweisen und dafür einzutreten, daß derartige Entscheidungen zugleich unmöglich und unnötig werden. Auch eine Kirche, zu deren überliefertem Staatsverständnis das Bewußtsein von den Grenzen des Staats gehört, wird gut daran tun, in solchen Entscheidungsfragen öffentliche Nachdenklichkeit zu erzeugen, die Entscheidungsverfahren zu verlangsamen und nach ihren Kräften dazu beizutragen, daß tiefe Eingriffe in die Lebenschancen künftiger Generationen verhindert werden.

Die Meinung, die von der Barmer Theologischen Erklärung gestellte Frage nach den Grenzen des Staats sei damals nur gegenüber dem totalen Staat des Nationalsozialismus akut gewesen und sei heute nur gegenüber autoritären und totalitären Staaten kommunistischer Prägung aktuell, ist ein folgenschwerer Irrtum. Diese Frage stellt sich vielmehr überall, wo Menschenrechte durch staatliches Handeln systematisch verletzt werden. Und sie stellt sich ferner gegenüber denjenigen staatlichen Entscheidungen, in deren Folge die Lebenschancen künftiger Generationen tiefgreifend beeinträchtigt werden.

5. In seiner Interpretation der 5. Barmer These hat Gustav Heinemann als entscheidendes Problem, das sich einer Aneignung dieser These stelle, die Frage hervorgehoben, ob aus dem staatlichen »Schwertamt« ein staatliches »Atombombenamt« abgeleitet werden kann. Dieselbe Frage hieß für ihn, anders gewendet: »Gibt es einen Zweck, der die Anwendung von Massenvernichtungsmitteln zu rechtfertigen vermöchte?«[25] Angesichts der Weiterentwicklung der Waffentechnik im atomaren, biologischen, chemischen und konventionellen Bereich, angesichts der permanenten Verminderung von Sicherheit durch die permanente Steigerung der Rüstungen stellt sich Heinemanns Frage für uns Heutige in verschärfter Form. Wir fragen nicht nur, ob der Einsatz, sondern auch ob die Drohung mit Massenvernichtungsmitteln durch solche Zwecke gerechtfertigt werden kann.

Wendet man sich mit dieser Frage zur 5. Barmer These, so besteht ihre Auskunft zunächst darin, daß in der noch nicht erlösten Welt dem Bösen äußerstenfalls mit Mitteln der Gewalt gewehrt werden muß. Die Barmer Theologische Erklärung anerkennt, daß der Staat, um für Recht und Frieden zu sorgen, notfalls zur Androhung oder Anwendung von Gewalt greifen darf. Dies kann sich in der Form polizeilicher oder strafender Gewalt nach innen und in Maßnahmen der kollektiven Selbstverteidigung nach außen vollziehen. Über das Maß der vom Staat anzuwendenden Gewalt sagt die 5. Barmer These direkt nichts. Doch indem sie die Gewaltmittel an die Zwecke des Rechts und des Friedens bindet, schließt sie sich implizit an die alte Lehre von der Verhältnismäßigkeit der Mittel an, die in der Tradition der politischen Ethik sowohl die Auffassung von der polizeilichen Gewalt als auch – in der Lehre vom gerechten Krieg – das Verständnis von der kriegerischen Gewalt bestimmt hat.

Wenn wir heute mit der 5. Barmer These ein Recht des Staats auf kollektive Selbstverteidigung anerkennen, so sind wir auf den Ort verwiesen, den die Vorstellung von einem solchen Recht in der neueren Völkerrechtsentwicklung hat. Nach ihr kann man von »kollektiver Selbstverteidigung« (Art. 51 der UN-Charta) nur unter einer Reihe von elementaren Voraussetzungen sprechen:

– Sie kann nicht mit der Bereitschaft verbunden sein, das zu zerstören,

25 *G. Heinemann*, Über die V. Barmer These, in: Ev. Akademie Mülheim, Frohe Befreiung – dankbarer Dienst, 1958, S. 79ff. (87).

was verteidigt werden soll; sie muß vielmehr auf die Erhaltung des Lebens wie auf die Bewahrung der Institutionen des sozialen Zusammenlebens gerichtet sein.

– Sie darf nicht mit der Absicht verbunden sein, das Territorium des Gegners unterschiedslos zu zerstören. Nicht die Vernichtung des Gegners kann das Ziel der Verteidigung sein, sondern allein die Wiederherstellung des Friedens.

– Sie darf nicht gegen elementare Grundsätze des Völkerrechts verstoßen. Zu ihnen aber gehört die Unterscheidung von Kombattanten und Nichtkombattanten ebenso wie das Verbot giftiger Kampfstoffe, denen atomare Waffen, die Radioaktivität freisetzen und Spätfolgen über Generationen hervorrufen, zweifellos zuzurechnen sind.

Aus diesen Gründen besteht in der Völkerrechtswissenschaft weithin Übereinstimmung darüber, daß der Einsatz, insbesondere der Ersteinsatz von Atomwaffen und deshalb auch dessen Planung völkerrechtlich durch nichts gerechtfertigt werden kann[26]. Die herrschende NATO-Strategie aber schließt die Bereitschaft zum Ersteinsatz von Atomwaffen ausdrücklich ein.

Wer Frieden will, muß für das Recht eintreten. Das Grundgesetz für die Bundesrepublik Deutschland sagt in seinem Art. 25: »Die allgemeinen Regeln des Völkerrechtes sind Bestandteil des Bundesrechtes. Sie gehen den Gesetzen vor und erzeugen Rechte und Pflichten unmittelbar für die Bewohner des Bundesgebietes.« Das Verbot, sich an der Vorbereitung militärischer Angriffshandlungen zu beteiligen, und das Verbot, den Ersteinsatz von Massenvernichtungsmitteln zu planen, sind völkerrechtliche Pflichten, die nicht nur den Staat Bundesrepublik Deutschland, sondern auch jeden seiner Bürger unmittelbar binden. Angesichts des offenkundigen Gegensatzes zwischen Völkerrecht und militärischer Planung sollte die Kirche sich zu einem Fürsprecher des Rechts machen. Dazu ist ein erster notwendiger Schritt, daß sie nicht nur dem Einsatz, sondern auch der Drohung mit Massenvernichtungsmitteln jede Legitimation verweigert[27].

Ein Nein der Kirche zu den Massenvernichtungsmitteln bedeutet nicht ein Nein zu der Aufgabe des Staates, nach möglichen Wegen kollektiver Selbstverteidigung zu suchen. Es bedeutet nicht ein Nein zu den Soldaten, sondern zu einem Rüstungssystem, das zu zerstören droht, was verteidigt werden soll. Dieses Nein entspricht der Anerkennung der staatlichen Aufgabe, für Recht und Frieden zu sorgen. Es drückt sich in ihm das Wissen um die »Verantwortung von Regierenden und Regierten« und deshalb auch die

26 *W. Däubler*, Stationierung und Grundgesetz, 1982; *D.-S. Lutz*, Zur Legalität und Illegalität kriegerischer Handlungen (ISFH-Forschungsberichte, 28), 1983.

27 Dieser Schritt wird vor allem begründet in: Kirche und Kernbewaffnung. Materialien für ein neues Gespräch über die christliche Friedensverantwortung. Die Handreichung der Nederlandse Hervormde Kerk, 1981; Wort an die Gemeinden zur Kernbewaffnung. Brief, Erläuterung und Bericht. Neue Materialien der Nederlandse Hervormde Kerk, 1982; Ökumenischer Rat der Kirchen, Bericht des Öffentlichen Hearings über Atomwaffen und Abrüstung, Amsterdam 1981, in: Kirche und Frieden, hg. von der Kirchenkanzlei der EKD, 1982, S. 198ff.

Solidarität mit allen aus, die an ihrem Ort an dieser staatlichen Aufgabe mitzuwirken haben. Auf Grund dieser Solidarität ist die Kirche ihnen eine klare Aussage schuldig. Sie kann nach meiner Erkenntnis heute nur noch heißen: Das Nein des Glaubens gilt nicht nur dem Einsatz, sondern auch der Drohung mit Massenvernichtungsmitteln.

6. Theologische Staatsethik im Sinn der Barmer Theologischen Erklärung ist nicht am Wesen, sondern an den Aufgaben und den Grenzen des Staates orientiert. Die um der Rechtsgemeinschaft und des Friedens willen gebotene Loyalität gegenüber staatlichen Entscheidungen gehört zu ihren grundlegenden Elementen. Die Loyalität gegenüber rechtmäßig zustandegekommenen, auf parlamentarische Mehrheiten gestützten Entscheidungen bindet auch die Minderheiten, deren Auffassung sich nicht hat durchsetzen können. Dieser Grundsatz des Mehrheitsprinzips aber setzt voraus, daß oppositionelle Positionen sowohl innerhalb als auch außerhalb des Parlaments eine faire Chance auf Gehör haben; und er setzt vor allem voraus, daß die alternativen Auffassungen der Minderheit im Fall sich verändernder Mehrheiten eine Chance auf Verwirklichung finden. Auf diese Weise hängt die Loyalitätsbindung von Minderheiten mit der prinzipiellen Revidierbarkeit von Entscheidungen in der parlamentarischen Demokratie zusammen[28]. Mehrheitsprinzip und Revisionsfähigkeit gehören zusammen. Durch die technische Reichweite heute möglicher Handlungen eignet jedoch einer immer größeren Zahl von Entscheidungen ein hohes Maß an Irreversibilität, an Unumkehrbarkeit; Entscheidungen im Bereich der Kernenergie sind dafür das deutlichste Beispiel. Solche Entscheidungen können durch die Berufung auf das Mehrheitsprinzip allein nicht gedeckt werden; die »Legitimation durch Verfahren«[29] reicht für sie nicht aus. Vielmehr muß vor solchen Entscheidungen eingehend geprüft und eindeutig nachgewiesen werden, daß sie ökologisch vertreten und im Blick auf die Lebenschancen künftiger Generationen verantwortet werden können.

Seit dem Übergang in das Atomzeitalter stehen wir vor einer neuen Grenze des Staats, die den Verfassern der Barmer Erklärung noch unbekannt war. Die neuzeitliche Staatsethik findet die Grenzen des Staats in den Menschenrechten. Wo sie verletzt werden, wo damit die Subjektstellung des Menschen gegenüber dem Staat negiert wird, findet die Loyalitätspflicht gegenüber staatlichen Entscheidungen ein Ende; an ihre Stelle tritt ein überpositives Recht zum Ungehorsam, das im Extremfall bis zum Widerstandsrecht reichen kann[30]. Staatliches Handeln ist aber nicht nur durch die Menschenrechte der jetzt Lebenden, sondern auch durch die Lebenschancen künftiger Generationen begrenzt. Wenn mit guten Gründen behauptet werden kann,

28 Dazu zusammenfassend: *U. Scheuner*, Das Mehrheitsprinzip in der Demokratie, 1973.

29 *N. Luhmann*, Legitimation durch Verfahren, 1969.

30 Zusammenfassend: *A. Kaufmann* (Hg.), Widerstandsrecht, 1972; *J. Rawls*, Eine Theorie der Gerechtigkeit, 1979, S. 399ff.; zu dem problematischen, 1969 in die Verfassung eingefügten Art. 20, Abs. 4 des Bonner Grundgesetzes, der ein verfassungsmäßiges Widerstandsrecht statuiert, vgl. insbesondere *J. Isensee*, Das legalisierte Widerstandsrecht, 1969.

daß durch staatliche Entscheidungen schwere Gefahren für künftiges Leben heraufbeschworen werden, und wenn nicht eindeutig nachgewiesen werden kann, daß diese staatlichen Maßnahmen unumgänglich sind, um weit größere Gefahren zu vermeiden, dann ist ziviler Ungehorsam gegenüber solchen Entscheidungen ethisch berechtigt. Denn wo immer mit einer Entscheidung die Gefahr schwerer Lebensschädigung verbunden ist, muß die alte moraltheologische Regel gelten, eine Handlung sei dann unerlaubt, wenn ein gewichtiges und unwiderlegtes Argument gegen ihre Erlaubtheit spricht (die These des sogenannten »Tutiorismus«)[31]. Die Frage nach den Grenzen der Loyalität gegenüber staatlichen Entscheidungen – und damit im Grenzfall die Frage nach einem Recht zum Widerstand – stellt sich also nicht nur bei direkten und beharrlichen Eingriffen in die Menschenrechte der jetzt lebenden Generation, wie der Rassendiskriminierung in der südafrikanischen Apartheidspolitik oder der Verletzung der Glaubens- und Meinungsfreiheit durch die Regierung der Sowjetunion; sondern diese Frage stellt sich in anderer Form auch, wenn ein Staat, gleichgültig gegenüber den widersprechenden Argumenten, Maßnahmen ergreift, durch die künftiges Leben schweren oder gar unabsehbaren Gefahren ausgesetzt wird. Die Aufkündigung der Loyalität gegenüber solchen Entscheidungen geschieht dann aber gerade auf der Grundlage einer bleibenden Loyalität gegenüber dem Staat, dem politisch verfaßten Gemeinwesen selbst; denn die Erhaltung dieses Gemeinwesens ist das Ziel des Protests gegenüber Entscheidungen, deren Vollzug das Überleben bedroht. Wer solchen Protest mit den Mitteln der Demonstration oder des zivilen Ungehorsams vorbringt, kann sich dafür nicht auf ein allgemeines Widerstandsrecht (Art. 20,4 Grundgesetz) berufen; sondern er beruft sich darauf, daß die Pflicht, Überlebensbedingungen für künftige Generationen zu erhalten, höher steht als der Gehorsam gegenüber staatlichen Entscheidungen, die diese Überlebensbedingungen aufs Spiel setzen. Der Philosoph Robert Spaemann hat dieses neue Problem der politischen Ethik drastisch formuliert: »Wo Juden von Staats wegen zum Mord freigegeben werden, da sind nicht nur Juden ihrer Loyalitätspflicht ledig, sondern jedermann, der diesen beizustehen wünscht. Für diejenigen, die in der industriellen Nutzung der Kernspaltung einen Angriff auf die Integrität menschlichen Lebens sehen, stellt sich daher die Loyalitätsfrage. Es kann niemandem zugemutet werden, Mehrheitsentscheidungen zu akzeptieren, wo diese seiner Überzeugung nach Tod oder schwere gesundheitliche Schädigung seiner Kinder bedeuten«[32].

Die Barmer Theologische Erklärung erinnert an die in der Dankbarkeit gegenüber der Anordnung Gottes begründete Loyalität gegenüber staatlichen Entscheidungen; doch ebenso nachdrücklich wirft sie die Frage nach den Grenzen dieser Loyalität auf. Die Frage nach diesen Grenzen stellt sich

31 Dazu *R. Spaemann*, Technische Eingriffe in die Natur als Problem der politischen Ethik, in: *D. Birnbacher* (Hg.), Ökologie und Ethik, 1980, S. 180ff. (205).

32 Ebd., S. 203.

heute neu. Sie sind nicht nur dort erreicht, wo die Menschenrechte gegenwärtig Lebender verletzt werden; sie sind vielmehr auch dort erreicht, wo irreversibel in die Lebenschancen künftiger Generationen eingegriffen wird. Auch an der Resistenz gegenüber solchen Entscheidungen muß jedoch erkennbar sein, daß sie aus dem Interesse an der Erhaltung und Förderung des Lebens hervorgeht. Wer glaubhaft dafür kämpfen will, daß der Staat die ihm gesetzten Grenzen nicht überschreitet, muß sich selbst gewaltfreier Methoden bedienen. Die christliche Ethik des Politischen ist vom Vorrang der Gewaltfreiheit vor allen Formen der Gewalt bestimmt. Auch der vehemente Widerspruch gegen bestimmte staatliche Entscheidungen hebt die grundsätzliche Anerkennung des staatlichen Gewaltmonopols nicht auf; denn gerade er ist an den Aufgaben von Recht und Frieden orientiert. Allerdings kann sich eine im Horizont der Barmer Theologischen Erklärung entworfene politische Ethik auch der Einsicht in die Grenzsituation des gewaltsamen Widerstands nicht verschließen, die von der Kammer der EKD für öffentliche Verantwortung 1973 so formuliert worden ist:

> »Der Entschluß, sich gegen institutionalisierte Unterdrückung gewaltsam zur Wehr zu setzen, kann von einer christlichen Ethik, die ein Recht zu Notwehr und Nothilfe anerkennt, nicht von vornherein verurteilt werden.... Gegen den Mißbrauch staatlicher Gewalt kennt die ethische Überlieferung auch christlicher Traditionen ein Widerstandsrecht. Begründet wird ein solches Widerstandsrecht durch die Verletzung fundamentaler Rechte der Person. In diesem Fall ist der Christ berechtigt, zu seinem eigenen Schutz und zugunsten anderer, denen Gewalt angetan wird, Widerstand zu leisten. Die Formen solchen Widerstandes sind mannigfaltig. Sie reichen von der schlichten Gehorsamsverweigerung über Formen des passiven Widerstandes und der gewaltfreien Aktion bis zur Ausübung eines aktiven, im äußersten Fall auch gewaltsamen Widerstandes«[33].

In der Frage nach den Grenzen der Loyalität gegenüber staatlichen Maßnahmen stehen wir heute vor Entscheidungen, die in der Barmer Theologischen Erklärung noch nicht zum Thema werden konnten; denn dieser Text ist vor dem Beginn des Atomzeitalters entstanden. Wir aber können uns den Herausforderungen nicht entziehen, vor die dieses Zeitalter uns stellt. Deshalb stellt für viele das Fortsetzen des Rüstungswettlaufs, vor allem des atomaren Wettrüstens, den Fall dar, in dem sie sich zum Widerstehen, auch mit Mitteln des gewaltfreien zivilen Ungehorsams, genötigt sehen. Dieses Widerstehen gegen bestimmte politische Entscheidungen ist für sie ein notwendiger Ausdruck der Loyalität gegenüber dem Staat. Sie berufen sich deshalb nicht auf ein »Widerstandsrecht«, von dem nur dann die Rede sein kann, wenn die staatliche Herrschaft insgesamt in Widerspruch zur Verfassung getreten ist und die elementaren Grundrechte außer Kraft setzt oder zerstört. Das Widerstehen gilt bestimmten Entscheidungen, die vor der staatlichen Aufgabe, für Recht und Frieden zu sorgen, nicht verantwortet werden können. Auch wer in seiner Verantwortung für den Frieden bis zu

33 Die Denkschriften der Evangelischen Kirche in Deutschland, Bd. 1/2, 1978, S. 61ff. (72.75).

Schritten des zivilen Ungehorsams gedrängt wird, bleibt an die Loyalität gegenüber dem Staat und der gemeinsamen Rechtsordnung gebunden. Daß Bürger heute nachdrücklicher als in früheren Zeiten ihre Verantwortung für Frieden und Gerechtigkeit wahrnehmen, ist keine Absage an die Demokratie; es ist ein heute notwendiges Element politischer Kultur[34].

34 Vgl. *H. Simon*, Umkehr aus der Ohnmacht, in: Kirchentagstaschenbuch Hannover '83, 1983, S. 143ff.; auch in: Deutscher Evangelischer Kirchentag Hannover 1983, Dokumente, 1983; *Bensberger Kreis*, Widerstand gegen Rüstung. Ein Memorandum deutscher Katholiken (Publik-Forum, Sonderdruck), 1983; *R. Dreier*, Widerstandsrecht im Rechtsstaat? Bemerkungen zum zivilen Ungehorsam, in: Recht und Staat im sozialen Wandel. Festschrift für H. U. Scupin, 1983, S. 573ff.

5. Freiheit und Institution

Sozialethik als Ethik kommunikativer Freiheit

Eine theologische Ethik, die sich an den Barmer Thesen orientiert, geht von der christlichen Freiheit aus. Denn ihr Grund liegt, so schärft die 2. Barmer These ein, in der den Menschen gewährten Freiheit; deshalb trägt ihr Handeln den Charakter eines »freien, dankbaren Dienstes«. Der Gehorsam, der dem Glauben folgt, trägt den Charakter freien Gehorsams. Wird jedoch, so lautet ein Einwand, der Gedanke einer Ethik der Freiheit durch die realen Bedingungen, unter denen wir handeln, nicht schweren Zweifeln ausgesetzt? Unser Handeln stößt an die Schranken, die durch die Endlichkeit unseres Lebens gesetzt sind, an die Grenzen, die uns die Natur entgegenstellt, und vor allem: an die Einschränkungen, die durch die institutionellen Bedingungen gesellschaftlichen Zusammenlebens verursacht werden. Wie soll angesichts solcher Grenzen von einer Ethik der Freiheit die Rede sein? Was ist in einer solchen Rede unter Freiheit gemeint? Angesichts solcher Schwierigkeiten hat man gegen die Barmer Theologische Erklärung immer wieder eingewandt, in ihr bleibe ungeklärt, wie sie denn den »Anspruch auf unser ganzes Leben« mit der Zusage der Befreiung verknüpft. Diese Frage bedarf der Klärung, wenn man denn in den Barmer Thesen eine Grundlegung christlicher Ethik sehen will; ihr will ich mich deshalb im folgenden zuwenden. Erörtert werden soll, wie eine Ethik christlicher Freiheit als Ethik der Institutionen möglich ist[1].

I

Christliche Ethik handelt von der Freiheit zum Leben. Ihr Thema ist, daß das Geschenk der Freiheit Grund menschlichen Lebens ist. Wenn sie von der Freiheit spricht, führt sie nicht etwas ein, das zum Glauben als etwas Zusätzliches erst hinzutritt; denn die Freiheit gehört dem Glauben wesenhaft an. »Der Herr ist der Geist; wo aber der Geist des Herrn ist, da ist Freiheit« (2. Kor. 3,17). Freiheit ist eines der Grundworte, die auszulegen der Theologie aufgegeben ist. Dieses Wort aber spielt in sehr unterschiedlichen Versuchen menschlicher Selbstdeutung eine Rolle. Wenn die Theologie dieses Wort verwendet, so schärft sie ein, daß die Freiheit des Menschen geschenkte und verdankte Freiheit ist und gerade so zum Grund menschlichen Lebens wird. Die Theologie kann deshalb den letzten Sinn menschlichen Lebens nicht in der Herstellung einer erst zu erwerbenden Freiheit sehen.

Wie aber sind dann Freiheit und Leben zueinander ins Verhältnis zu set-

1 Das Folgende geht auf einen Vortrag in Marburg am 25. Oktober 1979 zurück, zuerst veröffentlicht in: EvTheol 40, 1980, S. 302ff.

zen? Dies ist das zentrale Thema des neuzeitlichen Gesprächs zwischen dem christlichen Glauben, der sich theologisch auslegt, und dem Bewußtsein menschlicher Autonomie, das in der Philosophie zur Sprache kommt.

Das neuzeitliche Verständnis von Freiheit als Autonomie, als Selbstbestimmung, hat für die Frage nach der Möglichkeit von Ethik weitreichende Folgen gehabt. In radikaler Zuspitzung hat Kant diese Folgen formuliert. Weil er Ethik konsequent als Freiheitsethik versteht, löst er sie von allen konkreten Handlungszusammenhängen. Eine Ethik der Freiheit muß nach seiner Auffassung die einzelnen Handlungen und Gemeinschaftsformen hinter sich lassen und sich ganz dem guten Willen, der inneren Motivierung des Handelns, den Maximen zuwenden; ethische Reflexion vollzieht sich so, daß man diese Maximen mit Hilfe des Kategorischen Imperativs prüft: »Handle so, daß die Maxime deines Willens jederzeit zugleich als Prinzip einer allgemeinen Gesetzgebung gelten könne«[2]. Die Institutionen des gemeinsamen Lebens sind kein möglicher Gegenstand dieser Reflexion. Die Frage, wie sie gestaltet werden sollen, gehört nicht in den Bereich der Moralität, sondern der Legalität. Sie ist nicht Thema der Tugendlehre, sondern der Rechtslehre. Deren Grundregel, die lex iustitiae, lautet: »Tritt in einen Zustand, worin jedermann das Seine gegen jeden andern gesichert sein kann«[3]. Auch die Rechtslehre ist eine Freiheitslehre; sie hat es aber allein mit einer äußerlichen Freiheit zu tun, die durch das Recht gesichert werden kann.

Die Ethik als Tugendlehre dagegen wendet sich ganz der Subjektivität und der ihr eigenen Moralität zu. Besonders einschneidende Konsequenzen hatte diese Wendung dann, wenn man die Tugendlehre ohne die Rechtslehre betrachtete. Dies geschah auch in Teilen der theologischen Tradition nach Kant. Auch sie fragte nun vorrangig nach der Moralität, die im Gewissen und in der Gesinnung des einzelnen zur Entfaltung kommen kann. Sie bezog die ethische Reflexion auf die innere Gesinnung der Person, der die äußere Welt als eine Welt »eigener Gesetze« entgegengestellt werden konnte[4].

Doch weder in der Philosophie noch in der Theologie konnte eine solche Wendung ohne Widerspruch bleiben. Denn Ethik fragt nach den Möglichkeiten rechten Lebens und Handelns. Diese Frage richtet sich zwar auf die Grundorientierung der einzelnen Person, auf ihr Gewissen und ihre Gesinnung, auf ihre Maximen und ihre Motive. Doch Wirklichkeit gewinnt das Leben und Handeln der einzelnen in ihrer gesellschaftlichen Verbundenheit und Interaktion, in den Institutionen des menschlichen Zusammenlebens. Diese tragen zwar zum großen Teil Rechtscharakter. Dennoch lassen sie sich nur zum Teil und nur unvollkommen mit rechtlichen Kategorien erfassen. Ihre Behandlung kann deshalb nicht einfach der »Rechtslehre« zugewiesen

2 So die Fassung als »Grundgesetz der reinen praktischen Vernunft« (Kritik der praktischen Vernunft A 54; *W. Weischedel*, Bd. IV, S. 140).

3 Metaphysik der Sitten, Rechtslehre AB 44 (*W. Weischedel*, Bd. IV, S. 344).

4 Dazu oben S. 53ff.

werden. Vielmehr muß die Ethik die Frage nach der sittlichen Bedeutung und nach der sittlichen Gestaltung der Institutionen stellen. In Hegels Rechtsphilosophie folgt deshalb auf die Teile über das abstrakte Recht und über die Moralität der Teil über die Sittlichkeit. Er handelt davon, wie in den Institutionen der Familie, der bürgerlichen Gesellschaft und des Staats der subjektive gute Wille und das Gute selbst zur konkreten Einheit kommen, wie also in den gesellschaftlichen Institutionen die Freiheit wirklich wird[5]. Hegel konzipiert seine Ethik der Freiheit so, daß sie in eine Darstellung der Institutionen als der Wirklichkeit des Sittlichen mündet[6].

Eine vergleichbare Wendung wurde auch in der theologischen Ethik immer wieder vollzogen. Hierfür ist der Begriff der »Sozialethik« ein besonders deutlicher Hinweis. 1868 wurde er von dem Dorpater Theologen Alexander von Oettingen geprägt[7]. Er grenzte das Konzept der Sozialethik einerseits gegen die Personal- oder Individualethik, andererseits gegen die Sozialphysik ab. Individual- oder Personalethik nannte er die Form ethischen Denkens, die sich auf die Sittlichkeit im Inneren der Person konzentriert und von den gemeinschaftlichen Lebensbedingungen der Menschen absieht. Sozialphysik[8] nannte er die soziologischen Entwürfe, in denen das gesellschaftliche Leben nach Gesetzen beschrieben werden soll, die in ihrem Charakter den Naturgesetzen genau entsprechen[9]. In einer solchen Physik der Gesellschaft sah schon Oettingen eine Preisgabe des Begriffs der Freiheit. Und in der Individualethik sah er eine Preisgabe des Realismus, der gerade die lutherische Tradition kennzeichne. Wer vom menschlichen Leben handelt, kann von der Realität nicht absehen, daß dieses gesellschaftlich verfaßt ist.

Der Begriff der Sozialethik meint also seinem Ursprung nach nicht eine Unterdisziplin der Ethik, die ergänzend zur »Individualethik« hinzutreten soll. Sondern er meint eine unverzichtbare Perspektive allen ethischen Nachdenkens. Diese Perspektive läßt sich so formulieren: Christliche Freiheit ist nicht allein als Bestimmung der Person in ihrer Individualität und Innerlichkeit auszulegen, sondern sie ist zugleich auszulegen in ihrer Bedeutung für den Bereich gesellschaftlicher Institutionen.

Das Wort »Institution« in dem gerade gebrauchten Sinn[10] hat erst in den

5 Vgl. *G. W. F. Hegel*, Grundlinien der Philosophie des Rechts, § 141 (Theorie-Werkausgabe Bd. 7, 1970, S. 286).

6 Vgl. *J. Ritter*, Metaphysik und Politik, 1969, bes. S. 281ff.

7 Vgl. *A. v. Oettingen*, Die Moralstatistik und die christliche Sittenlehre. Versuch einer Sozialethik auf empirischer Grundlage, 1. Aufl. 1868–1873. Den verwegenen methodischen Anspruch einer empirischen Begründung einer theologischen Sozialethik hat *Oettingen* später fallengelassen; das Werk hieß in der 3. Auflage: Die Moralstatistik in ihrer Bedeutung für die Sozialethik, 1882.

8 Im Anschluß an einen Sprachgebrauch, der sich in Frankreich unter den Schülern *A. Comtes* ausgebreitet hatte.

9 Vgl. *A. v. Oettingen*, Die Moralstatistik und die christliche Sittenlehre, Bd. 1, 1. Aufl. 1868/69, S. VI; Bd. 2, 1. Aufl. 1873, S. 24 und 79.

10 Gebräuchlich ist es zuvor für die Einsetzung der Sakramente durch Christus, für die Einweisung in ein kirchliches Amt und für den Unterricht in der christlichen Religion (vgl. *Calvin*). Zur Verwendung des Worts in der Confessio Augustana siehe unten S. 153f.

letzten Jahrzehnten Eingang in die theologische Sprache gefunden[11]. Man versuchte dadurch, in der Theologie Anschluß an Beschreibungen der sozialen Wirklichkeit zu gewinnen, die in den Sozialwissenschaften und der Jurisprudenz angeboten werden; denn in diesen Disziplinen spielt der Begriff der Institution eine zentrale Rolle[12]. Auch hier erweist sich die Frage nach dem Verhältnis von Freiheit und Institution als Schlüsselproblem. In Institutionen zeigt sich, daß das soziale Zusammenleben der Menschen strukturierter Regelhaftigkeit unterworfen ist; wird dem Menschen aber Freiheit zugesprochen, so wird ihm ein Spielraum gegenüber strukturellen Zwängen zuerkannt. Wie lassen sich diese beiden Aspekte miteinander verbinden? Oder schließen sie einander aus?

In unserem gegenwärtigen gesellschaftlichen Bewußtsein begegnet uns eine deutliche Tendenz, Freiheit und Institution einander entgegenzusetzen. In manchen Formen können wir gegenwärtig einen Abschied von den Institutionen im Namen der Freiheit beobachten: einen Abschied von den eingelebten Gestalten von Ehe und Familie ebenso wie eine wachsende Distanz gegenüber Staat und Kirche. Darin kommt die Überzeugung zum Ausdruck, daß Institutionen die individuelle Freiheitsverwirklichung nicht fördern, sondern hemmen, und daß Freiheit deshalb nur jenseits der Institutionen verwirklicht werden kann. Institutionen werden also nicht mehr als Ort verstanden, an dem die Sittlichkeit als Freiheit wirklich ist und verwirklicht werden kann.

Auf der anderen Seite aber hören wir eine deutliche Kritik der Freiheit im Namen der Institutionen. Für diese Stimmen gelten Staat und Kirche, Ehe und Familie gerade als Halt und Sicherung gegenüber der sozialen und persönlichen Unkalkulierbarkeit der individuellen Freiheit und ihrer Folgen.

Der Abschied von den Institutionen im Namen der Freiheit und die Kritik der Freiheit im Namen der Institutionen entsprechen einander. Denn beide behaupten sie, daß zwischen Freiheit und Institution eine prinzipielle Differenz besteht, daß sie miteinander unvereinbar sind. Diese Beobachtung fordert zu weiterem Nachdenken heraus. Deshalb wollen wir in einem nächsten Schritt genauer klären, in welchem Sinn Freiheit theologisch zu verstehen ist.

11 Erst die dritte Auflage der RGG kennt das Stichwort (bearb. v. *W.-D. Marsch*, in: RGG III, 3. Aufl. 1959, Sp. 783ff.); der Begriff wurde durch die rechtstheologischen Gespräche im Bereich der EKD eingeführt; vgl. *H. Dombois* (Hg.),Recht und Institution, Bd. 1, 1956; Bd. 2, 1969.

12 Aus der umfangreichen Literatur seien exemplarisch genannt: *M. Hauriou*, Theorie der Institution und der Gründung, hg. v. *R. Schnur*, 1965; *R. Schnur* (Hg.), Institution und Recht, 1968; *H. Schelsky* (Hg.), Zur Theorie der Institution, 1970; *W. Lipp / H. Dombois*, Art. Institution, in: EStL, 2. Aufl. 1975, Sp. 1011ff.; *H. Dubiel*, Art. Institution, in: Hist. Wb. Phil. 4, 1976, S. 418ff.; *W. Weymann-Weyhe*, Sprache – Gesellschaft – Institution, 1978. – Hinzuweisen ist darauf, mit welcher Intensität sich die katholische Ekklesiologie dem Thema der Institution zugewandt hat. Vgl. aus der jüngsten Diskussion: *G. Hasenhüttl*, Herrschaftsfreie Kirche. Sozio-Theologische Grundlegung, 1974; *L. Dullaart*, Kirche und Ekklesiologie, 1975; *F. Klostermann*, Kirche – Ereignis und Institution, 1976; *M. Kehl*, Kirche als Institution, 1976.

II

Im Neuen Testament ist in unterschiedlichen Sprachformen von der Freiheit die Rede. Der Galaterbrief des Paulus ist dafür ein besonders deutliches Beispiel; denn in ihm begegnen diese Sprachformen auf engstem Raum[13]. Vier solche Sprachformen will ich unterscheiden. Freiheit wird zunächst *zugesagt:* »Zur Freiheit hat uns Christus frei gemacht« (Gal. 5,1). Die Zusage der Freiheit ist an Christus als ihren Urheber gebunden. Damit wird zweierlei gesagt: Die Freiheit, von der die Rede ist, wird allein durch Christus vermittelt; und zugleich: Das Werk Christi zielt auf nichts anderes als eben auf die Freiheit. Diese selbst aber wird nicht begrifflich definiert; sondern sie wird ausgelegt in bezug auf die Gebundenheiten, von denen Christus befreit. Er befreit zunächst vom Gesetz als einem Mittel der Rechtfertigung vor Gott; er befreit also von dem Versuch, in der Gestalt des eigenen Lebens zugleich dessen letzten Sinn verwirklichen, die eigene Freiheit selbst herstellen zu wollen. Er befreit damit von der Macht, die die Sünde zur Entfaltung und zur Erfahrung bringt. Damit befreit er zugleich von der Macht der Täuschung, die unser Leben zur Lüge verkehrt. Schließlich aber befreit er vom Tod als der Macht, die das Leben als ein sündiges, unter dem Gesetz stehendes ratifiziert. Befreiung vom Gesetz, von der Sünde, von der Täuschung und vom Tod – das sind die Dimensionen, in denen Freiheit zugesagt wird. Diese Zusage wird durch die Wirklichkeit erlittener Unfreiheit nicht aufgehoben; denn diese Freiheit verdankt sich nicht menschlicher Leistung, sondern sie hat in der Zuwendung Gottes in Christus ihren Grund. Freiheit wird also zunächst zugesagt.

Zur Freiheit wird sodann *ermächtigt:* »Steht fest in der Freiheit« heißt es weiter in Gal. 5,1. Ermächtigt wird dazu, auch in den gegenläufigen Erfahrungen von Unfreiheit, auch in den der Freiheit fremden Ordnungen menschlichen Lebens an der Zusage der Freiheit festzuhalten. In dieser Ermächtigung zur Freiheit liegt ein kritisches Potential, das sich auch in den herrschafts- und institutionskritischen Bewegungen des Christentums immer wieder Bahn gebrochen hat.

13 Für das Folgende vgl. unter der – wiederum unübersehbaren – Literatur: *H. Schlier,* Der Brief an die Galater, 12. Aufl. 1962, S. 228ff.; *W. Pannenberg,* Christlicher Glaube und menschliche Freiheit, in: KuD 4, 1958, S. 251ff.; *H.-G. Geyer,* Norm und Freiheit, in: *A. Falkenroth* (Hg.), Das gnädige Recht Gottes und die Freiheitsidee des Menschen, 1967, S. 35ff.; *J. Moltmann,* Die Revolution der Freiheit, in: Perspektiven der Theologie, 1968, S. 189ff.; *J. Baur,* Freiheit und Emanzipation – ein philosophisch-theologischer Traktat, 1974; *T. Rendtorff,* Die christliche Freiheit als Orientierungsbegriff der gegenwärtigen christlichen Ethik, in: Handbuch der christlichen Ethik, Bd. 2, 1978, S. 378ff.; *O. Bayer,* Zugesagte Freiheit. Zur Grundlegung theologischer Ethik, 1980; *ders.,* Umstrittene Freiheit. Theologisch-philosophische Kontroversen, 1981; *M. Josuttis,* Freiheit in theologischer Sicht, in: *G. Brakelmann* (Hg.), Freiheit konkret, 1979, S. 39ff. Dem Aufsatz von Josuttis entnehme ich die (von mir variierte) Anregung zur Unterscheidung von »vier Sprachformen«; ich zweifle, ob es günstig ist, sie mit Josuttis als »Sprechakte« zu bezeichnen, denn in »Sprechakten« verbinden sich diese Sprachformen als »illokutionäre« Elemente jeweils mit propositionalen Gehalten.

Wo zur Freiheit ermächtigt wird, wird zugleich zur Freiheit *ermahnt:* »Steht fest und laßt euch nicht wieder unter das Joch der Knechtschaft zwingen.« Die Freiheit bleibt dauerhaft durch die Mächte gefährdet, von denen Befreiung erfolgte: den Mächten des Gesetzes und der Sünde, der Täuschung und des Todes. Deshalb wird der, der die Zusage der Freiheit empfangen hat, dazu ermahnt, an der Freiheit als einer ihm vorgegebenen und geschenkten Realität auch im Vollzug seines Lebens festzuhalten. Er soll an ihr festhalten, obwohl er sie in den Realitäten seines Lebens immer nur fragmentarisch erlebt. Doch diese fragmentarischen Erfahrungen stehen unter der Verheißung, daß das kommende Reich Gottes ein Reich der Freiheit sein wird. Freiheit wird also *verheißen.* Deshalb wird Freiheit immer nur vorläufig verwirklicht; jede ihrer Gestalten ist offen nach vorn, relativiert durch eine Verheißung, die in menschlichem Handeln nicht eingeholt werden kann.

In verschiedenen Sprachformen also ist von der Freiheit die Rede: in Zusage und Ermächtigung, in Ermahnung und Verheißung. An deren Beginn steht die Zusage, die Berufung zur Freiheit. An sie schließt Paulus eine wichtige Abgrenzung an: »Zur Freiheit seid ihr berufen, Brüder; deshalb sorgt dafür, daß die Freiheit nicht eurer Selbstsucht die Bahn freigibt, sondern dient einander in der Liebe« (Gal. 5,13). Die Zusage der Freiheit wird in der wechselseitigen Zuwendung zueinander bewahrt. Freiheit sondert die Menschen also nicht voneinander ab wie in der lex iustitiae Kants: »Tritt in einen Zustand, worin jedermann das Seine gegen jeden andern gesichert sein kann.« Sondern Freiheit verwirklicht sich darin, daß der eine den andern als Bereicherung seiner selbst und als Aufgabe des eigenen Lebens erfährt. Sie verwirklicht sich also in Gemeinschaft und in wechselseitiger Verständigung, in communio und communicatio; deshalb kann sie »kommunikative Freiheit« genannt werden[14]. Auch das Freiheitsverständnis der 2. Barmer These muß man systematisch im Sinn kommunikativer Freiheit fassen. Das zeigt sich daran, daß die ethische Folge der geschenkten Befreiung als »freier, dankbarer Dienst« bezeichnet wird. Die Zusammengehörigkeit von Freiheit und Liebe, die wir uns gerade am Galaterbrief des Paulus verdeutlicht haben, bestimmt auch das Freiheitsverständnis der Barmer Erklärung.

Das Verständnis von Freiheit als kommunikativer Freiheit hat seinen Grund im Begriff des Gottes, der sich selbst in Christus definiert. In dem Sohn kommt Gott als der in Freiheit Liebende zum Menschen[15] und befreit ihn zu einer Identität, die sich in Akten kommunikativen Daseins verwirklicht. Der Gedanke ist nicht mehr aus der Welt zu schaffen, daß nicht tödliche Konkurrenz zwischen Menschen herrschen muß, sondern daß gelingendes Leben sich in wechselseitiger Offenheit verwirklichen kann. Wo sie herrscht, ist der andere nicht mehr Schranke meiner Selbstverwirklichung, auch nicht bloß Anlaß oder Material meiner sittlichen Bewährung. Vielmehr können wir durch die Liebe im andern zu uns selbst kommen.

14 Vgl. zu diesem Begriff *M. Theunissen,* Sein und Schein. Die kritische Funktion der Hegelschen Logik, 1978, bes. S. 37ff.433ff.

15 Vgl. *K. Barth,* Kirchliche Dogmatik II/1, S. 288ff.

Für die neuzeitliche Tradition des Freiheitsbegriffs ist es charakteristisch, daß Freiheit zunächst als Herrschaft verstanden wird. Denn sie zeigt sich vor allem als Selbstbeherrschung, als Herrschaft über andere Menschen und als Herrschaft über die Natur. Der christliche Glaube dagegen versteht Freiheit in Kategorien der Gemeinschaft. Luther bringt dies in seinem Freiheitstraktat darin zum Ausdruck, daß er die Dialektik von Herrschaft und Knechtschaft neu faßt. Freiheit gehört nicht mehr einfach auf die Seite der Herrschaft, sondern umfaßt beide Pole: Der Christ ist zugleich freier Herr und dienstbarer Knecht, zugleich niemandem und jedermann untertan[16]. Gerade darin ist christliche Freiheit der geschenkte Nachvollzug der Existenz Jesu, der als Herr Knecht und zugleich als Knecht Herr ist[17].

Gegenüber den Freiheitsauffassungen, die sich in der Neuzeit ausgebildet haben, ist dies eine andere Perspektive[18]. Ich will das an einem naheliegenden Beispiel verdeutlichen. Die Französische Revolution stellte dem Begriff der Freiheit den der Brüderlichkeit zur Seite. »Freiheit, Gleichheit, Brüderlichkeit« hieß ihre Parole. Das war nötig, weil Freiheit als Selbstverfügung verstanden wurde, die nun in der Brüderlichkeit ein an der Gemeinschaft orientiertes Gegengewicht erhalten mußte. Für den christlichen Glauben aber ist Freiheit nicht Selbstverfügung, nicht Selbstbesitz, sondern die dem Kommen Gottes verdankte Identität und damit eine radikale Unverfügbarkeit der menschlichen Person: Weder ich selbst noch ein anderer Mensch, weder irgendeine gesellschaftliche noch eine politische Macht kann über mein Personsein verfügen. Gerade um dieser Unverfügbarkeit willen wird der Mensch dazu ermächtigt, der Freiheit im gesellschaftlichen Zusammenleben Gestalt zu geben. Institutionen haben deshalb gerade der Unverfügbarkeit der Person zu dienen und sie zu schützen; sie sollen einen Raum freihalten, den Menschen kraft ihrer Freiheit gestalten können; sie sollen menschliches Gemeinschaftshandeln fördern.

III

Wir verstehen Freiheit als kommunikative Freiheit; von hier aus haben wir eine erste Perspektive auf das Problem der Institutionen gewonnen. Läßt sich diese Perspektive durchhalten und präzisieren, wenn wir uns nun ausdrücklich dem Begriff der Institution selbst zuwenden?

Dieser Begriff ist alles andere als eindeutig und einheitlich. Vielmehr lagern sich in der alltäglichen wie in der wissenschaftlichen Verwendung die-

16 *M. Luther*, Von der Freiheit eines Christenmenschen (*Clemen*, Bd. 2, S. 11,6–9); vgl. *E. Jüngel*, Zur Freiheit eines Christenmenschen. Eine Erinnerung an Luthers Schrift, 1978.
17 Vgl. das 14. und 15. Kapitel der Kirchlichen Dogmatik *K. Barths* (KD IV/1 und IV/2).
18 Vgl. bes. *O. H. Pesch / R. Spaemann / W. Warnach*, Art. Freiheit, in: Hist. Wb. Phil. 2, 1972, Sp. 1064ff.; *W. Conze / Chr. Dipper / H. Günther / D. Klippel / G. May / Chr. Meier*, Art. Freiheit, in: Geschichtliche Grundbegriffe, Bd. 2, 1975, S. 425ff.; *J. Simon* (Hg.), Freiheit. Theoretische und praktische Aspekte des Problems, 1977.

ses Wortes verschiedene Schichten übereinander. In einer dieser Schichten gilt die Institution als vorgegebene objektive Ordnung; in einer anderen sieht man in ihr eine gruppenhafte Organisation sozialen Handelns; in einer dritten schließlich fragt man nach der Funktion von Prozessen der Institutionalisierung.

Ich knüpfe zunächst an die erste dieser drei Hinsichten an. Institutionen werden als Einrichtungen des gesellschaftlichen Zusammenlebens verstanden, die durch objektive Geltung ausgezeichnet sind; gegenüber der Subjektivität, gegenüber den jeweils besonderen Interessen der einzelnen verkörpern sie das Moment des Allgemeinen. Dafür, daß die Freiheit der vielen einzelnen zusammenbestehen kann, wie Kant forderte, sind die Institutionen nicht nur die Bedingung; sondern sie sind nach dieser, an Hegel sich anschließenden Auffassung[19] zugleich die objektive Wirklichkeit der Freiheit, die allein zum subjektiven Gebrauch der Freiheit ermächtigt. Diese Grundauffassung ist prägend für die Institutionentheorie des Philosophen und Soziologen Arnold Gehlen[20]. Er entwirft eine biologisch orientierte Anthropologie; dabei erscheint es ihm als besonderes Kennzeichen des Menschen, daß er nicht über ein dem Tier vergleichbares Maß an Instinktmechanismen verfügt, sondern der Welt offen gegenübersteht. Wie kann er dennoch zu instinktanalogen, das heißt verläßlichen und sein Leben sichernden Verhaltensweisen kommen? Dazu braucht er, so antwortet Gehlen, gesellschaftlich sanktionierte Verhaltensmuster, die ihn von eigenen Entscheidungen entlasten und ihm dadurch Verhaltenssicherheit geben. Diese Verhaltensmuster sind die Institutionen.

Meine Kritik an Gehlens Institutionenbegriff geht von folgender Beobachtung aus: Gehlen knüpft an Feststellungen der Verhaltensforschung an; doch er zeichnet sie in ein von Hegel entlehntes Schema ein. Gelegentlich weist er selbst darauf hin, daß für ihn das Thema der Institutionen an die Stelle tritt, an der bei Hegel der »objektive Geist« steht[21]. Ohne es ausdrücklich zu bemerken, nimmt Gehlen zugleich theologische Motive auf. Wenn er die Instinktreduktion des Menschen und die darin liegende schreckenerregende Instabilität seiner Antriebe beschreibt, so kehrt darin der Gedanke der menschlichen Verkehrtheit infolge des Sündenfalls wieder; und wenn er die Institutionen von der Verläßlichkeit und Regelmäßigkeit der in ihnen vorgegebenen Verhaltensmuster her charakterisiert, so steht ihm dabei der sta-

19 Vgl. *G. W. F. Hegel*, Grundlinien der Philosophie des Rechts, v.a. §§ 263–270 (Theorie-Werkausgabe Bd. 7, 1970, S. 410ff.).

20 Für *Gehlens* Institutionentheorie ist grundlegend: *A. Gehlen*, Urmensch und Spätkultur, 2. Aufl. 1964; als knappe Zusammenfassung: Mensch und Institution, in: *ders.*, Anthropologische Forschung, 1961, S. 69ff.; zu den Konsequenzen für die Ethik: *ders.*, Moral und Hypermoral. Eine pluralistische Ethik, 2. Aufl. 1970. Zu Gehlens Institutionenlehre vgl. bes.: *F. Jonas*, Die Institutionenlehre A. Gehlens, 1966; *J. Weiß*, Weltverlust und Subjektivität. Zur Kritik der Institutionenlehre Arnold Gehlens, 1971; *J. Habermas*, Philosophisch-politische Profile, 1971, S. 200ff.; *K.-O. Apel*, Transformation der Philosophie, Bd. 1, 1973, S. 197ff.; *F. Wagner*, Ethischer Pluralismus?, in: ZEE 18, 1974, S. 21ff.

21 *A. Gehlen*, Urmensch und Spätkultur, S. 9.

bilisierende religiöse Ritus als Grundform der Institution vor Augen. Daß die Macht der Sünde durch Riten gebannt wird: darin kann man die grundlegende Vorstellung sehen, die Gehlens Theorie der Institution bestimmt. In dieser Theorie erhalten die Institutionen mythische Gewalt; das zeigt sich besonders deutlich in der Formel, der Mensch müsse sich von den Institutionen »verbrennen« und »konsumieren« lassen[22]. In einer solchen Auffassung von der Gewalt der Institutionen aber wird die Weltoffenheit und Freiheit des Menschen gerade preisgegeben.

Das läßt sich durch eine weitere Beobachtung verdeutlichen. Nach Gehlen ist die Funktion einer Institution nur so lange gesichert, so lange sie unbefragt als vorgegebene Ordnung anerkannt wird. Die kritische Reflexion der Regeln, die sie bestimmen, ist deshalb der Tod der Institution. Denn durch solche Reflexion wird das Verhältnis von Freiheit und Institution verkehrt: Nicht mehr gilt die Institution als Bedingung der Freiheit, sondern die Freiheit gilt nun als Bedingung der Institution. Gehlen denkt das Verhältnis zwischen Institution und Freiheit durchaus einseitig: Die Institution ist die Wirklichkeit der Freiheit; wenn die Freiheit sich kritisch von der Institution distanziert, hebt sie den Geltungsgrund der Institution und damit sich selbst auf.

Der wichtigste Einwand, den ich gegen diese These Gehlens vorzubringen habe, ist folgender: Sie abstrahiert bewußt von der neuzeitlichen Entwicklung der Institutionen. Will man jedoch zureichend von den Institutionen sprechen, so muß man die Veränderungen berücksichtigen, die sie im »Prozeß der Zivilisation«[23] durchlaufen haben. In erheblichem Umfang verlieren sie in diesem Prozeß den Charakter des Fremdzwanges und nehmen den Charakter des Selbstzwanges an. Institutionen gelten nicht mehr bloß auf Grund eines gesellschaftlichen Zwangsmechanismus; sie gelten auch nicht mehr allein auf Grund gesellschaftlicher Überlieferung und Gewöhnung; sondern sie werden zugleich auf Grund einer internalisierten Norm befolgt. Ihretwegen hält man sich an die Einehe, befolgt man die Straßenverkehrsordnung, geht man zur Wahl, erfüllt man die Pflichten am Arbeitsplatz. Daß Institutionen funktionieren, beruht in der Regel nicht darauf, daß um ihretwillen permanent gesellschaftliche Sanktionen eingesetzt werden, sondern daß sie durch akzeptierte Gewöhnung und durch Selbstzwang befolgt werden. Wenn eine Institution nur noch durch Sanktionen am Leben erhalten wird, so ist dies immer ein Zeichen für eine tiefe Krise dieser Institution.

Der Übergang von Fremdzwang zu Selbstzwang oder Selbstbestimmung ist aber nun gleichzeitig ein spezifisches Moment am neuzeitlichen Freiheitsbegriff: Freiheit wird gerade darin wirklich, daß das Subjekt sich aus eigenem Willen dem allgemeinen Gesetz unterwirft. Das ist aber nur möglich, wenn geprüft werden kann, ob dieses Gesetz wirklich als ein allgemeines, als

22 *Ders.*, Über die Geburt der Freiheit aus der Entfremdung, in: Archiv für Rechts- und Sozialphilosophie 40,3, 1953, S. 351f.

23 Vgl. *N. Elias*, Der Prozeß der Zivilisation, Nachdruck der 2. Aufl., 1976.

ein für jedermann geltendes Gesetz Anerkennung verdient. Gegen eine sich an Hegel anlehnende Deutung der Institutionen muß man an dieser Einsicht Kants festhalten. Die Freiheit ist der Geltungsgrund der Institutionen; die kritische Reflexion muß prüfen, ob die Institutionen als allgemein verbindlich gelten können; denn nur so können sie zu Bedingungen realer Freiheit werden.

Das Medium kritischer Reflexion ist die Sprache. Durch sie allein kann eine Verständigung über den Geltungsgrund von Institutionen hergestellt werden. Sprachliche Verständigung ist deshalb als »Institution der Institutionen«, als Meta-Institution zu betrachten[24]. Die Sprache ist zunächst selbst eine Institution. Denn gerade sprachliche Konventionen erweisen sich als dem einzelnen vorgegeben und unverfügbar. Der Schweizer Kinderpsychologe und Erkenntnistheoretiker Jean Piaget erzählt einmal von einem Kind, das gefragt wird, ob man die Sonne auch anders als »Sonne« nennen könne. Das Kind sagt: »Nein.« Woher es das wisse, wird es gefragt. Einen Augenblick ist es unsicher. Dann zeigt es auf die Sonne und sagt: »Schau sie dir doch an!«[25]

So fraglos wie das Scheinen der Sonne selbst ist ihre Bezeichnung als Sonne; so fraglos wie das Scheinen der Sonne gelten also auf der einen Seite sprachliche Verständigungsmuster. Doch auf der anderen Seite ermöglicht uns die Sprache, uns von eingelebten Verhaltensmustern zu distanzieren, nach ihrem Geltungsgrund zu fragen, sie uns anzueignen oder sie zu verändern. Deshalb sind die Institutionen nicht nur vorgegeben, sondern zugleich gestaltungsfähig. Nur Institutionen, über die wir uns sprachlich verständigen und die wir uns so kritisch aneignen können, lassen sich unter neuzeitlichen Bedingungen als Institutionen der Freiheit bezeichnen. Das Interesse, Freiheit und Institution zu verbinden, drängt darauf, daß sprachliche Verständigung als Meta-Institution kritisch, aneignend und verändernd wirksam wird. Deshalb hat die Geschichte der politischen Verfassungen eine Tendenz zur parlamentarischen Demokratie. In ihr sollen gesellschaftliche und staatliche Institutionen mit Hilfe des vernünftigen Gesprächs verändert, neu hervorgebracht oder bewahrt werden. Am deutlichsten zeigt sich dies an der Einrichtung und dem Verfahren verfassungsgebender Versammlungen; die Entstehung des Bonner Grundgesetzes im Parlamentarischen Rat 1948/49 ist dafür ein Beispiel.

Ich fasse diese Überlegungen zusammen: Wir können die Institutionen nicht einfach als vorgegebene Gestalten und Verwirklichungen der Freiheit betrachten. Sondern die Freiheit ist der Geltungsgrund der Institutionen. Wir können ferner nur in dem Maß, in dem die Institutionen selbst der Kritik in sprachlicher Verständigung zugänglich sind, in ihnen eine Bedingung

24 Vgl. dazu außer der in Anm. 20 genannten Arbeit von *K.-O. Apel* von demselben: Sprechakttheorie und transzendentale Sprachpragmatik zur Frage ethischer Normen, in: *ders.* (Hg.), Sprachpragmatik und Philosophie, 1976, S. 1ff. Vgl. auch *I. Dalferth / E. Jüngel*, Sprache als Träger von Sittlichkeit, in: Handbuch der christlichen Ethik, Bd. 2, 1978, S. 454ff.

25 Zitiert nach *P. L. Berger / B. Berger*, Wir und die Gesellschaft, 1976, S. 58.

realisierter Freiheit erkennen. Freiheit zeigt sich uns nur als realisierte Freiheit, wenn in den Institutionen zu ihrer Entfaltung Raum geschaffen wird. Dieser wechselseitige Zusammenhang von Freiheit und Institution drängt sich gerade dann auf, wenn wir Freiheit nicht als Selbstverfügung, sondern als kommunikative Freiheit auslegen.

Wir gingen in dieser Überlegung von derjenigen Schicht im Begriff der Institution aus, wonach diese als vorgegebene, objektive Ordnung betrachtet wird. Wir müssen uns nun der zweiten Schicht dieses Begriffs zuwenden: Institutionen sind in aller Regel gruppenhafte Organisationen sozialen Handelns[26]. Sie entstehen, weil bestimmte gesellschaftliche Bedürfnisse befriedigt werden müssen. Sie bilden sich auf Grund einer bestimmten »Leitidee«[27], eines organisierenden Prinzips: Verfügung über die Natur und Beschaffung des Lebensunterhalts, Lebensgemeinschaft von Mann und Frau, Fortpflanzung und Erziehung, gemeinsame Sicherheit und Verwaltung der Macht sind derartige Leitideen. Unter ihnen schließen sich Menschen zusammen; sie bilden bestimmte Regelsysteme und Handlungsmöglichkeiten aus; sie stellen diese auf Dauer, besonders indem sie ihnen Rechtsform geben. Institutionen sind also auf bestimmte Zwecke gerichtet; sie sind sozial verfaßt; und sie sind in aller Regel rechtlich geordnet.

Unter welchen Bedingungen ist eine solche gruppenhafte Organisation mit der Forderung nach Freiheit vereinbar? Wollen wir diese Fragen beantworten, so müssen wir die dritte Schicht im Begriff der Institution berücksichtigen und nach dem Prozeß der Institutionalisierung fragen. Er besteht darin, daß unter verschiedenen Möglichkeiten menschlicher Bedürfnisbefriedigung bestimmte Formen ausgewählt und auf Dauer bereitgestellt werden. Von einer Institutionalisierung der Freiheit kann dabei nur dann die Rede sein, wenn die auf diesem Weg ausgeschlossenen Möglichkeiten nicht einfach vernichtet, sondern als Möglichkeiten erhalten werden[28]. Im Bereich der politischen Verfassung, den ich erneut als Beispiel heranziehe, dient dazu vor allem die Möglichkeit der Revision von Mehrheitsentscheidungen sowie die Möglichkeit der Verfassungsänderung. Eine weitere Bedingung besteht darin, daß die Institutionalisierung Freiheit *berücksichtigt;* sie muß deshalb in ihrer rechtlichen Ordnung individuelle Entfaltungsmöglichkeiten sichern. Dem dient in der politischen Verfassung die Garantie der Menschen- und Grundrechte[29]. Versteht man jedoch unter Freiheit nicht

26 Für diesen Aspekt ist besonders wichtig: *B. Malinowski,* Eine wissenschaftliche Theorie der Kultur, 1949.

27 Der Begriff der »idée diréctrice« stammt in diesem Zusammenhang von dem französischen Juristen *M. Hauriou;* vgl. oben Anm. 12.

28 Das ist ein Grundmotiv in der Darstellung der Funktion von Institutionalisierung bei *N. Luhmann;* vgl. bes.: Grundrechte als Institution, 1965; und: Institutionalisierung: Funktion und Mechanismus im sozialen System der Gegenwart, in: *H. Schelsky* (Hg.), Zur Theorie der Institution, 1970, S. 27ff.

29 Vgl. *W. Huber / H. E. Tödt,* Menschenrechte — Perspektiven einer menschlichen Welt, 2. Aufl. 1978.

nur die äußerliche Freiheit der Abgrenzung (Kants lex iustitiae), sondern kommunikative Freiheit, so muß man darüber hinaus fordern, daß Institutionen Freiheit nicht nur berücksichtigen, sondern auch *ermöglichen:* Sie müssen also Handlungsräume eröffnen und offenhalten, in denen verantwortliches und gemeinsames Handeln aus Freiheit möglich ist. Dieser Forderung entspricht in gewissem Umfang die neuzeitliche Variabilität von Institutionen: Institutionen können ihre Funktion verändern und gesellschaftliche Aufgaben können ihren Träger wechseln; dadurch vermehrt sich der Gestaltungsraum in einer Gesellschaft[30].

An den Institutionen von Ehe und Familie, von Staat und Kirche, von Eigentum und wirtschaftlichem Betrieb, von Bildung und Massenkommunikation läßt sich dies leicht deutlich machen. In all diesen Bereichen finden tiefgreifende Funktionsverschiebungen statt, die im einzelnen oft sehr ambivalente Wirkungen haben. Doch grundsätzlich gilt: die Möglichkeit solcher Funktionsverschiebungen ist eine Bedingung dafür, daß Freiheit und Institution vereinbar bleiben.

IV

Ich habe in den letzten Überlegungen die sozial- und rechtswissenschaftliche Institutionendiskussion aufgenommen und in eine theologische Perspektive gerückt. Ich habe die »kommunikative Freiheit« als Kriterium für die ethische Bedeutung von Institutionen eingeführt. Nun aber ist zu erörtern, in welchem Sinn der Begriff der Institution selbst theologischer Deutung offensteht.

Den wichtigsten Beitrag zu dieser Frage hat bisher Ernst Wolf geleistet[31]. Wolf betont zunächst die objektive, für das besondere Interesse der einzelnen unverfügbare Vorgegebenheit der Institutionen. Das entspricht einem Grundzug der theologischen Tradition; die Auslegung der Aussagen des Paulus über die politischen Gewalten in Römer 13 hat den vorgegebenen Charakter derartiger Ordnungen immer wieder unterstrichen. Doch Wolf verbindet dies mit der These, daß es sich bei den Institutionen um einen Gegenstand menschlicher Gestaltung handelt. Institutionen sind also als Einheit von vorgegebener Stiftung und gestaltender Annahme zu begreifen[32]. Ein derartiges Verständnis der Institutionen vermeidet einerseits ein Ordnungsdenken, das die freie Annahme und Gestaltung der Ordnungen ignoriert. Es unterscheidet sich andererseits von einem personalistischen Aktualismus, der gegenüber der dauerhaften, rechtlich geordneten Sozialgestalt menschlichen Lebens blind ist und deshalb übersieht, daß der »freie, dank-

30 Zu dieser »Überdeterminiertheit« von Institutionen: *H. Schelsky*, Zur soziologischen Theorie der Institution, in: *ders.* (Hg.), Zur Theorie der Institution, 1970, S. 9ff.

31 Vgl. *E. Wolf*, Sozialethik. Theologische Grundfragen, 1975, S. 168ff.

32 Die Formel »Einheit von Stiftung und Annahme« stammt von *H. Dombois* (EStL, 2. Aufl. 1975, Sp. 1020).

bare Dienst«, den Menschen einander leisten, sich schon immer in einer sozial strukturierten Wirklichkeit vollzieht. Gegenüber diesen beiden Formen theologischen Denkens kann man Wolfs Institutionenbegriff als einen Versuch verstehen, die Einheit von Freiheit und Gehorsam, die das Grundthema der 2. Barmer These darstellt, theologisch zu erfassen.

Ernst Wolf begründet sein Verständnis der Institutionen durch schöpfungstheologische Argumente. Nach der biblischen Urgeschichte verleiht Gott dem Menschen die Fähigkeit, ein »Gegenüber« zu sein. Darin ist die »Institutionalität« menschlichen Lebens begründet. Dies zeigt sich in drei Hinsichten: im Gegenüber von Mensch und Gott, im Gegenüber von Mensch und Mensch, im Gegenüber von Mensch und Erde. Diesem dreifachen Gegenüber entsprechen drei exemplarische Institutionen, nämlich der Bund, die Ehe und das Eigentum. Die Institution des Bundes gliedert sich auf in Kirche und Staat; an die Institution der Ehe schließt sich die Familie an; der Institution des Eigentums tritt die Arbeit zur Seite.

So weit will ich die Grundelemente der Institutionenlehre Ernst Wolfs skizzieren. Ich übernehme von Wolf den Gedanken, die Institution als Einheit von vorgegebener Stiftung und gestaltender Annahme zu begreifen. Er entspricht in seiner Struktur genau dem Gedanken Luthers von der cooperatio hominis cum deo, der nachfolgenden Mitwirkung des Geschöpfes am Werk des Schöpfers[33]. Im Rahmen des vorgängigen und umfassenden Wirkens Gottes, dem gegenüber der Mensch radikal unfrei ist, eröffnet sich ein Raum für das freie und verantwortliche Handeln des Menschen; das Geschenk der Freiheit ermöglicht die Wahrnehmung von Freiheit. Ich übernehme ebenfalls den schöpfungstheologischen Hinweis auf das Gegenübersein, die Relationalität des Menschen. Institutionen sollen das Gegenüber des Menschen zu Gott, das Miteinanderleben der Menschen und den fürsorglich-verwaltenden Umgang mit der Natur möglich machen. Doch problematisch ist in exegetischer wie in systematischer Hinsicht der Versuch, die biblische Urgeschichte im Sinn einer Aufzählung grundlegender Institutionen auszulegen. Denn dadurch bleiben wichtige Aspekte unberücksichtigt. So gelingt es nicht, die Stellung der Sprache als Meta-Institution herauszuarbeiten. Der gesamte institutionelle Bereich der Kultur bleibt außerhalb der Betrachtung: Bildung und Wissenschaft, Kommunikation und Kunst, Freundschaft und Geselligkeit haben keinen Ort. Die kennzeichnenden Institutionen der technischen Welt werden ebensowenig einbezogen wie die transnationalen Formen politischer Organisation. Die schöpfungstheologische Begründung der Institutionen kann also leicht dazu führen, daß die Institutionen, in denen Menschen gegenwärtig leben, nicht zur

33 Vgl. als exemplarischen Text: De servo arbitrio (WA 18, S. 754, 1–16) und dazu u.a.: *M. Seils*, Der Gedanke vom Zusammenwirken Gottes und des Menschen in Luthers Theologie, 1962; *W. Joest*, Ontologie der Person bei Luther, 1967, S. 310ff.; *U. Duchrow*, Christenheit und Weltverantwortung, 2. Aufl. 1982, S. 512ff.; *H. E. Tödt*, Die Bedeutung von Luthers Reiche- und Regimentenlehre für heutige Theologie und Ethik, in: *N. Hasselmann* (Hg.), Gottes Wirken in seiner Welt. Zur Diskussion um die Zwei-Reiche-Lehre, Bd. 2, 1980, S. 52ff.

Sprache kommen. Dies geschieht, wie wir am Beispiel Ernst Wolfs gesehen haben, vor allem dann, wenn man versucht, aus der biblischen Urgeschichte eine Liste von Institutionen abzuleiten. Die Bedeutung des biblischen Schöpfungsberichts für das Problem der Institutionen besteht jedoch darin, daß er Relationalität, Gegenübersein, Kommunalität als die von Gott gewollte Grundverfassung menschlichen Lebens darstellt.

Institutionen sollen das Gegenübersein von Menschen an Lebensformen binden, die wechselseitige Verläßlichkeit ermöglichen und zugleich der Freiheit Raum geben. Aus der göttlichen Stiftung ergibt sich gerade die Freiheit menschlicher Gestaltung. Diese Erkenntnis wurde in der reformatorischen Theologie unter anderem an der Frage nach dem institutionellen Charakter der Kirche ausgearbeitet[34]. Konstitutiv kraft göttlicher Stiftung ist für die Kirche, daß der Gemeinde die Verkündigung des Evangeliums als ein an sie ergehendes Wort begegnet; denn darin hört sie, daß ihr die Rechtfertigung vor Gott als unverdientes Geschenk der Freiheit zukommt. Eben diese Zusage ermächtigt zum Gebrauch christlicher Freiheit in der Gestaltung menschlicher Lebensverhältnisse. Die Ausbildung der Institutionen ist damit freilich nicht der Willkür überantwortet; vielmehr ist sie daran zu messen, ob in den Institutionen die Treue Gottes zum Menschen als seinem freien Gegenüber bezeugt wird.

Seit der Reformation ist es ein Grundproblem evangelischen Kirchenverständnisses, wie die institutionelle Gestalt der Kirche zu einer Gestalt christlicher Freiheit werden kann. Gerade diese Perspektive hat die Wahrnehmung dafür geschärft, daß institutionelle Formen auch in der Kirche, aber keineswegs nur dort eine eigentümliche Objektivität annehmen und sich den ursprünglichen Impulsen ihrer Ausbildung gegenüber entfremden können. Das Verhältnis von Freiheit und Institution ist keineswegs harmonisch. In der Neuzeit hat sich in dem Maß, in dem von Freiheit nachdrücklicher geredet wurde, auch die Erfahrung verschärft, daß Institutionen in ihrer rationalen Technizität, in der Eigendynamik der in ihnen versammelten Macht, in der Beständigkeit ihrer Regeln oder in der Unbegreiflichkeit bürokratischer Abläufe der Freiheit fremd gegenübertreten. Dem einzelnen erscheinen Institutionen oft als ein »stahlhartes Gehäuse«[35], das seine Freiheit behindert und auf das er doch um seines Lebens willen angewiesen bleibt.

Eine Ethik der Institutionen darf solche Erfahrungen nicht überspielen. Zu ihren Aufgaben gehört vielmehr die nüchterne Darstellung und Kritik der jeweiligen Ausformung von Institutionen und der Mechanismen, von denen sie bestimmt werden. Auf diese Weise soll eine solche Ethik der Orientierung in dem widerspruchsvollen Feld der Institutionen dienen. Sie fragt, wie Freiheit als regulatives Prinzip gegenüber den Institutionen zur Geltung gebracht werden kann, wie also Institutionen Freiheit berücksichti-

34 Dazu unten S. 151ff.

35 So *M. Weber*, Die protestantische Ethik und der Geist des Kapitalismus II, in: Gesammelte Aufsätze zur Religionssoziologie, Bd. 1, 6. Aufl. 1972, S. 203 im Blick auf die Bedingungen der modernen Technik und Ökonomie.

gen und ermöglichen können. Eine solche Ethik der Institutionen ist im Rahmen der Theologie notwendig. Sie beteiligt sich an der Aufgabe, den Glauben als Befreiung zum Leben auszulegen. Sie konkretisiert auf diesem Weg den unlöslichen Zusammenhang zwischen der Zusage der Befreiung, von der der Glaube herkommt, und dem freien, dankbaren Dienst, in dem er Gestalt gewinnt. Eine solche Ethik der Institutionen ist also eine Auslegung der Einheit von Freiheit und Gehorsam, in der die Barmer Theologische Erklärung alle christliche Ethik begründet sieht.

C

Zur Theorie der Kirche

1. Welche Volkskirche meinen wir?

Ein Schlüsselbegriff gegenwärtigen Kirchenverständnisses im Licht der Barmer Theologischen Erklärung

I

Die Kirche sei eine »Gemeinde von Brüdern«, erklärt die 3. Barmer These in ihrem ersten Satz. Die Kirche sei eine »Zeugnis- und Dienstgemeinschaft«, heißt die Formel, die der Bund der evangelischen Kirchen in der DDR der 3. Barmer These entnommen und zur Leitvorstellung für weitere kirchliche Entwicklungen erklärt hat[1]. Im Bereich der evangelischen Kirchen in der Bundesrepublik hat sich bisher eine an Barmen III angelehnte Orientierung für die Weiterentwicklung kirchlicher Wirklichkeit nicht durchsetzen können; sie blieb vielmehr auf Teile der bundesrepublikanischen Kirchen, ja auf Minderheiten in ihnen beschränkt. Weit wirksamer als die aus der Barmer Theologischen Erklärung entwickelten Konzeptionen erwies sich bisher die Wiederaufnahme des schon in den Jahren nach 1918 wirkungskräftigen Schlagworts der »Volkskirche«. Man kann deshalb die Frage nach der Aktualität des in Barmen entwickelten Kirchenverständnisses nicht aufwerfen, ohne zugleich die Frage zu stellen, was mit dem für gegenwärtige kirchenpraktische und kirchenpolitische Orientierungen so wichtigen Schlüsselbegriff der Volkskirche gemeint sei. Wie man hinsichtlich der ethischen Konsequenzen das Verhältnis der Barmer Thesen zur Zwei-Reiche-Lehre bestimmen muß, so muß man hinsichtlich des Kirchenverständnisses ihr Verhältnis zum Begriff der Volkskirche klären.

Daß für die theologische Deutung kirchlicher Praxis die Orientierung am Begriff der Volkskirche einerseits, die Orientierung am Barmer Bekenntnis andererseits einander gegenüberstehen, wurde durch den Diskussionsgang der letzten Jahre im deutschen Protestantismus eindrucksvoll belegt. Die Vereinigte Evangelisch-Lutherische Kirche Deutschlands veröffentlichte 1977 eine Studie mit dem Titel »Volkskirche – Kirche der Zukunft?« Deren programmatische These heißt: Die Kirche »muß im Blick auf die Zukunft neu entdecken, was es heißt, daß sie Kirche Jesu Christi als Volkskirche ist«. Die Aufgabe der Studie wird deshalb darin gesehen, »in einem neuen Zugang mit dem Begriff ›Volkskirche‹ die lebendige Wirklichkeit unserer Kirche im Rahmen des reformatorischen Kirchenverständnisses theologisch zu begreifen«[2]. Als maßgeblich für das reformatorische Kirchenverständnis

1 Dazu ausführlich: Kirche als Lerngemeinschaft. Dokumente aus der Arbeit des Bundes der Evangelischen Kirchen in der DDR. A. Schönherr zum 70. Geburtstag, hg. vom Sekretariat des Bundes der Evangelischen Kirchen in der DDR, 1981; *R. Henkys* (Hg.), Die evangelischen Kirchen in der DDR, 1982, S. 62ff.

2 *W. Lohff/L. Mohaupt* (Hg.), Volkskirche – Kirche der Zukunft? Leitlinien der Augsburgischen Konfession für das Kirchenverständnis heute, 1977, S. 11.

aber gilt der Studie die Augsburgische Konfession, trotz des offenkundig fragmentarischen Charakters, durch den gerade deren Aussagen zum Kirchenbegriff gekennzeichnet sind[3]; deshalb entfaltet sie den Begriff der Volkskirche in der Form, daß sie »Leitlinien der Augsburgischen Konfession für das Kirchenverständnis heute« entwirft.

Die Evangelische Kirche der Union hat – nach ihrer gegenwartsbezogenen Auslegung der 2. Barmer These – eine Studienarbeit zur Aktualität der 3. Barmer These unternommen, die von manchen als »Gegenstück zur VELKD-Studie« verstanden worden ist[4]. Sie orientiert sich an der Frage, was die Verknüpfung von Botschaft und Ordnung, von Glauben und Gehorsam im Zeugnisauftrag der Gemeinde Jesu Christi für die heutige Gestalt und ein heute zu verantwortendes Handeln der Kirche bedeutet. Sie untersucht, worin die tätige Zeugenschaft einer Gemeinde von Schwestern und Brüdern unter den gesellschaftlichen Bedingungen in der Bundesrepublik Deutschland und der DDR bestehen kann, an einer Reihe von Problemfeldern: dem institutionellen Charakter der Kirche, ihrer öffentlichen Verantwortung, der Gestalt der Kirche vor Ort, an ihren Diensten und Ämtern, ihrer ökumenischen Dimension, dem Verhältnis von Kirche und Israel, am gottesdienstlichen Geschehen sowie am missionarischen und diakonischen Auftrag der Kirche[5].

Der durch diese beiden Studien signalisierten Differenz im Kirchenverständnis sollen die folgenden Kapitel genauer nachgehen. Zunächst nötigt sie uns zu der Frage, was mit einer Orientierung des Kirchenverständnisses am Begriff der Volkskirche gemeint ist. Im Anschluß daran sollen Aspekte eines Kirchenverständnisses im Horizont des Barmer Bekenntnisses entwikkelt werden[6].

Dem Begriff der Volkskirche eine differenzierende Nachfrage zu widmen, ist alles andere als überflüssig. Denn so häufig das Wort wiederholt wird, so unklar ist vielfach sein Sinn. Und so nachdrücklich die christliche Legitimität der Volkskirche immer wieder unterstrichen wird, so unbestreitbar ist doch die Tatsache, daß es an einem »theologischen Begreifen der Volkskirche« fehlt[7].

3 Siehe unten S. 142ff.

4 So *T. Rendtorff*, Volkskirche in Deutschland. Eine historisch-theologische Problemskizze, in: *C. Nicolaisen* (Hg.), Nordische und deutsche Kirchen im 20. Jahrhundert, 1982, S. 290ff. (291); vgl. *K. Schlaich*, Die Grundlagendiskussion zum evangelischen Kirchenrecht, in: PTh 72, 1983, S. 240ff.

5 *A. Burgsmüller* (Hg.), Kirche als »Gemeinde von Brüdern« (Barmen III), Bd. 1, 1980; Bd. 2, 1981.

6. Die folgenden Überlegungen wurden in einer ersten Fassung veröffentlicht in: Luth. Monatshefte 14, 1975, S. 481ff. – In seiner damaligen Fassung war der Aufsatz als Beitrag zur Vorbereitung der Diskussion gedacht, die in der Synode der EKD im Herbst 1975 über die Volkskirche geführt wurde. Die Materialien dieser Diskussion wurden zusammen mit einer einführenden Problemübersicht veröffentlicht bei *R. Schloz* (Bearb.), Thema Volkskirche. Ein Arbeitsbuch für die Gemeinde, 1978.

7 *W. Lohff*, In Schicksalsgemeinschaft mit der Gesellschaft. Zukunftsperspektiven für Kirche und Theologie, in: EvKomm 8, 1975, S. 465f.

Für die Rolle, die der Begriff der Volkskirche im deutschen Protestantismus spielte und spielt, gibt es weder in außerdeutschen evangelischen Kirchen noch im Katholizismus eine Parallele. Man versteht diese Rolle erst, wenn man sich an die Funktion erinnert, die das Wort »Volk« für das deutsche politische Denken der letzten zwei Jahrhunderte innehatte. Helmuth Plessner hat diese Funktion in seinem Essay über die »verspätete Nation« aus dem Tatbestand abgeleitet, daß sich in Deutschland zwischen dem 16. und 18. Jahrhundert keine Staatsidee entwickeln konnte, die derjenigen der westlichen Staaten vergleichbar gewesen wäre; so wurde der Begriff des Volkes zum Surrogat für die fehlende Staatsidee[8]. Man muß sich fragen, ob auch der Begriff der Volkskirche zum Surrogat eines — dem deutschen Protestantismus weithin fehlenden — theologisch geklärten Begriffs der erfahrenen Kirche geworden ist.

II

Aus dem Begriff der Volkskirche klare Kriterien kirchlichen Handelns abzuleiten ist schon deshalb schwierig, weil in diesem Wort verschiedene Bedeutungslinien einander überschneiden. Die fünf wichtigsten Bedeutungen des Begriffs der Volkskirche sind: Volkskirche als freier, demokratischer Zusammenschluß bruderschaftlicher Gemeinden (»Kirche durch das Volk«); Volkskirche als Sozialtheokratie (»Kirche hin zum Volk«); Volkskirche als Nationalkirche (»Kirche eines Volks«); Volkskirche als Institution umfassender pfarramtlicher Versorgung (»Kirche für das Volk«) und Volkskirche als Gesellschaftskirche (»Kirche mit Integrations- und Öffentlichkeitsanspruch für das Volksganze«)[9].

1. Volkskirche ist Kirche *durch das Volk*. So läßt sich der Sinn des Begriffs bei seinem ersten Auftreten zusammenfassen. Vermutlich hat Schleiermacher ihn 1822/23 geprägt[10]. Ausschlaggebend dafür war nicht zuletzt die Empörung, mit welcher der Berliner Theologe auf die autoritär-obrigkeitliche Einführung der Union und der neuen Agende durch den preußischen König Friedrich Wilhelm III. reagierte[11]. Volkskirche war von daher

8 *H. Plessner*, Die verspätete Nation. Über die politische Verführbarkeit bürgerlichen Geistes, 3. Aufl. 1962, S. 47ff.

9 Vgl. zur Entwicklung des Begriffs und der mit ihm verbundenen Konzeptionen bes. *F. Mahling*, Der Wille zur Volkskirche, in: Festschrift für Reinhold Seeberg, 1929, Bd. 2, S. 75ff.; *A. Adam*, Nationalkirche und Volkskirche im deutschen Protestantismus, 1938; *H. Brunotte*, Landeskirche, Staatskirche, Volkskirche, in: ELKZ 1957, S. 266ff.; *H.-R. Müller-Schwefe*, Art. Volkskirche, in: RGG, Bd. 6, 3. Aufl. 1963, Sp. 1458ff.; *Th. Strohm*, Hat die Volkskirche eine Zukunft? Einige thetische Überlegungen, in: Theologia Practica, 1973, S. 253ff.; *Chr. Link*, Art. Volkskirche, in: EStL, 2. Aufl. 1975, Sp. 2832ff.; *K. Meier*, Volkskirche 1918—1945. Ekklesiologie und Zeitgeschichte, 1982.

10 *F. Schleiermacher*, Die christliche Sitte, 2. Aufl. 1884, S. 569.

11 Dazu *E. R. Huber / W. Huber*, Staat und Kirche im 19. und 20. Jahrhundert, Bd. 1, 1973, S. 564ff.; *W. Huber*, Schleiermacher und die Reform der Kirchenverfassung, in: Festschrift für E. R. Huber, 1973, S. 57ff.

ein polemischer Begriff: Gegen das »Zwangsstaatskirchentum« stellte man die Kirche des Volks, gegen die Herrschaft der Behörden berief man sich auf das Priestertum aller Gläubigen, gegen den Bekenntniszwang appellierte man an die Freiheit der Gewissen und an die Selbständigkeit der Einzelgemeinden in Lehrfragen.

Dieser – gegenüber dem etablierten Staatskirchentum kritische – Begriff der Volkskirche bleibt im ganzen 19. Jahrhundert erhalten. Johann Hinrich Wicherns Verständnis der Volkskirche ist ohne die theologische Basis des allgemeinen Priestertums der Gläubigen nicht zu verstehen. Theodosius Harnack gibt dem Begriff eine Wendung ins Lutherisch-Konfessionelle, behält aber die Zuspitzung gegen das Staatskirchentum bei. Eine neue Blüte erlebt das Wort in den kirchlichen Auseinandersetzungen zu Beginn unseres Jahrhunderts: Gottfried Traub reagiert auf die Absetzung des Kölner Pfarrers Jatho mit einer Protestschrift »Staatschristentum oder Volkskirche – ein protestantisches Bekenntnis« (1911) und handelt sich unter anderem damit ein Disziplinarverfahren ein, das schließlich auch zu seiner Amtsenthebung führt[12].

Nach dem Wegfall des landesherrlichen Kirchenregiments 1918 hallt der gesamte kirchliche Blätterwald von diesem Wort wider. So unterschiedlich gesonnene Theologen wie Martin Rade, Karl Heim und Arthur Titius setzen sich an die Spitze von Volkskirchenbünden oder -bewegungen. Der Evangelische Bund läßt seit April 1919 eine Halbmonatsschrift »zum Aufbau und Ausbau unserer evangelischen Kirche« mit dem Titel »Volkskirche« erscheinen. In eine Reihe von Kirchenverfassungen aus den ersten Jahren der Weimarer Republik wird das Wort aufgenommen. Mit ihm verbinden sich – jeweils unterschiedlich betont – vor allem folgende Ziele: Freiheit der Kirche vom Staat; Aufbau der Gesamtkirche auf mündigen Einzelgemeinden; Bestellung der Synoden durch Urwahlen; Entfernung jedes rechtlichen Bekenntniszwangs aus den Kirchenordnungen; Durchdringung der Öffentlichkeit durch Verkündigung, Erziehung und Volksmission; Erhaltung der gewachsenen kirchlichen Bestände. Unter diesen vielfältigen Bedeutungsnuancen des Worts wirkt also auch noch seine ursprüngliche polemisch-demokratische Bedeutung fort. Über ein Jahrhundert hinweg ist »Volkskirche« der Schlüsselbegriff für eine gemeindlich-bruderschaftliche Kirchenverfassung. Seine polemische Spitze richtet sich gegen das »Staatskirchentum« ebenso wie gegen die »Pastorenkirche« und die »Bekenntniskirche«.

2. Volkskirche ist Kirche *hin zum Volk*. Wichern knüpfte an Schleiermachers Verständnis der Volkskirche an. Doch er gab ihm – besonders eindrücklich in seinen großen Reden auf dem Wittenberger Kirchentag von 1848[13] – eine andere Wendung: die Kirche sollte eine neue Anstrengung

12 Vgl. *E. R. Huber / W. Huber*, a.a.O., Bd. 3, 1983, S. 761ff.782ff.; zum Fall Jatho auch *W. Huber*, Die Schwierigkeit evangelischer Lehrbeanstandung. Eine historische Erinnerung aus aktuellem Anlaß, in: EvTheol 40, 1980, S. 517ff.

13 *J. H. Wichern*, Gesammelte Schriften, Bd. 1, 1901, S. 453ff. (455).

auf dem Weg zum ganzen Volk, gerade zu den niederen, der Kirche vielfach entfremdeten Schichten unternehmen. Die Innere Mission galt als das Mittel, Volkskirche zu bauen; die Durchchristlichung des ganzen Volkes galt als Ziel.

Wichern schwebte eine Aktivierung der bewußten Christen vor: sie sollten Träger der Inneren Mission werden; überall sollten sich familienartige Zellen bilden, aus denen die Volkskirche wachsen konnte. Doch die Massen sah er eher als Objekte christlicher Fürsorge; und so mag bereits bei ihm jener Zug im Begriff der Volkskirche angelegt sein, nach dem die Glieder der Volkskirche Objekte kirchlicher Versorgung sind. Dies ist ein notwendiges Ergebnis, wenn dem Volkskirchenbegriff die Dynamik der Wichernschen Konzeption genommen ist. Diese zielte darauf, daß schließlich Kirche und Volk in eins zusammenfallen würden. Das Volk als Kirche sollte ein nach Gottes Willen geordneter Sozialkörper sein. Der Gedanke einer Sozialtheokratie bildete den Kern von Wicherns Begriff der Volkskirche.

3. Volkskirche ist Kirche *eines Volks.* Wicherns Ideal wurde in der Zeit der deutschen Einigung überlagert von einer Vorstellung, die die Identität von Volk und Kirche im Dienst der nationalen Einheit erstrebte. Schon 1849 forderte der Kirchenhistoriker Karl von Hase »eine protestantische deutsche Volkskirche, in der die großen, milden Grundsätze über die religiöse Eigentümlichkeit der evangelischen Kirche zu einem bestimmten Bewußtsein kommen müssen«[14]. Seine Gedanken wurden vom Protestantenverein – dem wichtigsten Zusammenschluß des kirchlichen Liberalismus in dieser Zeit – aufgenommen. Er forderte im § 1 seiner Statuten von 1865 »den Ausbau der deutschen evangelischen Kirche auf der Grundlage des Gemeindeprinzips sowie die Anbahnung einer organischen Verbindung der Landeskirchen«[15]. Der Protestantenverein verknüpfte das Bemühen um die nationale Einheit der evangelischen Kirche mit dem Bestreben nach deren demokratischer Gestalt. Naheliegenderweise warnten die Kirchenleitungen die Pfarrer vor dem Eintritt in diesen Verein wegen seiner »grundstürzenden, auf Bildung einer demokratischen Volkskirche hinauslaufenden« Absichten[16].

Je stärker sich der Begriff der Volkskirche mit demjenigen der Nationalkirche verband, desto mehr verlor er jedoch seine kritische Ausrichtung gegen das Staatskirchentum. Das Verlangen nach der »deutschen evangelischen Kirche« und das Verständnis Deutschlands als des »Heiligen protestantischen Reichs deutscher Nation«[17] entsprachen einander.

14 *K. v. Hase,* Die evangelische protestantische Kirche des deutschen Reiches, 1849; vgl. *A. Adam,* Nationalkirche und Volkskirche, 1938, S. 83f.127ff.

15 Vgl. Der allgemeine deutsche Protestantenverein in seinen Statuten, den Ansprachen seines engeren, weiteren und geschäftsführenden Ausschusses und den Thesen und Resolutionen seiner Hauptversammlungen 1865–1888, 2. Aufl. 1889.

16 Der Generalsuperintendent der Provinz Schlesien am 22. 12. 1863, zitiert bei *K. E. Pollmann,* Landesherrliches Kirchenregiment und soziale Frage, 1973, S. 55.

17 Brief Stoeckers an Brockhaus vom 27. Januar 1871, zitiert bei *W. Frank,* Hofprediger Adolf Stoecker und die christlichsoziale Bewegung, 2. Aufl. 1935, S. 27f.; vgl. dazu *G. Brakelmann,*

Seine faszinierende Kraft gewann der Begriff der Volkskirche nicht zuletzt dadurch, daß er in jene nationale Religiosität eingebettet wurde, aus der das Wort vom »deutschen Gott« hervorging[18]. So gehört diese Verwendung des Worts in den geschichtlichen Zusammenhang der deutsch-protestantischen Nationalreligion, die in der Kriegsbegeisterung des Ersten Weltkriegs einen krassen Ausdruck erlebte und in der Ideologie der »Deutschen Christen« ihre offenkundige Pervertierung erfuhr. Die völkische Theologie rückte schon in der Weimarer Zeit Volkstum und Volkskirche unmittelbar zusammen. Von hier aus war es nur ein kleiner Schritt, ›deutsch, christlich, national‹ und entsprechend ›undeutsch, unchristlich, international‹ als Synonyme zu verwenden. Der »deutsch-evangelische Staatsgedanke« und die »deutsche evangelische Kirche« gehörten zusammen im Kampf gegen die »Vertreter des internationalen römischen Machtwillens« und gegen die »Vertreter des internationalen Umsturzwillens«[19]. Die Volkskirche sollte nun zur Gemeinschaftsgestalt eines arteigenen Christentums werden. Am massivsten vertraten die Thüringer »Deutschen Christen« während der Zeit des nationalsozialistischen Regimes ein völkisch orientiertes Konzept einer deutschen Nationalkirche. Die Erinnerung an solche Perversionen des Begriffs der Volkskirche ist nicht eine Fixierung auf dessen politische Belastung, sondern ein Gebot historischer Ehrlichkeit; denn allenfalls durch die Aufarbeitung seiner geschichtlichen Verwendungsweisen kann eine neue theologische Freiheit im Umgang mit diesem Begriff gewonnen werden[20].

4. Volkskirche ist Kirche *für das Volk.* Wichern hat gegen Ende seiner Wirksamkeit das Ideal der Volkskirche als Sozialtheokratie gegen die »große vorhandene Volkskirche« eingetauscht. 1871 erklärte er: »Man glaube nicht, daß wir hier gegen die bisherige Volkskirche reden. Die haben wir, solange wir die Kindertaufe und unsere Kinderstuben und auch unsere christlichen Volksschulen besitzen. Was wir besitzen, bildet das Naturfundament, auf dem jene große ethische Aufgabe der Selbsterbauung der christlichen Gemeinde sich einst erheben und vollziehen kann«[21].

Das Gewicht war von der »wahren« auf die »wirkliche« Volkskirche verschoben; das Wort war nicht mehr als »Sollens-«, sondern als »Seinsbegriff« gemeint. Doch gerade von ihm gilt der Satz Alfred Adams: »Die Idee der Volkskirche entstand, als die Wirklichkeit der Volkskirche unterzugehen begann«[22]. Denn die Erosion der Volkskirche, von der man in unseren Tagen

Kirche in Konflikten ihrer Zeit, 1981, S. 92ff. sowie *M. Greschat,* in: *W. Jochmann / G. Brakelmann / M. Greschat,* Protestantismus und Politik. Werk und Wirkung Adolf Stoeckers, 1982, S. 57ff.

18 Vgl. *W. Huber,* Kirche und Öffentlichkeit, 1973, S. 135ff.

19 Kundgebung des Evangelischen Bundes bei der Coburger Hauptversammlung am 18. September 1930, in: Die Wartburg 29, 1930, S. 396.

20 Anders *T. Rendtorff,* a.a.O., S. 290.

21 *J. H. Wichern,* Gesammelte Schriften, Bd. 3, 1902, S. 1202ff. (1226).

22 *A. Adam,* a.a.O., S. 178.

redet[23], war in den siebziger und achtziger Jahren des vergangenen Jahrhunderts in mindestens so lebhaftem Gange wie heute. Die Zahl der Amtshandlungen, an denen man den volkskirchlichen Bestand zu messen pflegt, ging drastisch zurück; Arbeiterschaft und Intellektuelle waren der Kirche gleichermaßen entfremdet; gegenüber der Eigendynamik der technisch-industriellen wie der nationalstaatlich-imperialistischen Entwicklung zogen sich Kirche und Theologie auf den Bereich einer innerlich verstandenen Religiosität zurück.

Gerade in dieser Zeit wurde derjenige Gebrauch des Wortes Volkskirche ausgebildet, der noch heute im Vordergrund steht. Die Volkskirche galt nun als »Kindertaufkirche«, als »Nachwuchskirche«[24]. Der möglichst umfassende Vollzug der Kindertaufe galt als Fundament, die möglichst lückenlose pfarramtliche Versorgung der Bevölkerung als Hauptaufgabe, das neu entwickelte Kirchensteuersystem als materielle Basis der Volkskirche. Das Faktum, daß in der evangelischen Kirche das Volk in der Hauptsache als Objekt pfarramtlicher Versorgung galt, war nun auf den Begriff gebracht. Integration und Ausbau der Diakonie im Rahmen der verfaßten Kirche entsprachen diesem Verständnis der Volkskirche.

Dieser Typus des Volkskirchenbegriffs wird neuerdings im Rahmen einer »funktionalen Kirchentheorie« weiterentwickelt, die ganz an der Frage nach den Funktionen der Kirche, vertreten durch ihre hauptamtlichen »Funktionäre«, gegenüber ihren Mitgliedern orientiert und damit von dem Modell »Kirche für das Volk« bestimmt ist. Sie weist der Kirche eine doppelte Aufgabe zu, nämlich einerseits die Darstellung und Vermittlung grundlegender Werte, andererseits die helfende Begleitung in Krisensituationen und an den Wendepunkten menschlichen Lebens[25].

5. Die Kirche erhebt einen Integrations- und Öffentlichkeitsanspruch im Blick auf das *Volksganze*, im Blick auf die *Gesellschaft*. Nach dem Wegfall des landesherrlichen Kirchenregiments konnte man im deutschen Protestantismus neu über die öffentliche Rolle der evangelischen Kirche nachdenken. Mit dem »Jahrhundert der Kirche«[26] wurde der Anspruch der Kirche auf das Volk als ganzes angemeldet. Dieser Anspruch verband sich mit einem neuen »Öffentlichkeitswillen«, der sich die Durchsetzung »christlicher Grundsätze« in der Politik zum Ziel setzte. Dieses Verständnis vom öffentlichen Handeln der Kirche wurde ausdrücklich mit dem Begriff der Volkskirche verknüpft.

Der Historiker Gerhard Ritter bezeichnete 1930 als Aufgabe der Volkskirche die »Abwehr des Paganismus im öffentlichen Leben, die Durchsetzung evangelischer Grundsätze im Rechtsleben, in der Wirtschaft, im sozia-

23 Charakteristisch dafür etwa *H.-O. Wölber*, Das allmähliche Ende der Volkskirche, in: EvKomm 7, 1974, S. 397ff.; *ders.*, Volkskirche am Neuanfang, in: EvKomm 16, 1983, S. 150.

24 Vgl. *F. Rendtorff*, Kirche, Landeskirche, Volkskirche, 1911.

25 Charakteristisch dafür: *K.-W. Dahm*, Beruf: Pfarrer, 1971; *W. Lück*, Die Volkskirche. Kirchenverständnis als Norm kirchlichen Handelns, 1980.

26 *O. Dibelius*, Das Jahrhundert der Kirche, 1927.

len Daseinskampf«[27]. Und Paul Althaus charakterisierte 1935 die Aufgabe der Volkskirche unter anderem folgendermaßen: »Die Kirche hat die Aufgabe, ihrem Volke das Gesetz Gottes als Maß jeder Volksordnung und jedes Volksgesetzes zu verkündigen«[28]. Neben den Neuansätzen der Bekennenden Kirche ist es gerade auch diese Tradition, die in die Vorstellungen vom »Öffentlichkeitsanspruch« der Kirche als Volkskirche nach 1945 einfloß.

Dieser Öffentlichkeitsanspruch muß heute in einer pluralistisch definierten Gesellschaft vertreten werden; in erheblichem Umfang kehren die pluralen gesellschaftlichen Orientierungen als unterschiedliche innerkirchliche Optionen wieder. Deshalb wird in heutigen Theorien der Volkskirche deren spezifische Aufgabe darin gesehen, unterschiedliche Frömmigkeitsformen und Lebensorientierungen als innerhalb der Kirche zugleich möglich zusammenzuhalten. Verschiedene Intensitäten der Kirchenmitgliedschaft, unterschiedliche Stellungen zum Bekenntnis, gegensätzliche ethische und politische Orientierungen sollen die Zugehörigkeit zu ein und derselben Kirche nicht unmöglich machen; deshalb kommt der Volkskirche selbst in erster Linie eine Integrationsaufgabe zu, die sie in bezug auf die unterschiedlichen Felder und Problembereiche gesellschaftlichen Lebens wahrzunehmen hat. In ihrer doppelten Orientierung an der »Kontinuität grundlegender kirchlicher Überzeugungen einerseits« und am Wandel der »biographischen Situationen je neuer Generationen von Menschen andererseits« kommt sie dieser Aufgabe nach[29]. Der Begriff der Volkskirche kann dann zusammenfassend so formuliert werden: »Volkskirche kann nunmehr verstanden und gestaltet werden als die verantwortliche Präsenz der Kirche in allen Lebensbereichen der Gesellschaft«[30]; sie verwirklicht sich einerseits als »örtliche Präsenz« in der Parochie, andererseits als »thematische Präsenz« in der Öffnung für die vielfältigen Orientierungsthemen der gegenwärtigen Gesellschaft. Für diese Auffassung allerdings ist der Begriff der »Volkskirche« offenkundig ein Hilfsbegriff; konsequenter wäre es, von einer »Gesellschaftskirche« zu sprechen.

III

Keiner der skizzierten fünf Typen des Volkskirchenbegriffs verdankt sich einer theologischen Reflexion im präzisen Sinn. Sie alle haben vielmehr ihren Ort in bestimmten Phasen der sozialen und politischen Geschichte Deutschlands während der letzten eineinhalb Jahrhunderte. Am stärksten noch zielt der erste Typ auf eine ausdrückliche theologische Begründung: Das »allgemeine Priestertum der Gläubigen« wird als Fundament der evangelischen Kirchenverfassung in Anspruch genommen. Doch es ist charakteristisch ge-

27 *G. Ritter*, Das Problem einer evangelischen Volkskirche und das Erbe des 19. Jahrhunderts, in: Die Wartburg 29, 1930, S. 369ff. (377).

28 *P. Althaus*, Kirche und Volk, in: Wort und Tat 11, 1935, S. 352ff.

29 *T. Rendtorff*, a.a.O., S. 293f.

30 Ebd., S. 309.

nung, daß Schleiermacher zunächst, Anregungen Herders und Fichtes aufnehmend, den Begriff der »Volksgemeinschaft« entwickelte und an ihn den Begriff der »Volkskirche« anschloß. Und es ist ebenso kennzeichnend, daß dieser Begriff sich im Zusammenhang mit den demokratischen Bestrebungen der Befreiungskriege entwickelte und in der bürgerlichen Revolution von 1848 sowie nach der Novemberrevolution von 1918 erneut lebendig wurde.

Daß Wicherns Begriff der Volkskirche in den sozialgeschichtlichen Zusammenhang der Industrialisierung Deutschlands und der damit verbundenen Proletarisierung einer großen Anzahl von Menschen gehört, ist ebenso offensichtlich, wie daß die Verbindung von »Volkskirche« und »Nationalkirche« mit dem politischen Vorgang der deutschen Einigung zusammenhängt. Aber auch das Verständnis der Volkskirche als »Kindertaufkirche« entstand in eben dem sozialgeschichtlichen Prozeß, der zur Entfremdung zwischen der Kirche und weiten Bevölkerungsteilen führte. Als Verband mit Öffentlichkeitsanspruch schließlich konnte die evangelische Kirche sich erst begreifen, als mit dem Wegfall des landesherrlichen Kirchenregiments ohne ihr Zutun die politischen Voraussetzungen für ein solches Selbstverständnis geschaffen worden waren. Angesichts eines solchen historischen Befunds legt sich die Frage nahe, in welchem Umfang auch das gegenwärtige Interesse am Begriff der Volkskirche durch politische und gesellschaftliche Faktoren bestimmt ist.

In seinen Anfängen war der Begriff der Volkskirche ein Reformbegriff: Er zielte auf eine Erweiterung der Rechte des »christlichen Volkes« beziehungsweise auf eine Ausdehnung der sozialen Aktionsbasis der Kirche. Diesen reformerischen Grundzug behielt das Wort für ein Jahrhundert, nämlich bis in die Zeit der Weimarer Republik. Daneben aber trat seit den siebziger Jahren des 19. Jahrhunderts eine andere Verwendung, in der sich mit diesem Wort das Interesse an der Bestandserhaltung der Kirche als Institution verband. Dieser Gebrauch des Wortes gewann in eben dem Maß an Gewicht, in dem der volkskirchliche Bestand gefährdet zu sein schien. Aus einem nach vorn gerichteten wurde ein nach rückwärts gewandtes Losungswort. Auch diese Verwendung des Begriffs dauert nun ein Jahrhundert an. Vielleicht ist es inzwischen an der Zeit, seine kirchenpolitische Tauglichkeit einer eingehenderen Prüfung zu unterziehen und dabei die Frage nicht zu unterschlagen, in welchem Verhältnis die geläufige Verwendung des Wortes »Volkskirche« zur Tradition des Volksbegriffs einerseits, zu einem evangelischen Verständnis von Kirche andererseits steht.

Im heute gängigen Gebrauch soll das Wort »Volkskirche« zur Beschreibung einer gegebenen Wirklichkeit dienen. Mit welchem Recht geschieht das? Den Feststellungen, die die evangelische Kirche in der Bundesrepublik Deutschland – also die Landeskirchen mitsamt ihrem Zusammenschluß in der EKD – als Volkskirche ausweisen, stehen andere Beobachtungen gegenüber, die die »volkskirchliche Wirklichkeit« in fraglichem Licht erscheinen lassen.

Die evangelische Kirche in Deutschland ist darin Volkskirche, daß sie sich auf die Grenzen eines Volks – genau gesagt: jeweils auf die Grenzen der zwei Staaten in Deutschland – beschränkt. Sie ist der Intention nach darin Volkskirche, daß sie versucht, am Prinzip der Kindertaufe festzuhalten. Sie ist schließlich darin Volkskirche, daß sie ihrem Integrations- und Öffentlichkeitsanspruch hohe Priorität einräumt. Sie verbindet die Aspekte von Nationalkirche, Kindertaufkirche und Gesellschaftskirche miteinander.

Die Mitgliedschaft in der Kirche soll nach wie vor – ähnlich wie die Staatsangehörigkeit – als zugeschriebenes, nicht als erworbenes Merkmal gelten. Sie beruht nicht auf dem individuellen Bekenntnisstand, sondern auf der Verbindung von Taufe und Bekenntnis mit dem Territorialprinzip[31]. Nach ihm wird jeder Evangelische auch dann automatisch Mitglied der Landeskirche seines Wohngebiets, wenn er in einem von deren Bekenntnisstand abweichenden protestantischen Bekenntnis getauft und konfirmiert ist. Das Territorialprinzip geht so weit, daß in der Regel auch die ungetauften Kinder evangelischer Eltern bis zum Eintritt der Religionsmündigkeit als Kirchenmitglieder behandelt werden – es sei denn, die Eltern erklären ausdrücklich, daß eine evangelische Erziehung der Kinder nicht beabsichtigt sei. Auch ungetaufte Kinder evangelischer Eltern müssen also aus der Kirche ausdrücklich abgemeldet werden; sie gehören ihr sonst automatisch an.

Volkskirche ist die evangelische Kirche auch darin, daß sie sich in Lehre und Verkündigung an die pluralistischen Vorstellungen der Gesellschaft anpaßt. Volkskirche ist pluralistische Kirche. Die Mitgliedschaft in ihr ist nicht an ein eindeutiges Bekenntnis gebunden; vielmehr verträgt sie sich mit einer großen Distanz zur kirchlichen Lehre. Die Beobachtung, daß innerhalb der evangelischen Bevölkerung erhebliche Abweichungen von als ›kirchlich‹ definierten Vorgaben bestehen[32], bedeutet unter einer solchen Perspektive also keinen Widerspruch zu der Auskunft, die evangelische Kirche sei eine Volkskirche. Die Pluralität gilt in erheblichem Umfang auch für die kirchlichen Amtsträger, solange sie ihre Überzeugungen nicht in einer Form vertreten, die den Bestand der Volkskirche zu gefährden scheint. Konflikte entzünden sich deshalb eher an der Stellung von Pfarrern zur Kindertaufe als zur Jungfrauengeburt, eher an einem Gottesdienst in Gorleben oder an der Frankfurter Startbahn West als an einer Osterpredigt, die die leibliche Auferstehung Jesu in Zweifel zieht, kurzum: eher an politischen Äußerungen von Pfarrern als an ihrer Stellung zum Apostolischen Glaubensbekenntnis oder zur Confessio Augustana[33].

Volkskirche war die evangelische Kirche während der Nachkriegsjahrzehnte auch in ihrer politischen Funktion. Sie wollte Kirche für das Volksganze sein und einen Beitrag für die Einheit des deutschen Volkes leisten. Sie

31 Vgl. dazu ausführlicher *Chr. Lienemann-Perrin* (Hg.), Taufe und Kirchenzugehörigkeit, 1983.

32 Das ist ein Ergebnis bei *G. Schmidtchen* (Hg.), Gottesdienst in einer rationalen Welt. Religionssoziologische Untersuchungen im Bereich der VELKD, 1973.

33 Der Fall Schulz ist eine Ausnahme, die die Regel bestätigt; dazu *W. Huber*, Die Schwierigkeit evangelischer Lehrbeanstandung, a.a.O., S. 519f.533ff. mit weiterer Lit.

machte mit Nachdruck ihren Öffentlichkeitsanspruch geltend und verstand sich als Garanten für die Einheit der deutschen Nation. Sie versuchte, zur Legitimation der neuen politischen Ordnung beizutragen und bemühte sich um die Integration der gesellschaftlichen Gruppen. In all dem hob sie immer wieder ihre politische Neutralität hervor und bezeichnete – ungeachtet ihrer faktischen politischen Funktion – die politische Entscheidung als Aufgabe der einzelnen Christen. Davon ist bis zum heutigen Tag übriggeblieben, daß amtliche Äußerungen aus der evangelischen Kirche zu politischen Fragen in der innerkirchlichen wie in der politischen Öffentlichkeit mit einem relativ hohen Maß formaler Autorität ausgestattet werden; daraus leiten die Verfasser meistens die Pflicht her, sie nur mit einem relativ geringen Maß politischer Konkretion zu versehen. Die evangelische Kirche nimmt ihre Integrationsaufgabe häufig nicht dadurch wahr, daß sie die Kommunikation zwischen ihren Gliedern durch eindeutige positionelle Vorschläge fördert, sondern daß sie die auseinanderstrebenden Positionen durch ein mehr oder minder formales Integrationsangebot beieinanderzuhalten versucht[34]. In der zentralen Frage nach der Friedensverantwortung der Kirche und der Christen sind jedoch im Lauf der vergangenen Jahre Prozesse in Gang gekommen, die nicht nur auf formale Integration, sondern auf inhaltliche Kommunikation gerichtet sind[35].

Volkskirche ist die evangelische Kirche schließlich in erheblichem Umfang in den Erwartungen ihrer Mitglieder. Diese Erwartungen beziehen sich auf die orientierende und stabilisierende Funktion der Kirche im Lebenszyklus; sie beziehen sich ferner auf den Pfarrer als »Besucher, Berater, Gesprächspartner, Begleiter, als Nachbar, als Bürge für Sinn und Wert, für gute Tradition und gute Zukunft«[36]; sie beziehen sich schließlich auf ein möglichst umfassendes diakonisches Handeln der Kirche, das die Lücken im bestehenden System sozialer Sicherung schließen soll.

Diesen Feststellungen, die auf eine Stabilität der Volkskirche hinweisen, steht eine Reihe anderer Beobachtungen gegenüber, die eine Labilität der Volkskirche anzeigen. Die Bereitschaft, die Kirchenmitgliedschaft als zugeschriebenes Merkmal zu akzeptieren, hat während der letzten Jahrzehnte in der jüngeren Generation und in der Gruppe der Höhergebildeten abgenommen[37]. Das Maß, in dem die evangelische Kirche als »Nachwuchskirche« bezeichnet werden kann, geht zurück; die Zahl der Kirchenmitglieder sinkt. Je unsicherer die wirtschaftliche Entwicklung, desto labiler ist auch bei einem Teil der Kirchenmitglieder die Bereitschaft, die finanziellen Lasten einer

34 Das ist zuletzt anhand der Friedensdenkschrift der EKD kritisch diskutiert worden; vgl. die Denkschrift selbst: Frieden wahren, fördern und erneuern, 1981, sowie meine Überlegungen in: *H. Pfeifer* (Hg.), Frieden – das unumgängliche Wagnis, 1982, S. 39ff.

35 Siehe unten S. 249ff.

36 *H. Hild* (Hg.), Wie stabil ist die Kirche?, 1974, S. 280.

37 Vgl. *ders.*, a.a.O., sowie *A. Feige*, Erfahrungen mit der Kirche. Daten und Analysen einer empirischen Untersuchung über Beziehungen und Einstellungen junger Erwachsener zur Kirche, 1982.

passiven Kirchenmitgliedschaft zu übernehmen. Das gilt gerade für die Besserverdienenden, die einen überproportional hohen Anteil des kirchlichen Finanzaufkommens tragen[38].

Das Urteil über die politische Rolle der Kirche ist ambivalent. Die einen halten ihr vor, daß sie sich zu häufig und ausgiebig mit gesellschaftlichen Themen befasse; die anderen halten ihr entgegen, daß sie sich dabei zu stark an vorherrschende Tendenzen politischer Orientierung angleicht und den bestehenden gesellschaftlichen Strukturen anpaßt. Kirchlichen Äußerungen wird nach wie vor eine beachtliche Autoritätserwartung entgegengebracht; doch daß die Kirche ein glaubwürdiger und überzeugender Anwalt des Gemeinwohls sei und deshalb ein kritisches Wächteramt wahrnehmen könne, wird von vielen bezweifelt. Die einen bestreiten das Recht, die anderen die Fähigkeit der Kirche zu prophetischer Kritik.

IV

Fragt man, ob die gegenwärtige kirchliche Wirklichkeit mit dem Begriff der Volkskirche beschrieben werden kann, so stößt man auf widersprüchliche Ergebnisse. Der volkskirchliche »Bestand« ist einem tiefgreifenden Wandel ausgesetzt, der sich insbesondere in veränderten Einstellungen und Verhaltensweisen von Kirchenmitgliedern ausdrückt. In einer solchen Lage das Wort »Volkskirche« allein als kirchenpolitisches Losungswort der Bestandserhaltung und Bestandssicherung zu verstehen, hieße, gerade den »Bestand« der Kirche selbst zu gefährden. Jede große Institution muß zur Bewahrung und Veränderung zugleich in der Lage sein; wenn sie diesen spannungsvollen Zusammenhang einseitig zugunsten des einen oder des anderen auflöst, gibt sie sich selbst auf. Das Wort »Volkskirche« war lange eindeutig mit der Vorstellung des »Bewahrens« verknüpft; Potentiale der Veränderung haben sich in den letzten Jahrzehnten nicht mehr mit ihm verbunden.

Doch entscheidend ist die Frage, wie der kirchenpraktische Begriff der »Volkskirche« sich zu einem theologisch begründeten Kirchenverständnis verhält. Die VELKD hat vorgeschlagen, diese Frage von der Confessio Augustana her zu beantworten. Deren Artikel VII unterscheidet zwischen dem, was zur Begründung kirchlicher Gemeinschaft genug ist, nämlich der rechten Lehre des Evangeliums und der evangeliumsgemäßen Feier der Sakramente, und dem, was für kirchliche Gemeinschaft nicht notwendig ist, nämlich der Übereinstimmung über menschliche Traditionen. Er ermöglicht darin ein Kirchenverständnis, das vom unbegrenzten, an alle gerichteten Verkündigungsauftrag der Kirche ausgeht und deshalb auf die Festlegung

38 Für das Jahr 1977 hat *K. Hungar* ermittelt, daß die 11% Steuerpflichtigen mit Jahreseinkünften über 50 000 DM ca. 51% des Kirchensteueraufkommens erbringen: *K. Hungar*, Wer zahlt die Kirchensteuer?, in: der überblick 18, 1982, H. 4, S. 16ff.

von Grenzen überall dort verzichtet, »wo diese von Christus nicht eindeutig sichtbar gemacht worden sind«[39].

Eine evangelische Kirche, so läßt sich diese Argumentation aufnehmen, ist darin Volkskirche, daß sie Kirche bei den Menschen ist; sie bindet die Verkündigung der »freien Gnade Gottes« (Barmen VI) nicht an menschliche Bedingungen. Doch damit ist ein evangelischer Kirchenbegriff noch nicht zureichend beschrieben. Jeder Rückgriff auf das Kirchenverständnis der Confessio Augustana aber leidet in dieser Hinsicht an der Schwierigkeit, daß dieses Bekenntnis auf dem Augsburger Reichstag ausschließlich unter dem Gesichtspunkt vorgelegt wurde, Bedingungen kirchlicher Einheit zu formulieren. Deshalb verzichtet CA VII auf die Erörterung aller Merkmale der Kirche, die nicht – wie die Verkündigung des Evangeliums und die Feier der Sakramente – zur Einheit der Kirche einen notwendigen Bezug haben. CA VII enthält deshalb nicht einen konstruktiven, sondern nur einen regulativen Kirchenbegriff, der Grenzbestimmungen im Blick auf das Problem kirchlicher Einheit formuliert. Versteht man freilich die Aussagen von CA VII als konstruktiven Kirchenbegriff, dann ergibt sich die Folge, daß man alle Probleme der sichtbaren Gestalt von Kirche der mehr oder weniger großen Beliebigkeit »menschlicher Traditionen« überlassen muß. Man muß dann bestreiten, daß es möglich sei, theologische Kriterien zu entwickeln, mit deren Hilfe Fragen nach der sozialen Form und der rechtlichen Gestalt der Kirche geklärt werden können. Zwischen theologischem Wesen und sozialer Erscheinung der Kirche wird getrennt. Werden solche Folgerungen aus der Confessio Augustana mit dem Begriff der Volkskirche verknüpft, dann tritt dieser Begriff hinsichtlich des Kirchenverständnisses in genau die Funktion ein, die die neuprotestantische Fassung der Zwei-Reiche-Lehre hinsichtlich der politischen Ethik innehat. Die neuprotestantische Zwei-Reiche-Lehre soll politische Kontroversen von der Forderung nach theologischer Begründung entlasten; der Begriff der Volkskirche soll die rechtliche und soziale Gestalt der Kirche von theologischen Ansprüchen so weit wie möglich befreien.

Mit der Confessio Augustana aber kann man eine solche Folgerung nur dann verknüpfen, wenn man CA VII im Sinn eines konstruktiven Kirchenbegriffs überbeansprucht. Erkennt man jedoch an, daß dieser Artikel des Augsburgischen Bekenntnisses nur einen regulativen Kirchenbegriff enthält, dann stellt sich die Frage neu, in welchem Verhältnis der Auftrag der Kirche zu ihrer sichtbaren Gestalt steht. In der Geschichte des Protestantismus hat die Barmer Theologische Erklärung zum ersten Mal versucht, diesen Zusammenhang in einer bekenntnisartigen Formulierung zum Ausdruck zu bringen. So wenig wie in der Formulierung des Staatsverständnisses (in der 5. These) orientiert sich die Barmer Theologische Erklärung in ihren Aussagen zum Kirchenverständnis (in der 3., 4. und 6. These) am Begriff des Volks. Sie betrachtet die Kirche als eine Gemeinde von Brüdern und

39 *W. Lohff / L. Mohaupt*, a.a.O., S. 30.

Schwestern, deren Gleichstellung sich daraus ergibt, daß sie gemeinsam unter Jesus Christus als ihrem Herrn stehen. Sie erkennt als Auftrag der Kirche die Verkündigung der freien Gnade Gottes, die zugleich Zuspruch und Anspruch auf das ganze Leben ist. Dieser umfassende Zuspruch und Anspruch trifft auch die Kirche selbst; daraus ergibt sich, daß sie mit ihrem Glauben wie mit ihrem Gehorsam, mit ihrer Botschaft wie mit ihrer Ordnung, mit ihrem Bekenntnis wie mit ihrer Diakonie Zeugnis von ihrer Zugehörigkeit zu Christus abzulegen hat.

Die Bestimmungen des Kirchenbegriffs in der Barmer Theologischen Erklärung ergeben sich mit großer Klarheit daraus, daß die Kirche von ihrer Zugehörigkeit zu Christus her, daß sie also als »Leib Christi« beschrieben wird; die Kriterien des Kirchenverständnisses sind also im Rahmen der Christologie zu entwickeln. Das gilt nicht nur hinsichtlich der Verkündigungsaufgabe, sondern auch hinsichtlich der äußeren Gestalt und des korporativen Handelns der Kirche. Auch Gestaltungsformen, die sich aus der gesellschaftlichen Verflechtung der Kirche ergeben, müssen deshalb nach ihrer Vereinbarkeit mit denjenigen Grundbestimmungen der Kirche befragt werden, die aus ihrer Zugehörigkeit zu Christus folgen.

Betrachtet man die Geschichte und die heutige Verwendung des Volkskirchenbegriffs von dem in Barmen entwickelten Kirchenverständnis aus, dann ergeben sich die folgenden kritischen Perspektiven:

1. Aufgabe der Kirche ist die Bezeugung der freien Gnade Gottes. Sie gilt *allen:* denen, die »mit Ernst Christen sein wollen«, ebenso wie den kirchlich Distanzierten, den gesellschaftlich Diskriminierten wie den durch Reichtum Privilegierten, den Menschen, die Not und Armut erfahren, wie denen, die in relativer Sicherheit leben. Die christliche Kirche ist bei den Menschen und darin »Volkskirche«. Insofern ist sie in ihrer Verkündigung, ihrem Handeln und ihrer Gestalt offen; ihre Grenzen lassen sich nie eindeutig und endgültig bestimmen. Sie kann sich auch in schwierigen Zeiten nicht auf die »parochialen Grundfunktionen« – so wichtig diese sind – beschränken; sondern sie lebt in den vielfältigen Formen, die sich aus der Aufgabe der Präsenz bei den Menschen ergeben.

2. Die in Christus begründete Universalität der Kirche sprengt die nationalen wie die konfessionellen Grenzen. Konfessionelle wie nationale Kirchenkörper können deshalb nur den Charakter vorläufiger Zusammenschlüsse zur Wahrnehmung von Gemeinschaftsaufgaben haben; sie müssen für die erhoffte Einheit der Kirche transparent bleiben[40]. Die Identifikation von »Volkskirche« und »Nationalkirche« tritt von daher ebenso in ein kritisches Licht wie der antiökumenische Affekt, der sich mit dem Begriff der Volkskirche vielfach verbunden hat.

3. Der »Volkskirche« eignet ein Zug zu den Schwachen, zu denen, die sich nicht selbst Gehör verschaffen können und die ihres Rechts beraubt werden. Darin liegt der neue Klang im Begriff des »Volkes«, der uns heute in

40 Vgl. *W. Huber*, Kirche, 1979, S. 44ff.

der ökumenischen Theologie entgegentritt; er kann uns eine Revision eigener Traditionen erleichtern[41]. Diakonie und Entwicklungsdienste sind wichtige Kennzeichen der »Volkskirche«. Das öffentliche Handeln der Kirche ist angemessenerweise nicht durch ihren eigenen Öffentlichkeitswillen, sondern durch den Öffentlichkeitsanspruch des Evangeliums geprägt und durch das Eintreten für diejenigen ausgezeichnet, deren sich keine einflußreiche gesellschaftliche Gruppe annimmt. In der gesellschaftlichen Wirklichkeit der Bundesrepublik sind dies zuallererst ausländische Arbeitnehmer und Asylanten mit ihren Familien sowie die Opfer internationaler Arbeitsteilung in der Dritten Welt. Ihre Lebenssituation kennzeichnet den Ort, an den sich eine »Volkskirche« heute begeben muß, wenn sie glaubwürdig bezeugen will, daß sie Eigentum Jesu Christi ist und in seiner Erwartung lebt.

4. »Volks«-Kirche hat eine »demo«-kratische Tendenz. Wer die sichtbare Gestalt der Kirche am Konzept der Volkskirche orientieren will, kann dasjenige Element dieses Begriffs nicht ignorieren, von dem dessen Entwicklung ihren Ausgang nahm. Volkskirche ist mehr als die Institution zur umfassenden pfarramtlichen Versorgung der Bevölkerung; sie ist nicht nur Kirche für das Volk, sondern Kirche durch das Volk, eine Gemeinde von Gleichen, von »Brüdern« und »Schwestern«. Sie muß ihre Angebote zur Identifikation und aktiven Partizipation vermehren und die Verbindung zwischen alltäglicher Lebenswelt und kirchlichem Handeln vertiefen. Sie muß ihren Mitgliedern dazu verhelfen, über das Motiv ihrer Zugehörigkeit zur Kirche Klarheit zu gewinnen und sich von dieser Kirche nicht nur betreuen zu lassen, sondern sich an ihr zu beteiligen.

Eine Orientierung an der Barmer Theologischen Erklärung nötigt dazu, innerhalb der Traditionen, die sich mit dem Begriff der Volkskirche verbunden haben, kritisch zu unterscheiden. Sie kann sich nicht mit einem Begriff der Volkskirche verbinden, der nur der Legitimation gegebener Bestände dienen soll. Sie drängt auf ein Kirchenverständnis, das den Zusammenhang von geglaubter und erfahrener Kirche als einen kritischen Zusammenhang festhält und deshalb nicht nur auf die Kontinuität, sondern zugleich auf die beständige Reformation der Kirche aus ist. Für ein solches Kirchenverständnis kann der Begriff der Volkskirche kaum auf Dauer tragende Bedeutung haben; wie lange er noch als Hilfsbegriff vonnöten ist, bleibt eine offene – und zweitrangige – Frage.

41 Vgl. *ders.*, Der Streit um die Wahrheit und die Fähigkeit zum Frieden, 1980, S. 62ff.

2. Die wirkliche Kirche

Das Verhältnis von Botschaft und Ordnung als Grundproblem evangelischen Kirchenverständnisses im Anschluß an die 3. Barmer These

I

Kaum eine Frage ist dem Protestantismus durch die Barmer Theologische Erklärung mit größerem Nachdruck gestellt als die Frage, welche Bedeutung die von der Kirche zu verkündigende Botschaft für deren geschichtliche und soziale Gestalt hat[1]. Durch den Totalitätsanspruch des nationalsozialistischen Regimes sah die Bekennende Kirche sich vor die Frage gestellt, wie die Kirche Kirche *bleiben* könne; in Barmen wurde klargestellt, daß die Kirche sich selbst preisgibt, wenn sie »die Gestalt ihrer Botschaft und ihrer Ordnung ihrem Belieben oder dem Wechsel der jeweils herrschenden weltanschaulichen und politischen Überzeugungen« überläßt. Diese aus dem Kirchenkampf überkommene Fragestellung wurde in den Versuchen zur Kirchenreform während der sechziger Jahre der Sache nach in bestimmtem Umfang aufgenommen, auch wenn der direkte Bezug auf Barmen die Ausnahme blieb[2]. Die Frage hieß nun jedoch, wie die Kirche Kirche *werden* und dabei eine ihrer Botschaft entsprechende Gestalt entwickeln könne. Demgegenüber scheint es heute jedenfalls im Bereich der Bundesrepublik ungleich schwieriger zu sein, für die mit Barmen gegebene Fragestellung Verständnis zu wecken. Denn in nicht unerheblichem Umfang ist die Frage, wie die Kirche Kirche werden könne, durch die andere Frage abgelöst worden, wie die Kirche in ihrem Bestand zu *erhalten* sei. Mit dieser selten deutlich artikulierten, aber allerorten zu spürenden Verschiebung der Fragestellung geht einher, daß man eine Eigenständigkeit der kirchlichen Gestalt gegenüber dem Auftrag der Kirche wieder erstaunlich unbefangen voraussetzt[3]. Ist der dagegen in Barmen erhobene Einspruch wirkungslos verhallt?

Einen Ausschnitt aus den durch die 3. Barmer These aufgeworfenen Fragen erörtere ich – in Parallele zu einer Abhandlung von Hans-Georg Geyer über »Wahre Kirche«[4] – unter dem Titel »Die wirkliche Kirche«. Dieser Titel findet sich an einer hervorgehobenen Stelle der Ekklesiologie Karl Barths.

1 Der folgende Text geht auf ein Referat zurück, das dem Theologischen Ausschuß der EKU am 30. September 1977 vorgetragen wurde, abgedruckt in: *A. Burgsmüller* (Hg.), Kirche als »Gemeinde von Brüdern« (Barmen III), Bd. 1, 1980, S. 249ff.

2 Vgl. *H. Schroer*, Der ekklesiologische Ertrag der Bestrebungen zur Kirchenreform (Vorlage für den Theologischen Ausschuß der EKU), Ms. 1977.

3 Das zeigt sich vor allem in der Diskussion über die Volkskirche (siehe dazu oben S. 131f.). Vgl. dazu unter dem hier interessierenden Aspekt u.a. *R. Slenczka*, Gottesvolk und Volkskirche. Dogmatische Überlegungen zur Beurteilung kirchlicher Wirklichkeit, in: KuD 23, 1977, S. 188ff., sowie *R. Schloz* (Bearb.), Thema: Volkskirche. Ein Arbeitsbuch für die Gemeinde, 1978.

4 *H.-G. Geyer*, Wahre Kirche? Betrachtungen über die Möglichkeit der Wahrheit einer christlichen Kirche, in: *A. Burgsmüller*, a.a.O., S. 223ff.

Barth leitet seine Darstellung über »den Heiligen Geist und die Erbauung der christlichen Gemeinde« mit einem Abschnitt über »die wirkliche Kirche« ein[5]. Er versteht unter der Wirklichkeit der wirklichen Kirche deren »Auferbauung durch *Gott* als Grund und Bestimmung dessen, was *Menschen* da wollen, tun und vollbringen«[6]. Die Kirche kann nur wirkliche Kirche sein, wenn dieses göttliche Handeln als grundlegend anerkannt und bezeugt, wenn also das menschliche Handeln in der Kirche als auf diesem Grund beruhend und von ihm abgeleitet betrachtet wird. Die Kirche kann nur wirkliche Kirche sein, wenn die Differenz zwischen Jesus Christus als ihrem primären Subjekt und den in der Kirche versammelten Menschen als dem sekundären Subjekt nicht geleugnet wird. Die Verselbständigung des menschlichen Tuns gegenüber Grund und Bestimmung der Kirche, die Instrumentalisierung der Kirche zu Zwecken menschlicher Selbstbestätigung und menschlicher Selbstrechtfertigung hat den Übergang von der wirklichen Kirche zur Scheinkirche zur Folge[7].

Dieser Hinweis auf das Problem der Scheinkirche aber legt es nahe, terminologisch etwas anders zu verfahren, als Barth dies getan hat. Die von Barth gestellte Frage nach der wirklichen Kirche, nach der durch Gott gegründeten, durch die Gegenwart Jesu bestimmten, durch den Heiligen Geist erbauten Kirche verstehe ich terminologisch als die Frage nach der *wahren Kirche.* Ihr steht jene Verfehlung der Kirche entgegen, die aus der Selbstmächtigkeit des Menschen entspringt, in der die menschlich-geschichtliche Gestalt mit der wahren Kirche verwechselt wird und die deshalb als *falsche Kirche* oder *Scheinkirche* zu bezeichnen ist. Die *wirkliche Kirche* ist nach der Terminologie, von der ich hier ausgehen will, der Ort, an dem der Kampf zwischen wahrer und falscher Kirche ausgetragen wird, der Ort also, an dem der Kampf um Entsprechung oder Verfehlung der wahren Kirche immer wieder von neuem ansteht. Die wirkliche Kirche ist die sichtbare Kirche, in der sich christlicher Glaube unter je verschiedenen geschichtlichen Bedingungen vergesellschaftet. Die wirkliche Kirche steht unter der Verheißung, daß in ihr die wahre Kirche begegnet; zugleich unterliegt sie um der wahren Kirche willen immer wieder der schärfsten Kritik. Nach der wirklichen Kirche zu fragen, heißt danach zu fragen, wie uns in der *erfahrenen Kirche* die *geglaubte Kirche* begegnen kann. Die wirkliche Kirche ist notwendig; denn wir begegnen der Wahrheit der Kirche nicht jenseits, sondern in der Geschichte. Eben deshalb muß in der wirklichen Kirche der Streit um Wahrheit und Schein (der mit dem Schema von »Wesen« und »Erscheinung« keineswegs identisch ist) ausgetragen werden.

Die wirkliche Kirche, so scheinbar friedlich es in ihr auch manchmal zugehen mag, ist der Ort des Kampfes zwischen wahrer Kirche und Scheinkirche. Das ist meine Ausgangsthese. Daß sie sich von überlieferten Modellen eines

5 *K. Barth,* KD IV/2, S. 695ff.
6 Ebd., S. 700.
7 Ebd., S. 699.

doppelten Kirchenbegriffs unterscheidet, wird im Lauf der folgenden Überlegungen noch deutlicher hervortreten; solche Ansätze eines doppelten Kirchenbegriffs sind unter den Stichworten: unsichtbare und sichtbare Kirche, Geistkirche und Rechtskirche, Geistgemeinschaft und Kirche, transzendentale und empirische Kirche immer wieder verhandelt worden. Daß die terminologische Unterscheidung, von der ich ausgehe, auf der anderen Seite an viele Elemente der überlieferten Ekklesiologie anknüpft, ist gleichwohl deutlich. Worauf es zunächst ankommt, ist dies: Das Phänomen der wirklichen Kirche erschließt sich uns theologisch nicht in einer dualen Betrachtungsweise, die lediglich die wesenhafte und die empirisch erscheinende Kirche einander gegenüberstellt[8]; es erschließt sich vielmehr erst dann, wenn wir die wirkliche Kirche als Ort des Kampfes zwischen wahrer Kirche und Scheinkirche betrachten. In einem solchen Ansatz bewährt sich der hermeneutische und methodische Wert der im ursprünglichen Sinn verstandenen Zwei-Reiche-Lehre Luthers auch und gerade für das Gebiet der Ekklesiologie.

Wer die wirkliche Kirche als theologisches Thema ernst nimmt, für den ist auch die Frage nach der der Kirche gemäßen Sozialgestalt, die Frage auch nach der Kirche als Institution mit rechtsförmigen Ordnungen von theologischem Gewicht. In dieser Frage sehen wir uns allerdings einer eher verwirrt, ja bisweilen chaotisch anmutenden Gesprächslage gegenüber. Daß es dazu kam, erklärt sich zu erheblichen Teilen aus spezifischen Traditionen des deutschen Protestantismus.

Der nachreformatorische Protestantismus hat sich von der Frage nach der Institutionalität der Kirche zunächst weitgehend dispensiert gesehen: Die Gestaltung der kirchlichen Rechtsverhältnisse wurde vom Staat übernommen; die Nötigung zu theologischer Klärung und Verantwortung der kirchlichen Rechtsgestalt schien dadurch entfallen zu sein. Die juristischen Theorien des Episkopalismus, des Territorialismus und des Kollegialismus sollten zugleich diesen bestehenden Zustand legitimieren wie auch seine Auswirkungen einigermaßen in Schranken halten. Mit dem erneuten Nachdenken über das Kirchenverständnis im 19. Jahrhundert trat das Problem aufs neue auf; verschärft wurde es dadurch, daß die Unterscheidung zwischen der Kirchenhoheit des Staats (jus circa sacra) und der Kirchengewalt des obersten Landesherrn (jus in sacra) sich zunehmend als unzureichende Hilfskonstruktion erwies. Seit der Mitte des 19. Jahrhunderts versuchte man, der Schwierigkeiten dadurch zumindest theoretisch Herr zu werden, daß man die Unterscheidung von unsichtbarer und sichtbarer Kirche zum Gegensatz zwischen Geistkirche und Rechtskirche steigerte. Rudolph Sohm tat mit sei-

8 Hinsichtlich der dabei zugrundeliegenden Unterscheidung von Idee und Erscheinung halte ich es mit *K. Barth:* »Nur nach völliger Revision oder Klärung der platonischen Lehre vom Verhältnis zwischen *Idee* und *Erscheinung,* die zu vollziehen nicht unsere Sache sein kann – wäre es zur Not (sicher auch dann nur zur Not) möglich, das eine Wesen der christlichen Gemeinde unter *diesen* Kategorien zu beschreiben, von denen wir darum hier lieber keinen Gebrauch machen« (KD IV/3, 2. H., S. 831).

ner These vom widersprüchlichen Verhältnis zwischen Kirche und Recht nichts anderes, als die fälligen Konsequenzen aus dieser Entwicklung zu formulieren. Daß jedoch eine solche *Doppelung* willkürlichen Eingriffen in die kirchliche Rechtsordnung Tor und Tür öffnete, wurde mit dem Kirchenkampf offenkundig. Deshalb war es notwendig, daß die Barmer Theologische Erklärung auf den unlöslichen Zusammenhang zwischen Botschaft und Ordnung der Kirche hinwies. Indem sie die abgegriffenen Vokabeln der traditionellen Diskussion um das Kirchenverständnis sorgsam vermied, eröffnete sie, so war jedenfalls zu hoffen, eine neue Phase in der Bemühung des Protestantismus um einen angemessenen Begriff der Kirche. Es war ebenfalls ein folgerichtiger Schritt, daß die Kirchenrechtslehre der Zeit nach dem Zweiten Weltkrieg sich um ein Verständnis der kirchlichen Rechtsordnung bemühte, welches diesem unlöslichen Zusammenhang zwischen Botschaft und Ordnung entsprach. Doch das Ergebnis dieser Bemühungen war ein *doppelter Rechtsbegriff*. Die Dualität wurde aus dem Kirchenbegriff in den Rechtsbegriff verschoben, wie die Arbeiten von Johannes Heckel vielleicht am nachdrücklichsten zeigen. Heckel leitete aus dem geistlichen Wesen der Kirche die Forderung ab, daß jede Setzung und Anwendung von Recht in der Kirche ein geistlicher Akt der Liebe sein müsse. Daß sich dieses Rechtsverständnis auch auf den Bereich weltlichen Rechts übertragen lasse, hat er bestritten; seine Grundthese, daß der Christ nicht Bürger zweier Reiche, sondern nur Bürger eines Reichs sei, zeitigte hier höchst praktische Wirkungen[9].

Die Pragmatiker des Kirchenrechts haben gegen diese Position zu bedenken gegeben, daß die Kirche Tag für Tag Rechtsnormen anwendet, die analog auch im staatlichen Bereich gelten oder doch gelten könnten. Also ist die Behauptung eines doppelten Rechtsbegriffs ein praktisch folgenloser theoretischer Satz; vielleicht ist er sogar theoretisch falsch. Faktisch jedenfalls haben sich die Pragmatiker des Kirchenrechts, wie es scheint, weitgehend darauf verständigt, bei der Handhabung des Kirchenrechts in der Regel denselben Rechtsbegriff vorauszusetzen, der auch bei der Anwendung staatlichen Rechts leitend ist: Positivität, Nachprüfbarkeit, formale Gleichbehandlung, Verläßlichkeit und das heißt Dauerhaftigkeit der Rechtsregeln sind bestimmende Elemente dieses Rechtsbegriffs. Beibehalten haben die Pragmatiker des Kirchenrechts aus der rechtstheologischen Entwicklung der Nachkriegsepoche in der Hauptsache nur den Anspruch, daß sie als Anwälte des kirchlichen Rechts zugleich darüber urteilen können, worin das geistliche Wesen der Kirche besteht und was nicht dazu zu zählen ist[10]. Der Dualismus kehrt nun als Dualismus in den Tätigkeitsfeldern der Kirche wieder: Evangeliumsverkündigung und Sakramentsverwaltung gelten als ei-

9 Vgl. für unseren Zusammenhang die Darstellung bei *A. v. Campenhausen*, Das Problem der Rechtsgestalt der Kirche in ihrer Spannung zwischen Empirie und Anspruch, in: *A. Burgsmüller*, a.a.O., S. 47ff. mit Lit.

10 Kennzeichnend etwa *A. v. Campenhausen*, ebd., bes. S. 55ff.

gentliche, dem geistlichen Wesen der Kirche entsprechende Tätigkeiten; alle anderen Handlungsfelder dagegen gelten als dem Geistlichen wesensfremd; sie gelten als »Tagesordnung der Welt«. Damit wird eine *Diastase im Weltverhältnis* etabliert: Die Kirche gilt als ein ausgegrenztes Stück Welt, dem das Prädikat des Geistlichen zugesprochen wird. Auf den doppelten Kirchenbegriff und den doppelten Rechtsbegriff folgt also nun ein doppeltes Weltverhältnis, das in der Entgegensetzung von Kirche und Welt zur Sprache kommt.

Die Frage nach der Institutionalität der Kirche und nach den ihr gemäßen Rechtsordnungen führt, wie diese Hinweise zeigen, in weite Problemzusammenhänge, die für die Aufgaben, vor welchen sich die Theologie heute insgesamt sieht, höchst charakteristisch sind. Die in jeder theologischen Ethik notwendigerweise enthaltene dogmatische Grundfrage – die Frage nämlich nach dem durch den christlichen Glauben konstituierten Verhältnis zur Welt – kehrt in der Ekklesiologie dann unausweichlich wieder, wenn man versucht, die Rechts- und Sozialgestalt der Kirche theologisch zu begreifen. Insofern gehören Ethik und Ekklesiologie unmittelbar zusammen; was wir uns in früheren Kapiteln dieses Buchs hinsichtlich der Grundlegung der Ethik verdeutlicht haben, muß nun hinsichtlich des Kirchenverständnisses weiterverfolgt werden. Dabei setze ich mit der Frage ein, mit welchem Recht die wirkliche Kirche als »Institution« bezeichnet werden kann. Damit führe ich für die Theorie der Kirche die Überlegungen fort, die in einem früheren Kapitel zur Bedeutung des Institutionsbegriffs in der Ethik angestellt wurden[11].

II

Der Begriff der Institution weist in seiner gegenwärtigen, vor allem sozialwissenschaftlich orientierten Verwendung vielfältige Schattierungen auf. Entsprechend vielfältig ist der theologische Umgang mit diesem Begriff; viele theologische Autoren verfahren so, daß sie sich einer der geläufigen Institutionstheorien anschließen und sie dann zu theologischen Erwägungen in Beziehung setzen. Die Frage, ob und gegebenenfalls in welchem Sinn die Kirche eine Institution sei, beantwortet sich allerdings sehr unterschiedlich, je nachdem von welchem Institutions-Verständnis man ausgeht. Vor allem aber bleibt bei einem derartigen Verfahren meist ungeklärt, ob der Begriff der Institution einem theologischen Verständnis der Kirche angemessen ist. Dies aber läßt sich nur so klären, daß man fragt, in welchem Sinn theologisch von »Institution« die Rede sein und dieser theologische Begriff auf die Kirche Anwendung finden kann. Nur so kann ermittelt werden, ob es von einem theologischen Verständnis der Kirche zu ihrer Beschreibung als Institution im sozial- und rechtswissenschaftlichen Sinn eine tragfähige Brücke gibt.

11 Siehe dazu oben S. 113ff.

Es verwundert nicht, daß theologische Überlegungen häufig an jenes Moment des Institutions-Begriffs anknüpfen, das die objektive Vorgegebenheit und für den einzelnen unverfügbare Geltung der Institution hervorhebt. Unter diesem Gesichtspunkt verdienen zwei Betrachtungsweisen der Kirche als Institution Aufmerksamkeit, die in der deutschen evangelischen Theologie der letzten Jahrzehnte in den Vordergrund getreten sind.

Die erste dieser Betrachtungsweisen ist insbesondere von Ernst Wolf durchgeführt worden. Wir achten hier nur auf den Ort der Kirche in Wolfs Verständnis der Institution, das in seiner allgemeinen Struktur schon früher dargestellt wurde[12]. Wolf bringt sein theologisches Verständnis der Institution einmal auf folgende These: »Institutionen sind soziale Daseinsstrukturen der geschaffenen Welt als Einladung Gottes zu ordnender und gestaltender Tat in der Freiheit des Glaubensgehorsams gegen sein Gebot. Diese ordnende und gestaltende Tat verwirklicht die im Grundriß ... vorgegebenen Institutionen«[13]. Dieser Charakter tritt in drei exemplarischen Institutionen deutlich hervor: dem Bund, der Ehe und dem Eigentum. Die Institution des Bundes gliedert sich auf in Kirche und Staat. Dabei ist die Kirche verstanden als die »entscheidende Grundform des menschlichen Miteinanderlebens in Mitmenschlichkeit unter dem Bundesangebot Gottes, aber freilich stets bedroht durch den – auch religiösen – Drang menschlicher Selbstbehauptung gegen Gott«[14]. Die Geschichte des Volkes Israel als des Bundesvolkes Gottes zeigt diese Spannung zwischen der Annahme des von Gott gestifteten Bundes und dem Willen zu menschlicher Selbstbehauptung exemplarisch; betrachtet man die Kirche als Institution, so gehören, wie schon dieser Hinweis zeigt, Israel und christliche Kirche unlöslich zusammen. Der Staat gehört als Gegenbild im Bereich weltlichen Daseins zur Kirche. Zur Institution des Bundes kann er immer nur in einem durch die Kirche per analogiam vermittelten Verhältnis stehen.

Wenn die Kirche Institution, also durch den göttlichen Willen vorgegebene Form der sozialen Daseinsgestaltung ist, dann fragt sich zunächst, worin ihr Vorgegebensein beruht und sich Ausdruck verschafft. Wolf bezeichnet dieses Vorgegebensein als Stiftung und erläutert: »Die Stiftung der Kirche ... geschieht, sofern Kirche der neue Wille Gottes mit den Menschen ist, der in Christus offenbar wird, sofern sie also Gegenwart Christi ist, wie Christus Gegenwart Gottes ist. Kirche besteht durch Christi Wirken in seiner Präsenz hier und heute«[15]. Aus diesem Stiftungscharakter der Kirche ergibt sich als deren grundlegende Bestimmung, daß das Ganze, der Leib Christi, also die Wirklichkeit Christi, den einzelnen Gliedern vorausgeht. Die Kirche wird nicht durch das Zusammentreten und Zusammenwirken ihrer Glieder, sondern durch die Wirklichkeit Christi begründet. Damit ist zugleich die

12 Siehe oben S. 124ff.

13 *E. Wolf*, Sozialethik. Theologische Grundfragen, 1975, S. 173.

14 Ebd., S. 226.

15 Ebd., S. 230. Die Formel, die Kirche sei »der neue Wille Gottes mit den Menschen«, übernimmt *Wolf* von *Bonhoeffer*, siehe dazu unten S. 172f.

Richtung angegeben, in welcher die freie und gestaltende Annahme der Kirche durch ihre Glieder sich bewegen muß, soll sie dem Stiftungscharakter der Kirche entsprechen. Jene freie und gestaltende Annahme wird nur dann der Institutionalität der Kirche gemäß sein, wenn sie das Subjekt-Sein Christi, durch dessen Präsenz die Kirche erst zur Kirche wird, nicht verstellt oder verdunkelt, sondern gerade Zeugnis von der Subjekt-Stellung Christi, nämlich von der in ihm gegenwärtigen Güte Gottes gibt. Das Verständnis der Kirche als Stiftung Gottes zieht also ihr Verständnis als menschlicher Zeugnisgemeinschaft notwendig nach sich. Der unauflösliche Zusammenhang von Stiftung und Annahme nötigt dazu, die Lebensvollzüge und Ordnungsstrukturen der Kirche zusammenfassend unter dem Begriff des Zeugnisses zu bedenken. Die Betrachtung der Kirche als Institution führt also zu einer Einsicht, die auf ihre Weise auch in der 3. Barmer These ausgedrückt ist; denn diese spricht vom Zeugnisauftrag der Kirche mit besonderem Nachdruck.

Soll die geschichtliche Existenz der Kirche als Institution theologisch verantwortet werden, so kommt also alles darauf an, daß die Stellung Christi als des primären Subjekts anerkannt wird. Deshalb ist schärfste Kritik überall dort geboten, wo bestimmten institutionellen Ausformungen der Kirche letztgültige Bedeutung zugeschrieben wird. Denn dadurch wird die Stellung Christi als des primären Subjekts ebenso verdunkelt, wie auch die Möglichkeit verstellt wird, menschliches Handeln in der Kirche als freie und gestaltende Annahme zu begreifen. Nichts liegt also ferner, als daß sich aus dem Charakter der Kirche als Institution bereits eine verfestigte institutionelle Ordnung mit Zwangsläufigkeit ergäbe. Das Verständnis der Kirche als Institution zieht ihr Verständnis als »Anstalt« keineswegs nach sich; beides schließt einander vielmehr aus.

Fragt man, welche geschichtliche Grundstruktur sich für eine Kirche ergibt, die ihrer Stiftung entsprechen will, so sind weitergehende Überlegungen nötig. Ich gehe damit zu der zweiten theologischen Argumentationsform über, die im Blick auf den institutionellen Charakter der Kirche während der letzten Jahrzehnte besondere Bedeutung gewonnen hat. Die lutherische Tradition findet einen wichtigen Ausgangspunkt für die Frage nach der Institutionalität der Kirche in Artikel V der Confessio Augustana. Er beginnt mit dem Satz: »Ut hanc fidem consequamur, institutum est ministerium docendi evangelii et porrigendi sacramenta.« Es geht hier ausdrücklich um die Frage, was in der Kirche als institutio, und zwar, wie CA XXVIII verdeutlicht, als institutio iuris divini zu betrachten sei. Dieser Bereich der nach göttlichem Recht notwendigen Institution ist abzugrenzen von einer zweiten Ebene des Institutionellen, dem Notwendigkeit nicht zuerkannt werden kann; diese zweite Ebene wird in der CA mit dem Begriff der »traditiones humanae« (CA VII, CA XV) oder auch der »constitutiones« (CA XXVIII) belegt. Diese beiden Ebenen werden mit aller Deutlichkeit voneinander unterschieden. Man kann im Anschluß an das Augsburgische Bekenntnis diese Differenz begrifflich so fassen, daß man zwischen der *Institution* und der *Konsti-*

tution der Kirche unterscheidet. »Institution« in diesem engeren Sinn ist dann die dem göttlichen Heilswillen zugeordnete Stiftung der Kirche; »Konstitution« ist die kraft der nachfolgenden Annahme durch die Menschen, kraft der nachfolgenden Mitwirkung der Menschen am Werk Gottes in der Welt bewirkte Ordnung der Kirche[16]. Institution im weiteren Sinn wäre dann die strukturelle Einheit von »Institution« und »Konstitution«. Doch wegen des üblich gewordenen weiteren Gebrauchs von Institution will ich an diesem Sprachgebrauch von »Institution« und »Konstitution« in den folgenden Überlegungen nicht konsequent festhalten.

Durch die Unterscheidung zwischen ursprünglicher und abgeleiteter Institution, zwischen »Institution« und »Konstitution«, wurde, wie Trutz Rendtorff zu Recht hervorgehoben hat, »jene Kritik freigesetzt, die in immer neuen Transformationen die protestantische Christentumsgeschichte durchzieht«[17]. Während die ursprüngliche Institution als heilsnotwendig gilt, kann dies für die abgeleiteten Institutionen gerade nicht gelten; dies wäre vielmehr eine Tyrannei der Gewissen. Die Frage allerdings, ob man aus dieser Unterscheidung die Kontingenz, d.h. die Beliebigkeit der abgeleiteten Institutionen in der Kirche folgern kann[18], ist damit noch keineswegs entschieden; sie wird uns noch weiter beschäftigen. Schon auf Grund unserer bisherigen Feststellungen jedoch ist der These von der Beliebigkeit des Menschlich-Institutionellen in der Kirche entgegenzuhalten, daß sich an der »Konstitution« der Kirche *zeigen* muß, ob es sich in ihr wirklich um die *Annahme* der von Gott gestifteten Institution handelt. Eben hiervon ist die Rede, wenn vom *Zeugnis*charakter der kirchlichen »Konstitution« gesprochen wird.

Doch damit sind wir wieder auf die Frage zurückgeführt, was als institutio iuris divini in der Kirche zu betrachten ist. CA V antwortet auf diese Frage, daß der Dienst der Evangeliumsverkündigung und der Sakramentsverwaltung (die deutsche Fassung sagt: das Predigtamt) diesen Charakter trägt.

Diese Auskunft wurde in der lutherischen Tradition zum Ausgangspunkt einer ausgedehnten Theologie des Amtes. Doch wenn wir diese Auskunft zureichend verstehen wollen, dann müssen wir fragen: Worin besteht der in der Stiftung der Kirche selbst liegende Grund dafür, daß der Dienst der

16 Die Anregung zu dieser Überlegung verdanke ich dem Aufsatz von *G. Siegwalt*, Die Autorität in der Kirche. Ihre Institution und ihre Verfassung, in: *V. Vajta* (Hg.), Das Evangelium und die Zweideutigkeit der Kirche, 1973, S. 195ff. Das französische Original dieses Aufsatzes trägt den Titel: »L'autorité dans l'église. Son institution et sa constitution«. Zum Begriff der institutio in der Confessio Augustana vgl. insbesondere *W. Maurer*, Pfarrerrecht und Bekenntnis, 1957, S. 74ff.

17 *T. Rendtorff*, Das Problem der Institution in der neueren Christentumsgeschichte, in: *H. Schelsky* (Hg.), Zur Theorie der Institution, 1970, S. 141ff.

18 Vgl. dazu *T. Rendtorff*, Institution der Freiheit. Volkskirche in der Dimension des Bekenntnisses, in: Luth. Monatshefte 15, 1976, S. 18ff. (20); weniger eindeutig allerdings in einer späteren Fassung desselben Textes: Theologische Probleme der Volkskirche, in: *W. Lohff/L. Mohaupt* (Hg.), Volkskirche – Kirche der Zukunft?, 1977, S. 104ff. (124).

Evangeliumsverkündigung und der Sakramentsverwaltung als Stiftung göttlichen Rechts gelten soll?

Sucht man nach einer Antwort auf diese Frage im Zusammenhang der Theologie Luthers, so stößt man auf folgendes: Seit den Dictata super Psalterium (1513–1515) unterstreicht Luther in vielfältigen Wendungen, daß Gott den Menschen durch den Menschen retten will, daß das Heil dem Menschen durch den Menschen begegnen soll. Aus der Menschwerdung Gottes ergibt sich, daß kein Mensch sich anmaßen soll, er bedürfe zu seinem Heil nicht anderer Menschen, sondern sei »unmittelbar zu Gott«[19]. Durch die Inkarnation wird also genau das als Werk Gottes definiert, was er durch seine Geschöpfe bewirkt. Deshalb werden Ämter bzw. Dienste in der christlichen Gemeinde eingesetzt, damit Diener der vielgestaltigen Gnade Gottes geschaffen werden[20]. Die Beauftragung von Menschen mit der Verkündigung des Evangeliums und der Darreichung der Sakramente ist also zum einen deshalb göttlichen Rechts, weil sie Ausdruck der Menschenfreundlichkeit Gottes ist; dies wird von Luther dadurch unterstrichen, daß er Wortverkündigung, Sakramentsverwaltung und den Dienst der helfenden Liebe im kirchlichen Amt miteinander verbunden sieht[21] – eine Verbindung, die in der Confessio Augustana nicht mehr ausdrücklich hervorgehoben wird. Die besondere Beauftragung zur Wortverkündigung ist zum anderen ein Mittel gegen den Hochmut des Menschen, der meint, er werde unmittelbar »durch den Wink Gottes gelenkt«[22], gegen jenen Hochmut, der meint, »daß man allein mit dem Herzen auf den Geist gaffe, innerlich, wie die Propheten lehren«[23]. Gegenüber diesem Hochmut, der sich mit einer vermeintlichen Innerlichkeit des Glaubens genug sein läßt, schärft der besondere Auftrag an bestimmte Menschen, das Evangelium zu verkündigen, die Äußerlichkeit des Glaubens ein: Er entsteht und vollzieht sich immer in sozialer Gestalt, im leibhaften Miteinander von Menschen.

Daß Gott den Menschen durch den Menschen retten will, ist ein Satz göttlichen Rechts. Weil diese Rettung grundlegend und exemplarisch durch das Hören des Evangeliums und die Teilhabe an den Sakramenten ge-

19 Vgl. schon die Formulierung aus den Dictata: »Unde nec intellectus Scripturae alicui sufficit, nisi tardat se in magisterium hominis discreti et superioris. Nescit enim, quando et quomodo applicare eam debet, nisi ex obedientia et discretione alterius erudiatur. Sic enim vult deus hominem per hominem salvare, ut nullus contra alium superbat, quasi non indigeat alterius, sed solius dei nutu dirigatur« (WA 4, S. 211, 15–19). Dieser Aspekt ist besonders deutlich herausgearbeitet bei *W. Stein*, Das kirchliche Amt bei Luther, 1974, S. 11.30f.60f.115 u.ö.

20 Operationes in Psalmos (1519–1521): »Opera autem dei sunt ea, quae per creaturas facit, maxime autem verbum et gratia, quibus agit et nos agere facit. Esto itaque facere instituere, ordinare diversis ministeriis Ecclesiasticis distribuere, et ut Apostoli Petrus et Paulus docuere, multiformis gratiae dei ministratores facere, Ecclesias fundere multiplicare, ut sic ipsi fideles sunt plasmata, opera, facta eorum. Sic enim Galatas parturit et Corinthios genuit Apostolus ›Opus meum‹ inquit ›vos estis in Domino‹ (I. Cor. 9)« (WA 5, S. 41, 16ff.).

21 Bekenntnis von 1528 (WA 26, S. 504, 30ff.); vgl. *W. Maurer*, Historischer Kommentar zur Confessio Augustana, Bd. 1, 1976, S. 206f.

22 Vgl. den Text in Anm. 19.

23 Wider die himmlischen Propheten (1525; WA 18, S. 181, 19ff.).

schieht, gibt es im Leib Christi mit seinen vielfältigen Gaben und Aufgaben eine besondere Beauftragung zur Evangeliumsverkündigung und Sakramentsverwaltung. Doch diese Grundregel der Kirche als Institution schließt nicht aus, sondern gerade ein, daß das kirchliche Amt in seiner jeweiligen geschichtlichen Form von Menschen »gemacht« ist und menschlicher Gestaltung offensteht. Auch das kirchliche Amt ist durch das Gesetz der Verborgenheit bestimmt, unter dem die Kirche steht. Es ist als »facies«, »larva«, »persona« (auch das letztere im ursprünglichen Wortsinn als »Maske« verstanden) qualifiziert[24]. Die historische Wandelbarkeit des Amtes ist also nicht illegitim, sondern notwendiger Ausdruck der tätigen Annahme der Stiftung Gottes; in diesem geschichtlichen Wandel bewährt und bewahrheitet sich die auf einer fundamentalen Einseitigkeit – nämlich der Stellung Christi als des primären Subjekts – beruhende funktionale Gegenseitigkeit von »Institution« und »Konstitution« der Kirche[25].

Verbinden wir diesen Versuch, die Grundaussage der Confessio Augustana zum Problem der Institution aus dem Zusammenhang der Theologie Luthers zu interpretieren, mit dem ersten, im Anschluß an Ernst Wolf entwickelten Gedankengang, dann lassen sich unsere bisherigen Überlegungen folgendermaßen zusammenfassen: Die Kirche als Institution ist diejenige exemplarische Grundform menschlichen Zusammenlebens, die durch das Versöhnungshandeln Christi und die darin bestätigte Bundestreue Gottes begründet ist. Gottes Bundestreue ist dadurch qualifiziert, daß das Heil dem Menschen durch den Menschen begegnen soll. Deshalb entspricht die Einrichtung eines besonderen Dienstes zur Verkündigung des Evangeliums und zur Feier der Sakramente dem Bundeswillen Gottes; sie ist insofern institutio iuris divini. Die geschichtliche Gestaltung dieses Dienstes ist wie die Ordnung der Kirche insgesamt ein Akt der gestaltenden Annahme des göttlichen Bundesangebots durch den Menschen und deshalb wandelbar. Diese Gestaltung ist jedoch nicht kontingent, beliebig oder willkürlich. Sie hat vielmehr darin ihr Maß, daß es sich in ihr wirklich um *Annahme* und das heißt um antwortende Entsprechung zu dem und Zeugnis von dem Lebensverhältnis handelt, das mit dem Bundesangebot Gottes gesetzt ist.

Das Verhältnis zwischen göttlicher und menschlicher Institution, zwischen »Institution« und »Konstitution« der Kirche tritt über das bisher Gesagte hinaus unter eine weitere Perspektive, wenn wir bedenken, daß die Kirche, in der wir leben, durch *geschichtliche Dauer* und das heißt immer auch: durch geschichtliche Verfestigung gekennzeichnet ist. Wir verdeutlichen uns diese Perspektive, indem wir zur weiteren Klärung an den Begriff der *Institutionalisierung* anknüpfen[26]. Er präzisiert *ein* Element dessen, was wir zuvor als »Konstitution« bezeichnet haben.

Institutionalisierung liegt dann vor, wenn Vorgänge, welche ursprüng-

24 Vgl. *W. Stein*, a.a.O., S. 116.
25 Zur hier verwendeten Begrifflichkeit vgl. *H.-G. Geyer*, Wahre Kirche?, a.a.O., S. 223f.
26 Siehe oben S. 123f.

lich an Einzelpersonen gebunden waren, von dieser personalen Bindung gelöst, verselbständigt und verfestigt werden. Max Weber hat diesen Vorgang am Beispiel der charismatischen Herrschaft geschildert. Die institutionelle Wendung des Charismas erfolgt dann, wenn eine ursprünglich an die charismatische Autorität einer Einzelperson geknüpfte Herrschaft sich zu langfristigen, differenzierten Herrschaftsformen verselbständigt und verfestigt: »Hier liegt der Übergang zu jener eigentümlichen institutionellen Wendung des Charismas; seine Anhaftung an ein soziales Gebilde als solches, als Folge der an die Stelle des charismatischen persönlichen Offenbarungs- und Heldenglaubens tretenden Herrschaft der Dauergebilde und Traditionen«[27]. Die Differenz zwischen dem theologisch vertrauten Begriff des Charismas und dem Begriff des Charismatischen, den Weber hier verwendet, braucht uns nicht zu beschäftigen; es kommt hier auf die Struktur geschichtlicher Entwicklung an, auf die er aufmerksam macht. Wenn eine Form sozialen Daseins sich von ihrer Ursprungssituation entfernt und das Merkmal geschichtlicher Dauer gewinnt, tritt das Phänomen der Veralltäglichung und Versachlichung, kurz: der Institutionalisierung ein.

Die Kirche bildet eines der klassischen Beispiele für derartige Institutionalisierungsprozesse. Die Kanonisierung der als verbindlich geltenden heiligen Schriften, die Festlegung dauerhaft gültiger Bekenntnisformulierungen, die Ausbildung einer hierarchischen Ämterstruktur und die Abgrenzung regionaler Jurisdiktionsbezirke sind dafür charakteristisch. Schärfer als andere Institutionen ist die Kirche damit aber durch ein institutionelles Dilemma charakterisiert. Denn ihre Institutionalität und ihre Partikularität stehen in Spannung zu ihrer Aktualität und ihrer Universalität[28].

Der Kirche eignet Aktualität; denn sie ereignet sich darin, daß das Heil dem Menschen durch den Menschen begegnet. Ihr eignet Universalität; denn sie hat ihren Grund in der Bundestreue Gottes, die allen seinen Geschöpfen gilt. Sie nimmt dauerhafte geschichtliche Form und darin Institutionalität an; sie organisiert sich in besonderen regionalen, konfessionellen und kulturellen Formen und ist darin durch Partikularität gekennzeichnet. Die Spannung zwischen diesen vier Grundbestimmungen prägt die Kirchengeschichte. Ihretwegen ist die permanente bestimmte Negation der Kirche als Institution mit ihrer institutionellen Existenz zugleich gegeben. Die Kirche ist ein institutionalisierter Konflikt. Ihre Institutionalisierung, so unausweichlich sie ist, tritt doch zugleich zu ihrem eigenen Auftrag immer wieder in Widerspruch[29]. Die Kirche ist deshalb der Fall einer Institution, die den Widerspruch zu sich als Institution mitinstitutionalisieren muß[30]. Er-

27 *M. Weber*, Wirtschaft und Gesellschaft, 5. Aufl. 1972, S. 674.

28 Dazu *W. Huber*, Kirche, 1979, S. 32ff.

29 *E. Lange*, Bildung als Problem und als Funktion der Kirche, in: *ders.*, Sprachschule für die Freiheit, hg. v. *R. Schloz*, 1980, S. 172f.

30 *H. Schelsky*, Ist die Dauerreflexion institutionalisierbar?, in: *ders.*, Auf der Suche nach Wirklichkeit, 1965, S. 232.

neut zeigt sich: Über die Kirche als Institution nachzudenken heißt, die beständige Transformation der Kirche als Institution zu fordern.

Dem ist eine weitere These anzufügen: Dem institutionellen Dilemma der Kirche kann man nicht dadurch entgehen, daß man eine Gestalt der Kirche zur allein maßgeblichen erklärt. Wir können zwischen vier grundlegenden Gestalten der Kirche unterscheiden: der lokalen Gemeinde, der Initiativgruppe, der Regionalkirche und der kirchlichen Föderation[31]. Sie lassen sich – bei aller Variabilität im einzelnen – in den verschiedenen Perioden der Kirchengeschichte als nicht aufeinander reduzierbare Grundformen beobachten.

In all diesen Gestalten begegnet die Kirche in all ihren Grundbestimmungen: in den Grundbestimmungen der Aktualität und der Universalität, der Institutionalität und der Partikularität. In all diesen Gestalten begegnet auch das Problem des institutionellen Selbstwiderspruchs der Kirche; sie müssen jeweils unter der Frage betrachtet werden, wie die Institutionalität der Kirche in den Dienst ihrer Aktualität und ihrer Universalität gestellt werden kann. Deshalb ist das institutionelle Dilemma der Kirche nicht auf dem Weg zu lösen, daß man eine der Gestalten der Kirche für allein legitim und normativ erklärt und die anderen Gestalten mit Schweigen übergeht. Mit einem Plädoyer für die Gemeindekirche ist das institutionelle Dilemma der Kirche ebensowenig gelöst wie mit einem Plädoyer für die Gruppenkirche[32]. Zwar kann man die Bedeutung der christlichen Gemeinde am Ort und christlicher Initiativgruppen kaum überschätzen; doch auch sie sind auf die Leistungen regionaler Zusammenschlüsse und kirchlicher Föderationen angewiesen. Man kann sich dies unter der Perspektive der kirchlichen Universalität verdeutlichen; sie gewinnt in der missionarischen, der ökumenischen und der politischen Aufgabe der Kirche konkrete Gestalt. Diese Aufgaben aber können ohne die regionale Bündelung der verfügbaren Kräfte und ohne weltweite ökumenische Zusammenschlüsse überhaupt nicht erkannt, geschweige denn in Angriff genommen werden.

Das Argument, um das es mir geht, läßt sich noch anders wenden: Auch christliche Gruppen und Gemeinden prägen institutionelle Formen aus; auch »Bewegungen« brauchen ein organisatorisches Gerüst. Dem Dilemma der Institution entgeht man also nicht mit der Behauptung, nur in der Gruppe und der Gemeinde am Ort finde sich die wahre Kirche. Sondern im Blick auf alle Gestalten der Kirche ist Institutionenkritik und das andauernde Bemühen um bessere, flexiblere und menschlichere institutionelle Formen am Platz.

31 Dazu *W. Huber*, Kirche, 1979, S. 44ff.

32 Vgl. zu diesen beiden Aspekten aus der neueren Diskussion einerseits *J. Moltmann*, Kirche in der Kraft des Geistes, 1975; andererseits *H. Gollwitzer*, Vortrupp des Lebens, 1975.

III

Diese Aufgabe der Kritik und Transformation der Kirche als Institution soll nun unter einer bestimmten Perspektive weiterverfolgt werden; dabei orientiere ich mich an der Bezeichnung der Kirche als einer »Gemeinde von Brüdern«, die in der 3. Barmer These einen zentralen Ort einnimmt. Damit die Herausforderung deutlich wird, die in dieser Bezeichnung der Kirche liegt, ist vorweg eine Erinnerung nötig.

In ihrer historischen Gestalt begegnet die Kirche vorwiegend nicht als eine Ordnung der Bruderschaft, sondern als Herrschaftsordnung. Es war angesichts dieses historischen Befundes konsequent, daß Max Weber von der Kirche nicht im Rahmen seiner Religionssoziologie, sondern in der Soziologie der Herrschaft gehandelt hat[33]. Dies führte ihn zu einer zuspitzenden Charakterisierung der Kirche, die über die geläufige Beschreibung des Kirchentypus im Unterschied zum Sektentypus bei Ernst Troeltsch hinausgeht[34]. Der besondere, von der »Welt« ausgesonderte Berufspriesterstand, der universalistische, die jeweiligen Sozialbindungen übersteigende Herrschaftsanspruch, die Rationalisierung von Dogma und Kultus in festen, lehrbaren Regeln und die Formung einer anstaltsartigen Gemeinschaft unter der Leitung des Amtes sind die vier grundlegenden Charakteristika der Kirche. Sie fügen sich darin zusammen, daß die Verwaltung der Heilsgüter an ein besonderes Amt gebunden und damit der Mitverantwortung der Gläubigen entzogen wird; dem korrespondiert, daß die Mitgliedschaft in der Kirche nicht als Resultat individueller Entscheidung betrachtet wird, daß sie also nicht als erworbenes, sondern als zugeschriebenes Merkmal zu gelten hat. Entscheidend für den Übergang zur Kirche im Sinn dieser Weberschen Begriffsbestimmung ist die Etablierung einer Wechselbeziehung zwischen Geist und Recht, wie Rudolph Sohm sie für das altkatholische Kirchenrecht beschrieben hat: Auf der einen Seite geht das Recht aus dem Geist hervor, der in den Sakramenten wirksam ist; auf der anderen Seite stellt das Recht die Bedingungen fest, unter denen der Geist in den Sakramenten heilswirksam werden kann. Das Hervorgehen des Rechtes aus dem Geist schlägt um in eine Bindung des Geistes an das Recht. Diejenigen, die über die Rechtsformen der Kirche verfügen, verfügen damit auch über den Geist[35]. Daß eine derartige, »idealtypische« Konstruktion des Kirchenbegriffs sich besonders eindrucksvoll an Erscheinungsformen der katholischen Kirche illustrieren läßt, bedeutet nicht, daß die Grundelemente dieses Kirchentyps nicht auch für den Protestantismus weithin charakteristisch wären. Vielmehr ist in der Perspektive des Weberschen Kirchenbegriffs an folgendes zu erinnern: Das

33 *M. Weber*, a.a.O., S. 692ff.

34 Vgl. *E. Troeltsch*, Die Soziallehren der christlichen Kirchen und Gruppen, Nachdruck 1965, S. 360ff. u.ö.

35 Vgl. für unseren Zusammenhang die zusammenfassende Darstellung bei *W. Maurer*, Sohms Ringen um den Zusammenhang zwischen Geist und Recht, in: *ders.*, Die Kirche und ihr Recht, 1976, S. 328ff.

Interesse daran, die Verfügungsgewalt über die Heilsgüter an das Amt zu binden, zeigt sich auch im Protestantismus bis heute in dem Nachdruck, mit dem sowohl ekklesiologisch als auch kirchenpraktisch an der Dualität von Amt und Gemeinde festgehalten wird. Dem entspricht, daß für das außerberufliche Verhalten der kirchlichen Amtsträger besondere Regeln aufgestellt werden; Versuche, das politische Engagement von Pfarrern einzuschränken, illustrieren das ebenso wie Bemühungen um die Vorbildhaftigkeit der Pfarrerehe. Diesem Interesse an der Sonderstellung des Amtes gegenüber der Gemeinde korrespondiert das Interesse daran, daß die Bestandsmechanismen der Volkskirche erhalten bleiben; zu ihnen zählt vor allem der möglichst lückenlose Vollzug der Kindertaufe. Das Interesse am Amt und das Interesse an der Kindertaufe als der Basis des volkskirchlichen Bestands entsprechen einander; sie bilden zusammen den Kern einer kirchlichen Struktur, die im Sinne Webers den Charakter einer Herrschaftsordnung trägt.

In der Tradition lutherischer Kirchen hat man eine derartige Kirchenstruktur häufig durch den Hinweis darauf legitimiert, mit welcher Ausschließlichkeit der Artikel VII der Confessio Augustana die Evangeliumsverkündigung und die Sakramentsverwaltung – und damit die Grundfunktionen des kirchlichen Amts – als Kennzeichen der Kirche darstelle. Daran ist zum einen problematisch, daß – unter höchst fraglicher Berufung auf CA XIV – Evangeliumsverkündigung und Sakramentsverwaltung exklusiv an das geistliche Amt gebunden wurden. Zu bestreiten ist aber insbesondere die dabei vorausgesetzte Verwendung von CA VII im Sinn eines konstruktiv ausreichenden Kirchenbegriffs[36]. Gegen dieses Mißverständnis ist in der Geschichte der evangelischen Theologie immer wieder protestiert worden. So hat etwa Albrecht Ritschl, um ein Beispiel herauszugreifen, gefordert, die in der Confessio Augustana genannten Kennzeichen der Kirche durch die Gesichtspunkte der paulinischen Charismenlehre zu ergänzen[37]. Und Karl Barth hat den »heiligen Egoismus« beklagt, der die klassische Lehre von der Kirche kennzeichne und in dieser Form auf keinen Fall bestätigt werden dürfe. Ihm hat er die These entgegengestellt: »Die wirkliche Gemeinde Jesu Christi ist die von Gott in und mit ihrer Begründung in die Welt gesendete Gemeinde«[38]. Zieht man diese berechtigten Einwände gegen ein Kirchenverständnis, das sich exklusiv an CA VII orientiert, in Betracht, so muß man den entscheidenden Fortschritt der 3. Barmer These darin sehen, daß sie eine Aussage über die Sozialgestalt der Kirche ausdrücklich in deren theologische Bestimmung aufnimmt.

Wenn sie dabei von der »Gemeinde von Brüdern« spricht, so ist zunächst an die gottesdienstlich versammelte Gemeinde gedacht[39]. Damit wird un-

36 Siehe oben S. 142ff.

37 *A. Ritschl*, Die Begründung des Kirchenrechts im evangelischen Begriff von der Kirche, in: Gesammelte Aufsätze, Bd. 1, 1893, S. 100ff.

38 *K. Barth*, KD IV/3, 2. H., S. 875ff. (878).

39 Vgl. *R. Weth*, Theologische Ekklesiologie nach 1945 im kritischen Horizont des »Barmer« Bekenntnisses, in: *A. Burgsmüller* (Hg.), a.a.O., S. 170 im Anschluß an *O. Weber*.

terstrichen, daß das Hören der Predigt und die Feier von Taufe und Abendmahl eine bestimmte Art von Sozialbeziehung stiften: nämlich die sichtbare Versammlung und die wechselseitige Zuwendung zueinander. Gelten diese Bestimmungen der für die Kirche eigentümlichen Sozialbeziehung nur für *eine* Gestalt der Kirche, die Gemeinde am Ort, oder sind sie für *alle* Gestalten der Kirche maßgebend? Der Klärung dieser Frage soll es dienen, wenn wir uns den Sinn der Rede vom »Bruder« verdeutlichen.

Das Neue Testament knüpft in der Verwendung dieses Wortes an eine verbreitete jüdische Tradition an, die damit nicht nur den Blutsverwandten, sondern auch andere Nahestehende, alle Religionsgenossen, ja sogar alle Menschen bezeichnen kann; sie wird ergänzt durch die spezifisch rabbinische Weise, die Rabbinenschüler als Brüder anzureden[40]. Diese Traditionen werden aufgenommen und weiterentwickelt. So entspricht es der rabbinischen Tradition, wenn die Bruderschaft unter den Jüngern aus der einzigartigen Stellung Jesu als des Lehrers begründet wird (Mt. 23,8–12). Scharf treten schon in der Verkündigung Jesu die sozialen Folgen dieses Bruder-Titels hervor: Die als natürlich geltenden sozialen Unterschiede werden in der Jüngergemeinde nivelliert; nicht die Herrschaft des einen über die anderen, sondern der wechselseitige Dienst bestimmt die Struktur der Jüngergemeinde. Die paulinische Theologie führt diesen Gedanken fort: die Zugehörigkeit zu Christus führt zu einer wechselseitigen Anerkennung als Person, der gegenüber die durch Stand, Nation und Geschlecht bedingten Unterschiede bedeutungslos werden (Gal. 3,28).

Dabei betont Paulus ausdrücklich, daß die Überwindung sozialer Abstufungen in der Zugehörigkeit zu Christus auch die Differenz von Mann und Frau erfaßt. Es ist also eine Rückkehr zu diesem neutestamentlichen Ansatz selbst, wenn die Stellung der Frau in der christlichen Gemeinde im Anschluß an die Rede von der christlichen »Bruderschaft« zum Thema wird[41]. Die Anerkennung der fundamentalen Gleichheit wie der unvertretbaren Aufgaben von Frauen in der Kirche ist ein notwendiger Schritt, wenn man den spezifischen Charakter, der christlichen Sozialbeziehungen eignet, ernst nehmen will. Dies muß sich dann allerdings auch im Sprachgebrauch niederschlagen. Dem ältesten Christentum war »adelphos« ein inklusiver Begriff, der die »Schwestern« einbezog. Dies ist durch unseren heutigen Sprachgebrauch nicht gedeckt; ein vorgeblich inklusives Verständnis von »Bruderschaft« würde also den Vormachtanspruch der Männer nur auf subtile Weise verstärken. Die 3. Barmer These kann deshalb heute nur noch so wiederholt

40 Vgl. zum Folgenden *H. v. Soden*, ἀδελφός κτλ., in: ThWb I, S. 144ff.; *K. H. Schelkle*, Bruder, in: RAC II, S. 631ff.; *J. Ratzinger*, Die christliche Brüderlichkeit, 1960; *W. Schieder*, Brüderlichkeit, in: Geschichtliche Grundbegriffe I, S. 552ff.; *H. J. Schultz* (Hg.), Brüderlichkeit – die vergessene Parole, 1976; *J. Friedrich*, Gott im Bruder. Eine methodenkritische Untersuchung von Redaktion, Überlieferung und Tradition in Mt. 25,31–46, 1977.

41 Vgl. *G. Scharffenorth / K. Thraede*, »Freunde in Christus werden ...« Die Beziehung von Mann und Frau als Frage an Theologie und Kirche, 1977; *F. Crüsemann / H. Thyen*, Als Mann und Frau geschaffen. Exegetische Studien zur Rolle der Frau, 1978.

werden, daß von der Kirche als einer »Gemeinde von Schwestern und Brüdern« die Rede ist.

Die Aufhebung von Rangunterschieden, die vorbehaltlose wechselseitige Zuwendung und die Anerkennung der unterschiedlichen Gaben und Aufgaben sind grundlegende Merkmale einer solidarischen Sozialbeziehung, wie sie im Titel des »Bruders« und der »Schwester« angesprochen ist. Eine christliche Kirche, die ihren Ursprung ernst nimmt, unterstellt sich damit dem Anspruch, eine solche Sozialbeziehung anzubahnen und auszuformen. Der Widerspruch zur Gestalt der Kirche als Herrschaftsordnung ist der christlichen Tradition mitgegeben. Ihr eignet, trotz der häufig siegreichen Tendenz zu obrigkeitlich-herrschaftlichen Verfassungsformen, ein untilgbarer Zug zu genossenschaftlichen Formen des Zusammenlebens. In dem Maß, in dem sich in den Großkirchen der Typ verfügbaren Handelns und obrigkeitlicher Organisation durchsetzt, konzentriert sich die Form kommunikativen Handelns und solidarisch-genossenschaftlicher Organisation weitgehend auf den Bereich von Initiativgruppen, Orden und Kommunitäten[42]. Doch in ihnen bleibt der Anspruch präsent, daß die Sozialbeziehungen in der christlichen Kirche in all ihren Gestalten durch eine wechselseitige Anerkennung bestimmt sind, welche Gleichheit nicht auf der Grundlage kühler und unbeteiligter Abgrenzung von Einflußbereichen, sondern in der Form wechselseitiger Zuwendung und Stärkung verwirklicht. Die Aufhebung von Rangunterschieden führt also nicht etwa zu einer mechanischen Gleichheit, die den Reichtum menschlicher Verschiedenheit verdrängt, sondern, wie die paulinische Charismenlehre unterstreicht, zur Entfaltung der je besonderen Gaben im Dienst der anderen. Doch ausgeschlossen sind damit alle Ansprüche auf eine exklusive Verwaltung des Heils, wie sie sich häufig mit der Kategorie des kirchlichen Amts verbunden haben.

In der Geschichte des Christentums ist der Titel des »Bruders« immer wieder in einem spezifischen Sinn auf die Mitchristen im Unterschied zu anderen Menschen angewandt worden. Doch wann immer diese Verwendungsweise exklusiv gemeint war, mußte sie in universalistischem Sinn durchbrochen und überwunden werden. In grundlegender Weise geschieht dies bereits in der neutestamentlichen Rede vom Weltgericht[43]. Damit an der Tendenz des in Christus offenbaren göttlichen Willens ein Zweifel nicht möglich ist, werden die in radikalstem Sinn Ungleichen, nämlich die »Geringsten« als

42 Zur hier vorausgesetzten Terminologie vgl. *W. Huber/J. Schwerdtfeger*, Möglichkeiten und Grenzen des Friedenshandelns von Kirchen und christlichen Gruppen, in: *dies.* (Hg.), Kirche zwischen Krieg und Frieden, 1976, S. 543ff. (545ff.).

43 *J. Friedrich*, a.a.O., bes. S. 220ff.271ff. hat gezeigt, daß nach dem ursprünglichen, vermutlich auf Jesus zurückgehenden Text die »Geringsten« auch und gerade jenseits der Grenzen der Gemeinde begegnen. Durch die matthäische Redaktion dagegen ist das Gericht ein Gericht über die Nichtchristen, die nach ihrem Verhalten gegenüber der Gemeinde beurteilt werden. Weil von den Brüdern nur in Mt. 25,40, nicht aber in V. 45 die Rede ist, nimmt *Friedrich* an, das Wort sei redaktionell; gerade hier ist allerdings auch der entgegengesetzte Schluß möglich. Ich vermute also, daß ursprünglich der weite Gebrauch des Worts »Bruder« für alle Menschen vorliegt, welcher kennzeichnend für den Sprachgebrauch Jesu ist.

Brüder bezeichnet (Mt. 25,40). Dadurch, daß Christus, der Herr der Gemeinde, sich mit den Geringsten als mit seinen Brüdern identifiziert, wird der christlichen Gemeinde ihr Ort in der Welt angewiesen. Die Kirche ist eben darum Kirche für andere, weil die anderen – und zwar gerade die in einem qualitativen Sinn Entferntesten, die Geringsten – um Christi willen Brüder und Schwestern sind. Das Verständnis der christlichen Gemeinde als einer Gemeinschaft von Schwestern und Brüdern zielt also nicht allein auf eine Überwindung derjenigen Differenzen, die die Christen voneinander trennen; sondern es gibt der Kirche einen unweigerlichen Zug zur Welt, derentwegen sie als Kirche existiert. Ihre Bestimmung ist es, die Eindeutigkeit der von Gott in Christus intendierten Sozialbeziehungen in der Zweideutigkeit der Welt zur Geltung zu bringen. Eben darum steht alle Ordnung der Kirche unter dem Anspruch, exemplarische Ordnung zu sein, die auch für die Bereiche des ökonomischen, sozialen und politischen Zusammenlebens Zeugnischarakter zu entwickeln vermag. Die in dieser Zeugnisaufgabe enthaltene Spannung zwischen der Ordnung der Kirche und den Ordnungen des gesellschaftlichen Lebens kann deshalb weder durch die Einführung eines doppelten Rechtsbegriffs noch durch das Modell der Theokratie aufgehoben werden. Im einen Fall soll die Spannung durch Diastase, im anderen Fall durch Identifikation gelöst werden; in beiden Fällen aber wird der Zeugnisauftrag der Kirche für das gesellschaftliche Leben geleugnet.

Die Weite des neutestamentlichen Bruder-Titels ist in der Geschichte des Christentums immer wieder aufgegriffen worden[43a]. Luther, der besonders die städtischen, an eine bestimmte Standeszugehörigkeit gebundenen Bruderschaften des späten Mittelalters vor Augen hatte, attestierte diesen einen »parteiischen«, nämlich institutionell festgelegten und ständisch beschränkten Charakter. Er stellte ihnen als einer Gestalt der leiblichen Bruderschaft die göttliche und himmlische Bruderschaft der Gläubigen entgegen[44]. Von hier aus ist es nur ein Schritt zur Proklamation einer Brüderlichkeit, die alle konfessionellen und kirchlichen Schranken übersteigt; sie vollzieht sich im Pietismus einerseits, in der Aufklärung andererseits. Die Französische Revolution schließlich schreibt die Brüderlichkeit auf ihre Fahnen – Grund genug dafür, daß auch kirchliche Stimmen sich wieder darum bemühen, dieses Wort, dessen christliche Herkunft auch in seiner aufklärerisch-politischen Gestalt nicht zu verkennen ist, wieder in den christlichen Sprachraum zurückzuholen. Dabei erhält in der kirchlichen Sprache um der Differenz zu aufklärerischem und politischem Verständnis willen der Begriff der Bruderschaft den Vorzug vor demjenigen der Brüderlichkeit, welcher in die deutsche Sprache überhaupt erst als ein Übersetzungswort für die »fraternité« der Französischen Revolution Eingang gefunden hat. Mit dieser begrifflichen Differenz zwischen Brüderlichkeit und Bruderschaft aber verbin-

43a Besonders wichtig ist der Bruder-Titel für *Franz v. Assisi.* Dazu jetzt: *L. Boff*, Zärtlichkeit und Kraft, 1983, S. 56ff.

44 *M. Luther*, Sermon von dem hochwürdigen Sakrament ... und von den Bruderschaften (WA 2, S. 756).

det sich die Tendenz, den Begriff der Bruderschaft auf die innerkirchlichen Sozialbeziehungen einzuschränken; ja die Rede vom Bruder und von der Bruderschaft wird zur Sondersprache kirchlicher Amtsträger. Der weite Sinn der christlichen Rede vom »Bruder« geht verloren. Zugleich koppelt sich die kirchliche Sprache von der neuzeitlichen Wirkungsgeschichte des christlichen Brudertitels ab. Zu ihr aber zählt nicht nur die Brüderlichkeit als Losungswort der Französischen Revolution, sondern auch der Begriff der Solidarität, der zunächst die wechselseitige Verläßlichkeit und die politische Aktionsgemeinschaft innerhalb der Arbeiterbewegung beschreibt und von hier aus zum Schlüsselbegriff einer politischen Perspektive wird, die die gesellschaftliche Entwicklung aus dem Blickwinkel ihrer Opfer betrachtet. Parteinahme für die Geringsten und wechselseitige Verläßlichkeit werden zu bestimmenden Inhalten des Begriffs der Solidarität; er nimmt damit Gehalte in sich auf, die mit dem christlichen Titel des Bruders gemeint sind, aber in der Geschichte des Christentums oft genug verdrängt und verleugnet wurden. Eine der christlichen Tradition eigene kritische Norm wandert so aus den Kirchen aus und begegnet ihnen unter fremder Bezeichnung erneut. Man kann diesen geschichtlichen Vorgang am besten mit einer Bemerkung des frühen Karl Barth kommentieren: Wenn die Gottlosen Gott besser verstanden haben als die Christen, so gilt es, Gott die Ehre und in diesem Fall den Gottlosen recht zu geben[45]. Deshalb ist es durchaus angebracht, dem Begriff der Solidarität Eingang auch in die theologisch-kirchliche Sprache zu verschaffen.

Ich habe diese Überlegungen zum Begriff der »Gemeinde von Brüdern« mit der Frage eingeleitet, ob er nur für die besondere Gestalt der lokalen Gemeinde bestimmend sein kann oder ob ihm auch für die anderen Gestalten der Kirche: die Initiativgruppe, die Regionalkirche und die kirchliche Föderation Geltung zukommt. Nun ist der Begriff der »Gemeinde von Brüdern« am Modell der gottesdienstlich versammelten Gemeinde und zugleich an unmittelbaren Sozialbeziehungen, an Beziehungen unmittelbarer Interaktion gewonnen. Doch schon die Geschichte des Bruder-Titels zeigt, daß in ihm eine Fundamentalbestimmung christlichen Lebens vorliegt, welche über die gottesdienstliche Versammlung ebenso hinausreicht wie über den Bereich der unmittelbaren Sozialbeziehungen. Denn nicht nur die Glaubensgenossen, sondern auch die Entferntesten sollen als Schwestern und Brüder gelten. Nicht nur die Angehörigen der je eigenen Generation, sondern auch die Glieder vergangener wie künftiger Generationen sind in der Gemeinschaft der Kirche zusammengeschlossen. Es wäre ein verengtes Verständnis von Brüderlichkeit wie von Solidarität, wenn sie nur auf die Glieder der eigenen Gruppe und Gemeinde oder auf die gleichzeitig Lebenden bezogen würden. Der Gedanke der geschwisterlichen Solidarität, der im christli-

45 *K. Barth*, Vergangenheit und Zukunft. Friedrich Naumann und Christoph Blumhardt (1919), in: *J. Moltmann* (Hg.), Anfänge der dialektischen Theologie, Bd. 1, 2. Aufl. 1966, S. 37ff. (47f.).

chen Titel des Bruders enthalten ist, bezieht sich also auf die Gestalten der Regionalkirche und der kirchlichen Föderation ebenso wie auf diejenigen der Gemeinde und der Initiativgruppe. Die grundlegende Frage der Kirchenordnung, die sich mit der 3. Barmer These stellt, heißt also, wie geschwisterliche Solidarität zur Bestimmung der Institution oder, um einen früheren Begriff wieder aufzunehmen, der »Konstitution« der Kirche werden kann. Hierfür lassen sich aus dem bisher Gesagten einige negative und positive Kriterien ableiten.

1. Die Konstitution der Kirche in all ihren Gestalten muß durch Offenheit nach außen bestimmt sein. Sie nimmt ihre Bestimmung zur Solidarität nur ernst, wenn sie den Adressaten nicht vergißt, an den sie sich vor allem anderen richtet: »der der Gemeinde gegebene Auftrag richtet sich an die vermöge ihrer Unwissenheit, ihres Draußenstehens geplagte und seufzende, die leidende menschliche Kreatur«[46]. Die Kirche orientiert sich in dem radikalen Sinn an den von Gott gegebenen Grundrechten des Menschen, daß sie ein Recht aller Menschen auf Zugang zum Glauben als grundlegendes Prinzip ihrer eigenen Ordnung anerkennt; es gewinnt in der missionarischen Struktur kirchlicher Ordnung Gestalt[47].

2. Die Glieder der Kirche erkennen sich wechselseitig als Gleiche an. Integrität der Person und Schutz der Gewissensfreiheit gehören deshalb zu den grundlegenden Bestimmungen kirchlicher Ordnung. Vor allem aber steht diese Ordnung unter dem Anspruch, daß alle Glieder die Möglichkeit haben, am Leben der Kirche verantwortlich teilzunehmen. Eine Liturgie jedoch, die ebenso Teilnahme ausschließt, wie sie denjenigen, die sie gewohnt sind, das Gefühl der Vertrautheit vermittelt, kann kaum zum Ausgangspunkt für eine solidarische Ordnung der Gemeinde werden. Die Vermutung liegt nahe, daß eine Veränderung der Kirche im Sinn der 3. Barmer These mit einer Umgestaltung des Gottesdienstes beginnen müßte. Aber auch die kirchlichen Entscheidungsstrukturen müssen so weiterentwickelt werden, daß die faktische Beschränkung der Mitwirkungsrechte auf eng begrenzte soziale Schichten durchbrochen wird. Wenn schon der Begriff der Volkskirche für das Selbstverständnis der Kirche in der Gegenwart – jedenfalls in der Bundesrepublik – noch als unentbehrlich erscheinen sollte, dann muß man zumindest den ursprünglichen Sinn dieses Begriffs gegen seine späteren Deformationen stark machen. Seinem ursprünglichen Sinn nach handelt es sich um einen institutionskritischen Begriff: Gegen alle Verfügungsansprüche einer verselbständigten kirchlichen Institution stellt er die Kirche des Volks; gegen die Herrschaft von Behörden beruft er sich auf das Priestertum aller Gläubigen; gegen den Bekenntniszwang appelliert er an die Freiheit der Gewissen und an das Recht der Einzelgemeinden, über die Lehre zu urteilen[48].

46 *K. Barth*, KD IV/3, 2. H., S. 926.

47 Zu den Grundrechten in der Kirche: *W. Huber/H. E. Tödt*, Menschenrechte – Perspektiven einer menschlichen Welt, 2. Aufl. 1978, S. 198ff.; *W. Huber*, Kirche, 1979, S. 130ff.

48 Siehe oben S. 133ff.

3. Die Kirche als »Gemeinde von Schwestern und Brüdern« wird darin Wirklichkeit, daß für die verschiedenen Gaben und Dienste in der Kirche Raum ist. Gegen diese Forderung wird praktisch überall dort verstoßen, wo die Dienste in der Gemeinde als Hilfsfunktionen des Pfarramts betrachtet, wo auf lokaler, regionaler oder weltweiter Ebene die Kirche mit der »Amtskirche« identifiziert wird. Dieses Mißverständnis der Kirche aber reicht weiter, als es zunächst scheint. In subtiler Form begegnet es zum Beispiel in der Behauptung, die Kirche könne sich zu bestimmten Sachfragen nicht äußern, weil dazu die Expertise verschiedener Erfahrungsbereiche und Wissenschaften notwendig sei; denn auch in dieser Auskunft ist eine Identifikation der Kirche mit dem Amt des Theologen unbefragt vorausgesetzt. Die Forderung nach Anerkennung der Charismen übersetzt sich also in die Forderung, daß die Kirche beginnt, die Kompetenz ihrer Glieder ernstzunehmen.

4. Die Kirche als »Gemeinde von Schwestern und Brüdern« steht parteilich auf der Seite derer, die das Gleichnis vom Weltgericht als die Brüder Jesu bezeichnet: auf der Seite der Opfer gesellschaftlicher Verhältnisse und geschichtlicher Entwicklungen. Sie braucht deshalb praktizierte ökumenische Solidarität und funktionierende politische Diakonie. Beides gehört zu den Grundbestimmungen einer Kirche, die sich im Horizont der 3. Barmer These verstehen will.

IV

Wir fragen abschließend: Wie verhält sich die Forderung nach einem Zeugnischarakter kirchlicher Ordnung, der wir in verschiedenen Hinsichten nachgegangen sind, zu der These von der Verborgenheit der Kirche? Für Luther, der diese These mit besonderem Nachdruck entwickelt hat, ergibt sie sich aus dem Ansatz bei der Theologie des Kreuzes. Nur derjenige verdient nach den Thesen der Heidelberger Disputation ein Theologe genannt zu werden, der das, was von Gott der Welt sichtbar und zugewandt ist, als durch Leiden und Kreuz dargestellt begreift[49]. Diese Einsicht in die anschauliche Verborgenheit Gottes gilt es auch in der Lehre von der Kirche konsequent durchzuhalten: die Kirche ist unter dem Kreuz anschaulich verborgen. »Abscondita est ecclesia, latent sancti«[50]. Gott verbirgt die Kirche unter den Irrtümern, der Schwachheit, der Sünde, so daß sie niemals in ihrem eigentlichen Sinn erscheint[51]. Nicht der Entzug des Wesens der Kirche in eine Sphäre der Unsichtbarkeit ist die Pointe dieser Sätze, sondern die Präsenz der Kirche unter der Gestalt ihres präzisen Gegensatzes, unter der Gestalt des Kreuzes. Die Kirche, die das rechtfertigende Handeln Gottes verkündet,

49 WA 1, S. 354, 19f.

50 WA 18, S. 692.

51 »Ecclesia est occulta, habitat in spiritu et luce inaccessabili. Deus abscondit eam sub erroribus, infirmitate, peccato, et nusquam appareat secundum sensum« (WA 40 II, S. 105f.).

ist die Kirche der Irrenden, der Sünder[52]. »Mitten in der Welt der Sünde« bezeugt sie »als Kirche der begnadigten Sünder«, daß sie Christi Eigentum ist (Barmen III); auch sie lebt »in der noch nicht erlösten Welt« (Barmen V). Daß »Kirche« und »Welt« zugleich ineinander verflochten und voneinander unterschieden sind, hat hierin seinen Grund[53].

Wenn angesichts der Verborgenheit der Kirche die Ordnung der Kirche an deren Zeugnisauftrag gebunden wird, so kann der Sinn nicht darin liegen, daß nun doch die Wahrheit des Glaubens an der Gestalt der Kirche sollte aufgewiesen werden können. Einer triumphalistischen Ekklesiologie, die auf diesem Weg nun doch den Ordnungen der Kirche Heiligkeit attestieren will, kann gerade die 3. Barmer These das Wort nicht reden. Was aber ist dann mit dem Zeugnischarakter kirchlicher Ordnung gemeint? Wie verhält sich – anders gefragt – die Verborgenheit der Kirche zur Sichtbarkeit der wirklichen Kirche?

Die Spannung zwischen Verborgenheit und Sichtbarkeit der Kirche kann nicht in der Weise aufgelöst werden, daß sie in dem ontologischen Schema von unsichtbarem Wesen und sichtbarer Erscheinung ausgelegt wird. Diese Spannung ist nicht ontologisch aufzulösen, sondern eschatologisch wahrzunehmen. In ihr wiederholt sich die Spannung zwischen der Gegenwart und der Ausständigkeit des Heils, zwischen der Entsprechung des gegenwärtigen Lebens der Christen zum Reich Gottes und der beide voneinander trennenden Differenz. Deshalb verbindet sich das Bewußtsein, in der wirklichen Kirche als in der Kirche Jesu Christi zu leben, notwendigerweise immer mit einer Differenzerfahrung: dies ist die Erfahrung der Verborgenheit der Kirche. Doch diese Erfahrung der Verborgenheit entlastet nicht von der Aufgabe, die Kirche zu einem sichtbaren Zeugnis von der in Christus geschehenen Versöhnung und deshalb zu einer »Gemeinde von Schwestern und Brüdern« werden zu lassen. Im Gegenteil: Ihr Wissen um die Verborgenheit befreit die wirkliche Kirche zu solchen Versuchen bezeugender Existenz und bezeugender Ordnung.

Eben wegen dieser Zusammengehörigkeit von Verborgenheit und Zeugnis kann die Kirche als ein Gleichnis der in Christus geschehenen Versöhnung und des in Christus verheißenen Reiches Gottes gelten: »Die christliche Gemeinde darf und soll sich im neutestamentlichen Vollsinn des Begriffs als *Gleichnis* verstehen. Sie ist als solches nachträgliche und vorläufige Darstellung der von ihr unterschiedenen *gottmenschlichen* Wirklichkeit. Indem

52 Vgl. *A. Brandenburg*, Luthers theologia crucis und die Auffassung von der pilgernden Kirche, in: *R. Bäumer / H. Dolch* (Hg.), Volk Gottes, 1967, S. 323ff.

53 Vgl. *H. Diem*, Zur Prüfung der 3. Barmer These an den lutherischen Bekenntnisschriften, in: *ders.*, sine vi – sed verbo, 1965, S. 60ff. (63f.): »Als die durch das menschgewordene Wort berufene und dieses Berufensein . . . bezeugende congregatio sanctorum steht die Kirche der Welt, in der sie lebt und zu der sie nach Fleisch und Blut ihrer Glieder selbst gehört, immer zugleich auch gegenüber. Das von ihr abzulegende Zeugnis bezeugt der Welt einerseits, daß diese die ›Welt der Sünde‹, und andererseits, daß die Kirche ›die Kirche der begnadigten Sünder‹ ist . . . Dieses Ineinander und zugleich Gegenüber von Kirche und Welt entspricht der iustificatio impii.«

diese ihrem Dasein zugleich vorangeht und nachfolgt, kann die Gemeinde sie nur nachträglich und vorläufig anzeigen, abbilden, darstellen. Indem sie ihr in höchster Verschiedenheit und Überlegenheit vorangeht und nachfolgt, kann sie sie nur *unvollkommen*, inadäquat, zugleich erhellend und verdunkelnd – sie kann sie wohl in ähnlichen, aber nicht in ihr gleichkommenden Konturen und Farben bezeichnen und darstellen. Sie kann nicht zu ihrem Duplikat werden. Indem es ihr aber wesenhaft eigentümlich ist, von ihr herzukommen und ihr entgegenzugehen, hat sie in aller Unvollkommenheit echten *Anteil* an ihr, die sie bezeichnet und darstellt. Als Gleichnis in dem so bestimmten Sinn darf und soll sich die christliche Gemeinde verstehen«[54].

54 *K. Barth*, KD IV/3, 2. Hälfte, S. 906; vgl. *H.-G. Geyer*, Einige vorläufige Erwägungen über Notwendigkeit und Möglichkeit einer politischen Ethik in der evangelischen Theologie, in: *A. Burgsmüller* (Hg.), Zum politischen Auftrag der christlichen Gemeinde (Barmen II), 1974, S. 172ff. (180f.).

3. Wahrheit und Existenzform

Anregungen zu einer Theorie der Kirche bei Dietrich Bonhoeffer

I

Von der Kirche redet man nicht zureichend, wenn man nur darüber Auskunft gibt, *was* die Kirche ist; man muß vielmehr auch darüber sprechen, *wo* sie sich befindet[1]. Wer nach dem *Ort* der Kirche fragt, fragt damit nach ihren sozialen Erscheinungsformen, nach ihrer *Sozialgestalt.* Wer über die Kirche spricht, redet explizit oder implizit von der Frage, in welchem Verhältnis die geglaubte und die erfahrene Kirche zueinander stehen. Er fragt, ob und wie die Kirche, die wir erfahren, zum Erfahrungsraum des Glaubens werden kann. Deutlich genug hat sich gezeigt: Es ist eine Verkürzung dessen, was die Kirche ist, wenn man nur nach ihrem *Wesen* und ihrem *Auftrag* fragt; man muß vielmehr zugleich nach ihrem *Ort* und nach ihrer *Sozialgestalt* fragen. Doch zugleich gilt die Umkehrung: Von der Sozialgestalt der Kirche kann nicht gesprochen werden, ohne daß von ihrem Auftrag die Rede ist; von ihrem Ort kann nicht gesprochen werden, ohne daß zugleich von ihrem Wesen die Rede ist; von der erfahrenen Kirche kann nicht gesprochen werden, ohne daß zugleich von der geglaubten Kirche die Rede ist. Die Debatten über die Volkskirche haben dies deutlich belegt. In ihnen sollte der Auftrag der Kirche im Blick auf ihren besonderen geschichtlichen Ort ausgelegt werden; und umgekehrt: Angesichts offenkundiger Wandlungen in der Gestalt und den Funktionen der Kirche konnte der Rückfrage nach der Identität der Kirche nicht ausgewichen werden[2].

Die mit dieser einleitenden Doppelthese gestellte Aufgabe allerdings liegt noch heute eher am Rande des theologischen Interesses. Über Jahrhunderte hinweg hat man sich in der evangelischen Theologie daran gewöhnt, die Frage nach der Rechts- und Sozialgestalt der Kirche anderen wissenschaftlichen Disziplinen zu überlassen und sich auf Aussagen über das Wesen und den Auftrag der Kirche zu beschränken. In dieser Selbstbeschränkung hat sich die Theologie der Mitverantwortung für die rechtliche Gestalt und die soziopolitischen Wirkungen der Kirche weithin entzogen. Im Gefälle einer solchen theologischen Selbstbeschränkung aber liegt die These von der politischen Neutralität der Kirche ebenso wie die Behauptung, die rechtliche Ordnung und die soziale Gestalt der Kirche seien gegenüber ihrem Auftrag zufällig oder kontingent. Mit solchen Aussagen aber wird die Existenzform der Kirche dem Herrschaftsanspruch Jesu Christi und dem Ruf in die Nach-

1 Das Folgende ist die revidierte Fassung der gleichnamigen Abhandlung in: *E. Feil / I. Tödt* (Hg.), Konsequenzen. Dietrich Bonhoeffers Kirchenverständnis heute, 1980, S. 87ff.

2 Vgl. die beiden Studien zum Kirchenverständnis, die von den Theologischen Ausschüssen der VELKD und der EKU vorgelegt wurden; beide verknüpfen Überlegungen zur gegenwärtigen Situation der Kirche mit Rückfragen nach dem Bekenntnis; dazu oben S. 131f.

folge entzogen. Genau hiergegen richtete sich der entschiedene und wohlbegründete Protest der Barmer Theologischen Erklärung wie auch Dietrich Bonhoeffers. Es liegt deshalb in der theologischen Konsequenz der Barmer Thesen wie der ekklesiologischen Grundüberlegungen Bonhoeffers, wenn wir uns von der geschilderten theologischen Selbstbeschränkung zu lösen versuchen. Wir müssen unseren Fragehorizont gegenüber traditionellen Gestalten der Ekklesiologie erweitern und können die Formen wissenschaftlicher Arbeitsteilung nicht mehr einfach voraussetzen, von denen diese ausgingen. Denn diese wissenschaftliche Arbeitsteilung hatte schwerwiegende Folgen: Die Wirklichkeit der Kirche spaltet sich für eine solche Art der wissenschaftlichen Betrachtung auf in eine dem Glauben erschlossene Wirklichkeit, eine soziale Wirklichkeit und eine Wirklichkeit des Rechts. Die wissenschaftliche Bearbeitung unterscheidet zwischen diesen »Wirklichkeiten«. Und dennoch handelt es sich bei der Kirche um eine unteilbare Wirklichkeit: Die Wahrheit der Kirche ist nicht jenseits ihrer sozialen und rechtlichen Gestalt erfahrbar. Zugleich freilich verweist eine solche Arbeitsteilung darauf, daß die genannten Aspekte sorgfältig voneinander zu unterscheiden sind. Denn die Wahrheit der Kirche geht in ihrer sozialen und rechtlichen Gestalt nicht auf; keine Sozialgestalt und keine rechtliche Form vermag die Wahrheit der Kirche zu garantieren.

Doch alles Unterscheiden in der Theologie hat das Ziel, daß man das *Verhältnis* zwischen dem Unterschiedenen zu bestimmen vermag. Deshalb kann es bei der erörterten wissenschaftlichen Arbeitsteilung nicht sein Bewenden haben. Vielmehr muß man fragen: In welchem Verhältnis stehen die theologischen, soziologischen und juristischen Aspekte der Kirche zueinander; wie also verhalten sich Auftrag und Sozialgestalt, Wesen und Ort der Kirche zueinander? Den Versuch, dieser Frage nachzugehen, bezeichne ich als »Theorie der Kirche«. Dabei meint »Theorie« in diesem Zusammenhang lediglich die methodisch geordnete Darstellung und Kritik. Eine »Theorie der Kirche« in diesem Sinn gehört zu den fundamentalen Themen der Theologie. Denn Theologie ist immer auch eine *Funktion* der Kirche[3]; deshalb kann sie sich der Aufgabe, eine *Theorie* der Kirche zu entwickeln, nicht entziehen.

Sucht man unter den theologischen Entwürfen unseres Jahrhunderts nach Vorarbeiten für diese Aufgabe, dann stößt man auf das theologische Lebenswerk Dietrich Bonhoeffers. Bei kaum einem anderen Autor ist so wie bei ihm die Frage nach der Kirche ins Zentrum gerückt; von seiner ersten Arbeit – der Dissertation »Sanctorum Communio« – bis hin zu der letzten, im Gefängnis entworfenen Arbeit – von der wir nur die Skizze in den Tegeler Briefen kennen – ist sein Werk von der Frage nach der Kirche bestimmt. Ja, er geht so weit, daß er programmatisch die Kirche als Vorzeichen und Ausgangspunkt aller theologischen Arbeit betrachtet. »Die empirische Kirche ist Voraussetzung der Theologie. Kirche bleibt aber auch Gegenstand der

3 *K. Barth*, KD I/1, S. 1.

Theologie. Als solcher ist er als erstes Lehrstück der Dogmatik zu behandeln«[4]. Die Frage nach der Kirche ist das Grundthema der theologischen Arbeit Bonhoeffers.

Der Ausgangspunkt für Bonhoeffers Fragen ist die erfahrene Gemeinschaft der Kirche. Sie will er theologisch zur Darstellung bringen. Dabei liegt ihm viel an der Bestätigung und Bewahrung der gegebenen Gestalt der Kirche. »Ressentiment und dogmatischer Leichtsinn sollen uns nicht kurzerhand unsere geschichtliche evangelische Kirche nehmen können«[5]. »Es liegt in der geschichtlichen volkskirchlichen Art der Kirche mit ihre größte Kraft«[6]. Um die geschichtliche Gestalt der Kirche theologisch darstellen zu können, unternimmt der junge Bonhoeffer in seiner Dissertation den kühnen Versuch einer »dogmatischen Untersuchung zur Soziologie der Kirche« (so der Untertitel von Sanctorum Communio). Damit werden Dogmatik und Soziologie in einer für damaliges wie für heutiges Denken ungewöhnlichen Weise zusammengeschlossen. Schon darin zeigt sich der Reiz, der in dem Versuch liegen muß, Bonhoeffers Kirchenverständnis für eine heutige Theorie der Kirche fruchtbar zu machen.

In den späteren Arbeiten Bonhoeffers tritt das interdisziplinäre Interesse an der Verbindung von Dogmatik und Soziologie als wissenschaftlichen Disziplinen in den Hintergrund – wie in ihnen überhaupt der akademische Anspruch an Gewicht verliert. Um so eindringlicher aber meldet sich in ihnen das inhaltliche Motiv, das schon für jenen frühen Versuch bestimmend war, zu Wort: die Frage nämlich nach dem Verhältnis zwischen der von der Kirche vertretenen Wahrheit und der Existenzform, in der die Kirche lebt. Programmatisch heißt es in der Finkenwalder Homiletik:

> »Die Wahrheit, von der die Kirche Zeugnis ablegt, ist nicht das Resultat von Deduktionen, sie ist nicht die Vermittlung eines bestimmten Lehrbestandes. Sie ist geschehende Wahrheit. Sie erschafft sich ihre Existenzform. Es ist möglich, daß die Kirche die reine Lehre predigt und daß sie dennoch unwahr ist. Der Wahrheitscharakter hängt von der Existenzform dieser Kirche ab. Ihre Existenzform aber heißt Nachfolge und nicht Volksnähe oder Volksverbundenheit«[7].

Diese Sätze enthalten, wie mir scheint, einen Schlüssel zu Bonhoeffers Kirchenverständnis im ganzen. Zugleich findet sich in ihnen die Frage nach

4 *D. Bonhoeffer*, Das Wesen der Kirche (Vorlesung 1932), in: Gesammelte Schriften (im folgenden: GS), Bd. 4, S. 239; vgl. hierzu *Th. I. Day*, Conviviality and Common Sense. The Meaning of Christian Community for Dietrich Bonhoeffer, Diss. New York 1975; *U. Duchrow*, Kann Bonhoeffers gelebte Lehre von der Kirche in der Bundesrepublik Deutschland rezipiert werden?, in: *Chr. Frey/W. Huber* (Hg.), Schöpferische Nachfolge – Festschrift für H. E. Tödt, 1978, S. 389ff.; *A. v. Oettingen*, Kirchliche Gemeinwesenarbeit – Konflikt und gesellschaftliche Strukturbildung. Eine empirische Untersuchung im Kontext der Ekklesiologie Dietrich Bonhoeffers, 1979, S. 25ff.

5 Sanctorum Communio (im folgenden: SC), 4. Aufl. 1969, S. 166.

6 Ebd., S. 164f.; vgl. zu diesem Ausgangspunkt *E. Lange*, Kirche für andere. Dietrich Bonhoeffers Beitrag zur Frage einer verantwortbaren Gestalt der Kirche in der Gegenwart, in: *ders.*, Kirche für die Welt. Aufsätze zur Theorie kirchlichen Handelns, hg. von *R. Schloz*, 1981, S. 19ff.

7 GS IV, S. 252.

dem Verhältnis von Auftrag und Sozialgestalt der Kirche, von der wir ausgingen, in besonders zugespitzter Form. Das unterstreicht noch einmal, daß es von Nutzen sein kann, wenn wir uns für die Entwicklung einer Theorie der Kirche bei Bonhoeffer Rat holen. Dabei wird sich zeigen: Grundthema einer an Bonhoeffer orientierten Theorie der Kirche ist der Zusammenhang und das unumkehrbare Gefälle zwischen Glauben und Gehorsam, zwischen Botschaft und Ordnung, zwischen Wahrheit und Existenzform der Kirche – eben jener Zusammenhang und jenes unumkehrbare Gefälle, durch welche das Kirchenverständnis der 3. Barmer These geprägt ist. Wir bleiben also im Horizont der Barmer Theologischen Erklärung, wenn wir uns dem Kirchenverständnis Dietrich Bonhoeffers zuwenden.

II

Bonhoeffers Dissertation »Sanctorum Communio« ist von dem Interesse geleitet, die empirische Gemeinschaft der Kirche dogmatisch darzustellen. Doch sie ist weit mehr und anderes als eine dogmatische Deutung vorgegebener soziologischer Sachverhalte. Für Bonhoeffer bildet das Dogma von der Kirche nicht etwa ein sekundäres Deutungsmuster, sondern vielmehr den Ausgangspunkt der Argumentation. Man muß sich auf den strikt dogmatischen Charakter von Bonhoeffers Untersuchung einlassen, wenn man ihr gerecht werden will. Sie läßt sich im ganzen als Auslegung des Satzes lesen: »Die Kirche ist der neue Wille Gottes mit den Menschen«[8].

Die Kirche ist der neue Wille *Gottes* mit den Menschen. Dieser Satz nötigt dazu, sich die Geschichte Gottes mit den Menschen insgesamt vor Augen zu stellen. In der Kirche begegnet die communio peccatorum und die communio sanctorum zugleich; oder noch zugespitzter formuliert: die Geschichte der Kirche erstreckt sich »von der Kirche in der Gestalt der urständlichen Menschheit über den Zerbruch der Kirche in der gefallenen Menschheit zur Überwindung dieses Bruchs und zur Wiederherstellung der Kirche in der in Christus bereits vollendeten, durch den Heiligen Geist in Raum und Zeit auf das Reich hin aktualisierten Menschheit«[9]. Nur von einem derart umfassenden dogmatischen Verständnis der Kirche lassen sich so weitreichende soziologische Folgerungen ableiten, wie Bonhoeffer sie zieht. Behauptet er doch, die Kirche sei die Grundgestalt sozialen Lebens schlechthin, in der die soziologischen Grundtypen Gesellschaft, Gemeinschaft und Herrschaftsverband zusammengezogen und überwunden sind[10].

Die Kirche ist der *neue* Wille Gottes mit den Menschen. Das Verständnis der Kirche ist deshalb konsequent vom Christusgeschehen her zu entwerfen; daß die Kirche Leib Christi sei, ist für Bonhoeffer eine fundamentale ekklesiologische Bestimmung[11]. Er transponiert diesen paulinischen Begriff, ei-

8 SC, S. 93.
9 *E. Lange*, a.a.O., S. 24f.
10 SC, S. 203f.

nen Ausdruck Hegels variierend, in die Formel, die Kirche sei »Christus als Gemeinde existierend«[12]. Christologie und Ekklesiologie sind bei Bonhoeffer von Anfang an eng zusammengeschlossen. Über die Gefahren, die sich aus dieser engen Verknüpfung ergeben, wird später noch zu reden sein[13]. Zunächst gilt es, die Stärke dieses theologischen Ansatzes hervorzuheben. Christologie und Ekklesiologie gehören für Bonhoeffer deshalb zusammen, weil sie dasselbe Thema haben. Denn beide handeln von nichts anderem als von der *Gegenwart* Jesu Christi[14]. Dabei fügt Bonhoeffer der klassischen ekklesiologischen Formel von der Gegenwart Christi in Wort und Sakrament ausdrücklich die Gegenwart in der Gemeinde hinzu[15].

Die enge Verbindung der beiden Themen nötigt von Anfang an dazu, nicht nur die Kirche im Blick auf die Gegenwart Jesu Christi, sondern zugleich Jesus Christus im Blick auf die mit seinem Dasein gegebene Form der Sozialität auszulegen. Aus diesem Grund bereitet sich schon in der Dissertation die Formel von Christus als dem »Menschen für andere« vor, dem die Kirche in ihrem »Dasein für andere« entspricht. Dabei zeigt sich das Interesse an der mit dem Dasein Jesu gegebenen Form der Sozialität an einem Detail besonders deutlich. Bonhoeffer überführt die klassische theologische Formel vom »pro me« Christi in ein »pro nobis«: »Von diesem Menschen sagen wir: dieser ist Gott für uns«[16]. Leben, Tod und Auferweckung Jesu gelten also nicht nur je für mich, sondern für uns; »die Stellvertretung Jesu Christi ist selbst sozial verfaßt«[17].

Nach dem Gesagten ist deutlich, warum Bonhoeffer in »Sanctorum Communio« Dogmatik und Soziologie zueinander in ein deduktives Verhältnis setzt und sich darüber hinaus einer Soziologie bedient, der er meint,

11 Vgl. *A. Schönherr*, Bonhoeffers Gedanken über die Kirche und ihre Predigt in der »mündig« gewordenen Welt, in: Mündige Welt (im folgenden: MW), Bd. 1, S. 76ff.

12 SC, S. 92, 137 u.ö. Dieser Formel sind vor allem *H. Pfeifer*, Das Kirchenverständnis Dietrich Bonhoeffers. Ein Beitrag zur theologischen Prinzipienlehre, Diss. Heidelberg (masch.) 1963, S. 34 und *E. Feil*, Die Theologie Dietrich Bonhoeffers. Hermeneutik – Christologie – Weltverständnis, 1971, S. 145ff. nachgegangen. Bonhoeffer übernimmt das Hegel-Zitat von Reinhold Seeberg. In Hegels Religionsphilosophie in der von *Marheineke* besorgten Fassung heißt der Bonhoeffers Formel zugrundeliegende Text: »Gott als Gemeinde existierend« (*G. W. F. Hegel*, Religionsphilosophie, hg. von *Marheineke*, 1832, Bd. 2, S. 261, vgl. SC, S. 144, Anm.); in der Ausgabe von *Lasson* heißt die entsprechende Stelle: »Dies (ist) der Geist Gottes oder Gott als gegenwärtiger, wirklicher Geist, Gott in seiner Gemeinde wohnend« (*G. W. F. Hegel*, Vorlesungen über die Philosophie der Religion, hg. v. *Lasson*, Bd. II/2, S. 180; vgl. auch Theorie-Werkausgabe, Bd. 17, S. 305). In der Tat muß man mit *E. Bethge*, Dietrich Bonhoeffer. Eine Biographie (im folgenden: DB), 3. Aufl. 1970, S. 113 und gegen *E. Feil*, a.a.O., S. 147, Anm. 26 von einer christologischen Umformung des Hegel-Zitats bei Bonhoeffer sprechen. *Feils* Meinung hängt damit zusammen, daß er »Sanctorum Communio« die christologische Grundorientierung absprechen möchte; doch dabei ist eine Entgegensetzung von ekklesiologischer und christologischer Akzentsetzung leitend, die Bonhoeffers Denken, wie mir scheint, nicht voll gerecht wird.

13 Unten S. 202f.

14 GS III, S. 166ff.; vgl. *E. Feil*, a.a.O., S. 171ff.

15 Vgl. *E. Bethge*, DB, S. 266.

16 GS III, S. 232.

17 *E. Feil*, a.a.O., S. 175.

eine formale, die theologischen Inhalte nicht tangierende Begrifflichkeit entnehmen zu können[18]. Denn eine Untersuchung zur Soziologie der Kirche erscheint ihm überhaupt nur dann als möglich, wenn man den Anspruch der Kirche, der neue Wille Gottes für die Menschen und damit Kirche Gottes zu sein, ernst nimmt und als eine Voraussetzung anerkennt, die weiterer Rechtfertigung nicht zugänglich ist[19]. Eine Soziologie, die diese Voraussetzung nicht teilt, kann immer nur zur Soziologie einer Religionsgemeinschaft, nie aber zur Soziologie der Kirche vordringen. Von der Kirche – auch gerade von der empirischen Kirche – kann man aber nur reden, wenn man sie als Offenbarungsrealität anerkennt und voraussetzt.

Wie Karl Barth schon im »Römerbrief« Religion und Offenbarung, so setzt Bonhoeffer Religionsgemeinschaft und Kirche schroff gegeneinander[20]. Gegenüber einer Religionssoziologie, »die die Anschauung von der Kirche in der Allgemeinheit ihres Religionsbegriffs zu verlieren drohte«[21], stellt er einen Begriff der Kirche ins Zentrum, für den ein exklusiver und ein umfassender Charakter zugleich in Anspruch genommen wird. Die Kirche ist eine Gestalt der Offenbarung, nämlich die Offenbarungsform »Christus als Gemeinde existierend«. In Christus aber ist die Menschheit *real* in die Gemeinschaft mit Gott hineingezogen; in der Offenbarungsform »Christus als Gemeinde existierend« vollzieht sich die *Aktualisierung* dieser in Christus gesetzten Realität durch den Heiligen Geist. Aus dieser Bestimmung des Kirchenbegriffs müssen sich alle Aussagen über die empirische Kirche und die ihr entsprechenden Sozialformen ergeben.

Wie Bonhoeffer dies versucht, sei an einem bestimmten gedanklichen Zusammenhang im einzelnen erläutert. Er führt sein Programm durch, indem er, allerdings ohne dies ausdrücklich zu erwähnen, von der von Hegel behaupteten trichotomen Struktur des Geistes als Allgemeinheit (A), Einzelheit (E) und Besonderheit (B) Gebrauch macht. Schon Hegel selbst wendet diese Struktur auf die Idee der »Gemeinde« als »Reich des Geistes« an [22]. Aus Hegels triadischem Schematismus entwickelt Bonhoeffer schon zu Beginn seiner Arbeit die »Struktur der Gemeinschaft«. Zu ihr gehören einerseits die einzelnen Personen als Aktzentren (E), andererseits die Einheit

18 Nämlich die »formale« Soziologie von Tönnies, Simmel, Vierkandt u.a. Zur Kritik dieser von Bonhoeffer rezipierten Soziologie vgl. u.a. *H. Müller*, Von der Kirche zur Welt. Ein Beitrag zu der Beziehung des Wortes Gottes auf die societas in Dietrich Bonhoeffers theologischer Entwicklung, 1961, S. 72ff.; *P. L. Berger*, The Social Character of the Question Concerning Jesus Christ: Sociology and Ecclesiology, in: *M. E. Marty* (Hg.), The Place of Bonhoeffer, 1963, S. 51ff.

19 SC, S. 84.

20 Vgl. z.B. SC, S. 104.

21 *T. R. Peters*, Die Präsenz des Politischen in der Theologie Dietrich Bonhoeffers. Eine historische Untersuchung in systematischer Absicht, 1976, S. 187.

22 »Die Einzelheit der göttlichen Idee, die göttliche Idee als *ein* Mensch, vollendet sich erst in der Wirklichkeit, indem sie zunächst in ihrem Gegenüber die *vielen* Einzelnen hat und diese zur Einheit des Geistes, zur *Gemeinde* zurückbringt und darin als wirkliches, allgemeines Selbstbewußtsein ist« (*G. W. F. Hegel*, Vorlesungen über die Philosophie der Religion, Theorie-Werkausgabe, Bd. 17, S. 299). Zur Funktion desselben Schematismus in Hegels Logik vgl. den Abschnitt über den Schluß des Daseins: Theorie-Werkausgabe, Bd. 6, S. 354ff.

der Gruppe als »Gebilde« (A), schließlich die spezifischen, der jeweiligen Gemeinschaft eigentümlichen Wechselwirkungen (B)[23]. Später knüpft Bonhoeffer an diese triadische Struktur in christologischer Perspektive wieder an:

> »So ist die Kirche in und durch Christus in den drei uns bekannten Grundverhältnissen gesetzt: Sein Tod isoliert den *einzelnen*, jeder trägt seine Schuld, hat sein Gewissen (E); im Lichte der Auferstehung wird die Kreuzgemeinde als *eine* in Christus gerechtfertigt und geheiligt. Die neue Menschheit wird in *einem* Punkt, in Jesus Christus zusammengeschaut (A); wie aber die Liebe Gottes in der Stellvertretung Christi die Gemeinschaft zwischen Gott und Mensch wieder herstellt, so ist auch die menschliche *Gemeinschaft* wieder wirklich geworden in der Liebe (B)«[24].

Entgegen dem Anschein einer rein theologischen Deduktion geht diese Überlegung von einer sozialphilosophischen Basis-Annahme aus[25], nämlich von der im Anschluß an Hegel entwickelten triadischen »Struktur der Gemeinschaft«. Ihr wird zunächst Evidenz unterstellt; in einem zweiten Schritt wird sie christologisch interpretiert. Sodann wird sie unter dem Gesichtspunkt der *Aktualisierung* der in Christus gesetzten *Realität* durch den Heiligen Geist entfaltet: Der Geist wirkt in dreierlei Form – als Geistvielheit (E), Geistgemeinschaft (B) und Geisteinheit (A). Gegenüber der christologischen Interpretation sind das zweite und das dritte Glied der Trias nun vertauscht – und zwar deshalb, weil die Argumentation so auf die für Bonhoeffer zentrale Formel »Christus als Gemeinde existierend« hinführt. Denn jeder der drei Wirkungsweisen des Geistes entspricht jeweils eine spezifische theologische Bestimmung des Kirchenbegriffs. Aus der *Geistvielheit* ergibt sich die Auffassung der Kirche als *numerus praedestinatorum*, aus der *Geistgemeinschaft* ihre Betrachtung als *sanctorum communio*, aus der *Geisteinheit* aber ihr Verständnis als »*Christus als Gemeinde existierend*«. Aus diesen am Geistbegriff orientierten ekklesiologischen Bestimmungen leitet Bonhoeffer in einem nächsten Schritt Aussagen über die soziale Gestalt der Kirche ab: Die der Kirche eigentümlichen Sozialbeziehungen ergeben sich aus ihrem theologisch erfaßten »Wesen«. Dabei entspricht der Geistvielheit die Unvertretbarkeit der Glaubenden und das selbstverantwortete Bekenntnis; der Geistgemeinschaft entspricht das strukturelle Miteinander von Gemeinde und Gemeindeglied sowie das Füreinanderwirken der Gemeindeglieder in den drei Formen der Arbeit für den Nächsten, der Fürbitte und des gegenseitigen Zuspruchs der Sündenvergebung; der Geisteinheit schließlich entspricht eine Ökumene »von unten« und eine charismatische Gemeindestruktur, die durch das Priestertum aller Gläubigen und das heißt durch gegenseitigen Dienst, nicht etwa durch formale Egalität bestimmt ist[26].

23 SC, S. 12f.
24 SC, S. 107f. Hinzufügung der Hinweise auf den Schematismus von mir.
25 Vgl. zu dem sich darin zeigenden Grundmuster theologischer Argumentation: *Chr. Gremmels*, Konstitution und Reflexion. Überlegungen zu einer »Logik der Theologie«, Habil.-Schrift Marburg 1976.
26 Vgl. SC, S. 108ff.

Ich rekapituliere noch einmal die Argumentationsschritte der von Bonhoeffer hier entwickelten »Theorie der Kirche«: Eine sozialphilosophische Basis-Annahme (I) wird christologisch interpretiert (II) und pneumatologisch transformiert (III); hieraus werden theologische Grundbestimmungen der Kirche abgeleitet (IV), aus denen schließlich soziale Grundstrukturen der Kirche entwickelt werden (V). Mit dem deduktiven Gefälle dieses Argumentationsganges hängt es zusammen, daß die vorfindliche Realität der Kirche unterbestimmt bleibt. Insbesondere führt die Aufnahme des begrifflichen Gegensatzes von »Gemeinschaft« und »Gesellschaft«[27] dazu, daß die Elemente zweckrationaler Organisation in der Kirche unberücksichtigt bleiben und daß die Kirche nur unter einer ihrer Gestalten – nämlich als Ortsgemeinde – in den Blick tritt[28].

Bonhoeffers Dissertation verfährt insgesamt methodisch allerdings nicht so einlinig, wie es nach den letzten Hinweisen den Anschein haben könnte. Zu dem gerade geschilderten deduktiven Verfahren gibt es vielmehr eine wichtige, allerdings methodisch nicht ausdrücklich reflektierte Gegenbewegung. Das deutlichste Beispiel für sie ist die »Soziologie der kultischen Handlungen«[29]. In der ursprünglichen, noch nicht zu Zwecken der Drucklegung »gereinigten« Fassung trägt dieser Abschnitt die Überschrift: »Soziologischer Zusammenhang von Amtshandlung und Versammlung, die drei konzentrischen Kreise«[30]. Hier beginnt Bonhoeffer mit einer »knappen Analyse der Sinnesempfindungen in bezug auf ihren soziologischen Charakter«. In einer überraschenden phänomenologischen Betrachtung verbindet er die Sinnesempfindungen mit bestimmten Formen sozialer Erfahrung. Akustischen Sinnesempfindungen entspricht sozial der Status der Einsamkeit, taktilen aber (denen er auch das Schmecken zuordnet) entweder die Passivität des in eine Gemeinschaft Hineingenommenwerdens oder aber die Intensität der Beteiligung an einer Gemeinschaft. Bonhoeffer ordnet nun Predigt, Taufe und Abendmahl als gottesdienstliche Grundvollzüge den so interpretierten Sinnesempfindungen zu: Die Sakramente verknüpfen sich mit taktilen Empfindungen, während der Predigtgottesdienst allein aufs Hören abgestellt ist. Aus der Verbindung von Sinnesempfindung und sozialer Erfahrung aber ergibt sich, daß Predigtgottesdienst, Taufe und Abendmahl unterschiedliche Formen der Zugehörigkeit und damit unterschiedliche Kirchentypen konstituieren.

Ich halte auch hier inne und betrachte die Argumentationsstruktur, der Bonhoeffer in dem gerade skizzierten Gedankengang folgt. Der Ausgangspunkt ist eine »Phänomenologie« der Sinnesempfindungen (I); ihr werden Typen sozialer Zugehörigkeit zugeordnet (II); daraufhin werden die gottesdienstlichen Vollzüge gemäß den in ihnen dominierenden Sinnesempfin-

27 Vgl. *F. Tönnies*, Gemeinschaft und Gesellschaft, 1. Aufl. 1891, Nachdruck 1970.
28 Siehe oben S. 158.
29 SC, S. 178ff.
30 Abgedruckt im Anhang zu SC, S. 268ff.

dungen klassifiziert (III); daraus wird eine Ordnung der Kirchentypen abgeleitet, an die sich eine theologische Interpretation anschließt (IV). Bonhoeffer folgt hier also nicht wie in anderen Partien von Sanctorum Communio einem deduktiven, sondern einem intuitiv-phänomenologischen Verfahren; er beginnt nicht mit theologischen Axiomen, sondern schließt die theologische Reflexion erst an die aus der sozialen Erfahrung gewonnene Unterscheidung der Kirchentypen an.

Bonhoeffer ordnet die Kirchentypen, die er anhand der gottesdienstlichen Vollzüge entwickelt, einander als konzentrische Kreise zu. Den äußersten Kreis bildet die *Taufgemeinde*, in welcher der Modus der Zugehörigkeit vorrangig durch die Passivität des Getauft*werdens* bestimmt ist. Zu unterscheiden ist hier näherhin zwischen zwei Typen. Den einen bildet die *Volkskirche*; charakteristisch für sie ist die Übung der Kindertaufe. Deren Voraussetzung ist der stellvertretende Glaube der Gemeinde, dem auch im Handeln der Gemeinde Ausdruck gegeben werden muß; die Legitimität der Kindertaufe wird deshalb an die Fähigkeit und die Bereitschaft der Gemeinde gebunden, das Kind zu »tragen«[31]. Den anderen Typ bildet die *Missionskirche*; in ihr wird die Erwachsenentaufe geübt. Der charakteristische Modus der Zugehörigkeit ist die Bekehrung.

Den mittleren Kreis bildet die *Predigtgemeinde*. Sie ist »allein auf das Wort gestellt«; dieses Wort richtet sich an »geistig erwachsene«, entscheidungsfähige Menschen. Der Predigt korrespondiert deshalb die *»personalistische Gemeinde«*; der Modus der Zugehörigkeit ist durch die persönliche Entscheidung bestimmt, mit welcher der Hörer auf die Predigt reagiert.

Den innersten Kreis bildet die *Abendmahlsgemeinde*[32]. Das Abendmahl ist sowohl Gabe Gottes an den einzelnen und an die Gemeinde als auch menschliches Tun vor Gott; die sich um den Altar versammelnde Gemeinde ist *»Bekennergemeinde«*. Ist die Predigtgemeinde der Ort der Entscheidung, so die Abendmahlsgemeinde der Ort des Bekenntnisses. Der Abendmahlsgemeinde entspricht als Kirchentyp die *Freiwilligkeitskirche:* die Kirche also, der man kraft eigener Entscheidung und immer wieder erneuerten Bekenntnisses angehört.

Bonhoeffer unterscheidet also vier Kirchentypen: Volkskirche, Missionskirche, personalistische Gemeinde und Freiwilligkeitskirche. Er entwickelt eine Ordnung dieser vier Typen aus der Differenz von Predigtgottesdienst, Taufe und Abendmahl. Die Anordnung dieser Kirchentypen in konzentrischen Kreisen hat ihren theologischen Grund in der Korrelation von anredendem Wort und antwortendem Bekenntnis; deshalb bilden die Abendmahlsgemeinde und die ihr entsprechende Freiwilligkeitskirche den inner-

31 SC, S. 181.

32 Während nach dieser einleuchtenden Auffassung die Taufe einen Ritus auf der Grenze zur »Welt« bildet, steht das Abendmahl als Ritus im Innersten der Kirche; *P. Schempp* hat die damit jeweils verbundenen Gefahren schon mit den Titeln seiner beiden Aufsätze über »Die Verweltlichung der Taufe« und »Die Verkirchlichung des Abendmahls« zum Ausdruck gebracht; vgl. *P. Schempp*, Gesammelte Aufsätze, 1960, S. 146ff.159ff.

sten Kreis. Aus dieser, von Bonhoeffer nur äußerst knapp begründeten, in ihren wesentlichen Elementen gleichwohl überzeugenden Unterscheidung von Kirchentypen ergeben sich einige Schlüsse, die für eine heutige Theorie der Kirche von erheblicher Bedeutung sind.

1. Es ist abwegig, Kirchentypen einander einfach antithetisch gegenüberzustellen und sie so als *alternative* Möglichkeiten kirchlicher Gestaltung auszugeben. Vielmehr sind in jeder Kirche der Tendenz nach die Typen Volkskirche beziehungsweise Missionskirche, personalistische Gemeinde und Freiwilligkeitskirche präsent. Freilich begegnen sie in unterschiedlicher Gewichtung; diese ergibt sich aus geschichtlichen Bedingungen wie aus konfessionellen Traditionen. Eine Theorie der Kirche kann nicht – und verfügte sie über noch so gute »theologische Gründe« – einen plötzlichen Wechsel des Kirchentyps vorschlagen; wohl aber kann sie und muß sie eine Existenzform der Kirche anmahnen, in der die verschiedenen Kirchentypen in einer dem Auftrag der Kirche entsprechenden Weise miteinander verbunden sind.

2. Zur Entscheidung steht nicht, ob eine Kirche »Volkskirche« oder »Freiwilligkeitskirche« ist. Denn diese Kirchentypen gehören verschiedenen »Kreisen« an und können deshalb nicht, wie es heute häufig geschieht, einander antithetisch gegenübergestellt werden. Vielmehr muß geklärt werden, ob eine Kirche unter *volks*kirchlichen oder unter *missions*kirchlichen Bedingungen existiert; denn dies sind die beiden Kirchentypen, die in denselben, durch die Taufe bestimmten »Kreis« gehören. Es muß also »rechtzeitig erkannt werden, wo eine Kirche nicht mehr Volks-, sondern Missionskirche geworden ist«[33]. An dieser Frage entscheidet sich auch, welche Taufpraxis in einer Kirche dominiert. Verschiebungen in der Einstellung zur Taufe können wichtige Hinweise für den Übergang von der Volkskirche zur Missionskirche sein.

3. In jeder Kirche verbinden sich Elemente, welche die Vorgegebenheit der *Gemeinschaft des Glaubens* vor jeder individuellen Entscheidung repräsentieren, mit anderen Elementen, die der *Freiheit des Glaubens* gegenüber allem anstaltlichen Zwang Ausdruck geben. In der Verbindung dieser Elemente drückt sich aus, daß die Freiheit des Glaubens kommunikative Freiheit ist.

4. Die Volkskirche, in der die Freiwilligkeitskirche keinen Raum mehr hat, oder die Volkskirche, die nicht Gestalten der Freiwilligkeitskirche aus sich heraussetzt, zerstört sich selbst. Der Predigtgottesdienst bildet für evangelisches Kirchenverständnis eben deshalb das Zentrum der »kultischen Handlungen«, weil er Volkskirche bzw. Missionskirche und Freiwilligkeitskirche miteinander verbindet und zusammenhält. Wo beide auseinander-

33 SC, S. 181.

34 Allerdings ist die Predigt nicht so ausschließlich wie bei Bonhoeffer vom Modus der Entscheidung aus zu begreifen, sondern als »Kommunikation des Evangeliums« und in diesem Rahmen auch als »Lehre« zu interpretieren; vgl. *E. Lange*, Zur Theorie und Praxis der Predigtarbeit, in: *ders.*, Predigen als Beruf, 2. Aufl. 1982, S. 9ff.

fallen, wo die Volkskirche nicht mehr zur Freiwilligkeitskirche durchdringen kann, zeigt sich dies besonders deutlich in einer Krise des Predigtgottesdienstes[34].

III

»Sanctorum Communio« ist, so sahen wir, als kritische Bestätigung derjenigen volkskirchlichen Realität angelegt, in der Bonhoeffer sich vorfand. Vor bildungsbürgerlichem Ressentiment oder dogmatischem Leichtsinn, welche diese volkskirchliche Realität nur allzu gern überspringen würden, warnte er sich selbst[35]. In diesem Respekt vor dem geschichtlich Gewordenen drückt sich ein theologisches Motiv aus: das schon früh bei Bonhoeffer begegnende Motiv der Weltlichkeit der Kirche. Kirche ist Welt, eine von Menschen gestaltete und deshalb auch immer wieder mißlingende Gemeinschaft; aber sie ist »qualifizierte« Welt, jenes Stück Welt nämlich, in dem Gott durch sein Wort gegenwärtig ist. Diese doppelte Perspektive auf die Weltlichkeit der Kirche[36] aber ist etwas durchaus anderes als ein doppelter Kirchenbegriff, wie er in der theologischen Tradition immer wieder aus dem Begriffspaar sichtbare/unsichtbare Kirche entwickelt wurde. Denn es ist dieselbe Kirche, von der einerseits gesagt wird, sie sei »verlorene, gottlose, unter den Fluch getane, eitle, böse Welt«, und von der andererseits bekannt wird, sie sei die »Gegenwart Gottes in der Welt«[37]. Und es sind dieselben Gestalten von Kirche, die einerseits unter der Perspektive gedeutet werden können, daß *Menschen* in ihnen den Auftrag der Kirche verfehlen, und die doch zugleich unter der Perspektive zu sehen sind, daß *Gott* sich ihrer um des Heils der Menschen willen bedient. Doppeldeutige Begriffe sind angesichts einer solchen zweifachen Perspektive unvermeidlich. Der Begriff der Institution ist dafür ein besonders kennzeichnendes Beispiel: Die Kirche ist zugleich als göttliche Institution und als institutionalisierter Widerspruch zu betrachten[38]. Eine Theorie der Kirche, so läßt sich resümieren, verfehlt ihr Thema, wenn sie diese doppelte Perspektive vergißt. Theorien zur Legitimation einer bestimmten Gestalt der Kirche — sei es der gegenwärtig bestehenden oder einer für die Zukunft geforderten — setzen sich selbst theologisch ins Unrecht, wenn sie sich dieser doppelten Betrachtungsweise entziehen.

In »Sanctorum Communio« läßt sich diese zweifache Bewegung besonders deutlich an der Behandlung ablesen, die der Begriff der Volkskirche erfährt. Bonhoeffer übernimmt unreflektiert ein Verständnis des Begriffs, wonach dieser als angemessene Kennzeichnung für die gegebene Gestalt der

35 Vgl. die Zitate oben S. 171.
36 Sie ist das Hauptthema in dem kurzen Aufsatz »Was ist Kirche?« von 1932 (GS III, S. 286ff.).
37 GS III, S. 286.
38 Siehe oben S. 157.

Kirche betrachtet wird[39]. Bonhoeffer bejaht diese Gestalt und führt dafür vor allem folgende Argumente an: Das Wort Gottes wendet sich wesenhaft an alle; in der geschichtlichen Gestalt der Kirche kann zwischen »Unkraut« und »Weizen« noch nicht geschieden werden; die Volkskirche »trägt« als sanctorum communio diejenigen Menschen, »in denen die Möglichkeit, ›wirkliches‹ Glied der Kirche zu werden, schlummert«[40]. Doch zugleich stellt Bonhoeffer in aller Schärfe die Frage, ob diese Deutung für die erlebte Volkskirche seiner Zeit noch erlaubt ist. Als Kriterium gilt ihm die Frage, ob die Volkskirche zur Freiwilligkeitskirche »durchdringen« kann. In einem für den Druck entfernten Abschnitt schreibt er dazu:

»Daß eine Kirche, die aus der Volkskirche nicht immer wieder zur Bekenntnisgemeinde hindrängt, innerlich in größter Gefahr ist, ist heute [also zur Zeit der Abfassung der Dissertation, 1927! W. H.] nur allzu offenbar. Es gibt einen Augenblick, in dem die Kirche nicht mehr Volkskirche sein darf, dieser Augenblick ist dann gekommen, wenn die Kirche in ihrer volkskirchlichen Art nicht mehr das Mittel sehen kann, zur Freiwilligkeitskirche durchzudringen . . ., vielmehr völliger Erstarrung und Inhaltsleere im Gebrauche ihrer Formen entgegengeht, die auch den lebendigen Gliedern schädlich wird. Wir stehen heute an einem Punkte, wo sich derartige Fragen entscheiden müssen . . .«[41].

Die Fragwürdigkeit der »Volkskirche« verschärft sich für Bonhoeffer angesichts ihres bürgerlichen Charakters. Die »bürgerliche Kirche jedoch, der es nicht gelingt, das Proletariat zu gewinnen, hat keine Zukunft«. In einem ebenfalls vor dem Druck gestrichenen Abschnitt heißt es weiter: »Übersieht sie das, so hat sie einen Augenblick schwerster Entscheidung mißachtet. Es ist auch nicht schwer zu erkennen, daß die Kirchlichkeit der heutigen Bourgeoisie fadenscheinig und daß ihre Lebenskraft in der Kirche am Ende ist«[42]. Und später heißt es lapidar: »Die kommende Kirche wird nicht ›bürgerlich‹ sein«[43]. Damit hat Bonhoeffer einen Problemhorizont zur Sprache gebracht, dem man sich eigentlich aussetzen müßte, wenn man – wie zum Beispiel unlängst eine Studie der VELKD[44] – der Frage nachgehen will, ob die »Volkskirche« die »Kirche der Zukunft« ist.

Schon aus Bonhoeffers Überlegungen in »Sanctorum Communio« lassen sich einige der Kriterien ableiten, unter denen er selbst die kirchliche Entwicklung seiner Zeit beurteilte. Sein Urteil verschärfte sich ohne Zweifel mit dem Beginn des Kirchenkampfs; ein deutliches Indiz dafür ist der Tatbestand, daß das Wort »Volkskirche« in Bonhoeffers späteren Schriften nahezu vollständig verschwindet. Grundlegend ist für Bonhoeffer die Erfahrung der »nationalen«, der »völkischen« Revolution von 1933. Wie sich Bonhoef-

39 Zum Problem siehe oben S. 131ff.
40 SC, S. 163.
41 SC, S. 274.
42 SC, S. 275.
43 SC, S. 277.
44 *W. Lohff / L. Mohaupt* (Hg.), Volkskirche – Kirche der Zukunft?, 1977.

fers Urteil angesichts dieser Erfahrung verschärft, zeigen die Predigten von November 1932 bis Juli 1933 besonders eindringlich.

Zu ihren Grundmotiven gehört die Umkehr, der Neubeginn. Der Kirche, die repräsentiert und Einfluß erstrebt, stellt Bonhoeffer die Kirche gegenüber, die in der Buße steht und so Gott Gott sein läßt: in ihr sieht er die Kirche der Apostel und Luthers[45]. In der Erzählung von Gideon (Ri. 6—8) sieht Bonhoeffer die Aufforderung an die Kirche, »auf Macht und Ehre zu verzichten, alle Berechnung fahren zu lassen und allein Gott sein Werk tun zu lassen«[46]. Das Motiv der »Kirche ohne Privilegien«[47] bestimmt Bonhoeffers Denken über die Kirche nicht erst im Tegeler Gefängnis, sondern im ersten Monat des »Dritten Reichs«! Daß dieses Motiv »Kopfschütteln und Ärger« hervorrufen muß, ist ihm deutlich; doch er fügt hinzu: »Kann *uns* das irre machen, die in der Mitte ihrer Kirche das Kreuz sehen, das Zeichen der Machtlosigkeit, Ehrlosigkeit, Wehrlosigkeit, Hoffnungslosigkeit, Sinnlosigkeit und doch der Ort der göttlichen Kraft, Ehre, Wehr, Hoffnung, Sinn, Herrlichkeit, Leben, Sieg?«

Am 28. Mai 1933 — kurz nachdem die »Deutschen Christen« das Amt des Reichsbischofs für Ludwig Müller gefordert und die Landeskirchenführer Bodelschwingh für dieses Amt gewählt hatten — predigt Bonhoeffer in der Kaiser-Wilhelm-Gedächtniskirche über die Erzählung vom Goldenen Kalb (Ex. 32). Aaron-Kirche und Moses-Kirche, Welt-Kirche und Wort-Kirche stellt er in dieser Predigt einander gegenüber. Die Weltkirche, die Priesterkirche ist diejenige Kirche, die nicht warten kann und sich deshalb selbst ihre Götter macht. Die Kirche des Wortes ist diejenige Kirche, »deren Götze zerschlagen und zertrümmert am Boden liegt«, die Kirche, »die von neuem hören muß: Ich bin der Herr, dein Gott«[48].

Am Sonntag der Kirchenwahlen, die den »Deutschen Christen« in Preußen über 70% der Stimmen brachten, am 23. Juli 1933, predigt Bonhoeffer über das Bekenntnis des Petrus (Mt. 16,13—18). Die in Jesu Antwort verheißene Gemeinde ist eine »Kirche der kleinen Schar, Kirche da draußen in der Stille, Kirche angesichts des Todes«. Sie ist »nicht Kirche der Ansichten und Meinungen, sondern Kirche der Offenbarung«; sie ist eine Kirche, die nichts anderes tut, als ihr Bekenntnis auszurichten[49].

Damit sind in wenigen Monaten mit voller Klarheit diejenigen Grundmotive ausgesprochen, welche die weitere Entfaltung der Ekklesiologie Dietrich Bonhoeffers bestimmen: Die Kirche des Wortes ist nicht um ihren eigenen Bestand besorgt, sondern zum Verzicht auf Privilegien bereit; sie ist zur Eindeutigkeit des Bekenntnisses genötigt; dieses Bekenntnis ist Ausdruck der Buße — es antwortet darauf, daß Gott die Götzen der Kirche zer-

45 Vgl. die Reformationspredigt vom 6. November 1932 (GS IV, S. 93ff.).

46 Predigt im Semesterschlußgottesdienst am 26. Februar 1933 (GS IV, S. 116).

47 Vgl. *J. Smolik*, Kirche ohne Privilegien, in: *H. Pfeifer* (Hg.), Genf '76. Ein Bonhoeffer-Symposion, 1976, S. 129ff.

48 GS IV, S. 128.

49 GS IV, S. 132f.

stört, und gibt Gott allein die Ehre. Die Kirche des Worts ist erkennbar an ihrer Kreuzesgestalt, ihrem Verzicht auf Macht und Einfluß, ihrer Teilnahme am Leiden Gottes in der Welt. Diese Grundmotive gewinnen ihre Prägnanz in der Erfahrung des beginnenden Kirchenkampfs. Doch nach Bonhoeffers eigenem Urteil sind sie von Bedeutung über die Situation des Kirchenkampfs hinaus; denn sie begegnen zuletzt in dem »Entwurf einer Arbeit«, der die Gestalt der Kirche *nach* dem Ende des nationalsozialistischen Regimes vorausdenken will[50].

Es ist gewiß kein Zufall, daß wir diese Motive zuerst in Predigten finden. Sie sind nicht Ausdruck einer Theorie der Kirche, sondern im Glauben verarbeitete Erfahrung. Doch eben diese Erfahrung verstellt Bonhoeffer den Weg, eine Theorie der Volkskirche zu entwickeln, wofür in seinen frühen Arbeiten so reichliche Ansatzpunkte gegeben sind. Seine Themen sind nun nicht mehr Volkskirche oder Volksmission, Volksnähe oder Volksverbundenheit; für ihn wird das alles andere beherrschende Thema die Nachfolge[51]. Die Volkskirche aber bezeichnet er in einem Brief des Jahres 1936 beiläufig und ohne jeden weiteren Kommentar als »Quasikirche«[52]. Von der – mit dem Gedanken der Volkskirche eng verbundenen – Vorstellung einer »Durchchristlichung des deutschen Volkes« wendet er sich mit aller Deutlichkeit ab; die Verkündigung des Wortes Gottes und die Warnung der Gottlosen gilt ihm als *die* Verantwortung der Kirche gegenüber dem Volk[53]. Die Frage nach dem Verhältnis der von der Kirche vertretenen Wahrheit zu der von ihr gelebten Existenzform wird zum alles bestimmenden Thema: das gemeinsame Leben in Finkenwalde und der Entwurf der »Nachfolge« sind der Versuch einer Antwort.

Angesichts der Welt, in der er sich befindet, kann Bonhoeffer nun die Weltlichkeit der Kirche nur noch so beschreiben, daß er die »Absonderung der Welt von der Kirche und der Kirche von der Welt« proklamiert[54]. Er entwirft das Bild der Kirche als einer »Koloniegemeinde«, die nicht nur Gottesdienstgemeinschaft, sondern zugleich Lebens-, Arbeits- und Wirtschaftsgemeinschaft ist[55]. Bonhoeffers Buch über die »Nachfolge« drängt darauf hin, Kirche als Funktion der Nachfolge Christi in der Welt, als »wanderndes Gottesvolk« zu beschreiben; doch die Situation, in der er lebt, drängt Bonhoeffer umgekehrt dazu, die Nachfolge als eine Funktion der Kirche und der Kirchlichkeit und damit die Kirche als »Koloniegemeinde« darzustellen.

Das Stichwort der »Volkskirche« kehrt in der »Nachfolge« in eigentümlicher Wendung wieder: Das Volk, an das Jesus sich in der Bergpredigt richtet, ist die »Volkskirche« – die verlorenen Schafe vom Hause Israel, die doch zugleich die berufene Gemeinde Gottes sind. Die Jüngergemeinde steht

50 Widerstand und Ergebung, Neuausgabe 1970 (im folgenden: WEN), S. 415f.
51 Vgl. das Zitat oben S. 171.
52 GS II, S. 244.
53 Finkenwalder Homiletik (GS IV, S. 275).
54 Nachfolge (im folgenden: N), 9. Aufl. 1967, S. 255.
55 N, S. 244; dazu *E. Lange*, Kirche für andere, a.a.O., S. 37.

stellvertretend für diese Volkskirche an der Seite Jesu, in seiner Nachfolge. Die kleine Gemeinde, die Jesus gefunden hat, und die große, die er sucht, gehören zusammen – und dennoch wird zwischen ihnen, der Jüngergemeinde und der Volkskirche, Feindschaft herrschen »bis ans Ende«[56].

Bonhoeffers Ekklesiologie, so sahen wir, ist daran interessiert, die gewordene Form der Kirche dogmatisch zu beschreiben. Sie ist gerade darin Theorie der Kirche, daß sie eine Theorie der geschichtlichen Gestalt der Kirche ist. Doch die Ansätze zu einer Theorie der Volkskirche, die sich in ihr finden, brechen ab. Dies hat zunächst historische Gründe; sie brechen genau zu dem Zeitpunkt ab, zu dem durch die kirchliche Machtergreifung der »Deutschen Christen« dem Reden von der Volkskirche die Legitimität entzogen war. Doch dieser Abbruch signalisiert mehr. Bonhoeffer erkennt nun mit aller Schärfe, daß in einem Kirchenverständnis, das vorrangig an der Bewahrung und Erweiterung kirchlicher Besitzstände, an den »bevorzugten Orten« der Kirche in der Welt[57] interessiert ist, die Kirche zum Götzen wird. Eine Theorie der Kirche also ist und muß sein: eine Theorie der geschichtlichen Gestalt der Kirche. Aber sie ist nicht und darf nicht sein: eine Theorie über die Sicherung geschichtlicher Bestände. Denn dann verliert sie die doppelte Perspektive aus dem Blick, unter der die Kirche allein zureichend betrachtet werden kann: als eine von *Menschen* gestaltete Gemeinschaft von Sündern und als die Gemeinschaft, deren *Gott* sich um des Heils der Menschen willen bedient. Diese doppelte Perspektive ist die Konsequenz aus der Lehre von der Rechtfertigung für die Lehre von der Kirche.

IV

Die Erfahrung des Kirchenkampfs schloß es aus, daß Bonhoeffer eine Theorie der Volkskirche entwickelte. Zugleich forderte sie ihn zu Ansätzen einer (höchst »praktischen«!) Theorie kirchlichen Handelns heraus, die in den drei Aufsätzen »Die Kirche vor der Judenfrage«[58], »Die Bekennende Kirche und die Ökumene«[59] sowie »Zur Frage nach der Kirchengemeinschaft«[60] am deutlichsten entfaltet sind.

Ernst Lange hat die Aufgabe einer Theorie kirchlichen Handelns folgendermaßen charakterisiert: Sie habe die beiden grundlegenden Typen kirchlicher Handlungsstrategien – nämlich Vorwärtsstrategien und Strategien der Bestandssicherung – miteinander in Beziehung zu setzen, gegeneinander zu relativieren und in einem größeren Rahmen zu kombinieren[61]. Ver-

56 N, S. 79f.
57 So schon die Vorlesung »Das Wesen der Kirche« von 1932 (GS V, S. 232).
58 GS II, S. 44ff.
59 GS I, S. 240ff.
60 GS II, S. 217ff.
61 *E. Lange*, Überlegungen zu einer Theorie kirchlichen Handelns, in: *ders.*, Kirche für die Welt, 1981, S. 197ff. (206).

gleicht man Bonhoeffers Kirchenkampf-Aufsätze mit diesem Begriff einer Theorie kirchlichen Handelns, so ergibt sich ein bemerkenswerter Unterschied: Bonhoeffer äußert sich kaum zu den Strategien, sondern fast ausschließlich zu den Gründen und Zielen kirchlichen Handelns. Er sucht die Handlungsnötigungen deutlich zu machen, die für die Kirche so elementare Bedeutung haben, daß ihnen gegenüber die Frage, ob eine bestimmte Handlungsweise Bestände eher verändert oder eher sichert, als zweitrangig erscheinen muß.

Gleichwohl ist diese Frage keineswegs belanglos. Denn die Geschichte des Kirchenkampfs wie auch die Entwicklungen nach 1945 zeigen, daß Handlungsnötigungen, vor welche die Kirche sich gestellt sieht, an der »Parochialität der Gewissen«[62] scheitern können. Die theologische Einsicht, daß die Kirche zum Handeln verpflichtet ist, gewährleistet keineswegs, daß wirksames Handeln erfolgt. Wirksames Handeln wird dabei um so eher ausbleiben, je weiter der artikulierte oder nichtartikulierte »Konsensus der Erwartungen«[63] an die Kirche überschritten werden müßte. Ernst Langes Fazit ist keineswegs überholt:

> »Vorwärtsstrategien sind als kirchliche Gesamtstrategie nicht möglich, es sei denn, sie wären eingebettet in einen umfassenden Lern- und Orientierungsprozeß, in dem die Gewissen der Mehrheiten sich zu transzendieren vermögen. Über die verantwortliche Organisation solcher Lernprozesse weiß man wenig«[64].

Es ist lohnend, Bonhoeffers Ansätze zu einer Theorie kirchlichen Handelns und die geschilderte Problemstellung Ernst Langes miteinander in Beziehung zu setzen[65]. Beiden ist gemeinsam, daß sie Ansätze zu einer Theorie kirchlichen Handelns angesichts von Konflikterfahrungen entwickeln. Doch während Lange aus dem Verlauf eines bestimmten Konflikts – der Auseinandersetzung um das ökumenische »Programm zur Bekämpfung des Rassismus« – generelle Folgerungen für die Möglichkeiten kirchlichen Handelns zu ziehen versucht, will Bonhoeffer in einem bestimmten Konflikt eine eindeutige Entscheidung begründen und herbeiführen. Seine allgemeinen Überlegungen sollen Entscheidungsgründe liefern, nicht die Erfolgsaussichten bestimmter Handlungsstrategien abwägen. Wenn Lange erklärt, Theologie folge den kirchlichen Entscheidungen immer erst nach und habe für diese bestenfalls den Charakter einer »kritischen Legitimationswissenschaft«, so gilt dies für Bonhoeffers Kirchenkampf-Aufsätze gerade nicht. Sie gehören vielmehr zu den großen Ausnahmen: Sie sind nicht Theologie *nach*, sondern *in* der Entscheidung; sie repräsentieren eine Theologie, für

62 *E. Lange*, Bildung als Problem und als Funktion der Kirche, in: *ders.*, Sprachschule für die Freiheit, 1980, S. 159ff. (160 u.ö.).

63 Vgl. *H. Hild* (Hg.), Wie stabil ist die Kirche?, 2. Aufl. 1975, S. 256.

64 *E. Lange*, Überlegungen zu einer Theorie kirchlichen Handelns, a.a.O., S. 204.

65 Siehe zum Vergleich zwischen Bonhoeffer und Lange auch *G. Reins* Zusammenstellung von Texten: Fragmentarisches Leben, in: *H. Pfeifer* (Hg.), Genf '76, a.a.O., S. 111ff.

welche die Einheit von »Denkakt« und »Lebensakt« charakteristisch ist[66].

Will man sich diese Einheit bewußt machen, muß man die historische und biographische Verankerung von Bonhoeffers Kirchenkampf-Aufsätzen berücksichtigen. Nur kurz erinnere ich an den Aufsatz zur »Judenfrage«[67]. Unmittelbar nach dem Boykott jüdischer Geschäfte am 1. April 1933 und der Einführung des staatlichen Arierparagraphen durch das Gesetz vom 7. April 1933 starb am 11. April der Vater von Gerhard Leibholz, dem Schwager Bonhoeffers. Der Bitte, den ungetauften Juden Leibholz zu beerdigen, entsprach Bonhoeffer nicht – eine Entscheidung, die er schon bald bedauerte[68]. Am 15. April setzte Bonhoeffer den Schlußstrich unter seinen Aufsatz zur Judenfrage, mit dem er die in der gegebenen Lage notwendigen kirchlichen Entscheidungen klären wollte.

Der Aufsatz vom April 1933 erörtert einerseits das Verhältnis der Kirche zum Staat; andererseits nimmt er – im Blick auf den Arierparagraphen – zu der drohenden Übertragung der staatlichen Regelung auf den kirchlichen Bereich Stellung. Die Unterscheidung zwischen »Weltkirche« und »Wortkirche«, die bald darauf in der Predigt vom 28. Mai 1933 zur Sprache kommt[69], wird hier praktisch angewandt. Mit einer – später so nicht aufrechterhaltenen – Einseitigkeit trennt Bonhoeffer zwischen der Kirche als dem »Ort der frohen Botschaft« und dem Staat als dem »Ort des Gesetzes«[70]. Nur eine Kirche, die diese Trennung vergißt und »wesentlich als eine Kulturfunktion des Staates betrachtet wird«, also die Weltkirche, die vom Staat mit einer moralisch-pädagogischen Aufgabe versehen ist, wird sich ihrerseits mit moralischen Einreden in die Politik mischen; die »wahre Kirche Christi« aber »wird dem Staat nie in der Weise ins Handwerk greifen, daß sie dessen geschichtsschaffendes Handeln vom Standpunkt eines irgendwie gearteten, sagen wir: humanitären Ideals her kritisiert«[71].

Bonhoeffers Ausgangspunkt ist also alles andere als eine vorschnelle Politisierung der Kirche. Doch unausweichlich ist die kirchliche Verantwortung im Blick auf die Grundfunktion des Staates, für »Recht und Ordnung« zu sorgen. Bonhoeffer unterscheidet drei Hinsichten dieser Verantwortung: Die Kirche muß den Staat nach der Legitimität seines Handelns fragen; sie ist verpflichtet, den Opfern staatlichen Handelns zu helfen, auch wenn diese nicht der christlichen Gemeinde angehören; sie muß unmittelbar politisch handeln – »nicht nur die Opfer unter dem Rad verbinden, sondern dem Rad selbst in die Speichen fallen« –, wenn der Staat seine grundlegende Aufgabe hemmungslos verletzt, indem er ein Zuviel oder ein Zuwenig an Ordnung und Recht verwirklicht.

66 Vgl. *Chr. Gremmels*, Bekehrung und Lebensgeschichte, in: WPKG 66, 1977, S. 488ff.

67 Siehe oben S. 82ff.

68 Vgl. *E. Bethge*, DB, S. 326.

69 Siehe oben S. 181.

70 GS II, S. 45; Bonhoeffer ist hier selbst noch von dem Denken in »zwei Räumen« bestimmt, das er später so nachhaltig kritisiert; vgl. Ethik, Neuausgabe in der 7. Aufl. 1966 (im folgenden: EN), S. 208ff.

71 GS II, S. 46.

Diese Unterscheidung, so wichtig sie ist, kann die Entscheidung darüber, wann der Übergang zu unmittelbar politischem Handeln als geboten erscheint, nicht vorwegnehmen. Und sie entlastet auch nicht von der Frage, worin denn zureichende Kriterien für die Gestaltung eines politischen Gemeinwesens zu sehen sind.

Bonhoeffer benennt diese Kriterien mit den Begriffen »Ordnung« und »Recht«. Die Barmer Theologische Erklärung spricht, in deutlicherem Anschluß an die Tradition der politischen Ethik, von »Recht und Frieden«. Wir müssen heute verdeutlichend von Menschenrechten und weltweitem Frieden als den Kriterien staatlichen Handelns reden, an die zu erinnern die Kirche verpflichtet ist[72].

Bonhoeffer verbindet die Frage nach dem Verhältnis zwischen Kirche und Staat mit der anderen, durch den Arierparagraphen aufgeworfenen Frage: Kann die Kirche staatliche Verhaltensweisen für ihren eigenen Bereich übernehmen? Bonhoeffer antwortet: Die Kirche kann sich das Handeln an ihren Gliedern nicht vom Staat vorschreiben lassen. Wenn sie die Kirchenzugehörigkeit von einem ihr selbst fremden Gesetz abhängig macht, zerstört sie ihre eigene Substanz. Angesichts des Arierparagraphen stellt sich also die Frage nach dem Verhältnis zwischen der ganzen, unteilbaren Wahrheit und der Existenzform der Kirche in besonderer Zuspitzung. Der Zusammenhang zwischen beiden wird gerade zerstört, wenn die Existenzform der Kirche statt dem gnädigen Gebot Gottes einem fremden Gesetz unterstellt wird. Nur wenige haben dies so früh und so radikal erkannt wie Bonhoeffer. Deshalb stellte ihn der Kirchenkampf gleichzeitig mitten in die Kirche und an deren Grenze. Weil er sich selbst der Frage aussetzen mußte, ob der Ort der Wahrheit nicht jenseits der Grenzen des verfaßten Kirchentums liege, mußte er die Frage nach den wahren Grenzen der Kirche unerbittlich stellen. Diese Frage bildet den zweiten Schwerpunkt der Theorie kirchlichen Handelns, die Bonhoeffer in seinen Kirchenkampf-Aufsätzen skizziert.

Auch der Aufsatz »Die Bekennende Kirche und die Ökumene« steht in einem bemerkenswerten biographischen Zusammenhang. Im Juni 1935 erhielt Bonhoeffer eine Einladung, als Gast an der Sitzung des Fortsetzungsausschusses der Bewegung für »Glauben und Kirchenverfassung« teilzunehmen[73]. Im Ökumenischen Beirat der Vorläufigen Kirchenleitung der Bekennenden Kirche war man sich darüber einig geworden, daß Mitglieder der Bekennenden Kirche die Teilnahme an ökumenischen Versammlungen ablehnen würden, bei denen auch die Reichskirchenregierung vertreten sei[74]. Deshalb fragte Bonhoeffer beim Sekretariat von »Faith and Order« nach, ob die Reichskirchenregierung auch zu der Zusammenkunft des Fortsetzungsausschusses eingeladen sei. Er erhielt eine bejahende Antwort; für die ökumenische Bewegung, so wurde ihm erklärt, gehöre auch die deutsche

72 Siehe oben S. 103ff.

73 Vgl. GS I, S. 230ff. sowie *J. Glenthøj*, in: MW II, S. 157ff.

74 Vgl. GS I, S. 227ff.

Reichskirche zu den Kirchen, die »unseren Herrn Jesus Christus als Gott und Heiland anerkennen«; sie erfülle damit die Bedingung für die Mitgliedschaft in der ökumenischen Bewegung.

Damit war das Thema für Bonhoeffers Aufsatz über die Bekennende Kirche und die Ökumene vom August 1935 gestellt; an ihn schloß sich der Aufsatz zur Frage nach der Kirchengemeinschaft vom April 1936 an. Im ersten Aufsatz geht es um die Entscheidungen, um das »Bekenntnis«, das Bekennende Kirche und Ökumene wechselseitig voneinander fordern müssen. Im zweiten Aufsatz geht es um die Frage, ob die Bekennende Kirche selbst die Konsequenzen aus der Einsicht zu ziehen bereit ist, daß die Reichskirche sich von der wahren Kirche Jesu Christi getrennt hat.

Wir lösen uns von dem biographischen Zusammenhang dieser Aufsätze und versuchen erneut[75], aus ihnen einige zusammenfassende Schlüsse für eine Theorie der Kirche zu ziehen.

1. Es ist charakteristisch für den evangelischen Begriff von der Kirche, daß er sagt, was die Kirche ist, aber die Frage nach ihren Grenzen offen läßt. Die Frage nach den Grenzen der Kirche definitiv beantworten zu wollen, wäre ein gesetzliches Mißverständnis der Kirche.

2. Die Kirche setzt sich nicht Grenzen, sondern sie stößt an Grenzen, die ihr von außen gesetzt werden. Diese lassen sich nicht theoretisch vorwegbestimmen, sondern können nur in einer »lebendigen Entscheidung« anerkannt werden. Ort einer solchen Entscheidung ist ein evangelisches Konzil. Erst die Enttäuschung vieler Jahre ließ Bonhoeffer zu der Einsicht kommen, daß die Hoffnung auf ein Konzil für seine Gegenwart unerfüllbar war und daß die notwendigen Entscheidungen von einzelnen stellvertretend wahrgenommen werden mußten[76]. Doch das stellvertretende Handeln einzelner berechtigt gerade nicht dazu, zwischen der Verantwortung des einzelnen und der Verantwortung der Kirche als der Gemeinschaft verantwortlicher Christen in einem prinzipiellen Sinn zu scheiden. Vielmehr nehmen in solchen Situationen einzelne diejenigen Entscheidungen vorweg, die die Kirche (noch) nicht vollziehen kann, die ihr aber gerade durch die Stellvertretung der einzelnen ermöglicht werden sollen. Dies ist der Sinn derjenigen Stellvertretung *in* der Kirche, die Bonhoeffer schließlich »um den Preis seiner kirchlichen Reputation in die Einsamkeit einer Verschwörung« führte[77].

3. Im Bekenntnis vollzieht die Kirche die Anerkennung der von außen gesetzten Grenze. Diese Funktion des Bekenntnisses wird nur aufrechterhalten, solange »Lehre« und »Bekenntnis« nicht miteinander verwechselt werden[78]. In dieser Verwechslung liegt der Fehler der »Orthodoxie«; sie hält jeden Dissens in der Lehre für einen Bekenntnisgegensatz, durch den die

75 Vgl. oben S. 178f.

76 Vgl. *E. Bethge*, Dietrich Bonhoeffer und die theologische Begründung seines politischen Widerstandes, in: Am gegebenen Ort, 1979, S. 48ff. (56f.).

77 *E. Bethge*, Barmen und seine Wirkungsgeschichte, ebd., S. 140ff. (146).

78 Vgl. *W. Huber*, Die Spannung zwischen Glauben und Lehre als Problem der Theologie, in: *G. Picht / E. Rudolph* (Hg.), Theologie — was ist das?, 1977, S. 217ff.

Kirchengemeinschaft aufgelöst wird. Auch dies ist ein gesetzliches Mißverständnis der Kirche.

4. Das Bekenntnis der Kirche impliziert eine Entscheidung darüber, ob die Kirche, von der sich zu trennen man gezwungen ist, eine »andere Kirche« bzw. »irrende Kirche« oder aber eine »antichristliche Kirche« ist. Die antichristliche Kirche ist durch ihren Vernichtungswillen gegen die wahre Kirche gekennzeichnet. Wendet man diese Kriterien auf die Lage im Kirchenkampf an, so ergibt sich: Durch die Synoden des Jahres 1934 (Barmen und Dahlem) hat die Bekennende Kirche eindeutig erklärt, daß die Reichskirchenregierung sich von der Kirche Jesu Christi geschieden hat – und zwar dadurch, daß sie neben Jesus Christus als dem einen Wort Gottes andere Worte als göttliche Wahrheit anerkennt und deshalb die Existenzform der Kirche einem fremden Gesetz unterwirft. Hinter dieses Bekenntnis kann die Bekennende Kirche nicht mehr zurückgehen. Deshalb muß erklärt werden: »Die Bekennende Kirche ist die wahre Kirche Jesu Christi in Deutschland«[79]. Und: »Wer sich wissentlich von der Bekennenden Kirche trennt, trennt sich vom Heil«[80].

5. Die Begegnung mit der ökumenischen Bewegung stellt der Bekennenden Kirche und stellt so auch jeder Kirche heute die Frage nach bekennender Selbstkritik. Denn das Bekenntnis ist nur dort glaubwürdig und vollmächtig, »wo das Bekenntnis gegen sich selbst vorangegangen ist, wo das damnamus zuerst gegen die eigene Front gerichtet ist«[81]. Die Ökumene stellt jeder Kirche die Frage nach bekennender Selbstkritik ferner deshalb, weil das Bekenntnis zur Einheit der Kirche zu jedem Bekennen notwendigerweise hinzugehört. »Sollte die Bekennende Kirche [oder eine Kirche heute, W. H.] sich in ihrem Bekenntnisanspruch so isolieren, daß ihr Bekenntnis keinen Raum mehr für den ökumenischen Gedanken offen läßt, so würde sich allen Ernstes die Frage erheben, ob in der Bekennenden Kirche [oder in dieser heutigen Kirche, W. H.] selbst noch Kirche Christi sei«[82].

6. Die Bekennende Kirche stellt aber andererseits der Ökumene die Frage nach deren Bekenntnis. Die ökumenische Bewegung kann nur dann »Kirche« sein, wenn sie der Frage nach dem Bekenntnis nicht ausweicht. Die ökumenische Bewegung kann aber dem Anspruch, »Kirche« zu sein, nicht entgehen. Denn diejenige Ökumene, welche die Wahrheitsfrage suspendiert, löst sich selbst auf. In Bonhoeffers Situation hatte dies die Forderung zur Folge, daß die ökumenische Bewegung sich um der Wahrheitsfrage willen von der Kirche der Deutschen Christen zu trennen habe. In unserer Situation wird man zunächst die Folgerung zu ziehen haben, daß die ökumenische Bewegung sich der Frage nach Wahrheit und Bekenntnis nicht durch dilatorische Formelkompromisse entziehen kann.

79 GS II, S. 231.
80 GS II, S. 238.
81 GS I, S. 255.
82 GS I, S. 257.

V

Mit seiner Forderung, die ökumenische Bewegung müsse sich der Bekenntnisfrage stellen, nimmt Bonhoeffer während des Kirchenkampfs Überlegungen wieder auf, die er schon zuvor als Jugendsekretär im Weltbund für Freundschaftsarbeit der Kirchen angestellt hatte. Zu den Kennzeichen seines Kirchenverständnisses gehört es gerade, daß er Bekenntnis und Ökumene wechselseitig aufeinander bezieht. Dadurch wird einerseits die Rede vom Bekenntnis vor partikularistischem Konfessionalismus bewahrt; und andererseits wird die Rede von der Ökumene vor pragmatischem oder idealistischem Internationalismus geschützt. Seine Theorie der Kirche ist als Theorie der Bekennenden Kirche zugleich Theorie der Ökumene; und sie ist als Theorie der Ökumene zugleich Theorie der Bekennenden Kirche[83].

Schon in seinem Vortrag »Zur theologischen Begründung der Weltbundarbeit« vom Juli 1932[84] stellt Bonhoeffer allen pragmatischen Versuchen, in der ökumenischen Arbeit die Wahrheitsfrage zu suspendieren, die Forderung nach einer ökumenischen Theologie entgegen. Die Aufgabe erscheint ihm als schwer; die von Bonhoeffer beobachteten Schwierigkeiten sind gleichwohl um vieles geringer als die Probleme, die sich einer ökumenischen Theologie heute in den Weg stellen. Denn Bonhoeffer sieht als größtes Hindernis allein den Konflikt zwischen angelsächsischem und kontinentalem Denken; die Perspektive, daß die konfessionelle Vielfalt in der Ökumene, vor allem durch den Beitritt der orthodoxen Kirchen, noch größer und die regionalen Differenzen durch die Gegensätze zwischen den Kirchen Asiens, Afrikas und Lateinamerikas auf der einen, den Kirchen der Industrieländer auf der anderen Seite noch schroffer werden würden, konnte Bonhoeffer vor einem halben Jahrhundert nicht im Blick haben.

Doch ungeachtet der veränderten Situation treffen seine Diagnose und seine Forderung auch heute noch den Sachverhalt genau:

> »Es gibt keine Theologie der ökumenischen Bewegung. Ist die ökumenische Bewegung eine neue Gestalt des Selbstverständnisses der Kirche, so muß sie eine Theologie hervorbringen. Tut sie das nicht, so erweist sie sich als reine Zweckorganisation. Der ökumenische Gedanke wird von politischen Konjunkturschwankungen (Nationalismus – Internationalismus) abhängig, wenn er nicht von einer eigenen Theologie unterbaut ist«[85].

In seinem Vortrag von 1932 versucht Bonhoeffer, einige Schritte zu einer solchen Theologie der ökumenischen Bewegung zu unternehmen. Der erste Schritt ist eine Verständigung über den Begriff der Kirche. Diese enthält vor

83 Den Zusammenhang beider Aspekte hat *U. Duchrow* verschiedentlich hervorgehoben: Kann Bonhoeffers gelebte Lehre von der Kirche in der Bundesrepublik rezipiert werden?, a.a.O.; Bekennende Kirche und Ökumene als Thema der Zukunft, in: *E. Feil/I. Tödt* (Hg.), Konsequenzen, a.a.O., S. 31ff.; Konflikt um die Ökumene, Christusbekenntnis – in welcher Gestalt der ökumenischen Bewegung?, 1980, bes. S. 255ff.

84 GS I, S. 140ff.

85 GS I, S. 159.

allem zwei Elemente: zum einen die Abwehr jeden Kirchentums, in dem die Wahrheitsfrage um der Effizienz der Kirche als Zweckorganisation willen suspendiert wird; zum andern die konsequente Orientierung des Kirchenverständnisses an der Gegenwart Jesu Christi, an seinem Herrschaftsanspruch über die Welt. Damit tauchen Elemente, die uns bereits vertraut sind, in einer besonderen Zuspitzung auf:

»Der Kirche Jesu Christi, der der Herr über die ganze Welt ist, ist der Auftrag gegeben, das Wort Christi der ganzen Welt zu sagen. Das Revier der Kirche Christi ist die ganze Welt«[86].

Die Ökumene nötigt in besonderer Weise dazu, über die *Weltlichkeit* der Kirche nachzudenken. Das Bekenntnis zur Einheit der Kirche ergibt sich aus dem Bekenntnis zur Gegenwart Jesu Christi. Deshalb ist die Einheit der Kirche nicht in einem direkten Sinn eine Funktion der Einheit der Menschheit; sie ist vielmehr zuallererst eine Funktion der universalen Herrschaft Jesu Christi. Weil diese Herrschaft keine Grenzen kennt, ist der Ort der Kirche die Welt; dieser Ort kann nicht durch nationale, soziale oder rassische Unterschiede beschränkt werden.

In derselben Zuspitzung wie von der Weltlichkeit muß auch von der *Gegenwärtigkeit* der Kirche die Rede sein. Die Kirche als der Christus praesens – wie Bonhoeffer in einer als Identifikation mißverständlichen Zuspitzung sagt – muß Evangelium und Gebot ihrer Gegenwart sagen.

»Das Wort der Kirche an die Welt muß darum aus der tiefsten Kenntnis der Welt dieselbe in ihrer ganzen gegenwärtigen Wirklichkeit betreffen, wenn es vollmächtig sein will ... Die Kirche darf also keine Prinzipien verkündigen, die immer wahr sind, sondern nur Gebote, die heute wahr sind. Denn was ›immer‹ wahr ist, ist gerade ›heute‹ nicht wahr. Gott ist uns ›immer‹ gerade *›heute‹ Gott*«[87].

Bonhoeffer präzisiert seine Forderung nach Weltlichkeit und Gegenwärtigkeit der Kirche in dem Vortrag von 1932 am Thema des Friedens, das auch in den folgenden Jahren sein ökumenisches Engagement bestimmt[88]. Am Schluß des Vortrags verknüpft er diese Überlegungen noch einmal mit der Wahrheitsfrage. Denn die Kirche kann die Verpflichtung zum Frieden als konkretes Gebot für die Gegenwart nur aussprechen, wenn sie die Wahrheit des Evangeliums verkündigt. »Aber die Wahrheit ist zerrissen«[89]. Nur wo die Kirche um die Schuld weiß, die Wahrheitserkenntnis zerrissen zu haben, ist ihr die Vergebung der Schuld und neue Erkenntnis der Wahrheit verheißen.

86 GS I, S. 159.
87 GS I, S. 144f. (Hervorhebung bei Bonhoeffer).
88 Vgl. *E. A. Scharffenorth*, Bonhoeffers Pazifismus, in: *Chr. Frey / W. Huber* (Hg.), Schöpferische Nachfolge, a.a.O., S. 363ff., sowie die Beiträge in: *H. Pfeifer* (Hg.), Frieden – das unumgängliche Wagnis, 1982.
89 GS I, S. 158.

Drei Elemente sind es, die Bonhoeffers Theorie der Ökumene prägen: die Frage nach der *Weltlichkeit*, der *Gegenwärtigkeit* und der *Wahrheitsfähigkeit* der Kirche. In allen drei Elementen prägt sich aus, daß die Kirche allein in der Gegenwart Jesu Christi ihren Grund und ihr Maß hat. Im Kirchenkampf verschärfen sich diese Einsichten. Die Forderung nach einer ökumenischen Theologie spitzt sich zur Forderung nach einem Akt ökumenischen Bekennens zu. Nur wenn der Streit um die Wahrheit in der Ökumene wirklich ausgetragen wird, kann diese den Anspruch erheben, »Kirche« zu sein. Dabei rückt schon für Bonhoeffer der Gedanke des ökumenischen Konzils an eine zentrale Stelle, ohne allerdings näher entfaltet zu werden[90] – jener Gedanke also, der seit mehr als einem Jahrzehnt unter dem Stichwort der »Konziliarität« in der ökumenischen Debatte erneut an Bedeutung gewonnen hat; für die Theorie kirchlichen Handelns, die Ernst Lange entwerfen wollte, stand der Begriff der »Konziliarität« an eben der Stelle, an der bei Bonhoeffer der Begriff des »Konzils« begegnet[91].

Ohne daß der Streit um die Wahrheit ausgetragen und im korporativen Akt konziliaren Bekennens entschieden wird, kann die Ökumene nicht Kirche sein. Dietrich Bonhoeffer lag der Gedanke völlig fern, daß die Frage, ob die ökumenische Bewegung Kirche sei oder nicht, durch einen dilatorischen Formelkompromiß entschieden würde – wie dies 1950 in der Toronto-Erklärung geschah[92]. Die Überzeugung allerdings, daß das Kirchesein der Kirche sich daran entscheidet, ob ihr Akte lebendigen Bekennens möglich sind, ist in den letzten Jahren wieder verstärkt ins Bewußtsein getreten: Bekenntnisse zur Einheit der Kirche angesichts rassischer Zertrennung und Bekenntnisse zur Friedensverantwortung der Kirche sind die wichtigsten, freilich heftig umstrittenen Beispiele[93].

Doch überwunden ist die Verwechslung von Bekenntnis und Lehre noch nicht, die Bonhoeffer als den Inbegriff der »Orthodoxie« ansah. Daraus erklärt sich vielleicht, warum in der heutigen theologischen Debatte kaum ein Versuch begegnet, eine Theorie kirchlichen Handelns zu entwerfen, die vom Problem des Bekenntnisses ihren Ausgang nimmt. Die Frage nach den Strategien kirchlichen Handelns hat sich gegenüber der Frage nach dem Ausgangspunkt und der Funktion dieses Handelns verselbständigt. Deshalb auch werden die Handlungsstrategien nicht durch den Bezug auf ihren Grund und ihr Ziel, sondern gemäß ihrer Bedeutung für gegebene kirchliche Bestände definiert; danach lassen sie sich in Vorwärtsstrategien und in Strategien der Bestandssicherung unterscheiden. Selbst der Ansatz Ernst Langes, der zweifellos eine besondere Nähe zu Gedanken Dietrich Bonhoeffers

90 Vgl. z.B. GS I, S. 261.

91 Vgl. *E. Lange*, Die ökumenische Utopie oder Was bewegt die ökumenische Bewegung?, 1972, S. 177ff.; *W. Huber*, Der Streit um die Wahrheit und die Fähigkeit zum Frieden, 1980, S. 119ff.

92 Text: *L. Vischer* (Hg.), Die Einheit der Kirche, 1965, S. 251ff.; vgl. dazu *U. Duchrow*, Konflikt um die Ökumene, a.a.O., S. 264ff.

93 Siehe unten S. 249ff.

aufweist, ist in dieser Tendenz zur Verselbständigung des »Strategie«-Problems befangen. Dennoch könnte es sein, daß eine Theorie kirchlichen Handelns sich von der Frage des Bekenntnisses auch heute nicht dispensieren kann. Dies gilt jedenfalls dann, wenn sie von der Einsicht ausgeht, daß die Wahrheit, welche die Kirche bezeugt, und die Existenzform, in welcher sie lebt, nicht voneinander getrennt werden können. Denn es ist gerade das Bekenntnis, das bezeugte Wahrheit und gelebte Existenzform miteinander verbindet – das Bekenntnis jedenfalls dann, wenn man Bonhoeffers Begriff davon voraussetzt: »Bekenntnis ist die mit eigenen Worten ausgesprochene formulierte Antwort der Kirche auf das Wort Gottes in der Heiligen Schrift«[94]. Das Bekenntnis also ist der Akt der *Annahme* des Wortes Gottes. Gerade so ermöglicht es die Akte der Annahme dieses Wortes in der Rechts- und Sozialgestalt, eben: in der Existenzform der Kirche. Denn nur dann entspricht die durch Menschen gestaltete Institutionalität der Kirche ihrer durch Gott geschaffenen und durch Gottes Wort verbürgten Institution, wenn auch die rechtlichen und sozialen Formen der Kirche als Antwort auf das ihr anvertraute Wort begriffen werden können. In diesem Sinn entscheidet sich an der Verbindlichkeit des Bekenntnisses die praktische Wahrheitsfähigkeit und somit das Kirchesein der Kirche. Auf diesen für jede Theorie der Kirche grundlegenden Zusammenhang hat kaum ein Theologe in unserem Jahrhundert mit größerem Nachdruck aufmerksam gemacht als Dietrich Bonhoeffer. Er tat es, indem er seine Theorie der Kirche als Theorie der Ökumene vom Akt des Bekenntnisses her entwarf.

VI

Alle bisher betrachteten Anregungen Bonhoeffers zu einer Theorie der Kirche liegen vor der Wende seines Denkens, von der an er sich entschlossen damit beschäftigt, wie sich der christliche Glaube und die Kirche nach dem Ende des deutschen Faschismus gestalten sollen. Dieses Nachdenken geht von einer neuen Basis-Annahme aus[95]. Sie heißt:

> »Wir gehen einer völlig religionslosen Zeit entgegen; die Menschen können einfach so wie sie nun einmal sind, nicht mehr religiös sein. Auch diejenigen, die sich ehrlich als ›religiös‹ bezeichnen, praktizieren das in keiner Weise«[96].

Vordergründig betrachtet enthält diese Basis-Annahme eine Diagnose und Prognose, die man als problematisch empfinden kann. Sie ist inzwischen auch häufig genug durch die gegenteilige Diagnose und Prognose ab-

94 GS I, S. 250.
95 Vgl. zu dieser Art der Betrachtung *Chr. Gremmels*, Theologischer Text und historischer Kontext. Eine Analyse zu D. Bonhoeffers Schrift »Widerstand und Ergebung«, in: Hofgeismarer Protokolle Nr. 123/1977, S. 12ff.
96 WEN, S. 305.

gelöst worden: Wir gehen einer religiösen Zeit entgegen; die Menschen können nun einmal, so wie sie sind, nicht anders, als religiös zu sein. Doch mit einer so vordergründigen Alternative erschließt man sich den Sinn von Bonhoeffers Basis-Annahme nicht. Vielmehr steht in deren Hintergrund eine historische Überlegung, die in wesentlichen Elementen auf der Lektüre Wilhelm Diltheys beruht[97]. Der Kern dieser Überlegung läßt sich so fassen: Die neuzeitliche Entwicklung ist durch die Tendenz zur Autonomie und Mündigkeit des Menschen gekennzeichnet; doch ebenfalls in der Neuzeit bildet sich ein Begriff von Religion aus, der als Allgemeinbegriff den Begriff des Glaubens in sich einbezieht. Erst in der Neuzeit, so vermutete schon der junge Bonhoeffer, wurde der Begriff des Glaubens durch den der Religion überlagert[98]. Bonhoeffer vertritt also nicht einen systematischen, sondern einen geschichtlichen Religionsbegriff. Deshalb kann er Religion als »geschichtlich bedingte und vergängliche Ausdrucksform des Menschen« bezeichnen[99]. Für dieses geschichtliche »Gewand« sind nach Bonhoeffers Auffassung vor allem folgende Elemente kennzeichnend: eine räumlich begriffene Transzendenz Gottes (das »Jenseits« als der Ort Gottes); die Unmittelbarkeit der menschlichen Gottesbeziehung; die Partialität des Gottesverhältnisses (Gott als »Lückenbüßer« und »Arbeitshypothese«); schließlich die in einem abgesonderten Sinn verstandene Innerlichkeit als Sphäre der Religion[100]. Daß ein solcher Allgemeinbegriff von Religion sich mit der Tendenz zu einer selbstverantworteten Mündigkeit nicht verträgt, ist durch die Religionskritik der Aufklärung und des 19. Jahrhunderts deutlich geworden. Sie hat gezeigt, daß der Konflikt zwischen der Religion und der Mündigkeit des Menschen unvermeidlich ist – selbst wenn dieser Konflikt immer wieder von Wellen der Religiosität überlagert wird. Bonhoeffer nun hält es für ausgeschlossen, daß dieser Konflikt zugunsten der (so gedeuteten) Religion ausgehe; wenn schon nicht aus historischen, so wird man ihm doch aus prinzipiellen Gründen recht geben müssen.

Allerdings bleibt auch dann der von Bonhoeffer verwendete Begriff der Religion befremdlich und problematisch. Gegenüber einem solchen Befremden sei zunächst noch einmal unterstrichen, worin dieser Religionsbegriff plausibel ist: Er bindet die Religion an denjenigen bürgerlichen Charakter, den sie in der Neuzeit gewonnen hat und der Bonhoeffer auch aus eigener biographischer Erfahrung vor Augen stand. Dieses Element in seinem Religionsbegriff läßt sich folgendermaßen erläutern: Die Differenzierung

97 Dies herausgearbeitet zu haben, ist das Verdienst von *Christian Gremmels* und *Ernst Feil*; vgl. *Chr. Gremmels*, Mündigkeit – Geschichte und Entfaltung eines Begriffs, in: Die Mitarbeit 18, 1969, S. 260ff.; *E. Feil*, Die Theologie Dietrich Bonhoeffers, S. 355ff.; *ders.*, Christlicher Glaube ohne Religion? Zur Theologie Dietrich Bonhoeffers, in: Hofgeismarer Protokolle Nr. 123/1977, S. 61ff.

98 *E. Bethge*, DB, S. 1048.

99 WEN, S. 305.

100 Ich variiere damit die Charakterisierung von Bonhoeffers Religionsbegriff bei *E. Feil*, Die Theologie Dietrich Bonhoeffers, S. 346f.

der neuzeitlichen Gesellschaft bewirkt die Aufgliederung von gesellschaftlichen Aufgaben; aus ihr ergibt sich gleichzeitig eine Verselbständigung wie auch eine wechselseitige Verflechtung von gesellschaftlichen Funktionen. An diesem Prozeß hat auch die Religion teil. Sie wird zu einer gesellschaftlichen Teilfunktion, die in einem abgesonderten Bereich der Gesellschaft – in den »Religionsgesellschaften« – wahrgenommen wird. Dieser Bereich ist zugleich mit anderen gesellschaftlichen Bereichen auf vielfältige Weise verflochten; die Nähe zwischen Staat und Kirche oder die Bindung der Kirchen an gesellschaftliche Interessen sind Ausdruck für diesen Sachverhalt. Der geschilderten Differenzierung der Gesellschaft entspricht nun aber auch eine Differenzierung im Lebensvollzug der einzelnen Menschen: Religion wird nun zu einer Sache der Innerlichkeit, zur Sache der Intimsphäre, die mit den Sphären von Beruf oder Politik nur noch auf verborgene Weise, nämlich über die Gesinnung, verbunden ist. Dem Gottesbewußtsein wird Bedeutung nur noch für diejenigen Bereiche zuerkannt, in denen der Mensch selbst als Subjekt aufzutreten sich noch nicht zutraut. So entspricht der geschilderten Differenzierung auch eine Partialisierung des Gottesbegriffs.

Man kann also über Bonhoeffer hinausgehend deutlich machen, wie die Partikularisierung von Religion und Gottesbewußtsein mit dem »Prozeß der Zivilisation« zusammenhängt, den Norbert Elias einleuchtend beschrieben hat[101]. Für denjenigen spezifischen Religionsbegriff, der sich im neuzeitlich-okzidentalen Prozeß der Zivilisation ausbildet, ist Bonhoeffers Charakterisierung durchaus zutreffend. Und für ihn trifft auch die Diagnose zu, die sich nun so formulieren läßt: Der Prozeß der Zivilisation hat zwei Ergebnisse hervorgebracht – einerseits den Menschen, der sich als Subjekt seiner Welt und in diesem Sinn als mündig versteht; und andererseits einen partikularistischen Begriff von Religion, der bestimmte Bereiche dieser Welt für das Gottesbewußtsein zu reservieren versucht. Beide Ergebnisse sind auf Dauer unvereinbar. Aus einer derartigen Diagnose also zieht Bonhoeffer den Schluß, daß es mit der so verstandenen Religion zu Ende geht.

Gewiß kann man aus dem geschilderten Befund auch eine andere Folgerung ziehen. Sie heißt: Durch den Prozeß der Zivilisation wird dem neuzeitlichen Bewußtsein der Zugang zu dem weithin verstellt, was Religion auch sein kann, nämlich eine Erfahrung der Ganzheit des Lebens. Religion kann auch eine Weise sein, in welcher der Mensch sich, aus der Natur herausversetzt, selbst als Natur erfährt[102]. Dieser Sinn von Religion tritt uns heute am ehesten auf Umwegen entgegen. Er begegnet uns zum Beispiel, wenn wir uns auf die Erfahrungen außerchristlicher Religionen oder auf außereuropäische Deutungen des Christentums einlassen. Bonhoeffer dagegen erschließt sich dieser andere Sinn von Religion durch eine biblische Reflexion.

101 *N. Elias*, Über den Prozeß der Zivilisation, 2 Bde., 2. Aufl. 1969 (1976). – In anderer Perspektive behandelt die Frage nach dem Verhältnis von Religion und gesellschaftlicher Differenzierung *N. Luhmann*, Funktion der Religion, 1977.

102 Vgl. *G. Picht*, in: *G. Picht / E. Rudolph* (Hg.), Theologie – was ist das?, 1977, S. 133.

Und er formuliert diesen wiederentdeckten Sinn von Religion in der Form einer Antithese gegen die Religion, nämlich in der Gegenüberstellung von Religion und Glaube, die er seit »Sanctorum Communio« von Karl Barth übernommen hat. Doch Bonhoeffers *Antithese* zwischen Religion und Glaube läßt sich auch so lesen, daß es in ihr um den wieder zu entdeckenden *anderen Sinn* von Religion geht.

Die biblische Reflexion, durch die Bonhoeffer sich jenen anderen Sinn von Religion wieder erschließt, ist, so scheint mir, maßgeblich dadurch geprägt, daß in Bonhoeffers Tegeler Theologie alttestamentliches Denken spürbar an Bedeutung gewinnt[103]. Daß der Glaube, von dem das Alte Testament Zeugnis gibt, die Erfahrung der geschenkten Ganzheit des Lebens darstellt, steht im Hintergrund der Bonhoefferschen Reflexion, auch wenn diese sich explizit an einem neutestamentlichen Zusammenhang orientiert.

Die biblische Reflexion, die ich meine, hat die Diagnose, daß es mit der »Religion« zu Ende sei, zur Voraussetzung. Angesichts dieser Diagnose stellt sich folgende Alternative: Entweder ist das Christentum an seine religiöse Darstellungsform gebunden und verliert mit dieser auch sein Fundament, oder es gibt ein religionsloses Christentum. Bonhoeffer plädiert aus theologischen Gründen für die zweite Möglichkeit. Zur Begründung erinnert er an die Gethsemane-Szene:

»›Könnt ihr nicht eine Stunde mit mir wachen?‹ fragt Jesus in Gethsemane. Das ist die Umkehrung von allem, was der religiöse Mensch von Gott erwartet. Der Mensch wird aufgerufen, das Leiden Gottes an der gottlosen Welt mitzuleiden... Er darf ›weltlich‹ leben, d.h. er ist befreit von den falschen religiösen Bindungen und Hemmungen. Christ sein heißt nicht in einer bestimmten Weise religiös sein... Nicht der religiöse Akt macht den Christen, sondern das Teilnehmen am Leiden Gottes im weltlichen Leben ... Der ›religiöse Akt‹ ist immer etwas Partielles, der ›Glaube‹ ist etwas Ganzes, ein Lebensakt. Jesus ruft nicht zu einer neuen Religion, sondern zum Leben«[104].

Schon aus diesem knappen Zitat kann man einige Grundzüge derjenigen Deutung des christlichen Glaubens entnehmen, die Bonhoeffer unter dem Titel einer »nicht-religiösen Interpretation« vorschwebte – einem Titel, der seine Zuspitzung und seinen Sinn nur im Gegenüber zu dem skizzierten Begriff der bürgerlichen Religion hat. Nicht eine räumlich gedachte Transzendenz, sondern die Transzendenz Gottes im Diesseits, die »Diesseitigkeit« Gottes ist ihr Ausgangspunkt. Sie orientiert sich nicht am Anspruch des einzelnen auf eine unmittelbare Gottesbeziehung, auf eine besondere religiöse Qualifikation also, sondern sie orientiert sich an der Vermittlung der Gottesbeziehung im messianischen Leiden Jesu. Deshalb kann das Gottesverhältnis nicht partial gedacht, sondern muß als Lebensverhältnis bestimmt

103 Vgl. *P. Lapide*, Bonhoeffer und das Judentum, in: *E. Feil* (Hg.), Verspieltes Erbe? Dietrich Bonhoeffer und der deutsche Nachkriegsprotestantismus, 1979, S. 116ff.
104 WEN, S. 395f.

werden. Damit ist aber nicht eine abgesonderte Innerlichkeit, sondern die Weltlichkeit in einem umfassenden Sinn der Ort des Glaubens.

Es ist ein Mißverständnis dieses Konzepts, wenn man es als Umwendung »von der Kirche zur Welt« interpretiert[105]. Eine solche Deutung könnte allein dann zutreffen, wenn Bonhoeffer vor den Gefängnisbriefen einen »religiösen« Begriff der Kirche vertreten hätte. Jedoch ist, wie wir sahen, das Gegenteil der Fall. Denn die Weltlichkeit ist von Anfang an eine Grundbestimmung des Bonhoefferschen Kirchenverständnisses; deshalb ist sein Werk von Anfang an durch die polemische Spannung zwischen Glaube und Religion, zwischen Kirche und Religionsgemeinschaft geprägt. Durch die Radikalität der Basis-Annahme, die Bonhoeffers Denken im Tegeler Gefängnis bestimmt, tritt dieser Grundzug seines Kirchenverständnisses mit um so größerer Deutlichkeit hervor.

Die »nicht-religiöse Interpretation« der Kirche entfaltet sich in den Skizzen, die uns erhalten sind, nach zwei Seiten. Sie äußert sich zum einen als Kritik des bestehenden Kirchentums; und sie kommt zum andern in dem Bild der »Kirche für andere« zum Ausdruck. Den Begriff einer Theorie der Kirche, den wir aus den frühen Arbeiten Bonhoeffers entwickelten, müssen wir nun also modifizieren: Die Theorie der Kirche ist nicht nur Darstellung, sie ist vielmehr Darstellung und Kritik der geschichtlichen Gestalt der Kirche; sie entwickelt auf diesem Weg Kriterien für die Veränderung dieser geschichtlichen Gestalt.

Den Ausgangspunkt bildet nun also eine kritische Bestandsaufnahme gegenwärtiger Kirche und Kirchlichkeit. Im »Entwurf einer Arbeit« notiert Bonhoeffer dafür folgende Stationen:

> »Die evangelische Kirche: Pietismus als letzter Versuch, das evangelische Christentum als Religion zu erhalten; die lutherische Orthodoxie, der Versuch, die Kirche als Heilsanstalt zu retten; Bekennende Kirche: Offenbarungstheologie; ein ›dos moi pou stoo‹[106] gegenüber der Welt; um sie herum ein ›sachliches‹ Interesse am Christentum; Kunst, Wissenschaft auf der Suche nach ihrem Ursprung. Allgemein in der Bekennenden Kirche: Eintreten für die ›Sache‹ der Kirche etc., aber wenig persönlicher Christusglaube. ›Jesus‹ entschwindet dem Blick. Soziologisch: keine Wirkung auf die breiten Massen; Sache der Klein- und Großbürger. Starke Belastung mit schweren tradierten Gedanken. Entscheidend: Kirche in der Selbstverteidigung. Kein Wagnis für andere«[107].

Daß das Handeln der Kirche vor allem anderen durch das Interesse an Bestandssicherung und Selbstverteidigung bestimmt wird, ist der Kernpunkt von Bonhoeffers Kirchenkritik. Er durchschaut, daß die These vom unpolitischen Charakter der Kirche dem Interesse an Selbsterhaltung entspringt. Er durchschaut ebenso den Zusammenhang zwischen dem bürgerlichen Cha-

105 So der Titel von *Hanfried Müller*, 1961.
106 »Gib mir einen Ort, wo ich stehen kann« – die Formel, mit der Archimedes nach dem »archimedischen Punkt« verlangte.
107 WEN, S. 413f.

rakter der Kirche und dem Interesse an Bestandssicherung. Und er zieht daraus das Résumé:

»Unsere Kirche, die in diesen Jahren nur um ihre Selbsterhaltung gekämpft hat, als wäre sie ein Selbstzweck[108], ist unfähig, Träger des versöhnenden und erlösenden Wortes für die Menschen und für die Welt zu sein. Darum müssen die früheren Worte kraftlos werden und verstummen«[109].

Wie versteht Bonhoeffer die Kirche, wenn er sie nicht als »Selbstzweck« begreifen kann? Die Antwort kündigt sich in der kritischen Wendung, sie habe »kein Wagnis für andere« übernommen, schon an. Sie ergibt sich der Sache nach aus Bonhoeffers schon immer verfolgtem ekklesiologischen Grundsatz, die Kirche von der Gegenwart Jesu Christi her zu begreifen. Nun aber deutet er diese Gegenwart Jesu mit entschiedener Konsequenz als Gegenwart im Leiden, als Dasein für andere. Christus, der Herr der Gemeinde, identifiziert sich durch sein Leiden mit den Leidenden und Entrechteten als mit seinen Brüdern. Darin liegt zugleich eine Ortsanweisung für die Gemeinde in der Welt. In einem berühmt gewordenen, aber nur selten ernst genommenen Abschnitt zieht Bonhoeffer aus dieser Ortsanweisung praktische Konsequenzen:

»Die Kirche ist nur Kirche, wenn sie für andere da ist. Um einen Anfang zu machen, muß sie alles Eigentum den Notleidenden schenken. Die Pfarrer müssen ausschließlich von den freiwilligen Gaben der Gemeinden leben, evtl. einen weltlichen Beruf ausüben. Sie muß an den weltlichen Aufgaben des weltlichen Gemeinschaftslebens teilnehmen, nicht herrschend, sondern helfend und dienend. Sie muß den Menschen aller Berufe sagen, was ein Leben mit Christus ist, was es heißt, ›für andere dazusein‹ ... nicht durch Begriffe, sondern durch ›Vorbild‹ bekommt ihr Wort Nachdruck und Kraft«[110].

Mit der Formel »Kirche für andere« unterstreicht Bonhoeffer noch einmal den unlöslichen Zusammenhang zwischen der Verkündigung der Kirche und ihrer Existenzform. Er trifft zweifellos einen neuralgischen Punkt, wenn er den Umgang der Kirche mit Besitz und Geld zu einem wichtigen Kriterium dafür erklärt, ob sie glaubwürdig Kirche für andere sein kann. Vielleicht kommt – wenn auch später, als Bonhoeffer dachte – auch für die Kirchen in der Bundesrepublik einmal eine Zeit, in der sie gezwungen sind, eine Lektion von der Art zu lernen, wie er sie für nötig hielt. Eine schematische Übertragung von Bonhoeffers Vision auf veränderte Verhältnisse kann nicht das Ziel sein; doch das hinter ihr stehende Kriterium ist evident, wenn

108 In »Sanctorum Communio« ist noch – freilich in anderem Sinn – von der Selbstzwecklichkeit der Kirche die Rede; diese wird aus der von Tönnies übernommenen Unterscheidung zwischen Gemeinschaft und Gesellschaft entwickelt; vgl. SC, S. 125, 138f. In der »Ethik« bahnt sich die spätere Position schon an: Die Kirche ist gerade darin Selbstzweck, daß »sie *selbst* nur Werkzeug und Mittel zum Zweck sein will« (*E. Lange*, Kirche für andere, a.a.O., S. 48; vgl. EN, S. 318).

109 WEN, S. 328.

110 WEN, S. 415f.

auch schwer zu erfüllen: Am Umgang der Kirche mit materiellem Besitz und finanziellen Ressourcen muß erkennbar werden, daß sie die Kirche Jesu Christi ist, der sich mit den Geringsten identifiziert. Nicht organisatorische Machtentfaltung[111], sondern die Bereitschaft, um der Entrechteten und Leidenden willen auf Privilegien zu verzichten, ist für sie kennzeichnend. Die »Kirche für andere« ist eine »einfache Kirche«[112].

Die Weltlichkeit, an der Bonhoeffers Nachdenken über die Kirche sich von Anfang an orientiert, wird in diesen späten Äußerungen als »Dasein für andere« ausgelegt. Mit Verweltlichung kann diese Weltlichkeit nicht gleichgesetzt werden. Deshalb auch führt sie die Arkandisziplin als ihre notwendige Entsprechung bei sich[113]. Bonhoeffer hat dieses Stichwort in »Widerstand und Ergebung« nicht mehr entfaltet[114]. In der Alten Kirche, vor allem des 4. Jahrhunderts, bestand die Arkandisziplin darin, die Mysterien des christlichen Gottesdienstes und der christlichen Lehre vor der heidnischen Öffentlichkeit verborgen zu halten. Auch bei Bonhoeffer zielt der Begriff darauf, daß »die Geheimnisse des christlichen Glaubens vor Profanierung behütet werden«[115]. Doch dies soll nicht durch die erneute Absonderung eines religiösen Raums geschehen, sondern durch eine »innerste Konzentration«, die gerade zum »Dienst nach außen« ermächtigt[116]. Weltlichkeit und Gegenwärtigkeit können nicht ohne die Vergewisserung der Wahrheit bleiben; das religionslose Christentum lebt aus der Arkandisziplin geistlicher Existenz; das Beten und das Tun des Gerechten gehören zusammen[117]. Arkandisziplin ohne Weltlichkeit wäre Ghetto; Weltlichkeit ohne Arkandisziplin aber wäre Boulevard[118].

111 »Jeder Versuch, ihr (sc. der Kirche) vorzeitig zu neuer organisatorischer Machtentfaltung zu verhelfen, wird nur eine Verzögerung ihrer Umkehr und Läuterung sein« (WEN, S. 328).

112 Vgl. *G. Krusche*, Unterwegs zu einer einfachen Kirche, in: Weg und Wahrheit 33, 1979, Nr. 5, S. 18. Siehe auch unten S. 219ff.

113 Vgl. *E. Feil*, Die Theologie Dietrich Bonhoeffers, S. 393ff. mit weiteren Angaben. Hervorzuheben sind vor allem *G. Meuß*, Arkandisziplin und Weltlichkeit bei Dietrich Bonhoeffer, in: MW III, S. 68ff.; *E. Bethge*, DB, S. 988ff.; *ders.*, Gottesdienst im säkularen Zeitalter – wie Bonhoeffer ihn verstand, in: *ders.*, Ohnmacht und Mündigkeit. Beiträge zur Zeitgeschichte und Theologie nach Dietrich Bonhoeffer, 1969, S. 114ff.; *Zen'emon Morino*, Das theologische Erbe Dietrich Bonhoeffers, in: Wie eine Flaschenpost. Ökumenische Briefe und Beiträge für Eberhard Bethge, 1979, S. 212ff.; *H. R. Pelikan*, Die Frömmigkeit Dietrich Bonhoeffers. Dokumentation, Grundlinien, Entwicklung, 1982.

114 Es findet sich in WEN, S. 306.312.328. Zu einer politischen Entsprechung der Arkandisziplin vgl. den Satz im Dramenfragment: »Laßt uns die großen Güter eine Zeitlang durch Schweigen ehren, laßt uns lernen, eine Zeitlang ohne Worte das Rechte zu tun« (Fragmente aus Tegel, 1978, S. 47; vgl. S. 221, Anm. 13).

115 WEN, S. 312. In den älteren Ausgaben von »Widerstand und Ergebung« steht statt »behütet« »beschützt«; *E. Bethge* bestätigt brieflich (am 15. 9. 79) die Lesart »behütet«. – Zur Sache vgl. *O. Perler*, Arkandisziplin, in: RAC I, 1950, S. 667ff.; *D. Powell*, Arkandisziplin, in: TRE IV, 1979, S. 1ff.

116 So schon der Antrag zur Errichtung eines Bruderhauses vom September 1935 (GS II, S. 449).

117 Vgl. oben S. 191.

118 *E. Bethge*, DB, S. 992; zu den Abwandlungen dieses Satzes bei *E. Bethge* vgl. *W. Huber*, Lehren aus dem Kirchenkampf, in: Wie eine Flaschenpost, a.a.O., S. 236ff.

Doch zwischen Arkandisziplin und weltlichem Handeln gibt es »Stufen der Kommunikation«[119], die gewahrt werden müssen, wenn nicht die Weltlichkeit zu einer Welthörigkeit und die geistliche Existenz zu einem fremden Gesetz werden sollen. Diese Stufen der Kommunikation dienen dem unumkehrbaren Gefälle zwischen geistlicher Existenz und weltlichem Handeln, zwischen Beten und Tun des Gerechten, zwischen Identität und Identifikation. Gerade hierin nimmt Bonhoeffer das Kirchenverständnis auf, das für die Barmer Theologische Erklärung bestimmend ist. Nach der 3. Barmer These besteht im Zeugnisauftrag der Kirche zwischen Glauben und Gehorsam, zwischen Botschaft und Ordnung ein unlösbarer Zusammenhang (dieser allein bewahrt vor spiritualistischer Beliebigkeit), aber auch ein unumkehrbares Gefälle (dieses allein bewahrt vor gesetzlicher Vorordnung der Werke vor den Glauben). Bonhoeffer unterstreicht in seiner »nicht-religiösen Interpretation« der Kirche diesen unlöslichen Zusammenhang; durch seinen Hinweis auf die Stufen der Kommunikation zwischen Arkandisziplin und Weltlichkeit aber hebt er zugleich jenes unumkehrbare Gefälle hervor. Ein ausdrücklicher Hinweis auf Barmen findet sich in diesem Zusammenhang nicht; gleichwohl liegt in diesen Andeutungen eine besonders zugespitzte und zutreffende Interpretation der 3. Barmer These.

Bonhoeffer bezeichnet die Kirche als »Kirche für andere«; er versteht sie damit als Ort verantwortlichen Lebens. Man muß die »Struktur des verantwortlichen Lebens« aus Bonhoeffers Ethik in die späte Skizze seines Kirchenverständnisses einzeichnen, damit dessen Gehalt plastischer wird[120]. Dann ergibt sich vor allem eines mit Deutlichkeit: In Bonhoeffers Kirchenverständnis gibt es keine Anhaltspunkte dafür, zwischen dem Verantwortungsbereich des einzelnen und demjenigen der Kirche in einem prinzipiellen Sinn zu scheiden[121]. Denn die Kirche ist die Gemeinschaft derer, die von dem gegenwärtigen Christus zur Verantwortung ermächtigt und in ihre Verantwortung eingewiesen sind. Zwar kann in bestimmten Situationen sich der einzelne zu Entscheidungen genötigt sehen und Handlungen ergreifen, die für die Kirche als Gemeinschaft (noch) nicht möglich sind. Doch diese situationsbezogene Unterscheidung berechtigt nicht zu einer prinzipiellen Trennung. Bonhoeffer denkt, ohne diesen Ausdruck zu verwenden, christliche Freiheit als kommunikative Freiheit. Der in Freiheit Verantwortliche lebt in der Begegnung mit anderen und erfährt diese Begegnung nicht als Grenze, sondern als Bereicherung seiner selbst. Die Innenseite dieser Begegnung ist Arkandisziplin; ihre Außenseite ist das verantwortliche, weltliche Handeln.

119 *E. Lange*, Kirche für andere, a.a.O., S. 59.

120 Vgl. EN, S. 238ff. Man kann auch die Ethik selbst als Entfaltung des Tätigwerdens der Kirche, also als eine Theorie kirchlichen Handelns lesen; vgl. *A. v. Oettingen*, Kirchliche Gemeinwesenarbeit, a.a.O., S. 40ff.

121 Siehe oben S. 50.63f.187.

VII

Wir haben uns einige Stationen in Bonhoeffers Nachdenken über die Kirche vergegenwärtigt. Was ergibt sich aus ihnen für die Aufgabe und den Vollzug einer Theorie der Kirche? Ich muß mich auf einige zusammenfassende Überlegungen beschränken.

1. Eine Theorie der Kirche ist die Darstellung und Kritik der geschichtlichen Gestalt der Kirche; sie entwickelt auf diesem Weg Kriterien für die Veränderung dieser geschichtlichen Gestalt. In Bonhoeffers Gefängnisbriefen zeigt sich in Andeutungen ein methodisches Verfahren für die Durchführung dieser Aufgabe, das sich von den Argumentationsschritten in Bonhoeffers frühen Arbeiten charakteristisch unterscheidet[122].

Den Ausgangspunkt bildet eine historische Basis-Annahme (die Religionslosigkeit des modernen Menschen; I); sie wird historisch bestätigt (II) und hinsichtlich der in ihr liegenden alternativen Möglichkeiten ausgelegt (III); darauf folgt eine christologische Bedeutungsentscheidung (Jesus, der Mensch für andere; IV), die in eine theologische Bestimmung des Kirchenbegriffs überführt wird (Kirche für andere; V); aus ihr entwickelt sich die Darstellung und Kritik bestehender Kirchlichkeit (VI) sowie der Entwurf von Kriterien für die Veränderung der geschichtlichen Gestalt der Kirche (VII). Vergleicht man den sich hier abzeichnenden Argumentationsgang mit denjenigen Argumentationsstrukturen, die sich aus Bonhoeffers früheren Arbeiten, vor allem aus »Sanctorum Communio« entwickeln ließen[123], so zeigt sich, daß in diesem Modell einer Theorie der Kirche der Zugang zu geschichtlicher Erfahrung und das Gewicht theologischer Reflexion zugleich intensiviert sind. In dieser doppelten Intensität bilden Bonhoeffers späte Äußerungen einen Maßstab, hinter den heutige Versuche zu einer Theorie der Kirche nicht zurückgehen sollten.

2. Folgt man dem späten Bonhoeffer, dann darf man eine Theorie der Kirche nicht auf eine Theorie kirchlichen Handelns reduzieren; sie wäre Weltlichkeit ohne Arkandisziplin und deshalb Boulevard. Für Bonhoeffer gibt es verantwortliches Tun nicht ohne geistliche Erfahrung, politische Aktion nicht ohne Spiritualität, Identifikation im Handeln nicht ohne das Geschenk der Identität. Die Bilder von der Kirche jedoch, die uns heute in theoretischen Anleitungen kirchenpraktischen Handelns angeboten werden, leiden zumeist unter einem einseitigen Aktivismus des Kirchenverständnisses: Erfahrung ist durch Handeln überdeckt; Identität geht in Organisation auf. Eine im Anschluß an Bonhoeffer entwickelte Theorie der Kirche aber ist alles andere als eine funktionale Kirchentheorie. Eine solche aber leidet meistens zusätzlich auch noch daran, daß sie den kirchlichen Aktivismus, den sie propagiert, in ein Zwei-Räume-Denken einfügt. Kirchliches Handeln soll sich ihr zufolge auf einen Bereich beziehen, der als religiös im vorhinein

122 Vgl. *Chr. Gremmels,* Theologischer Text und historischer Kontext, a.a.O.
123 Vgl. oben S. 176f.

definiert ist: Die Sinnfrage und die Krisenerfahrungen der individuellen Biographie sollen als Anknüpfungs- und als Zielpunkte kirchlichen Handelns gelten[124]. Die Kirche fügt sich nach dieser Konzeption in die funktionale Differenzierung der Gesellschaft ein; und sie übernimmt zugleich den Begriff von Religion, der sich aus dieser funktionalen Differenzierung ergibt: den Begriff einer bürgerlichen, einer partikularisierten Religion. Deren Ende aber hat Bonhoeffer nicht nur diagnostiziert, sondern aus theologischen Gründen geradezu gefordert. Denn der Glaube ist kein abgesonderter religiöser Akt, sondern ein Lebensvollzug. Und der Verantwortungsraum der Kirche kann nicht im vorhinein – nämlich durch die Ausgrenzung religiöser Bereiche – definiert werden. Vielmehr gilt: »Das Revier der Kirche Christi ist die ganze Welt«[125] – ein Satz, in dessen Fortsetzung wir sagen können: »Die Kirche heute ist die Ökumene«[126]. Nicht Grenzen, sondern nur Stufen kirchlichen Handelns sind einer grundsätzlichen Analyse zugänglich. Es bedarf einer Überprüfung von Situation und jeweiligem Kontext, um zu ermitteln, ob und in welcher – indirekten oder direkten – Weise sich das Handeln der Kirche auf die verschiedenen Bereiche gesellschaftlicher Existenz beziehen muß, wenn sie wirklich »Kirche für andere« sein will.

3. Eine Theorie der Kirche nach Bonhoeffer kann sich nicht auf eine Theorie kirchlichen Handelns in dem Sinn, in dem Ernst Lange sie zu entwerfen versuchte, beschränken. Bonhoeffers Beiträge zum Problem kirchlichen Handelns zeigen gerade, daß es aus theologischen Gründen nicht angeht, die Frage nach den Strategien kirchlichen Handelns gegenüber der Frage nach dem Grund und den Zielen dieses Handelns zu isolieren. Die Effektivität kirchlichen Handelns darf also nicht unabhängig von der Begründbarkeit dieses Handelns geprüft werden; kirchliche Entscheidungen können nicht allein durch Verfahren, sondern müssen durch inhaltliche Argumentation legitimiert werden. Denn Weltlichkeit, Gegenwärtigkeit und Wahrheitsfähigkeit der Kirche gehören zusammen. Deshalb gewinnt die Frage nach dem Bekenntnis der Kirche, nach Akten lebendigen Bekennens auf der Grundlage konziliarer Entscheidungen zentrale Bedeutung. Am lebendigen Bekenntnis zeigt sich die praktische Wahrheitsfähigkeit einer Kirche, im Akt des Bekenntnisses antwortet die Kirche auf die ihr gegebene Wahrheit und bindet sich selbst – in allen Gestalten ihres Zeugnisses und ihrer Ordnung – an diese Wahrheit. Eben deshalb ist die Frage nach dem Akt des Bekenntnisses und nach den Formen konziliarer Entscheidung auch heute ein zentrales Thema jeder Theorie der Kirche; diese Frage läßt sich nur noch im Horizont der Ökumene behandeln. Theorie der Kirche heißt deshalb heute: Theorie der Ökumene.

4. Bonhoeffers Nachdenken über die Kirche ist insgesamt durch das In-

124 Siehe oben S. 137.

125 Siehe oben S. 190.

126 *A. Schindler*, Die geschichtliche Gestalt der europäischen Kirchen und ihrer Theologie und die Kirchengeschichte als theologische Disziplin, in: *G. Picht*/*E. Rudolph* (Hg.), Theologie – was ist das?, 1977, S. 355ff. (370).

teresse an der wirklichen Kirche geprägt; alle seine Arbeiten zu diesem Thema – von der Dissertation bis zu den späten Skizzen – sind dadurch miteinander verbunden, daß er die Spannung zwischen erfahrener und geglaubter Kirche festhält und sie weder spiritualistisch noch anstaltlich auflöst. Die erfahrene Kirche ist die Aktualisierung der in Christus real gesetzten neuen Gottesbeziehung durch den Geist; dieser Grundgedanke aus »Sanctorum Communio« hält sich durch, auch wenn die Formulierungen sich ändern. Diesem Grundgedanken folgend stellt sich die Aufgabe, aus dem spannungsvollen Zusammenhang von geglaubter und erfahrener Kirche Kriterien für die Gestaltung der erfahrenen Kirche zu entwickeln. Bonhoeffer stellt in den Gefängnisbriefen diese Frage nach Kriterien für die Gestalt der Kirche mit einer im Vergleich zu seinen Anfangsjahren ungleich größeren Radikalität. Dennoch sind auch seine späten Antworten mit den Ansätzen der Dissertation durch ein entscheidendes Charakteristikum verbunden. Bonhoeffer gewinnt das Sprachmaterial, mit dem er seine Kriterien formuliert, durchweg, wie mir scheint, am Erfahrungsbereich unmittelbaren persönlichen Zusammenlebens, unmittelbarer Interaktion. Die Familie und die Kommunität von Predigerseminar und Bruderhaus scheinen mir die Erfahrungsfelder zu sein, an denen sich die Sprache ausbildet, nach der das verantwortliche Leben, das »Dasein für andere« als charakteristisch für die Existenzform der Kirche gelten. Es dominiert der Gesichtspunkt persönlicher Verantwortung für den Bereich personal verstandener Gemeinschaftsbeziehungen. Diese Sprache jedoch, so eindringlich sie ist, hat ihre spezifischen Grenzen; an der Wirklichkeit von Institutionen prallt sie zumeist wirkungslos ab. Die Frage, wie Institutionen zu gestalten sind, hat Bonhoeffer, so ist mein Eindruck, noch nicht in zureichender Weise gestellt. Um dies zu tun, hätte er expliziter die Sphäre des Rechts in seine Überlegungen einbeziehen müssen. Denn ohne die Brücke des Rechts kann sich das personale Ethos nicht in den Bereich der Institutionen vermitteln.

5. Vielleicht hängt die geschilderte Begrenzung mit dem theologischen Weg zusammen, auf dem Bonhoeffer die Kriterien zur Gestaltung der Kirche gewinnen will. Dieser Weg ist durch die enge Verbindung von Christologie und Ekklesiologie charakterisiert. Diese Verbindung sichert die Ekklesiologie dagegen, bei einer allgemeinen Lehre von einer Religionsgesellschaft stehenzubleiben. Und sie nötigt die Christologie dazu, das Christusgeschehen hinsichtlich der mit dem Dasein Jesu Christi gesetzten Sozialität auszulegen. Diese enge Verknüpfung zwischen Christologie und Ekklesiologie ist ein unaufgebbares Element in Bonhoeffers Kirchenverständnis; doch gegen manche zugespitzten Formulierungen, in denen sie sich äußert, lassen sich zugleich Einwände vorbringen. Der wichtigste Einwand heißt, daß in manchen Formulierungen die Differenz zwischen Christus und den Glaubenden, die Differenz zwischen der Kirche als einer Offenbarungsform Jesu Christi und der Kirche als der Gemeinschaft der Glaubenden, die Differenz also zwischen der geglaubten und der erfahrenen Kirche unterbestimmt bleibt. Vom Dasein Jesu für andere schließt Bonhoeffer sehr direkt auf die

Kirche für andere. Dieser Gedanke bedarf jedoch einer Präzisierung, die von der Differenz zwischen Christus als dem primären Subjekt der Kirche und den Menschen als dem davon unterschiedenen, immer nur nachfolgenden sekundären Subjekt der Kirche ausgeht. Von hier aus kann deutlicher als in Bonhoeffers knappen Skizzen berücksichtigt werden, daß die Glaubenden nicht nur Menschen sind, die sich anderen vorbehaltlos zuwenden können, sondern daß auch sie selbst zuallererst vorbehaltloser Zuwendung bedürfen. Die »Kirche für andere« besteht selbst aus anderen, aus Entfremdeten, die allererst heimgeholt werden müssen. Christus aber ist nicht ein anderer; er ist schon immer beim Vater und eben darin bei sich selbst. Deshalb hat es einen kategorial verschiedenen Sinn, ob vom Dasein Jesu für andere oder vom Dasein der Kirche für andere die Rede ist. Darin, daß noch die Gefängnisbriefe diese kategoriale Differenz nicht sehr scharf herausarbeiten, zeigt sich eine Gefahr, der Bonhoeffers enge Verknüpfung von Christologie und Ekklesiologie von Anfang an ausgesetzt ist. In der Dissertation äußert sich diese Gefahr in der hegelianisierenden Formel: »Christus als Gemeinde existierend«; in »Widerstand und Ergebung« entspricht ihr die unvermittelt christologische Ableitung der Formel von der »Kirche für andere«. Für eine heutige Theorie der Kirche geht es darum, die Verbindung zwischen Christologie und Ekklesiologie in einer Form festzuhalten, die jene Gefahr vermeidet. Hierzu ist es nützlich, Bonhoeffers Argumentation mit der – von Karl Barth formulierten – Unterscheidung zwischen Jesus Christus als dem primären Subjekt der Kirche und den Menschen als den nachfolgenden sekundären Subjekten der Kirche zu verknüpfen[127].

6. Bonhoeffer hat in den Gefängnisbriefen die Überlegungen zu den Kirchentypen, die sich in »Sanctorum Communio« finden, auch der Sache nach nicht noch einmal aufgenommen. Wäre eine derartige Typologie auf der Basis der Tegeler Theologie überhaupt noch haltbar gewesen? Diese Frage muß man in einer Hinsicht negativ beantworten: Daß die Beschreibung von Grundformen christlicher und kirchlicher Existenz ausschließlich unter dem Gesichtspunkt von liturgischen Vollzügen, von kirchlichen Verhaltensweisen in einem engen Sinn erfolgt, ist unter der Perspektive des späten Bonhoeffer eine unzulässige Verkürzung (eine Verkürzung, die sich heute in der Kirchensoziologie freilich häufig findet). Denn eine solche Betrachtungsweise definiert die Kirche im vorhinein als ein religiöses Ghetto; die Differenzierungen zwischen den Kirchentypen sind demgegenüber zweitrangig.

In anderer Hinsicht allerdings sind die Überlegungen zu den Kirchentypen auch in der späteren Theologie Bonhoeffers aufgenommen. Was sich durchhält und in den späteren Skizzen nur mit größerer Entschiedenheit hervortritt, ist die Perspektive der Freiheit. Christlicher Glaube ist die Berufung zur Freiheit; die Gestalt der Kirche hat der Freiheit des Glaubens Raum zu geben. Deshalb formuliert Bonhoeffer in »Sanctorum Communio« das

127 Vgl. *K. Barth*, KD IV/3, 2. H., S. 861ff.905ff.

Kriterium, daß die Volkskirche nur so lange eine legitime Gestalt der Kirche sei, solange sie zur Freiwilligkeitskirche durchdringen könne. Und aus demselben Grund hält Bonhoeffer es in den Gefängnisbriefen für absolut illegitim, wenn die Kirche meint, dem Interesse an Mündigkeit entgegentreten zu sollen. Bei allen Differenzen erweist sich die *libertas christiana* als ein durchgängig bestimmendes Grundmotiv in Bonhoeffers Kirchenverständnis. Die Frage, wie die Kirche die ihr geschenkte Freiheit ergreifen und der Freiheit des Glaubens Raum geben kann, ist aber ein zentrales Thema auch einer heutigen Theorie der Kirche.

7. An Bonhoeffers später Gegenüberstellung von Arkandisziplin und Weltlichkeit ist erstaunlich, daß von der Öffentlichkeit des Evangeliums und der ihr dienenden Öffentlichkeit der Verkündigung nicht die Rede ist. Freilich darf man die Begriffe von Arkandisziplin und Weltlichkeit nicht als ein Schema verstehen, das anderen zweigliedrigen Deutungsschemata – etwa der neuprotestantischen Lehre von den zwei Reichen oder dem Schema von Gesetz und Evangelium – vergleichbar wäre. Sondern die Gegenüberstellung von Arkandisziplin und Weltlichkeit ist ein zugespitzter Hinweis auf die gegliederte Vieldimensionalität christlicher Existenz. Doch diese ist begründet und zusammengefügt in der Proexistenz Jesu Christi, in seinem Dasein für andere. Die dadurch ermöglichte Einheit wird auch durch die Kirche in der Spannung von Arkandisziplin und Weltlichkeit immer wieder bezeugt. Sie wird bezeugt in der Weise des Schweigens, aber auch in einer aus solchem Schweigen kommenden Verkündigung. Deshalb müßte eigentlich auch von der öffentlichen Verkündigung gesprochen werden, wenn von Arkandisziplin und Weltlichkeit die Rede ist. Es könnte freilich einen guten Grund haben, daß Bonhoeffer in seinen späten Äußerungen davon schweigt. Denn seine Formulierungen zeugen indirekt von einem tiefen Mißtrauen gegen eine öffentliche Verkündigung der Kirche, die oft eher den Charakter einer öffentlichen Selbstdarstellung als den eines öffentlichen Zeugnisses trägt, gegen eine Verkündigung, die die Geheimnisse des Glaubens zerredet hat, so daß sie nur noch durch Schweigen geehrt und geschützt werden können[128]. Solche öffentliche Selbstdarstellung aber löst sich von der Arkandisziplin ebenso wie von der Weltlichkeit, anstatt deren Einheit glaubwürdig darzustellen. Demgegenüber aber gilt: Öffentliche Verkündigung ohne Arkandisziplin ist leer; öffentliche Verkündigung ohne Weltlichkeit ist blind. So ergeben sich aus Bonhoeffers zugespitzter und rätselvoller Rede von Arkandisziplin und Weltlichkeit höchst kritische Konsequenzen gerade auch für den Bereich, an den wir zuerst denken, wenn wir von der erfahrenen Kirche sprechen: für ihre öffentliche Verkündigung.

128 Vgl. das Zitat aus dem Dramenfragment oben Anm. 114.

4. Die Kirche als Raum und als Anwalt der Freiheit

I

Theologische Entwürfe sind immer auch Antworten auf die weltgeschichtliche Stunde, der sie entstammen[1]. Mit dem Seismographen religiöser Rede zeichnen sie die Erschütterungen und Hoffnungen ihrer Gegenwart auf und stellen sie in den Horizont des Glaubens. In unserem Jahrhundert bietet sich Theologie vor allem anderen als Theologie der Krise dar; darin liegt also ein Hinweis auf die innere Verfassung unserer Zeit. Beispiele sind leicht zu nennen.

Die frühe Dialektische Theologie Karl Barths und seiner Mitstreiter verstand sich selbst als »Theologie der Krise«; der Krise – zunächst – jenes Kulturoptimismus, dessen Berechtigung in der Erfahrung des Ersten Weltkriegs zutiefst fraglich geworden war; der Krise – genauer – aller Formen der Selbstmächtigkeit des Menschen. Die Dialektische Theologie beschrieb die Krise, die sich daraus ergab, daß zwischen Gott und dem Menschen nicht in der nötigen Weise unterschieden wurde.

Die Existenztheologie, für die der Name Rudolf Bultmanns steht, verlagerte das Bewußtsein der Krise in die Subjektivität: Erst im Durchgang durch die Krise des Ich kann sich kraft der Entscheidung des Glaubens Zukunft eröffnen. Jürgen Moltmanns »Theologie der Hoffnung«, zunächst als Zeichen des Aufbruchs konzipiert, entwickelte sich bald zu einer Theologie der Krise weiter: Sie beschrieb die Teufelskreise unserer Gegenwart und nahm die Identitäts- und Relevanzkrise des Christentums zum Ausgangspunkt theologischen Nachdenkens. Aber auch die politischen Theologien der letzten Jahrzehnte – Theologie der Revolution, Theologie der Befreiung, Schwarze Theologie, Theologie des Volkes – sind Theologien der Krise: Die Erfahrung, daß die politische Verfassung unserer Welt in einer Krise steht, daß sie nämlich durch Ungerechtigkeit und Ausbeutung, durch Unfreiheit und Entfremdung, durch Friedlosigkeit und Gewalt gekennzeichnet ist – diese Erfahrung bildet den Grund dafür, daß die Forderung nach befreiender Veränderung ins Zentrum dieser theologischen Konzeptionen rückt.

Theologische Entwürfe sind immer auch Antworten auf die weltgeschichtliche Stunde, der sie entstammen. Häufig jedoch legt man sich von diesem Wechselverhältnis zwischen geschichtlicher Lage und theologischer Reflexion keine ausreichende Rechenschaft ab; dann wird gerade verdeckt,

1 Das Folgende geht auf einen Vortrag vor dem Deutschen Pfarrertag in Emden am 19. September 1978 zurück, abgedruckt in: Deutsches Pfarrerblatt 78, 1978, S. 781ff.

inwieweit die konkrete Gestalt theologischen Redens eine Antwort auf die Erfahrungen der je eigenen Gegenwart darstellt. Wollen wir diesem Fehler entgehen, so müssen wir uns klar machen, wodurch die Krisenerfahrungen unserer Gegenwart ihr besonderes Gepräge und ihren bedrängenden Charakter erhalten.

In Europa steht die Geschichte des 19. und 20. Jahrhunderts unter dem Leitstern des Fortschritts. Fortschritt soll Freiheit ermöglichen – Freiheit von entwürdigender menschlicher Arbeit und Freiheit von überflüssiger menschlicher Herrschaft zugleich. Schleiermacher hat dieser Hoffnung am Vorabend des 19. Jahrhunderts bereits beredten Ausdruck gegeben; in seinen »Reden über die Religion« liest man:

»Jetzt seufzen Millionen von Menschen beider Geschlechter und aller Stände unter dem Druck mechanischer und unwürdiger Arbeiten ... Es gibt kein größeres Hindernis der Religion als dieses, daß wir unsere eigenen Sklaven sein müssen; denn ein Sklave ist jeder, der etwas verrichten muß, was durch tote Kräfte sollte bewirkt werden können. Das hoffen wir von der Vollendung der Wissenschaften und Künste, daß sie uns diese toten Kräfte werde dienstbar machen, daß sie die körperliche Welt und alles von der geistigen, was sich regieren läßt, in einen Feenpalast verwandeln werde, wo der Gott der Erde nur eine Feder zu drücken braucht, wenn geschehen soll, was er gebeut«[2].

Diese von Schleiermacher wie von vielen anderen formulierte Hoffnung auf eine Zeit, in welcher der Mensch sich zum Gott dieser Erde erhebt, ist nicht sehr weit entfernt von der Hoffnung auf eine allseitige Entfaltung des Menschen, der Karl Marx Ausdruck gegeben hat.

Freiheit im Bereich der materiellen Produktion besteht nach Marx darin, daß die Menschen »ihren Stoffwechsel mit der Natur rationell regeln, unter ihre gemeinschaftliche Kontrolle bringen, statt von ihm als von einer blinden Macht beherrscht zu werden; ihn mit dem geringsten Kraftaufwand und unter den, ihrer menschlichen Natur würdigsten und adäquatesten Bedingungen vollziehen. Aber es bleibt dies immer ein Reich der Naturnotwendigkeit. Jenseits desselben beginnt die menschliche Kraftentwicklung, die sich als Selbstzweck gilt, das wahre Reich der Freiheit, das aber nur auf jenem Reich der Notwendigkeit als seiner Basis aufblühn kann«[3].

Die rationelle Regelung des Stoffwechsels mit der Natur ist die Voraussetzung dafür, daß das Reich der Freiheit sich entfalten kann: So wird der Mensch zum Gott dieser Erde. In diesem Fluchtpunkt treffen sich die Hoffnungen, denen Schleiermacher und Marx Ausdruck verliehen haben. Hoffnungen waren dies, die – im buchstäblichen Sinn – Berge versetzt und Täler zugeschüttet haben. Daß der Mensch zum Gott dieser Erde werden wolle, stellte er damit unter Beweis, daß er diese Erde einem Umbau von Grund auf unterzog. Herrschaftssteigerung war dessen Ziel. Expandierende Produktion, größere Mobilität, höherer Konsum, bessere Kommunikation waren

2 *F. D. E. Schleiermacher,* Reden über die Religion, hg. v. *R. Otto,* 6. Aufl. 1967. S. 157f.
3 *K. Marx,* Das Kapital, Bd. 3 (MEW 25), 1964, S. 828.

die Mittel. Die Steigerung von Herrschaft und die Ermöglichung von Freiheit galten als identisch.

Solche Hoffnungen geraten ins Wanken: Der Götze wackelt – das ist die Krise unserer Gegenwart. Der Mensch, der zum Gott dieser Erde werden wollte, zerstört die Erde; er gefährdet in eine unabsehbare Zukunft hinein die Lebensbedingungen auf diesem Planeten. Der Mensch, der über die Erde verfügen will, gewinnt eine negative Verfügungsgewalt über seine eigene Geschichte. Er häuft Massenvernichtungsmittel auf, mit denen das Leben auf der Erde gleich mehrfach ausgelöscht werden kann. Die gewaltigen Wahrzeichen der Erdherrschaft des Menschen – Industrieanlagen und Raketen, Kernkraftwerke und Autobahnen – werden plötzlich zu Anzeichen der Gefahr. Der Götze wackelt; es rächt sich, daß der Mensch zum Gott dieser Erde werden wollte. Die wichtigste Aufgabe theologischen Nachdenkens aber gewinnt an Dringlichkeit: die Aufgabe nämlich, den Unterschied zwischen Gott und dem Menschen einzuschärfen und so den Menschen zu bewahren vor der Selbstüberhebung, deren Opfer er wird. Um dieser Differenz willen müssen wir es »Gott *selbst*, Gott *allein* in seinem durch Schrift und Geist verkündigten *Worte* überlassen, *die* Wahrheit zu sein«, wie Karl Barth 1923, in einem frühen Vorgriff auf die 1. Barmer These, formulierte[4].

Fortschritt soll Freiheit ermöglichen: das ist, wie wir sahen, die Lehre der Neuzeit. Diese Neuzeit ist allerdings zugleich von der Erfahrung bestimmt, daß Freiheit der institutionellen Sicherungen bedarf. Sie braucht ökonomische, rechtliche und politische Garantien. An der Geschichte der Menschenrechte kann man sich dies verdeutlichen; sie wurden entwickelt, um solche institutionellen Sicherungen der Freiheit einzuklagen. Deshalb umgab man das Verlangen nach Freiheit mit einer Reihe weiterer Forderungen. Die Französische Revolution brachte dies auf eine einleuchtende Formel, als sie die Garantie von Gleichheit, Sicherheit und Eigentum der Garantie von Freiheit zur Seite stellte. Gleichheit kann dabei verstanden werden als die rechtliche Gewährleistung von Freiheit, Eigentum als die ökonomische Bedingung der Freiheit, Sicherheit als die politische Voraussetzung der Freiheit. Auch dieses wohldurchdachte Gebäude aber gerät in unserer Gegenwart in eine Krise, die mit der Fraglichkeit des Fortschrittsbewußtseins unmittelbar zusammenhängt. Die ökonomische Expansion, so heißt die Erfahrung, unterläuft die Bemühungen um rechtliche Gleichstellung immer wieder; die Konzentration der Verfügungsgewalt über Eigentum macht dieses zum Herrschaftsinstrument; und vor allem: der Versuch, Sicherheit durch die Drohung mit militärischer Gewalt zu gewährleisten, bildet ein lebensgefährliches Experiment, dessen Scheitern immer wahrscheinlicher wird.

Vor allem, aber keineswegs nur in der jüngeren Generation breitet sich dieses Mißtrauen aus: Die Garantie des Eigentums, die Gewährleistung des Rechtsstaats, die Wahrnehmung staatlicher Gewaltmittel zur Aufrechter-

4 *K. Barth*, Reformierte Lehre, ihr Wesen und ihre Aufgabe (Vortrag in Emden 1923), in: *ders.*, Das Wort Gottes und die Theologie, 1925, S. 179ff. (189).

haltung von Sicherheit – all dies erscheint vielen nicht mehr als die Ermöglichung, sondern als die Gefährdung von Freiheit. Daß gesellschaftliche Institutionen um der Freiheit willen geschaffen wurden, gerät in Vergessenheit – bei ihren Verwaltern wie bei ihren Adressaten.

Viele fragen sich darüber hinaus, ob nicht die institutionell gesicherte Freiheit in einem Land wie der Bundesrepublik Deutschland auf eine nicht leicht zu durchschauende Weise verquickt ist mit Unfreiheit in anderen Ländern. Wie aber soll man damit in Ruhe leben, wenn anders der Begriff der Freiheit und mit ihm auch der Begriff der Menschenrechte universal und unteilbar sind? Die Freiheit wird auch dann verleugnet, wenn der Wohlstand in einem Land auf Kosten von Menschen in anderen Ländern gefördert wird; das Verlangen nach Menschenrechten schließt die Verpflichtung ein, für die Verwirklichung der Menschenrechte in anderen Regionen einzutreten[5]. Ein einleuchtender Grundsatz; doch von seiner Verwirklichung sind wir – man denke nur an Südafrika, aber auch allgemein an die Auswirkungen der internationalen Arbeitsteilung – weit entfernt. Diese Unglaubwürdigkeit aber schlägt bei sensibleren Zeitgenossen auf das eigene Freiheitsbewußtsein zurück. Welchen Wert, so fragen sie, hat die Berufung auf die Freiheitlichkeit eines Gemeinwesens, das doch zugleich gegen den elementaren Grundsatz verstößt, daß Freiheit unteilbar ist?

Das Freiheitsbewußtsein, das sich in den Krisenerfahrungen unserer Gegenwart zu Wort meldet, müßte in der Kirche einen Raum finden können, in dem Freiheit als unteilbar, als Freiheit aller gedacht und gelebt wird. Es müßte in der Kirche einen Anwalt dafür finden können, daß institutionelle Freiheit nicht als Selbstzweck, sondern als Ermöglichung gelebter Freiheit betrachtet wird. Wer anders könnte für ein solches Verständnis der Freiheit in der Gesellschaft eintreten wenn nicht Christen und Kirchen? Ihnen müßte bewußt sein, daß gesellschaftliche Institutionen dem Menschen und seiner Freiheit dienen sollen; denn ihnen müßte Jesu Zeichenhandlung unvergeßlich sein, deren Kommentar heißt: »Der Sabbat ist um des Menschen willen da, nicht der Mensch um des Sabbats willen. Also ist der Menschensohn Herr auch über den Sabbat« (Mk. 2,27f.). Der Sabbat eben, der Tag der Ruhe, ist das Urbild einer gesellschaftlichen Institution, die um der gelebten Freiheit willen geschaffen wurde; an ihm haben alle freiheitsverbürgenden Institutionen ihr Maß.

Doch: Was verstehen wir unter Freiheit, wenn wir die Kirche als den Raum ungeteilter, unbegrenzter, gelebter Freiheit, wenn wir sie zugleich als Anwalt der Freiheit in der Gesellschaft in Anspruch nehmen? Welche Freiheit ist gemeint?

5 Vgl. etwa die entsprechenden Formulierungen in der Studie der Kammer der EKD für öffentliche Verantwortung, »Die Menschenrechte im ökumenischen Gespräch«, in: Die Denkschriften der EKD, Bd. 1/2, 1978, S. 87ff. (96).

II

Freiheit ist die Existenzform des Glaubens. Der Glaube verläßt sich auf das Kommen Gottes. Deshalb verläßt sich der Glaubende selbst; so wird er frei. Der Glaubende kann sich lassen; die Lebensart des Glaubens ist Gelassenheit.

Sie hat in der Zusage ihren Grund, daß der Mensch von Gott erwählt und geschaffen ist, auch wenn er noch so sehr gegen Gottes Schöpfung und Erwählung verstößt. Weder seine eigenen verkehrten Gesinnungen, Worte oder Taten noch die Schändung seiner Menschenwürde und seiner Rechte durch andere vermögen die Würde zu zerstören, die Gott ihm verleiht. Weder er selbst noch ein anderer, weder staatliche noch gesellschaftliche Mächte können ihn aus der Hand Gottes reißen; er bleibt der von Gott erwählte und geschaffene Mensch.

Gegenüber dem Freiheitsverständnis der europäischen Tradition liegt im christlichen Freiheitsgedanken ein wichtiger, ja grundlegender Perspektivenwechsel. Seit der Zeit der Griechen ist der Freiheitsbegriff durch die soziale Erfahrung bestimmt, daß die einen die Herren sind, die anderen aber Knechte. Aus dem Gegenüber von Herrschaft und Knechtschaft bestimmt sich das Wesen der Freiheit. Frei ist, wer Herrschaft ausüben, wer verfügen kann. Das gilt in der dreifachen Beziehung des Menschen zu sich selbst, zu anderen Menschen und zur Natur. Freiheit wird als Herrschaft über sich selbst gedacht: Frei ist derjenige, in dem die höheren Seelenkräfte zur Herrschaft über die niederen gelangt sind. Freiheit wird als Herrschaft über andere gedacht: Frei ist derjenige, der nicht der Verfügungsgewalt anderer ausgesetzt ist, wohl aber selbst über sie verfügen kann. Und Freiheit wird schließlich als Herrschaft über die Natur gedacht: Frei ist der Mensch, der über die Natur zu verfügen versteht, der »Meister und Besitzer der Natur« (Descartes)[6].

In diesen drei Hinsichten wird Freiheit als Herrschaft ausgelegt und der Knechtschaft gegenübergestellt. Wie anders dagegen ist der Umgang der christlichen Tradition mit dem Wort »Freiheit« – zumindest überall dort, wo sie sich ihres eigenen Begriffs von Freiheit bewußt geworden ist. In ihr nämlich wird Freiheit nicht als Herrschaft im Gegensatz zur Knechtschaft, sondern sie wird als Herrschaft und Knechtschaft zugleich ausgelegt – welch widersprüchlicher Gedanke!

Luther, an den hier vor allem zu erinnern ist, hat diesen Widerspruch keineswegs übersehen, sondern kräftig hervorgekehrt. Dies zeigen die beiden Thesen seines Traktats über die christliche Freiheit: »Ein Christenmensch ist ein freier Herr über alle Dinge und niemandem untertan. Ein Christenmensch ist ein dienstbarer Knecht aller Dinge und jedermann untertan«[7].

6 *R. Descartes,* Discours de la méthode, hg. v. *L. Gäber,* 1960, S. 100.

7 *M. Luther,* Von der Freiheit eines Christenmenschen (*Clemen*, Bd. 2, S. 11,6–9); siehe auch oben S. 119.

Der erste Teil von Luthers Doppelthese mutet an, als sei er lediglich eine Radikalisierung der geläufigen Auffassung. Christliche Freiheit wird als Herrschaft gedeutet, die an keinem Untertansein eine Schranke findet. Doch dasselbe Subjekt, dem solche Herrschaft zugesprochen wird, soll zugleich dergestalt Knecht sein, daß niemandem gegenüber diese Unterwerfung ein Ende hat. Dies muß ohne Zweifel auf den Begriff der Herrschaft zurückschlagen. Und so ist es auch: Christliche Freiheit entsteht nicht durch die Tat der Herrschaft – weder durch Selbstbeherrschung noch durch Autorität über andere, noch schließlich durch Verfügung über die Natur. Daß solche Herrschaftsansprüche nicht notwendig sind, zeichnet gerade die christliche Freiheit aus. »Daß wir keines Werks bedürfen, um Frömmigkeit und Seligkeit zu erlangen«: das ist (nach Luther) die christliche Freiheit[8]. Kein Ding kann die Gerechtigkeit des Menschen vor Gott behindern oder vereiteln: Eben darum ist der Christenmensch ein freier Herr über alle Dinge. Nicht weil er seine Freiheit nur darin realisieren könnte, daß er über die Dinge verfügte, sondern gerade weil sein Heil nicht an ihnen hängt, ist er ihr freier Herr. Zugleich aber ist er ein Knecht aller Menschen. Denn kein Grund besteht für ihn, die Freiheit in der Form des Verfügens auszuleben. Sondern christliche Freiheit gewinnt Gestalt als Freiheit, die sich hingibt, als liebende, als kommunikative Freiheit. Sie ist der geschenkte Nachvollzug der Existenz Jesu, der als Herr Knecht und zugleich als Knecht Herr ist. Daß im christlichen Freiheitsbegriff Herrschaft und Knechtschaft einander nicht antithetisch gegenübertreten, sondern paradox miteinander verschränkt sind, hat im Christusgeschehen seinen Grund[9].

Die Differenz zur »europäischen« Tradition des Freiheitsbegriffs läßt sich in zwei Richtungen verdeutlichen. Mit dem christlichen Begriff der Freiheit verträgt sich die Vorstellung nicht, daß die umfassende Unterwerfung der Natur unter die Herrschaft des Menschen eine Bedingung und Voraussetzung der Freiheit sei. Die Bestimmung des Menschen zum »Meister und Besitzer der Natur« aber gilt neuzeitlich als Realfundament der Freiheit. Hier umzudenken nötigt uns die Krisenerfahrung unserer Gegenwart; sie ist ein heilsamer Zwang zu der Einsicht, daß Fürsorge für die Natur christlicher Freiheit eher entspricht als deren Ausbeutung. Die Folgerung hieraus heißt: Die Manipulation der Natur ist zu vermindern; nicht das jeweilige Maximum, sondern das jeweilige Minimum manipulativen Umgangs mit der Natur ist anzustreben. Dies ist die Konsequenz christlicher Freiheit für den Bereich der Technik, oder zugespitzt: Dies ist der technische Sinn christlicher Freiheit. Angepaßte Technologien, dezentralisierte Industrieanlagen, umweltschonende Energieträger sind technische Perspektiven, die sich aus ihm ergeben. Der Umgang der Kirche mit elektrischer Energie, der Stil kirchlicher Bauten und der Lebensstil kirchlicher Veranstaltungen könnten kleine Felder sein, auf denen in der Kirche mit dem Umdenken zu beginnen wäre, das aus dem technischen Sinn christlicher Freiheit kommt.

8 *Clemen*, Bd. 2, S. 15,2–4.
9 Vgl. *K. Barth*, KD IV/1 und 2.

Ein zweiter Aspekt tritt daneben. Die Französische Revolution hielt es für nötig – und sie hatte wirklich Grund dazu! –, dem Begriff der Freiheit den Begriff der Brüderlichkeit zur Seite zu stellen. »Freiheit, Gleichheit, Brüderlichkeit« hieß ihre Parole. Denkbar war das nur, weil Freiheit als Selbstverfügung gedacht war, die nun in der Brüderlichkeit ein an Gemeinschaft orientiertes Gegengewicht bekommen mußte. Den christlichen Begriff der Freiheit durch den der Brüderlichkeit zu ergänzen muß dagegen als sinnlos erscheinen (sinnvoll freilich wäre es, manche Formen vermeintlicher »Brüderlichkeit« in Freiheit umzuwandeln). Denn Freiheit meint nicht Selbstverfügung, nicht Selbstbesitz, sondern die dem Kommen Gottes verdankte Identität und damit eine radikale Unverfügbarkeit der menschlichen Person: Weder ich selbst noch ein anderer, weder eine gesellschaftliche noch eine politische Macht kann über mein Personsein verfügen. Politische Institutionen und rechtliche Regeln haben gerade dieser Unverfügbarkeit zu dienen und sie zu schützen. Dies ist die politische Konsequenz des christlichen Freiheitsbegriffs, oder zugespitzt: dies ist der praktische Sinn der christlichen Freiheit.

Die Freiheitsbewegungen der Neuzeit, die sich auf den Gedanken der Selbstverfügung des Menschen berufen, müssen auf Grund dieser Einsicht neu interpretiert werden. Denn das Verlangen nach Freiheit ist tiefer begründet, als sie dachten. Die Forderungen der Freiheit aber werden durch eine solche interpretatio christiana nicht abgeschwächt – ganz im Gegenteil. Radikal ist Freiheit dann verstanden, wenn sie in der Unverfügbarkeit der menschlichen Person gründet und auf umfassende Gemeinschaft zielt. Verglichen hiermit sind die neuzeitlichen Freiheitsauffassungen, die auf der Selbstverfügung des Menschen gründen und vielfach auf durchaus klassenbezogene Freiheiten zielen, eher begrenzt zu nennen. Jenen radikalen, umfassenden, unbegrenzten Begriff der Freiheit zur Geltung zu bringen: Darin besteht die gesellschaftliche Diakonie der Kirche.

Charakterisiert man die politische Rolle der Kirche so, dann entspricht dem ein Verhältnis von Kirche und Staat, das Gustav Heinemann im Anschluß an Karl Barth auf die Formel brachte: Die Kirche ist das Organ der göttlichen Rechtfertigung des Menschen, der Staat hingegen das Organ menschlichen Rechts[10]. Als Organ der göttlichen Rechtfertigung tritt die Kirche ein für die Unverfügbarkeit der menschlichen Person; sie tritt für eine umfassende Freiheit ein, die allen in gleichem Maße gilt.

Die jüdisch-christliche Tradition beschreibt Freiheit als Bewegung. Sie umfaßt den Abschied vom Verfügen und den Aufbruch zum Leben. Das biblische Urbild dieser Bewegung ist Abraham: »Und Jahwe sprach zu Abraham: Zieh hinweg aus deiner Heimat, aus deiner Verwandtschaft und aus deinem Vaterhaus in ein Land, das ich dir zeigen werde« (Gen. 12,1). Die Bewegung, die Abraham zugemutet wird, wiederholt sich im Auszug Israels

10 *G. W. Heinemann*, Synode und Parlament (Vortrag zum Gedenken an die Emder Synode von 1571), in: EvKomm 4, 1971, S. 668f.

aus Ägypten. In diesem Exodus wird die Wüste zum Symbol der Befreiung. Sie symbolisiert die Absage an alles Haben um des Verfügen-wollens; denn jeder Besitz, der nicht unmittelbar dem Leben dient, ist in ihr offenkundig schädlich. Die Wüste ist das »Symbol des freien, durch keinen Besitz beschwerten Lebens«[11]. Im Neuen Testament wird diese Vorstellung von Freiheit aufgenommen und fortgeführt. Distanz zum Besitz, Absage an die Feindschaft und Verzicht auf Gewalt sind charakteristisch für die Lebensform, in der die Freiheit Jesu praktisch wird. Segen wird gerade denen zugesprochen, die sich Glück durch keine Form des Habens verschaffen können: den Armen, den Hungernden, den Trauernden (Mt. 5,3.4.6). Gerade die Nacktheit ihrer Existenz zieht Segen auf sich. Und Freiheit wird definitiv nicht mehr als Herrschaft ausgelegt: »Wer groß sein will unter euch, soll euer Diener sein; wer unter euch Erster sein will, soll der Sklave aller sein« (Mk. 10,43f. und Parallelen). Diese Umkehrung der Sozialbeziehungen gehört zu den Möglichkeiten, die mit dem Kommen Gottes verbunden sind.

III

Welche Folgerungen ergeben sich aus dieser Bewegung der Freiheit für die Kirche? Wie bringt sie ihre eigene Existenzform in Entsprechung zu der Wahrheit, die sie verkündigt? »Die Kirche als Raum und als Anwalt der Freiheit«: Diese Formel ist ein Versuch, den Imperativ für die Existenz der Kirche zu formulieren, der sich aus dem Indikativ christlicher Freiheit ergibt. Wenn wir die Bewegung christlicher Freiheit richtig verstanden haben, dann bedeutet sie für die Kirche zuallererst, daß sie auf die Krisenerfahrungen der Gegenwart nicht mit Positionskämpfen und Bestandssicherungen, sondern mit Gelassenheit und mit dem Mut zum Risiko der Freiheit antwortet.

Zum Anwalt der Freiheit kann die Kirche nur werden, wenn sie selbst ein Raum gelebter Freiheit ist; ihre gesellschaftliche Diakonie ist nur so glaubwürdig wie ihr gelebtes Leben. Nur eine Kirche, in der Menschen frei miteinander umgehen können, kann für gesellschaftliche Freiheit eintreten; nur wenn in innerkirchlichen Konflikten Gelassenheit zu spüren ist, kann die Kirche zur Entkrampfung gesellschaftlicher Auseinandersetzungen beitragen. Anwalt der Freiheit kann die Kirche nur sein, wenn der Unterschied zwischen kirchlicher und staatlicher Ordnung, zwischen der Suche nach Wahrheit und dem Kampf um die Macht, zwischen dem Bemühen um Einheit und dem Ringen um Mehrheiten, zwischen der konziliaren Ordnung der Kirche und der parlamentarischen Ordnung des Staates nicht verwischt wird[12]. Die Kirche muß diese Differenz zu Staat und Gesellschaft bewahren, wenn sie den Menschen in Staat und Gesellschaft helfen will.

11 *E. Fromm*, Haben oder Sein. Die seelischen Grundlagen einer neuen Gesellschaft, 1976, S. 56.

12 Vgl. *G. W. Heinemann*, a.a.O., S. 668.

Die Entwicklung des deutschen Protestantismus in den letzten Jahren aber scheint in besonderem Maß durch positionelles Denken und durch das Interesse an Bestandssicherung als solcher gekennzeichnet zu sein; daneben war die Gelassenheit oft zu vermissen, und das Risiko der Freiheit erschien häufig als zu hoch. Die Konflikte zwischen Evangelikalen und Ökumenikern, zwischen Christen, die sich in Bürgerinitiativen organisieren, und solchen, die um das wirtschaftliche Investitionsklima besorgt sind, zwischen der in wenigen Jahren sprunghaft gewachsenen Friedensbewegung und denen, die den Frieden durch eine Politik militärischer Stärke sichern wollen – all dies sind Beispiele für Polarisierungen, in denen sich bisher häufig eher Positionen verhärtet als Kommunikationen eröffnet haben. Das neue Interesse am Begriff der Volkskirche, das sich seit der Kirchenaustrittswelle der ausgehenden sechziger und beginnenden siebziger Jahre geregt hat, ist ein Ausdruck dafür, daß der Bestandssicherung im kirchlichen Denken und Handeln Vorrang eingeräumt wird.

Für diese Entwicklung gibt es einsehbare historische Gründe. Die Nachkriegsentwicklung in Deutschland hat den evangelischen Kirchen in der Bundesrepublik ein Maß an institutioneller Sicherheit, politischer Resonanz und gesellschaftlichem Einfluß eröffnet, wie dies seit den Zeiten der Reformation ohne Beispiel ist. Die Vorstellung konnte sogar vertreten werden, die Kirchen stünden als öffentliche Hoheitsmächte partnerschaftlich neben dem Staat. Ihre reale Grundlage hatte diese Sonderstellung der Kirchen in der Ausnahmesituation der Nachkriegszeit. Deshalb mußte diese Position der Kirchen einen Wandel erfahren, als die Nachkriegsära zu Ende ging. Die Sonderstellung der Kirchen in der Wiederaufbauphase wurde abgelöst durch die Normalsituation einer modernen Industriegesellschaft: In ihr geraten die Kirchen in Konkurrenz zu anderen gesellschaftlichen Verbänden; die Mitgliedschaft in einer Kirche gilt nicht mehr für jedermann als selbstverständlich, sondern wird für Teile der Bevölkerung zum Thema bewußter Entscheidung. In der Umbruchsituation der ausgehenden sechziger und beginnenden siebziger Jahre trat diese Verschiebung deutlich hervor; die wachsenden Kirchenaustrittszahlen gaben ihr einen dramatischen Akzent. Sie sind wieder zurückgegangen; doch sie signalisieren einen seitdem anhaltenden Prozeß, in dem die Zahlen der Kirchenmitglieder sich vermindern, der politische Einfluß der Kirchen sich nivelliert und die verfügbaren Finanzmittel nicht mehr in dem aus der Nachkriegsära bekannten Umfang steigen. Diese Vorgänge unter den Begriff einer, vermeintlich unaufhaltsamen, »Entkirchlichung« zu stellen, haben sich die meisten Beobachter abgewöhnt. Dafür sind die gegenläufigen Entwicklungen zu offenkundig: ein in vielen Bereichen steigendes, wenn auch häufig punktuelles oder diffuses Interesse an »Religion«, die Suche nach erfahrener Gemeinschaft des Glaubens und die daraus folgende Bereitschaft zum Engagement, die steigenden Zahlen von Theologiestudenten und die zunehmende Bereitschaft zu aktiver Mitarbeit in Gemeinden und Initiativgruppen zeigen eine neue Aufmerksamkeit für den christlichen Glauben; in der Entwicklung des Kirchentags haben sich diese Veränderungen während der letzten Jahre besonders deutlich niedergeschlagen.

Doch zum dominierenden Motiv kirchlichen, vor allem kirchenleitenden Handelns sind die Erfahrungen, die man mit dieser Gegenbewegung machen konnte, bisher noch kaum geworden. Der Eindruck von der »Erosion der Volkskirche« blieb vielmehr weithin bestimmend; die vorherrschende kirchliche Reaktion vollzog sich als Versuch, den Bestand der Volkskirche zu erhalten[13]. Das Problem des Kirchenaustritts gilt als dominierendes Motiv kirchenleitenden Handelns; die Kirche selbst wird als »missionarische Versorgungskirche« konzipiert[14]. Andere sprechen hier schnöder von der »Servicekirche«[15]. Auch in der Bestimmung der Pfarrerrolle schlägt sich die Verschiebung nieder, die sich dabei unter der Hand vollzieht: Nicht mehr vom Pfarrer und der Gemeinde, sondern vom Pfarrer und seiner Klientel ist nun die Rede. Theologische Ausbildung soll die Fähigkeiten vermitteln, die der Pfarrer braucht, um auf die Bedürfnisse seiner Klientel sachgerecht eingehen zu können[16].

Auf die Krisenerfahrungen der Gegenwart wird hier mit einer Strategie der Anpassung reagiert, die überlieferte Strukturen erhalten soll. Ein anderes Konzept begegnet dort, wo der Übergang zu einer Minoritätskirche, einer bekennenden Gemeinde bewußt ins Auge gefaßt wird. Nicht Anpassung, sondern Distanzierung heißt das Programm. Nicht die Servicekirche, sondern die Sektenkirche wäre das Ergebnis[17]. Das befreiende und versöhnende Wort des Evangeliums würde für eine Minderheit derer, »die mit Ernst Christen sein wollen«, reserviert; sein alle Grenzen überschreitender Charakter würde gerade geleugnet.

Servicekirche oder Sektenkirche – dies scheinen die Positionen zu sein, von denen aus heute häufig über die Zukunft der Kirche gestritten wird. Will man es härter ausdrücken, so kann man mit Begriffen des späten Karl Barth sagen: Die Kirche schwankt zwischen den Extremen einer »Kirche im Exzeß« und einer »Kirche im Defekt«[18]. Die »Kirche im Exzeß« verhält sich so, als hinge das Heil der Menschen unweigerlich von ihrer eigenen Entfaltung, ihrem Einfluß, ihrer organisatorischen Expansion ab. Die »Kirche im Defekt« aber vergißt, daß ihr das Wort vom Heil für alle Menschen aufgetragen ist, und beschränkt sich auf den Kreis der Frommen.

Sollte es nicht möglich sein, beide Positionen zu verlassen und nach Alternativen für das Bild der Kirche von morgen Ausschau zu halten? So wenig es zur Zeit von Nutzen ist, mit großem polemischem Aufwand gegen den Be-

13 Siehe oben S. 131ff.

14 Vgl. Kirchenkanzlei der EKD, Kirchenaustritte als Herausforderung an kirchenleitendes Handeln, in: epd-Dokumentation Nr. 52/77.

15 *J. B. Metz*, Glaube in Geschichte und Gesellschaft, 1977, S. 66.

16 Charakteristisch etwa *E. Herms*, Theologie – eine Erfahrungswissenschaft, 1978, oder *W. Lück*, Praxis: Kirchengemeinde, 1978.

17 *J. B. Metz*, a.a.O.

18 *K. Barth*, Das christliche Leben (Fragmente zu KD IV/4), 1976, S. 223ff.

griff der Volkskirche Front zu machen, so wenig ist es doch auch förderlich, diesen schillernden, höchst vielfältig verwendbaren Begriff zum Ausgangspunkt eines kirchlichen Handelns zu wählen, das an künftigen Aufgaben orientiert ist. Und so wenig es angebracht wäre, eine Orientierung der Kirche am Bekenntnis zu kritisieren, so wenig ist es doch auch sachgemäß, den kommunikativen Charakter des Bekenntnisses zu verkennen und den Weg der Kirche ins Ghetto der Wirkungslosigkeit bewußt zum Programm zu erheben. Deshalb muß man nach Alternativen zu diesen festgefahrenen Positionen der Servicekirche und der Sektenkirche Ausschau halten.

Ausgangspunkt einer solchen Alternative kann die Einsicht sein: Die Kirche ist der *Raum gelebter Freiheit*[19]. Sie verfügt nicht über die Freiheit, sondern sie ist der Raum der Freiheit, weil in ihr das Wort von der Befreiung verkündigt wird. Die Freiheit, die sie so erfährt, ist kommunikative Freiheit; deshalb befähigt das befreiende Wort die Kirche dazu, eine *Zeugnis- und Dienstgemeinschaft* zu sein, eine zugleich *offene und bekennende Kirche für andere.* Von hier aus bestimmt sich auch ihr Verhältnis zu Gesellschaft und Staat; sachgemäßerweise trägt es weder den Charakter der Anpassung noch der Beziehungslosigkeit, sondern der produktiven Unterschiedenheit; nur aus einer bleibenden Differenz zu Gesellschaft und Staat heraus kann die Kirche zum *Anwalt der Freiheit* werden.

Die Kirche als Raum gelebter Freiheit ist eine Zeugnis- und Dienstgemeinschaft. Diese aus der 3. Barmer These entwickelte ekklesiologische Grundbestimmung bezieht sich auf die Kirche in all ihren Gestalten und Lebensformen; und sie bezieht sich auf alle Glieder der Kirche. Dieser Grundbestimmung entspricht die Kirche nur dann, wenn sie die Fähigkeiten und Kompetenzen all ihrer Glieder ernst nimmt. Mit dem verbreiteten Mißstand, daß im kirchlichen Sprachgebrauch die Kirche mit ihren hauptamtlichen Mitarbeitern oder auch mit den Pfarrern allein gleichgesetzt wird, müßte es dann freilich ein Ende haben. Denn die Vorstellung, die hauptamtlichen Mitarbeiter der Kirche verträten das Christliche schlechthin, die Verwechslung also von christlicher Praxis mit theologischer Berufspraxis ist das Ende jeder Lehre von der Kirche. Versteht man die Kirche als Zeugnis- und Dienstgemeinschaft, dann gewinnen dagegen die gelebte Frömmigkeit

19 *J. B. Metz* hat (in: Zur Theologie der Welt, 1968) die Kirche als »Institution gesellschaftskritischer Freiheit« charakterisiert. Diese Formel zielte allein auf die gesellschaftlichen *Wirkungen* der Kirche; das Kirchenverständnis der »politischen Theologie« konnte deshalb im Sinn eines »gesetzlichen« Aktivismus gedeutet werden. *T. Rendtorff* (in: *E. Domay*, Hg., Manipulation in der Kirche?, 1977 und anderen Beiträgen) hat die Kirche eine »Institution der Freiheit« genannt und dabei hervorgehoben, daß die vorgegebene Ordnung der Kirche (Beispiel: Kindertaufe) individuelle Freiheit eröffnet. Die Formel von der Kirche als Raum und Anwalt der Freiheit hebt dagegen vor allem auf die *Erfahrung* von Freiheit ab. Kirchliches Eintreten für die Freiheit ist Antwort auf die Erfahrung der Freiheit. Daß vorgegebene Ordnungen und Institutionen Freiheit eröffnen, kann – gegen den Anschein, den *Rendtorffs* These erweckt – keineswegs von vornherein als ausgemacht gelten, sondern muß sich im einzelnen erweisen. Deshalb gilt die Frage, ob die Erfahrung von Freiheit eröffnet oder verstellt wird, in der hier vertretenen Konzeption als der kritische Maßstab, an dem Recht und Organisation der Kirche zu prüfen sind.

christlicher Gemeinden, das fröhliche Zusammenleben und der aktive Einsatz christlicher Dienstgruppen, das Engagement christlicher Friedens- und Umweltinitiativen, die vielfältigen Gestaltungsformen christlichen Lebens, wie sie etwa auf den Kirchentagen zusammentreffen, zentrale Bedeutung für das Kirchenverständnis. Zeugnishafte Frömmigkeit, heitere Gelassenheit, selbstloses Handeln und furchtloser Einsatz aber strahlen aus: sie sind Zeichen kommunikativer, kommunikabler Freiheit. Viele Versuche in Gottesdiensten und in der Konfirmandenarbeit, in Nachbarschaftsgruppen und Kommunitäten weisen in diese Richtung. Auf allen Ebenen, in allen Gestalten kann die Kirche zum Raum gelebter Freiheit werden: in Ortsgemeinden und Initiativgruppen, auf dem Land und in der Großstadt. Sie wäre dann nicht ein ängstlich um seinen Bestand besorgter Verband, sondern eine offene und einladende, eine helfende und Konflikte austragende Gemeinschaft.

Eine Kirche, die in all ihren Gestalten ein Raum gelebter Freiheit ist, kann auch zum Anwalt der Freiheit werden. Schon immer haben die Kirchen hierin eine vorrangige Aufgabe gesehen: die Intervention für Menschen, die ihrer Freiheit beraubt wurden, das stellvertretende Reden für die, die sich nicht selbst Gehör verschaffen können, die Parteinahme für Fremde und ausländische Mitbürger, für Unterdrückte und Arbeitslose stehen deshalb auf der Tagesordnung der Kirche. Noch immer sind wir allerdings daran gewöhnt, diese Aufgaben allenfalls im engen nationalen Rahmen wahrzunehmen. Vor uns steht noch die Aufgabe, die parochiale Struktur der Gewissen zu durchbrechen, sensibel zu werden für die Forderungen der Freiheit an allen Orten. Denn die Freiheit ist unteilbar und unbegrenzt. Gottesdienste und Bildungsveranstaltungen haben hier eine wichtige Aufgabe. Noch immer ist der Nord-Süd-Konflikt der wichtigste Testfall für die Frage, wie ernst es uns mit der Freiheit ist. Noch immer ist der – angeblich christlich begründete – Rassismus eine besonders dramatische Herausforderung an kirchliches Reden von der Freiheit. Niemand sollte Anlaß zu der Meinung haben, für die Kirche seien wirtschaftliche Beziehungen wichtiger als die Freiheit derer, die aus rassischen Gründen unterdrückt werden.

Die jüdisch-christliche Tradition beschreibt Freiheit als Bewegung; sie umfaßt den Abschied vom Verfügen und den Aufbruch zum Leben. Eine Kirche, die sich als Raum und als Anwalt der Freiheit verstehen will, muß selbst zu jenem Abschied und zu diesem Aufbruch bereit sein. Doch der Abschied vom Verfügen bedeutet nicht den geschichtslosen Abschied von Tradition. Denn den Raum der Freiheit erreicht man durch Erinnerung: durch die gefährliche Erinnerung an die freiheitliche Geschichte Jesu. In einer Kirche, die aus dieser Erinnerung lebt, ist die Hoffnung stärker als die Angst; in ihr ist die Gelassenheit stärker als die Sorge; in ihr ist der Mut der Freiheit stärker als die Erfahrung der Krise.

D

Konsequenzen

1. Zeugnisauftrag und materielle Struktur

Gibt es theologische Kriterien kirchlicher Ökonomie?

Die Pointe des in der Barmer Theologischen Erklärung entwickelten Kirchenverständnisses, so sahen wir, liegt in dem Zusammenhang wie in dem unumkehrbaren Gefälle von Glauben und Gehorsam, von Botschaft und Ordnung der Kirche. Eine Kirche, die diese Einsicht als für sich verbindlich anerkennt, steht vor der Frage, wie sie sich eine äußere Ordnung geben kann, die zu ihrem Zeugnisauftrag in Entsprechung steht. Die Frage gewinnt eine bedrängende Härte, wenn man sie auf ein grundlegendes, aber gleichwohl nur sehr selten analysiertes Element der kirchlichen Ordnung bezieht, nämlich auf ihre materiellen Existenzbedingungen. Wie kann, so heißt dann die Frage, der Umgang der Kirche mit Besitz und Geld in Entsprechung zu ihrem Zeugnisauftrag geordnet werden? Eine besonders massive Herausforderung bedeutet diese Frage für Kirchen, die – wie die Kirchen in der Bundesrepublik – durch die Gunst der Geschichte zu den ungewöhnlich reichen Kirchen innerhalb der Weltchristenheit zählen. Deshalb soll am Beginn der exemplarischen Folgerungen, die ich aus den voranstehenden Argumentationen ziehen will, eine Überlegung zu Kriterien kirchlicher Ökonomie im Horizont der 3. Barmer These stehen.

I

Das kirchliche Finanzsystem ist in seiner Struktur vor allem durch drei Faktoren bestimmt: durch das Verhältnis zwischen Kirche und Staat, durch die Entwicklung der ökonomischen Bedingungen sowie durch die Gestaltung der kirchlichen Tätigkeiten und der kirchlichen Organisation. Fragt man nach theologischen Kriterien kirchlicher Ökonomie, also nach Kriterien für den Umgang der Kirche mit weltlichen Gütern, so stellt man damit zugleich die Frage, inwieweit und in welchen besonderen Konstellationen die theologische Selbstreflexion der Kirche einen bestimmenden Einfluß auf die Gestaltung und Veränderung des kirchlichen Finanzsystems hat gewinnen können oder in Zukunft gewinnen kann.

Historische Beobachtungen mahnen zunächst zur Skepsis. Blickt man etwa auf die Entwicklung des kirchlichen Finanzwesens in Deutschland seit Beginn des 19. Jahrhunderts, so legt sich folgende Hypothese nahe: Diese Entwicklung ist im wesentlichen durch ökonomische Veränderungen im Verhältnis zwischen Staat und Kirche bestimmt; man wird bei der Analyse dieser Entwicklung kaum auf eindeutige Beispiele für einen prägenden Einfluß des kirchlichen Dienstes und der theologischen Reflexion auf die Gestaltung des Finanzsystems stoßen. Gerade im Bereich der kirchlichen Ökonomie erweist sich theologische Reflexion, soweit sie überhaupt auf die materielle Struktur der Kirche ausdrücklich Bezug nimmt, als die nachträgliche Legitimation von Entwicklungen, deren primäre Ursachen im ökonomischen und politischen Bereich zu suchen sind. Diese Hypothese soll durch einige knappe Bemerkungen zur Entwicklung des kirchlichen Finanzwesens in Deutschland seit Beginn des 19. Jahrhunderts verdeutlicht werden[1].

Man kann sich die Bedeutung ökonomischer und politischer Faktoren zunächst an dem vor allem für den katholischen Bereich einschneidenden Wandel verdeutlichen, der mit den Säkularisationen zu Beginn des 19. Jahrhunderts eingetreten ist. Ökonomisch bewirkte er den Übergang von einer in erheblichem Umfang durch das Kirchengut ermöglichten Subsistenz der Kirchen auf Dotationen in Geld; dies entsprach dem zu Beginn des 19. Jahrhunderts erreichten Stand der ökonomischen Entwicklung. Insofern war die Säkularisation des Kirchenguts und die Ablösung der Erträge des Kirchenguts durch Staatsleistungen für die katholische Kirche im Rahmen der ökonomischen Entwicklung durchaus funktional.

Staatskirchenrechtlich enthielt die Säkularisation, deren Grundsätze im § 63 des Reichsdeputationshauptschlusses von 1803 ausgesprochen wurden, vor allem drei Elemente:

– eine Garantie der kirchlichen Vermögensrechte, die über den Art. 138, Abs. 2 der Weimarer Reichsverfassung und den Art. 140 des Bonner Grundgesetzes noch heute verfassungsrechtlichen Bestand hat;

– einen Säkularisationsvorbehalt in bezug auf die aufgehobenen geistlichen Reichsfürstentümer, die landesunmittelbaren Stifte, Abteien und Klöster und schließlich das Eigentum der frommen und milden Stiftungen;

– die dieser Säkularisation entsprechende Pflicht des Staates zur Entschädigung, nämlich zu Staatsleistungen an die Kirchen.

In der durch die Säkularisation erforderlich gewordenen Neuordnung im Verhältnis der deutschen Staaten zur katholischen Kirche kam es nun durchgängig zu einer staatlichen Dotation der katholischen Bistümer, also zu pauschalen jährlichen Finanzzuweisungen der deutschen Einzelstaaten an die in ihrem Staatsgebiet residierenden Erzbischöfe und Bischöfe. Im evangelischen Bereich dagegen blieb es bei staatlichen Bedarfszuschüssen an die Kirchen, also bei zweckgebundenen Einzelzuweisungen, für die der Bedarfsnachweis jeweils gesondert erbracht werden mußte. Dieses System einer unterschiedlichen Behandlung von katholischer und evangelischer Kirche wurde staatlicherseits bis 1918 bewußt beibehalten; in diesem Unterschied sollte die besondere Verbindung zwischen dem Staat und der evangelischen Kirche im Bereich des Finanzwesens zum Ausdruck kommen.

Die Entwicklung zum »paritätischen Staatskirchentum« führte während

1 Die wichtigsten Rechtsquellen für die Entwicklung des kirchlichen Finanzwesens seit dem Beginn des 19. Jahrhunderts sind zusammengestellt und knapp erläutert in den entsprechenden Kapiteln von *E. R. Huber / W. Huber*, Staat und Kirche im 19. und 20. Jahrhundert. Dokumente zur Geschichte des deutschen Staatskirchenrechts, Bd. 1, 1973; Bd. 2, 1976; Bd. 3, 1983; auf Einzelnachweise der dort abgedruckten Texte wird im folgenden verzichtet.

des 19. Jahrhunderts gleichwohl zu Ansätzen einer Dissoziierung zwischen Staat und Kirche. Sie zeigen sich im Finanzsystem in der Einführung der Kirchensteuer, deren Anfänge auf die Jahre seit 1827 zurückgehen, die aber in größerem Umfang erst seit den siebziger Jahren des 19. Jahrhunderts eingeführt wird, seit der Zeit also, in der auch die Möglichkeit des Kirchenaustritts von staatlicher Seite aus umfassend geregelt wird. Historisch korrespondieren also das Institut der Kirchensteuer und die staatlich gewährleistete Möglichkeit des Kirchenaustritts einander. Die Kirchensteuer ist historisch einerseits ein Element der Dissoziation, andererseits aber auch Ausdruck einer fortdauernden Verbindung zwischen Staat und Kirche. Das Element der Dissoziation zeigt sich darin, daß die Kirchensteuer – im Unterschied zu staatlichen Dotationen und Bedarfszuschüssen – eine eigenständige kirchliche Finanzierungsquelle darstellt. Die fortdauernde Verbindung aber zeigt sich vor allem in vier Bestandteilen der Kirchensteuer als Rechtsinstitut: Der Hebesatz ist Anhang zu einem staatlichen Steuersatz; die Erhebung ist von staatlicher Genehmigung abhängig; die Mitwirkung bei der Erhebung ist für den Staat obligatorisch; bei der Eintreibung kann die Kirche die staatlichen Zwangsmittel in Anspruch nehmen.

Die Einführung der Kirchensteuer verhinderte nicht, daß auch gegen Ende des 19. und zu Beginn des 20. Jahrhunderts die staatlichen Zuschüsse an die Kirchen weiter anstiegen. Für die zwei Jahrzehnte zwischen 1890 und 1910 kann man etwa in Preußen eine nominale Steigerung auf das Sechsfache feststellen[2]. Als Faustregel galt vor dem Ausbruch des Ersten Weltkriegs, daß der kirchliche Finanzbedarf zu je einem Drittel aus eigenen Einnahmen, aus Kirchensteuern und aus direkten Staatsleistungen gedeckt wurde. Entscheidend für die Verschiebungen, die um die Jahrhundertwende eintraten, war der Übergang zur zentralen Pfarrerbesoldung; erst seit dieser Zeit wurden die Einkommen der Pfarrer an die Gehälter entsprechender Staatsbeamter angeglichen. Dadurch rückten die Pfarrer zu Angehörigen einer privilegierten Klasse auf. Gerade deshalb blieb die Kirche – trotz der Elemente einer Dissoziation im Finanzsystem – ein, wie der Generalsuperintendent von Schleswig, Theodor Kaftan, sich ausdrückte, »Staatsdepartement, und zwar ein solches zweiten oder dritten Ranges ... Schlug der Staatsschwanz rechts, hatte die evangelische Kirche rechts zu sitzen; schlug er nach links, hatte sie gefälligst links Platz zu nehmen«[3]. Auch und gerade an der Entwicklung des kirchlichen Finanzsystems läßt sich also ablesen, daß die Klassenbindung der evangelischen Kirche im Bismarckschen und Wilhelminischen Reich zugenommen hat.

Das Interesse der Kirchen nach 1918 bestand vor allem anderen darin, daß ihr Besitzstand über das Ende der Monarchie hinweggerettet und gewährleistet wurde. Damit hatten sie in erheblichem Umfang Erfolg. In den staatskirchenrechtlichen Artikeln der Weimarer Reichsverfassung von

2 *J. Jacke*, Kirche zwischen Monarchie und Republik, 1976, S. 342, Anm. 91.
3 *Th. Kaftan*, Erlebnisse und Beobachtungen, 1924, S. 214f.; vgl. *J. Jacke*, a.a.O., S. 29.

1919, die 1949 unverändert Eingang in das Bonner Grundgesetz fanden, sind vor allem folgende vier Festlegungen hinsichtlich des kirchlichen Finanzsystems enthalten: die Garantie der kirchlichen Vermögensrechte; die Garantie der Staatsleistungen (die in der Verfassung formulierte Ablösungspflicht wirkte sich im Ergebnis als Bestandsgarantie aus); die Garantie des Körperschaftsstatus; die Garantie der Kirchensteuer.

Der Kirchenkampf des »Dritten Reichs« hat einerseits in manchen Bereichen eine Einschränkung von Staatsleistungen gebracht. Andererseits entwickelte sich in der Bekennenden Kirche ein Modell der eigenständigen kirchlichen Finanzierung; es ist vor allem deshalb bemerkenswert, weil die Mitglieder der Bekennenden Kirche ihre Beiträge zusätzlich zur Kirchensteuer aufbrachten, da sie aus ihrer jeweiligen Landeskirche nicht austraten. Die Kirchensteuern wurden im übrigen vielerorts noch direkt durch die Kirchen eingezogen; nur wenn die Zahlung ausblieb, wurde staatliche Hilfe in Anspruch genommen. Der in der württembergischen Landeskirche unternommene Versuch, diese Regelung auch nach 1945 beizubehalten, scheiterte.

Auch für das kirchliche Finanzsystem galt der Satz, mit dem Otto Dibelius den Neuanfang nach 1945 charakterisierte: »Was heißt Neubau? Wir haben 1945 da wieder angefangen, wo wir 1932 aufhören mußten«[4]. Insofern steht die gegenwärtige ökonomische Situation der bundesrepublikanischen Kirchen in der ungebrochenen Tradition des 19. Jahrhunderts und der Weimarer Zeit. Veränderungen haben sich nicht so sehr durch einen Wandel in den Strukturen des Finanzsystems, sondern aus dem tiefen Umbruch der ökonomischen Verhältnisse ergeben, der nach 1945 eingetreten ist. Die ökonomische Expansion des »Wirtschaftswunders« hat sich in den Jahrzehnten nach 1949 in einer Steigerung der kirchlichen Einnahmen niedergeschlagen, die prozentual nicht unerheblich stärker war als die Steigerung der Einnahmen der öffentlichen Haushalte. Der ökonomischen Entwicklung korrespondierte auf staatlicher Seite der Ausbau des Sozial- und Wohlfahrtsstaates. Er aber führte zu einem dualen System im Verhältnis zwischen Staat und Kirche: Einerseits gilt die Kirche in hervorgehobenem Sinn als Partner des Staats mit einem von den anderen Verbänden unterschiedenen Öffentlichkeitsanspruch; andererseits ist sie Leistungsträger innerhalb des Wohlfahrtsstaats und tritt in dieser Funktion neben die anderen Verbände der freien Wohlfahrtspflege[5]. Dieses duale System wirkt sich für die Finanzen der Kirchen darin aus, daß traditionelle Staatsleistungen auf der einen und zweckgebundene staatliche Subventionen auf der anderen Seite nebeneinanderstehen.

Die mit dem Ausbau des Wohlfahrtsstaats verbundene Ausdehnung der zweckgebundenen staatlichen Subventionen ist das eigentlich neue Mo-

4 Siehe oben S. 29.

5 Dieses duale System tritt deutlich hervor in *E. Friesenhahn* / *U. Scheuner* (Hg.), Handbuch des Staatskirchenrechts der Bundesrepublik Deutschland, 2 Bde., 1974.

ment in der Entwicklung des kirchlichen Finanzsystems nach 1945. Sie hat zusammen mit der überproportionalen Steigerung der Kirchensteuereinnahmen dazu geführt, daß die Kirchen eine Fülle neuer Aufgaben und Aktivitäten in Angriff nehmen konnten. Dabei hat in vielen Fällen nicht etwa die Notwendigkeit neuer kirchlicher Tätigkeiten zur Suche nach Finanzierungsquellen, sondern umgekehrt die Verfügbarkeit öffentlicher Mittel zur Aufnahme entsprechender kirchlicher Aktivitäten geführt. Gustav Heinemann hat das bereits 1961 sarkastisch kommentiert:

»Es ist geradezu eine Wissenschaft für sich, die Haushaltspläne der öffentlichen Hand, sowohl der Länder und des Bundes als auch der Kommunen, auf die darin enthaltenen Möglichkeiten einer Finanzbeihilfe zu durchleuchten und im Wettlauf mit anderen Interessenten bestens auszuschöpfen. Eine Kirchenleitung oder eine große kirchliche Organisation, die hierfür nicht die richtigen Experten anzusetzen weiß, gilt als nicht auf der Höhe«[6].

Auf Grund der skizzierten Entwicklungen stehen für die Finanzierung der Kirchen in der Bundesrepublik drei Typen von Einnahmen zur Verfügung:

1. Einkünfte ohne direkte Hilfestellung des Staats, und zwar
a) Kollekten, Sammlungen, Gaben, Stiftungen, Schenkungen und Kirchgeld,
b) Vermögenserträge und privatwirtschaftliche Einkünfte,
c) Kredite;
2. Zuwendungen aus dem Staatshaushalt, und zwar
a) Staatsleistungen auf Grund historischer Rechtstitel,
b) sogenannte »negative« Staatsleistungen (d.h. Subventionen durch Steuervergünstigungen, insbesondere die Abzugsfähigkeit der Kirchensteuer als Sonderausgabe),
c) zweckgebundene Subventionen,
d) staatliche Übernahme kirchlicher Aufgaben (Religionsunterricht, Ausbildung der künftigen Pfarrer an staatlichen Universitäten, Militär- und Anstaltsseelsorge);
3. Zuwendungen der Kirchenmitglieder auf Grund rechtlicher Ermächtigung und organisatorischer Hilfestellung durch den Staat, das heißt die Kirchensteuer.

Gegenüber der Situation zu Beginn dieses Jahrhunderts hat sich die Relation zwischen diesen Einnahmearten erheblich verschoben. Karl Dummler macht dazu folgende Angaben[7]: Im Jahr 1975 betrugen die Einnahmen der evangelischen Landeskirchen und der gliedkirchlichen Zusammenschlüsse insgesamt rund 5,5 Mrd. DM. Davon entfielen auf Einnahmen ohne staatliche Mitwirkung 25%; davon waren 17% Verwaltungseinnahmen (Erlöse, Beiträge, Schuldaufnahmen); Opfer und Gaben, soweit sie landeskirchlich oder auf der Ebene der EKD erfaßt wurden, betrugen 2% (dabei sind weder die örtlichen Kollekten noch die Spenden für die Diakonie, die Mission und

6 *G. Heinemann*, Glaubensfreiheit – Bürgerfreiheit, 1976, S. 162.
7 Evangelisches Soziallexikon, 7. Aufl. 1980, Sp. 411.

den kirchlichen Entwicklungsdienst erfaßt); 6% der Einnahmen stammten aus den Erträgen von Geld- und Grundvermögen. Auf staatliche Zuschüsse entfielen 13%; erfaßt sind dabei nur diejenigen Zuschüsse, die über die landeskirchlichen Haushalte oder diejenigen der gliedkirchlichen Zusammenschlüsse verbucht werden (was nur in einem Teil der Fälle geschieht). Auf die Kirchensteuereinnahmen entfielen rund 62% (nämlich 3,47 Mrd. DM). Vergleicht man diese Angaben mit den Schätzungen für den Beginn des Jahrhunderts, so ist der Anteil der Kirchensteuern am Finanzaufkommen der Kirchen von einem auf nahezu zwei Drittel gestiegen; nicht eingerechnet sind dabei allerdings zum größten Teil die staatlichen Subventionen für den Bereich der Diakonie, der Erwachsenenbildung oder der Jugendarbeit.

Das kirchliche Finanzsystem in der Bundesrepublik Deutschland, ähnlich aber auch in Teilen der Schweiz, ist also einerseits dadurch charakterisiert, daß die Kirchen in vollem Umfang an der Entwicklung des gesellschaftlichen Reichtums partizipieren; es ist andererseits dadurch geprägt, daß Staat und Kirche intensiv miteinander verflochten sind. Dadurch stellt sich gerade in bezug auf ihre ökonomischen Ressourcen mit besonderer Dringlichkeit die Frage nach Freiheit und Abhängigkeit der Kirche. Zwar enthält jede Institutionalisierung das Moment der Anpassung in sich; auch die Kirche nimmt als Institution an den Regelungs- und Gestaltungsformen teil, die ihr in ihrer gesellschaftlichen Umwelt zur Verfügung stehen. Doch mit um so größerer Schärfe steht sie vor der Frage, wie sie in dieser Anpassung ihre Freiheit bewahren und zur Geltung bringen kann, wie sie mit den gesellschaftlich verfügbaren Gestaltungsformen kritisch und eigenständig, verändernd und erneuernd umgehen kann.

Im Blick auf das kirchliche Finanzsystem stellt sich diese Frage mit besonderer Schärfe. Schon die Studie des Protestantischen Kirchenbunds von Frankreich über »Kirche und Mächte« hat auf die strukturellen Auswirkungen aufmerksam gemacht, die sich aus dem finanziellen Besitz – oder, wie ich allgemeiner sagen möchte: aus der materiellen Struktur – der Kirche ergeben. Die Studie sieht einen strukturellen Zusammenhang zwischen dem Besitz der Kirche, der »Einwicklung« des Evangeliums in das herrschende Ethos, d.h. im 20. Jahrhundert in ein die kapitalorientierte Ausbeutung des Menschen und der Natur begünstigendes Ethos, und schließlich den besonderen Kennzeichen des kirchlichen Lebens, d.h. insbesondere der monologischen und deduktiven Form kirchlicher Kommunikation sowie den »apolitischen«, genauer: politisch angepaßten Inhalten kirchlicher Lehre[8].

Wenn diese These etwas Richtiges trifft, so ergibt sich aus ihr die Konsequenz: Eine Kirche, die im Verhältnis zum gesellschaftlichen Reichtum die Freiheit der Gestaltung verliert, gibt damit zugleich in sehr weitgehendem Umfang die Freiheit der Verkündigung preis; dies zeigt sich am deutlichsten

8 Église et Pouvoirs, 1972; deutsch unter dem mißverständlichen Titel: Kirche und Macht, 1972 (Sonderdruck aus: Junge Kirche 3/1972), bes. S. 19ff.

in all den Zusammenhängen, in denen die Freiheit der Verkündigung als gesellschaftskritische Freiheit zur Geltung kommen müßte. In einem solchen Fall besteht die »Babylonische Gefangenschaft« der Kirche darin, daß ihre materielle Struktur den Sieg über das ihr anvertraute Wort der Verheißung davonträgt, daß also im faktischen Vollzug kirchlicher Lehre und kirchlichen Lebens die materielle Struktur der Kirche zur norma normans und die Verkündigung zur norma normata wird. Strukturen aber, auf die eine solche Beschreibung zutrifft, verdunkeln das Bekenntnis zu Christus[9]. Materielle Abhängigkeit kann stärker als andere Faktoren der Kirche Strukturen und Entscheidungen abnötigen, die die Freiheit der Verkündigung gefährden oder zerstören. Nirgendwo zeigt sich das institutionelle Dilemma der Kirche schärfer als hier: Daß die Kirche sich institutionalisiert und ihre materiellen Existenzbedingungen auf Dauer stellt, ist unausweichlich; doch gerade am Verhältnis zum gesellschaftlichen Reichtum zeigt sich immer wieder, daß die Kirche im Widerspruch zu ihrem eigenen Auftrag institutionalisiert ist.

II

Kriterien kirchlicher Ökonomie müssen vorrangig aus dem Begriff der Kirche entwickelt werden. Als bestimmend für evangelisches Kirchenverständnis gilt der VII. Artikel der Augsburgischen Konfession von 1530. Er nennt als unveräußerliche Kennzeichen der Kirche die Verkündigung des Evangeliums und die Feier der Sakramente. Und er erinnert mit dem Hinweis auf Einheit und Heiligkeit der Kirche an die in der altkirchlichen Bekenntnisentwicklung herausgestellten, hier freilich nicht vollzählig zitierten Attribute der Kirche. Was diesem, an der Verständigung zwischen den auf dem Augsburger Reichstag miteinander streitenden Religionsparteien interessierten Text indes fehlt, ist ein Hinweis auf die Gemeinschaftsgestalt der Kirche. Zu ihr hat erst die Barmer Theologische Erklärung genauer Stellung genommen. Deshalb müssen wir in einem nochmaligen Blick auf die 3. Barmer These fragen, ob sich aus ihr Kriterien kirchlicher Ökonomie entwikkeln lassen. Zu diesem Zweck rekapituliere ich die Struktur des in Barmen entwickelten Kirchenverständnisses unter drei zusammenfassenden Perspektiven:

1. Der 3. Barmer These ist als biblischer Text Eph. 4,15f. vorangestellt: »Lasset uns aber rechtschaffen sein in der Liebe und wachsen in allen Stükken an dem, der das Haupt ist, Christus, von welchem aus der ganze Leib zusammengefügt ist.« Grundlegend ist also das Verständnis der Kirche als Leib Christi; sie verdankt ihr Zusammengefügtsein, ihre Institutionalität Christus als ihrem primären Subjekt. Der Basissatz der 3. These erklärt ausdrücklich: Das gegenwärtige Handeln Jesu Christi in Wort und Sakrament durch

9 Vgl. den Bericht der Sektion I der 5. Vollversammlung des ÖRK, in: *H. Krüger / W. Müller-Römheld* (Hg.), Bericht aus Nairobi 1975, 1976, S. 10f.

den Heiligen Geist begründet die Kirche als die Gemeinde von Brüdern und Schwestern. Die Gemeinschaftsgestalt der Kirche ist also mit der Stellung Jesu Christi als ihres primären Subjekts selbst mitgesetzt. Die Ordnung dieser Gemeinschaftsgestalt trägt wie alles Handeln der Kirche den Charakter einer menschlichen Antwort auf die göttliche Stiftung der Kirche.

2. Der zweite Satz der 3. Barmer These ist der Leitsatz für eine Ethik der Kirche als Ethik der Zeugenschaft[10]. In ihm wird ein grundlegendes Kriterium formuliert, nach welchem die Kirche nicht allein ihren Glauben zu bekennen und ihre Botschaft zu verkündigen, sondern auch Gehorsam zu praktizieren und ihre Ordnung zu gestalten hat. Dieses Kriterium ist der Zeugnisauftrag, unter dem die Kirche steht. Gegenüber jeder These von der Beliebigkeit oder von der Eigengesetzlichkeit der äußeren kirchlichen Gestalt wird festgestellt, daß auch die materielle Struktur der Kirche daran gemessen werden muß, inwieweit sie dem Zeugnisauftrag der Kirche dient und entspricht.

Bemerkenswert an dieser These ist, daß sie konsequent im Horizont des Glaubens an die Rechtfertigung der Gottlosen entworfen ist. Die Kirche hat mitsamt ihrer äußeren Ordnung an der Sündhaftigkeit der Welt teil. Zugleich ist sie eine Kirche der begnadigten Sünder; deshalb ist sie auch in ihren äußeren Ordnungen für die Wahrheit gleichnisfähig, die sie bezeugt. Daß von den äußeren Ordnungen der Kirche zugleich gesagt werden kann, sie seien der Sünde unterworfen *und* sie stünden kraft ihrer Gleichnisfähigkeit im Dienst des der Kirche aufgetragenen Zeugnisses, ist eine Konsequenz aus der Rechtfertigungslehre für die Ekklesiologie und deshalb ein notwendiges Moment im Selbstverständnis einer Kirche, die sich als »Kirche der Rechtfertigung« begreift. Werden die äußeren Ordnungen der Kirche von diesem konsequent reformatorischen Ausgangspunkt aus begriffen, so muß also ihre Gleichnisfähigkeit und ihre Gleichnisbedürftigkeit zugleich betont werden[11]; in der Spannung zwischen beiden Elementen kommt die Differenzerfahrung zu theologischem Ausdruck, die mit der geschichtlichen Existenz der Kirche mitgegeben ist.

3. Das maßgebliche Kriterium für die materielle Struktur der Kirche ist ihr Zeugnisauftrag. Daß an seine Stelle nicht andere Kriterien – solche der weltanschaulichen Überzeugung, der ökonomischen Entwicklung oder der politischen Opportunität – treten können, wird durch den Verwerfungssatz der 3. Barmer These unterstrichen. Denn er verwirft nicht nur im Blick auf die Botschaft, sondern auch im Blick auf die Ordnung der Kirche die falsche Lehre, als dürfe die Kirche deren Gestalt ihrem Belieben oder dem Wechsel der jeweils herrschenden weltanschaulichen und politischen Überzeugungen überlassen. Im Verhältnis der drei das Finanzsystem der Kirche maßgeblich prägenden Faktoren – der ökonomischen Bedingungen, der politischen

10 Vgl. *A. Burgsmüller* (Hg.), Kirche als »Gemeinde von Brüdern« (Barmen III), Bd. 2, 1981, S. 48ff.

11 Vgl. zum hier vorausgesetzten Begriff des Gleichnisses *Chr. Link*, Die Welt als Gleichnis, 1976, bes. S. 286ff.

Konstellation, der Selbstvergewisserung der Kirche über ihren Auftrag – behauptet die 3. Barmer These also mit allem Nachdruck den Primat des kirchlichen Zeugnisauftrags.

III

Ich will versuchen, dieses aus der 3. Barmer These gewonnene allgemeine Kriterium in fünf Hinsichten weiter zu präzisieren.

1. Die Kirche als Gemeinschaft von Brüdern und Schwestern hat den Auftrag zu Zeugnis und Dienst in der Welt. Drei in der ekklesiologischen Diskussion häufig nebeneinandergestellte Merkmale des Kirchenbegriffs – Gemeinschaft, Zeugnis und Dienst: koinonia, martyria und diakonia – sind im Kirchenbegriff der 3. Barmer These also aufs engste miteinander verknüpft. Damit ist vor allem jene Auffassung überwunden, nach der Zeugnis und Dienst als zwei »Wesensäußerungen« der Kirche einfach nebeneinanderstehen. Vielmehr gilt: Das Zeugnis der Kirche vollzieht sich *als* Dienst. Diese These hat einen unmittelbaren Anhalt daran, wie das Neue Testament Nachfolge und Dienst miteinander verbindet; es betrachtet den Dienst Gottes als Vollzug der Nachfolge (vgl. Joh. 12,26).

Nun zeigt bereits das Neue Testament eine präzise Einsicht in den Sachverhalt, daß kaum etwas anderes mit diesem Dienst Gottes in einen schärferen Widerstreit treten kann als das Vertrauen auf irdisches Vermögen. Charakteristisch dafür ist die Auffassung des synoptischen Jesus vom Mammon als irdischem Vermögen, das der Mensch sammelt (Mt. 6,19ff.) und irrigerweise als Lebenssicherung betrachtet (Lk. 12,15ff.). Indem er sein Herz an den irdischen Besitz hängt, versäumt er die Liebe; der Mammon tritt als Herr an die Stelle Gottes (Mt. 6,19ff.). In der Auslegungsgeschichte sind diese Aussagen überwiegend »individualethisch« interpretiert worden: als Mahnung an den einzelnen, seinen Lebenssinn nicht im Erwerb irdischer Güter aufgehen zu lassen und mit den ihm verfügbaren materiellen Gütern zu »wuchern«. Nur selten jedoch hat man diese biblischen Zusammenhänge – vor allem angesichts der neuzeitlichen ökonomischen Entwicklung – auf eine gesellschaftliche Situation bezogen, die vom Primat ökonomischer Verwertung bestimmt ist, oder doch auf den Umgang der Kirche mit materiellen Gütern angewandt. Daß die Kirche, wie Barmen III sagt, von der Weisung Jesu lebt und leben möchte, muß aber doch heißen, daß gerade sie sich davor hütet, ihre Entscheidungen vom Primat ökonomischer Bedingungen abhängig zu machen. Nun sind jedoch in Deutschland in den Krisensituationen unseres Jahrhunderts die kirchlichen Entscheidungen sehr weitgehend durch die Imperative materieller Sicherung geprägt worden. Dies aber hat regelmäßig – nach 1918, nach 1933, nach 1945 – die Eindeutigkeit des kirchlichen Zeugnisses verdunkelt oder gehemmt. Dies galt um so mehr, als der zu sichernde Bestand durch eine intensive Verflechtung mit gesellschaftlichen Kräften und staatlichen Institutionen bestimmt war. Aus diesen Erfahrungen ergibt sich die Folgerung, daß die ökonomische Struktur der Kirche in möglichst weitgehendem Umfang durch eine eigenständige Disposition der Kirche über ihre finanzielle Basis bestimmt sein sollte.

2. In genauer Korrespondenz zum Doppelgebot der Liebe legt das Neue Testament die den Christen aufgetragene *diakonia* als Dienst Gottes und als Dienst am Nächsten aus. Als Nächste gelten in exemplarischem Sinn die Armen, die Bedürftigen. Diese Einsicht hat in der Alten Kirche zu der Behauptung geführt, das Kirchengut sei Gut der Armen[12]. Das Gewicht dieser Behauptung lag zum einen darin, daß damit das kirchliche Eigentum durch eine spezifische Differenz von allen Formen weltlichen Eigentums unterschieden wurde. Die praktische Bedeutung dieser Behauptung aber lag zum andern darin, daß das Kirchenvermögen niemals ausschließlich zu den eigenen »religiösen« Zwecken der Kirche Verwendung finden konnte. Die Unterhaltung der Kirchengebäude und die Besoldung der Geistlichen sowie der kirchlichen Angestellten konnte niemals die einzige Zweckbestimmung kirchlichen Geldes sein; sondern immer trat neben den unmittelbar aus dem Gottesdienst sich ergebenden finanziellen Bedarf derjenige, der sich aus dem der Kirche aufgetragenen Dienst am Nächsten ergab. Das Ergebnis war eine durch die Päpste des 5. Jahrhunderts vorgenommene Vierteilung der kirchlichen Einkünfte: Je ein Viertel war für den Bischof, den Klerus, die Armen und für die kirchliche Baulast bestimmt.

Diese Grundsätze haben sich im katholischen Kirchenrecht durchgehalten. Es bestimmt zwar ausdrücklich, daß das kirchliche Vermögen nur für kirchliche Zwecke verwendet werden darf; doch es stellt zugleich fest, daß »religiöse« und »karitative« Tätigkeit gleichberechtigt als Aufgaben der Kirche zu betrachten sind. Das II. Vatikanische Konzil fügt präzisierend hinzu, daß zur karitativen Aufgabe der Kirche auch ihre soziale und politische Diakonie zählt[13].

Im deutschen Protestantismus dagegen ist dieser Zusammenhang vielfach verdunkelt worden. Nachdem der Versuch eigenständiger protestantischer Finanzordnungen – nämlich der Kastenordnungen – aufs ganze gesehen gescheitert war[14], geriet die Finanzierung der Kirchen vollständig in die Hände der Landesherren. Deren finanzielle Beiträge aber trugen den Charakter von Bedarfszuschüssen für die »unmittelbaren kirchlichen Aufgaben«. Noch bei der Einführung der Kirchensteuer wurde ausdrücklich festgestellt, daß sie nur für diese Aufgaben Verwendung finden dürfe; Diakonie aber wurde nicht zu den unmittelbar kirchlichen Tätigkeiten gezählt. Folgerichtig entwickelten sich seit der Mitte des 19. Jahrhunderts die Einrichtungen der »Inneren Mission« als Unternehmungen des freien Protestantismus, die aus zusätzlichen Gaben einzelner Kirchenmitglieder unter-

12 Vgl. *W.-D. Hauschild*, Armenfürsorge II, in: TRE IV, 1979, S. 14ff.; *D. Flood*, Armut V, ebd., S. 85ff.

13 Vgl. die Pastoralkonstitution »Gaudium et Spes« des II. Vaticanum Nr. 40ff., in: *K. Rahner/H. Vorgrimler*, Kleines Konzilskompendium, 1966, S. 486ff.

14 Vgl. *G. Scharffenorth*, Den Glauben ins Leben ziehen ... Studien zu Luthers Theologie, 1982, S. 102ff.340ff.

halten wurden. Diese Organisationsform ist in unserer Gegenwart weitgehend durch die staatliche Finanzierung der kirchlichen Diakonie abgelöst worden. Dieses auf das Subsidiaritätsprinzip gestützte Verfahren entlastet die Kirchen in erheblichem Umfang von der unmittelbaren Verantwortung für ihren diakonischen Auftrag; darin ist es von den altkirchlichen Vorstellungen durch Welten getrennt. Daß dadurch zugleich die Eindeutigkeit und die Glaubwürdigkeit des kirchlichen Zeugnisses gefährdet wird, zeigt sich in der verbreiteten Klage darüber, daß diakonische Einrichtungen der Kirchen von Institutionen der staatlichen Wohlfahrtspflege oder Einrichtungen anderer freier Träger immer weniger unterscheidbar werden.

3. Aus diesen beiden ersten Präzisierungsversuchen ergibt sich eine wichtige Folgerung für die bei knapper werdenden finanziellen Mitteln immer wieder aufflackernde Diskussion über die Prioritäten kirchlichen Handelns, die sich auch in den kirchlichen Haushalten entsprechend niederschlagen sollen. In dieser Debatte wird häufig behauptet, es bestehe ein theologisch klar begründbarer Vorrang des Verkündigungsauftrags vor dem Dienstauftrag und schließlich vor dem Gemeinschaftsauftrag der Kirche. Die vorangehenden Überlegungen widersprechen dieser Prioritätenbehauptung. Zeugnis, Dienst und Gemeinschaft sind im Wesen der Kirche so miteinander verknüpft, daß gerade nicht das eine gegen das andere ausgespielt, daß gerade nicht dem einen vor dem andern ein prinzipieller Vorrang zuerkannt werden kann. Durch eine einseitige Betonung des Verkündigungsauftrags und durch eine dem korrespondierende Vernachlässigung ihrer diakonischen Aufgaben und ihrer Gemeinschaftsgestalt würde gerade die Verkündigung der Kirche selbst Schaden nehmen. Aus der wechselseitigen Abhängigkeit zwischen den drei Elementen kann natürlich nicht abgeleitet werden, daß sie bei kirchlichen Finanzentscheidungen in arithmetischem Sinn gleich behandelt werden müssen; wohl aber ist zu fordern, daß sie in ihrer je spezifischen Bedeutung gewürdigt werden. Kirchlichen Finanzentscheidungen, die um des Verkündigungsauftrags willen von einem unbefragten Vorrang des parochialen Pfarramts vor anderen Formen kirchlichen Handelns ausgehen, kann die theologische Lehre von der Kirche die nachträgliche Legitimation gerade nicht liefern.

4. Dietrich Bonhoeffer hat die für das neutestamentliche und altkirchliche Kirchenverständnis charakteristische Tendenz zu den Armen und Entrechteten aufgenommen, als er die Kirche als eine »Kirche für andere« bestimmte[15]. Die Kirche ist eben darum Kirche für andere, weil die »anderen« – und das heißt in zugespitztem Sinn: die Geringsten, die Notleidenden und Bedürftigen – um Christi willen Schwestern und Brüder sind. Das Verständnis der Kirche als einer Gemeinde von Brüdern und Schwestern hebt also nicht nur diejenigen Differenzen auf, die Christen untereinander trennen. Sondern sie gibt der Kirche eine unweigerliche Tendenz über ihre eigenen Grenzen hinaus zu denen, die der Hilfe bedürfen. Deshalb ist es unmög-

15 Siehe oben S. 197f.

lich, in einem statischen Sinn zwischen »kirchlichen« und »außerkirchlichen« Zwecken zu unterscheiden; vielmehr ist es Aufgabe der jeweiligen kirchlichen Urteilsbildung zu entscheiden, wem und auf welchem Weg kirchliche Hilfe geleistet werden soll.

Ihre besondere Zuspitzung erhält Bonhoeffers Formel dadurch, daß er nicht etwa nur die Hilfe für die Notleidenden als eine unumgängliche Priorität für kirchliches Handeln und für den Umgang mit den der Kirche verfügbaren finanziellen Mitteln betrachtet, sondern zugleich nach der Rückwirkung dieser Prioritätensetzung auf die Finanzierung des gottesdienstlichen Lebens und die Besoldung der Pfarrer gefragt hat. Sein Vorschlag ist radikal; diese Radikalität erklärt sich aus der von Bonhoeffer mit besonderer Schärfe wahrgenommenen Unglaubwürdigkeit einer »bürgerlichen« Kirche, die sich in ihrer finanziellen Saturiertheit und im Lebensstil ihrer Pfarrer bis zur Ununterscheidbarkeit an die Lebenswirklichkeit und das Lebensgefühl der bürgerlichen Schicht angepaßt hat[16]. Aus dieser Gefangenschaft der Kirche, die sie zu einem klaren Wort angesichts des nationalsozialistischen Regimes nahezu unfähig machte, sah er keinen anderen Ausweg als einen radikalen Neuanfang: den Verzicht der Kirche auf Vermögenswerte und auf alle Formen staatlicher und staatlich unterstützter Finanzierung sowie die an den Notwendigkeiten des Lebensunterhalts orientierte Besoldung der Pfarrer aus den freiwilligen Gaben der Gemeinden oder aber den Übergang der Pfarrer in einen weltlichen Beruf. Diese Überlegung Bonhoeffers ist alles andere als ein Gedankenexperiment – »ausgezeichnet als Test, wie es mit der Kirche in Wahrheit bestellt ist, auch ohne daß dieses Experiment durchgeführt wird«[17]. Denn wie es mit der Kirche in Wahrheit bestellt ist, kommt nicht durch ein Gedankenexperiment, sondern nur durch das Experiment ihrer Existenz heraus. Doch Bonhoeffers Modell ist auf der anderen Seite keine Anweisung, die einfach auf neue Situationen zu übertragen wäre. So kann man mit guten Gründen bezweifeln, daß der Übergang zu einem nebenamtlichen Pfarramt in unserer Zeit der Hebel ist, mit dem kirchliche Strukturen verändert werden können. Doch daß der kirchliche Umgang mit Besitz und Geld ein entscheidender Prüfstein für die »Kirche für andere« ist, hat Bonhoeffer zu Recht deutlich gemacht. Und ebenso kann seine Einsicht kaum bezweifelt werden, daß der Lebensstil von Pfarrern und kirchlichen Mitarbeitern für die Glaubwürdigkeit des kirchlichen Zeugnisses eine nur schwer zu überschätzende Bedeutung hat. Dann aber bildet das kirchliche Dienst- und Besoldungsrecht, das gegenwärtig in der Bundesrepublik für weite Bereiche ununterscheidbar den staatlichen Regelungen angepaßt ist, einen wichtigen Ansatzpunkt für eine Reform des kirchlichen Finanzwesens, die sich an der Frage nach der Glaubwürdigkeit des kirchlichen Zeugnisses orientiert. Nicht, wie es häufig geschieht, die Einnahmen, sondern die Ausgaben der Kirche müssen zuerst betrachtet werden, wenn man die Struktur des

16 Siehe oben S. 179f.192ff.

17 *G. Ebeling*, Wort und Glaube, Bd. 1, 2. Aufl. 1962, S. 118.

kirchlichen Finanzwesens verändern will. Ob die starke Vertretung der Pfarrer in kirchlichen Entscheidungsgremien einer solchen Überprüfung günstig ist, kann man bezweifeln; angesichts dieser Tatsache erscheint am ehesten die steigende Zahl von Theologiestudenten und Pfarramtsbewerbern als ein wirksames Motiv für die Revision kirchlicher Besoldungsstrukturen.

5. Erinnerungen an das altkirchliche Motiv, daß das Kirchengut Eigentum der Armen sei, wie auch an Bonhoeffers Grundsatz, die Kirche sei nur Kirche, wenn sie für andere da sei, kehren mit besonderem Nachdruck in der heutigen ökumenischen Diskussion wieder. Die Frage, wie eine Gemeinschaft zwischen den Kirchen in den Ländern Asiens, Afrikas und Lateinamerikas sowie den Kirchen in den reichen Industriestaaten möglich ist, hat in den letzten Jahren zu der Forderung nach einer »mit den Armen solidarischen Kirche« geführt. Diese Forderung macht zunächst bewußt, daß Ökumenizität ein wichtiges Kriterium für den Umgang mit kirchlichen Finanzen darstellt. Das neutestamentliche Modell für dieses Kriterium liegt in der Kollekte des Paulus für die Gemeinde in Jerusalem vor. Paulus sieht die Aufgabe dieser Kollekte in einem ökumenischen Lastenausgleich: »In der jetzigen Zeit soll euer Überfluß für den Mangel jener dienen, damit auch der Überfluß jener für euren Mangel dient, auf daß Gleichheit entsteht, wie geschrieben steht: Wer viel gesammelt hatte, der hatte keinen Überfluß, und wer wenig gesammelt hatte, der hatte keinen Mangel« (2. Kor. 8,14f.; vgl. Ex. 16,18). Nimmt man dieses paulinische Kriterium des ökumenischen Lastenausgleichs ernst, so ergibt sich daraus, daß jede regionale oder partikulare Kirche über die Legitimität ihrer eigenen Sozialgestalt und ihrer eigenen Finanzstruktur nur im Austausch mit anderen Kirchen Klarheit gewinnen kann. Sie muß diese Legitimität im Gespräch mit anderen Kirchen, die unter anderen Bedingungen leben, überprüfen; sie muß ihre materielle Struktur ökumenisch verantworten. Die Bereitschaft, in ökumenischen Kommunikationsprozessen darüber Auskunft zu geben, nach welchen Kriterien und in welchen Verfahrensweisen eine Kirche an den sozioökonomischen Bedingungen ihrer Umwelt partizipiert, ist eine wichtige Voraussetzung für die Ehrlichkeit ökumenischer Beziehungen. Sodann folgt aus diesem Kriterium, daß ökumenischer Diakonie innerhalb der Kirchen, die in den reichen Industrieländern leben, ein ungleich höheres Gewicht zukommen müßte, als dies gegenwärtig der Fall ist. Denn die gegenwärtigen Programme ökumenischer Diakonie erfüllen nicht von ferne die Voraussetzung, daß durch sie ein Ausgleich zwischen Mangel und Überfluß angebahnt wird. Und schließlich können die Kirchen nicht von den weltwirtschaftlichen und weltpolitischen Ursachen absehen, aus denen sich die immer noch wachsende Disparität der Lebensbedingungen in den Industriestaaten und den Ländern der Dritten Welt ergibt – eine Disparität, an der die Kirchen in vollem Umfang teilhaben. Nicht nur die Linderung von Not, sondern die Ursachen der Spaltung der Welt in Reiche und Arme werden damit notwendigerweise zu einem Gegenstand kirchlicher Aufmerksamkeit und kirchlichen Handelns. An diesem Zusammenhang zeigt sich noch einmal – und nun in zugespitzter

Form –, daß die Frage nach dem Umgang der Kirche mit finanziellen Mitteln nicht gegenüber den sozioökonomischen Bedingungen isoliert werden kann, innerhalb derer die Kirche existiert.

IV

Die gegenwärtig dominierenden Faktoren des kirchlichen Finanzsystems in der Bundesrepublik Deutschland – und in ähnlicher Weise auch in der Schweiz – werden nun freilich in der Regel nicht aus den Kriterien begründet, die ich im vorstehenden Abschnitt diskutiert habe. Sie werden vielmehr mit Argumenten legitimiert, die ihren Ort im Umkreis des Begriffs der Volkskirche haben[18]. Dieser Begriff eignet sich nicht zuletzt wegen seiner notorischen Unschärfe besonders gut als Mittel zur Legitimation kirchlicher Strukturen und Entscheidungen; diese allgemeine Erfahrung bestätigt sich auch am Beispiel des kirchlichen Finanzsystems.

1. Seit Anfang unseres Jahrhunderts sind zwei Bestimmungsgrößen für den Begriff der Volkskirche besonders charakteristisch: Die Basis der Volkskirche ist der möglichst lückenlose Vollzug der Kindertaufe; ihre dominierende Handlungsform ist die möglichst lückenlose, flächendeckende pfarramtliche Versorgung. Aus diesen beiden Bestimmungsgrößen ergibt sich der notwendige finanzielle Bedarf der Kirche: er liegt vor allem in der Besoldung der Pfarrer und Mitarbeiter in den Gemeinden, der Bereitstellung der Gebäude sowie den notwendigen administrativen Aufwendungen.

Dieser Volkskirchenbegriff enthält für den Fall knapper werdender finanzieller Mittel eine klare Prioritätenentscheidung; er enthält ein klares Gefälle zwischen martyria, diakonia und koinonia als den drei Wesensäußerungen der Kirche. Dieses Gefälle ist, sieht man genauer zu, in aller Regel nicht theologisch, sondern organisationsspezifisch begründet. Aber es hat eminente theologische Folgen; aus ihm ergibt sich, daß Zeugnis und Dienst der Kirche auseinandertreten und daß zudem die Frage nach der Gemeinschaftsgestalt der Kirche gegenüber ihrem Zeugnis und ihrem Dienst isoliert wird. Die Gegenthese, die sich aus den oben entwickelten Kriterien ergibt, heißt: Auch unter der Voraussetzung knapper werdender Ressourcen müssen in kirchlichen Entscheidungen die drei Elemente von martyria, diakonia und koinonia in ihrem Wechselverhältnis berücksichtigt werden; Diakonie und ökumenischer Lastenausgleich müssen deshalb auch in einer solchen Situation als gegenüber dem Verkündigungsauftrag der Kirche gleichberechtigt anerkannt werden.

2. In den letzten Jahren hat der Volkskirchenbegriff eine wichtige Transformation erfahren[19]. Von Vertretern einer funktionalen Kirchentheorie wird die Volkskirche als Teilsystem der Gesellschaft verstanden, dem die besondere Aufgabe der Sinnvermittlung und der Stabilisierung in

18 Siehe oben S. 131ff.
19 Siehe oben S. 136ff.

Krisensituationen zukommt. Aus diesem Ansatz ergeben sich vor allem folgende für das kirchliche Finanzsystem relevante Konsequenzen:

– Die *Professionalisierung* kirchlicher Tätigkeiten. Die Gemeinde wird als die Klientel von Betreuern aufgefaßt, die beruflich entsprechend qualifiziert sein müssen. Die Kirche als »Reparaturwerkstatt für Identitätsbildung«[20] muß dabei auch in ihren finanziellen Angeboten an Mitarbeiter mit anderen gesellschaftlichen Teilsystemen konkurrieren können. Die Angleichung an die staatlichen Besoldungsregelungen erscheint als zwingende Konsequenz dieses Ansatzes.

– Die *Rationalisierung* kirchlicher Organisation. Eine Kirche, die konkurrenzfähig sein will, muß sich dem Rationalitätsprinzip bürokratischer Herrschaft unterwerfen. Deshalb gilt die Zentralisierung von Einnahme- und Ausgabevorgängen als funktional adäquat; das Interesse an wirksamen Formen der Partizipation muß demgegenüber in den Hintergrund treten.

– Die *Effektivität* kirchlichen Handelns. Als entscheidendes Kriterium für den »Erfolg« kirchlichen Handelns kann nicht mehr die Intensität kirchlicher Gemeinschaft, sondern muß vielmehr die Effektivität kirchlicher Betreuung gelten. Dabei gewinnen Handlungsformen einen Vorrang, deren Effekt quantitativ meßbar ist (z.B. an der Zahl von Gottesdienstbesuchern, Bettenbelegungen oder Tagungsteilnehmern).

Dieser Ansatz erzwingt geradezu eine möglichst weitreichende Anpassung der Kirche in ihrer materiellen Struktur an die Gesellschaft, als deren Teilsystem sie sich versteht. Mit einer neuen, systemtheoretisch inspirierten Begründung wird die aus der Kirchengeschichte bekannte Ununterscheidbarkeit der Kirche von der sie umgebenden Umwelt aufs neue proklamiert. Diese neue Begründung zielt indes nicht mehr auf das Modell der Staatskirche, sondern auf das Modell der Gesellschaftskirche. Zu den theologischen Konsequenzen dieses Ansatzes gehört es, daß in ihm Zeugnis und Dienst der Kirche miteinander identifiziert werden; denn das als Sinnvermittlung begriffene Zeugnis der Kirche ist eben der als Service verstandene Dienst, den die Kirche der Gesellschaft zu leisten hat. Die Volkskirche gewinnt hier den Charakter einer Servicekirche. Das Verständnis der Kirche als communio hat in einer solchen Konzeption keinen Ort.

3. Eine ergänzende Perspektive ergibt sich, wenn man den Begriff der Volkskirche unter dem Aspekt der Kirchenmitgliedschaft betrachtet. Die heute innerhalb der Volkskirchentheorie verbreitete These heißt: Hochengagierte Mitgliedschaft, die sich in regelmäßiger Beteiligung am kirchlichen Leben und an der Übernahme von Aufgaben innerhalb der Kirche zeigt, und distanzierte Mitgliedschaft, die gegebenenfalls in der »Kasualfrömmigkeit« zum Ausdruck kommt und sich mit bestimmten Erwartungen an die diakonische Aktivität der Kirche verbindet, sind gleichberechtigt. Dem entspricht präzise ein Finanzierungssystem, das den distanzierten Mitgliedern eine un-

20 *Th. Luckmann*, Anonymität und persönliche Identität, in: Christlicher Glaube in moderner Gesellschaft, Bd. 25, 1980, S. 21.

persönliche Form der Beitragsüberweisung durch Kirchensteuereinzug ermöglicht, die ferner den Engagierten die Beteiligung durch das direkte – wenn auch für das Finanzaufkommen insgesamt unerhebliche – Opfer möglich macht, und die schließlich die Beteiligung des Staates an den Lasten für die wohlfahrtsstaatlichen Aufgaben der Kirche vorsieht. Insofern entspricht die Kombination von staatsfreien Einnahmen, staatlich unterstützten Einnahmen und Staatsfinanzierung genau dem kirchenpraktischen Konzept der Volkskirche. Dieses Finanzierungssystem ist unter anderem deshalb so stabil, weil es der im Volkskirchenbegriff geronnenen Wirklichkeit einer Gesellschaftskirche und der sie stützenden Volkskirchentheorie genau kongruent ist.

Eine theologische Kritik dieses Ansatzes beim Mitgliedschaftsbegriff muß darauf hinweisen, daß die beiden Formen von Mitgliedschaft in aller Regel unverbunden nebeneinandergestellt werden[21]. Von der »Volkskirche« ist aber zumindest zu fordern, daß sie für diejenige Kirche transparent bleibt oder wird, von der die 3. Barmer These redet. Auch gegenüber denjenigen Mitgliedern, die ihr vor allem in den Kasualien begegnen, muß die Kirche als ein Ort gelebten Glaubens erkennbar werden. Die distanzierte Mitgliedschaft ist keine aus sich selbst begründbare Form der Kirchenzugehörigkeit; sondern sie erfährt ihre Begründung aus ihrem Wechselverhältnis zu einer anderen Form der Kirchenzugehörigkeit, zu der das ausdrückliche und bewußte Bekenntnis hinzugehört. Deshalb aber ist auch eine Form kirchlicher Finanzierung problematisch, die das Mißverständnis der distanzierten Mitgliedschaft als einer eigenständigen Form der Kirchenzugehörigkeit noch zusätzlich zu stabilisieren vermag. Als besonders problematisch muß es erscheinen, wenn man im Rahmen neuerer Volkskirchentheorien der distanzierten Mitgliedschaft eine eigenständige theologische Dignität zu verleihen und auf diesem Weg auch der Kirchensteuer mitsamt dem Verfahren des Lohnabzugs und des staatlichen Kirchensteuereinzugs statt einer organisatorischen eine theologische Begründung zu verschaffen sucht. Allen derartigen Versuchen gegenüber kann die drei Jahrzehnte alte Feststellung Herbert Wehrhahns unverändert Gültigkeit beanspruchen: »Eine geistliche Legitimation des Besteuerungsrechts in dem massenweisen Umfang, in dem das protestantische Landeskirchentum es gegenwärtig genießt, scheidet also aus«[22].

4. Eine gewichtige Rechtfertigung des bestehenden kirchlichen Finanzsystems ergibt sich aus staatskirchenrechtlichen Erwägungen. Josef Isensee

21 Vgl. etwa *P. Cornehl,* Theorie und Praxis kirchlichen Handelns als Horizont einer praktisch-theologischen Zeitschrift, in: Pastoraltheologie 70, 1981, S. 28ff. (39).

22 *H. Wehrhahn,* Zur Kirchensteuerpflicht der Protestanten in Deutschland, 1952, S. 17. *Wehrhahns* Vortrag wurde durch den – später revidierten – Beschluß des württembergischen Landeskirchentags ausgelöst, auf den staatlichen Kirchensteuereinzug zu verzichten. Der württembergische Oberkirchenrat begründete in einer Denkschrift den von ihm vorgeschlagenen Verzicht vor allem mit folgenden Argumenten: »Es widerspreche dem heutigen Verständnis der Kirche von ihrem Verhältnis zur Obrigkeit, ihre ohnehin schon bestehende Abhängigkeit von

beginnt eine Darstellung der kirchlichen Finanzquellen im Staatskirchenrecht der Bundesrepublik Deutschland[23] mit den bemerkenswerten Sätzen:

»Das deutsche Verfassungsrecht kann sich nicht sonderlicher Originalität rühmen. Zu den wenigen seiner Elemente, die im internationalen Verfassungsvergleich Eigenständigkeit erweisen, gehört das Staatskirchenrecht. Dessen Charakter bekundet sich am deutlichsten in der Lösung der Finanzierungsfrage.« Die Originalität dieses Systems, meint Isensee, zeigt sich gerade in seiner Zwischenstellung zwischen dem System des Staatskirchentums auf der einen und dem laizistischen Trennungsmodell auf der anderen Seite. Der Verfassungskompromiß, auf dem das Staatskirchenrecht beruht, ist deshalb kein dilatorischer Kompromiß, weil gerade in ihm eine Reihe wichtiger Leitgedanken zu relativ weitgehender Durchsetzung gekommen sind. Diese Leitgedanken sind nach Isensee:

a) *Freiheit:* Beseitigung der Staatskirche, individuelle Religionsfreiheit, korporative Unabhängigkeit der Kirchen und Religionsneutralität des Staates;

b) *Öffentlichkeit:* Absage an die altliberale Ideologie, daß zwischen dem Staat und den einzelnen kein Platz für nicht-staatliche Mächte mit Öffentlichkeitsanspruch bleibe; in diesem Zusammenhang Anerkennung der Stellung der Kirchen als Körperschaften des öffentlichen Rechts;

c) *Parität:* Durchführung des Grundsatzes der Gleichberechtigung zwischen den großen – das heißt ursprünglich den durch den Westfälischen Frieden reichsrechtlich anerkannten – Konfessionen; dadurch konfessionelle »Gewaltenteilung« und Verhinderung ideologischer Zuspitzungen, sei es im Namen des Laizismus oder des Klerikalismus;

d) *Kooperation:* Zusammenarbeit zwischen Staat und Kirche auf »teilkongruenten Wirkungsfeldern«; kein Widerspruch dieser Kooperation zur wechselseitigen Unabhängigkeit;

e) *finanzielle Förderung:* kein Widerspruch zwischen der Religionsneutralität des Staats und der staatlichen Mitbeteiligung an der finanziellen Ausstattung der Kirchen; vielmehr Pflicht des Sozial- und Kulturstaats zur Unterstützung gesellschaftlicher Organisationen in ihrer spezifischen Wirksamkeit. »Der grundrechtsgebundene Staat hat das Mandat zu grundrechtsermöglichenden und grundrechtsaktivierenden Leistungen. Es wäre inkonsequent und diskriminierend, wenn das Grundrecht der Religionsfreiheit ausgenommen wäre.«

Unter der Perspektive des staatlichen Verfassungsrechts ist diese Argumentation konsequent. Ihr zufolge ist es allein ein Problem der Kirchen, inwieweit und in welchen Fällen sie in der finanziellen Förderung durch den Staat eine Gefährdung ihrer Eigenständigkeit und ihrer spezifischen Aufgabe sehen müssen. Sie können sich nicht – wie es häufig geschieht – damit begnügen, dem Staat die Klärung der Kriterien zu überlassen, nach welchen kirchliche Aktivitäten staatliche Förderung erfahren. Sie müssen sich allerdings darauf gefaßt machen, daß der Staat die finanzielle Unterstützung, die er ihnen gewährt, ausdrücklich oder stillschweigend mit bestimmten Er-

der staatlichen Finanzverwaltung noch zu verstärken; die mit dem Lohnabzug verbundene zentrale Bewirtschaftung der Kirchensteuer-Erträge vermindere die Eigenverantwortung der Kirchengemeinde und bedeute damit einen Rückschritt in der Entwicklung des protestantischen deutschen Kirchentums ›von der Staatskirche zur Gemeindekirche‹; schließlich: der Lohnabzug beseitige fruchtbare Möglichkeiten zur persönlichen seelsorgerlichen Begegnung mit der Kirche Entfremdeten« (Zusammenfassung nach *H. Wehrhahn*, a.a.O., S. 6).

23 *J. Isensee*, Die Finanzquellen der Kirchen im deutschen Staatskirchenrecht. Rechtsgrundlagen und Legitimationsgedanken, in: JuS 1980, S. 94ff.

wartungen an kirchliche Gegenleistungen verbindet. Diese können sich darauf beziehen, daß die Kirchen den Konsens über die gesellschaftlich verbindlichen »Grundwerte« stärken sollen; sie können sich darauf richten, daß kirchliche Friedensverantwortung nicht den Charakter einer Kritik an staatlicher Rüstungspolitik annehmen soll; sie können die Gestalt einer deutlichen Aufforderung an die Kirche annehmen, kritische Einwände gegen technische Großprojekte zu unterlassen und den Protest von Bürgerinitiativen nicht – auch nicht durch seelsorgerliche Hilfe oder gottesdienstliche Handlungen – zu unterstützen.

Wenn die Kirchen ihre Unabhängigkeit wahren und gegenüber der Erwartung an kirchliche Gegenleistungen die Freiheit ihres Zeugnisses zur Geltung bringen wollen, sind sie genötigt, eigene, theologisch verantwortete Kriterien für den Umgang mit gesellschaftlichem Reichtum zu entwikkeln und anzuwenden. Die geläufigen Legitimationen des gegenwärtigen Finanzsystems aus dem Staatskirchenrecht, für die ein Beispiel zitiert wurde, dispensieren von dieser Aufgabe nicht; sie machen vielmehr in ihrer Weise auf deren Notwendigkeit aufmerksam.

V

Angesichts dieser Notwendigkeit formuliere ich einige zusammenfassende Einsichten aus den voranstehenden Überlegungen.

1. Die Kirche als die Gemeinschaft, in der Jesus Christus in Wort und Sakrament durch den Heiligen Geist gegenwärtig handelt, hat den Auftrag zu Zeugnis und Dienst in der Welt. Aus dieser grundlegenden Bestimmung des Kirchenbegriffs ergibt sich, daß kirchliches Handeln immer zugleich auf Verkündigung, Diakonie und Ermöglichung von Gemeinschaft gerichtet ist. Aus ihr ergibt sich ferner, daß innerkirchliche Aufgaben und Dienst »an der Welt« nicht gegeneinander ausgespielt werden können. Diese Einsichten müssen auch bei Entscheidungen über das kirchliche Finanzsystem und über Prioritäten innerhalb der kirchlichen Aufgaben berücksichtigt werden.

2. Die Existenzform der Kirche ist gegenüber ihrem Zeugnisauftrag nicht gleichgültig. Keine Gestaltung dieser Existenzform hebt die Spannung zwischen geglaubter und erfahrener Kirche auf. Die äußeren Ordnungen der Kirche sind geschichtlich wandelbar und bedürfen der beständigen Transformation unter den Kriterien, die sich aus dem Auftrag der Kirche ergeben. An dieser Transformation zu arbeiten ist deshalb wichtig, weil auch die äußeren Ordnungen der Kirche gleichnisfähig sind für die Botschaft, die zu verkündigen der Kirche aufgetragen ist.

3. Wie für alle äußere Ordnung der Kirche, so gilt gerade für ihre Finanzverfassung, daß sie in einer langen historischen Entwicklung entstanden ist und sich schon deshalb gegen Versuche der Veränderung zu sperren scheint. Dennoch muß auch hinsichtlich dieses Elements kirchlicher Ordnung an schrittweisen Veränderungen gearbeitet werden.

Die *Einnahmen* der Kirchen in der Bundesrepublik werden mit hoher

Wahrscheinlichkeit auch weiterhin auf einem Mischsystem unterschiedlicher Einnahmearten beruhen; staatliche Zuwendungen, staatsunterstützte Einkünfte in der Form der Kirchensteuer und kircheneigene Finanzmittel werden weiterhin nebeneinanderstehen. Ein besonderes Interesse der Kirche wird dabei in der Erhöhung des Anteils kircheneigener Einnahmen liegen. Konsequent wäre es ferner, daß staatliche Zuwendungen, für die eine aufgabenorientierte Begründung nicht gegeben werden kann, also insbesondere die historischen Staatsleistungen, abgelöst werden, daß die Bereitschaft, staatliche Subventionen entgegenzunehmen, dem kirchlichen Zeugnisauftrag untergeordnet wird, und daß in der Ausgestaltung der Kirchensteuer der Grundsatz einer möglichst gerechten Belastung verfolgt wird, bei der aber ein überproportional hoher Anteil einkommensstarker Gruppen am kirchlichen Finanzaufkommen zu vermeiden ist[24].

4. Hinsichtlich der *Verwaltung* der kirchlichen Finanzen sind Transparenz und Partizipation zu fordern. Beides ist nie vollständig, sondern immer nur in mehr oder weniger gelungenen Annäherungen zu erreichen. Doch die Vermutung, daß die Transparenz gegenwärtiger kirchlicher Haushaltsgestaltung hinter dem Maß des Möglichen zurückbleibt, läßt sich erhärten. Und ebenso läßt sich zeigen, daß die Partizipation der Kirchenmitglieder schon durch die Eigenarten des kirchlichen Wahlsystems eingeschränkt ist und in finanziellen Fragen zusätzlichen Restriktionen unterliegt. Deshalb sollten mögliche Verbesserungen nicht mit dem häufig erhobenen Einwand blockiert werden, die Vorstellung einer umfassenden Partizipation der Betroffenen sei wie im politischen so auch im kirchlichen Bereich illusionär.

5. Hinsichtlich der *Ausgaben* ergibt sich aus den vorangehenden Überlegungen die Folgerung, daß der Verkündigungsauftrag, die gezielte Parteinahme für die Schwachen und der ökumenische Lastenausgleich als gleichberechtigte Aufgabenbestimmungen anerkannt werden müssen. Reformen im Bereich der kirchlichen Ausgaben sollten an der Frage ansetzen, wie ein höheres Maß an Glaubwürdigkeit des kirchlichen Lebensstils erreicht werden kann. Dafür ist eine eigenständige Gestaltung der kirchlichen Personalstruktur und des Besoldungswesens und eine Überprüfung des Aufwands bei kirchlichen Bauten erforderlich.

6. Karl Barth hat das Verhältnis von Christengemeinde und Bürgergemeinde in das Bild zweier konzentrischer Kreise gefaßt[25]. Die darin enthaltene These, daß die äußere Ordnung der christlichen Gemeinde exemplarische Bedeutung für die Gestaltung des gesellschaftlichen Zusammenlebens gewinnen kann und soll, wird durch kaum einen Faktor kräftiger in Frage gestellt als durch die materielle Struktur der Kirche. Gerade an dieser Stelle muß deshalb damit begonnen werden, aus theologischen Einsichten Folgerungen für die Existenzform der Kirche zu ziehen.

24 Vgl. dazu die Feststellung von *K. Hungar*, daß 1977 die 11% Steuerpflichtigen mit einem Jahreseinkommen über 50 000 DM ca. 51% des Kirchensteueraufkommens erbrachten; siehe oben S. 142.

25 *K. Barth*, Christengemeinde und Bürgergemeinde, 1946.

2. Partei nehmen für Gerechtigkeit

Was heißt Öffentlichkeit für die Kirche?

I

Öffentlichkeit gehört zum Wesen der Kirche. Und dennoch tut die Kirche sich mit der Öffentlichkeit schwer. Es fällt ihr schwer, die ihrem Wesen entsprechende Öffentlichkeit zu erkennen; sie hat Schwierigkeiten, die ihrem Auftrag gemäße Öffentlichkeit herzustellen; und es gelingt ihr keineswegs immer, an der gesellschaftlichen Öffentlichkeit teilzunehmen[1].

Diese dreifache Schwierigkeit verweist schon auf einen dreifachen Bezug, in dem sich das Problem der Öffentlichkeit für die Kirche stellt. Die Kirche hat an einem Geschehen Anteil, das auf Öffentlichkeit drängt: nämlich an der menschenfreundlichen Zuwendung Gottes zur Welt in Christus; sie wird ihrem Auftrag nur dann gerecht, wenn sie diesem sie begründenden Geschehen Öffentlichkeit, Publizität verschafft; und sie ist schließlich ein gesellschaftliches Gebilde, das an der politisch-gesellschaftlichen Öffentlichkeit Anteil hat. In dreifacher Hinsicht also muß für die Kirche von Öffentlichkeit die Rede sein: von der Öffentlichkeit der Offenbarung; von der Öffentlichkeit des Gottesdienstes; von der Teilnahme an der gesellschaftlichen Öffentlichkeit. Das Grundproblem für das praktische Leben der Kirche läßt sich dann so formulieren: Wie kann es gelingen, daß diese drei Öffentlichkeitsbezüge nicht auseinanderfallen, sondern miteinander verbunden bleiben? Wie also wird der Gottesdienst der christlichen Gemeinde zu einer öffentlichen Antwort auf die Zuwendung Gottes zu den Menschen? Und wie zeigt die Kirche auch und gerade in ihrer Teilnahme am gesellschaftlichen Leben, daß all ihre Handlungsweisen durch diese gnädige Zuwendung Gottes zu den Menschen bestimmt sind? Für die Kirche ist die Frage nach dem praktischen Zusammenhang dieser drei Öffentlichkeiten eine entscheidende Frage. Deshalb kann ihr Verhältnis zur Öffentlichkeit nicht einfach pragmatisch geregelt werden; vielmehr ist es in einem strikten Sinn lebensnotwendig, daß es theologisch geklärt wird.

Die Kirchen begegnen uns als Verbände in der Gesellschaft; sie beanspruchen einen bestimmten gesellschaftlichen Ort und machen gegenüber dem Staat oder anderen gesellschaftlichen Gruppen ihre Interessen geltend; sie sind öffentliche Meinungsträger, die Gehör beanspruchen und auf politische Entscheidungen Einfluß nehmen; die Kirchen spielen eine öffentliche Rolle. Zugleich wissen sie sich zu öffentlicher Verkündigung beauftragt; nicht erst

1 Teile des folgenden Textes finden sich in den Aufsätzen: Was heißt Öffentlichkeit für die Kirche?, in: Luth. Monatshefte 19, 1980, S. 475ff., sowie: Herausforderungen an die Volkskirche, in: Deutsches Pfarrerblatt 81, 1981, S. 206ff.

ihre gesellschaftliche Funktion, sondern ihr eigenes Mandat veranlaßt sie zu öffentlichem Reden und Handeln. Doch wie verhalten sich die öffentliche Rolle der Kirchen und ihr Öffentlichkeitsauftrag zueinander?

Zu Recht wird der Auftrag der Kirche zu öffentlicher Verkündigung immer wieder im Missionsbefehl des auferstandenen Christus begründet. Die Sendung der Jünger in alle Welt wird dort in der Universalität, der »Öffentlichkeit« Jesu begründet: ihm ist »alle Macht übertragen – im Himmel wie auf Erden« (Mt. 28,18). Aus diesem Missionsbefehl ergibt sich nicht ein Öffentlichkeitsanspruch, den die Kirche um ihrer selbst willen in Anspruch nehmen könnte; in ihm wird vielmehr der Öffentlichkeitsanspruch Jesu laut, in dessen Dienst die Kirche steht. Und dieser Dienst kennt keine Grenzen; er reicht so weit, wie der Heilswille Gottes reicht. Von ihm aber sagt das Neue Testament: »Gott will, daß alle Menschen gerettet werden und zur Erkenntnis der Wahrheit kommen« (1. Tim. 2,4). Dieses Heil also gilt allen Menschen; und es gilt zugleich allen Bereichen ihrer Existenz: denn sie sollen ganzheitliche Rettung erfahren und zur Erkenntnis der Wahrheit kommen. Auch in einer geschichtlichen Epoche, in der viele die Religion zu einem Sonderbereich menschlichen Lebens machen wollen, muß die Kirche darauf drängen, daß der Glaube, den sie verkündigt, es nicht mit einer abgesonderten Wirklichkeit neben anderen Wirklichkeiten, sondern mit der Ganzheit des Lebens zu tun hat. Und sie muß bereit sein, daraus Konsequenzen zu ziehen, indem sie den Glauben, den sie zu verkündigen hat, im Blick auf das gesellschaftlich-politische Zusammenleben der Menschen auslegt. Sie verkündigt in der Öffentlichkeit; dabei spricht sie auch von dem, was gemeinhin im besonderen als »öffentliche« Sache gilt: von der Ordnung des Gemeinwesens, von der Politik. Sie bezeugt die Annahme durch Gott gegenüber menschlicher Schuldverstrickung und gegenüber den Versuchungen staatlicher und gesellschaftlicher Macht, die vor allem darin bestehen, über das Menschsein des Menschen verfügen zu wollen; sie vertritt also die Sache der Rechtfertigung und darum die Sache der Freiheit. Sie bezeugt die göttliche Parteinahme für die Schwachen gegenüber allen Formen der Unterdrükkung; sie vertritt also die Sache der Gerechtigkeit. Sie bezeugt das Dasein Jesu für andere bis zum Tod am Kreuz; sie vertritt also die Sache der selbstlosen Liebe. Sie bezeugt die Grenzen überschreitende – nämlich Himmel und Erde umfassende – Macht des auferstandenen Christus gegenüber den grenzsetzenden, deshalb immer wieder miteinander streitenden Mächten der Erde; sie vertritt also die Sache des Friedens.

Die Richtung, die Tendenz des kirchlichen Zeugnisses gegenüber Politik und Gesellschaft ergibt sich aus dem, was die Kirche zu verkündigen hat. Die öffentliche Verkündigung ist Kern, Ausgangspunkt und Kriterium für alles öffentliche Handeln der Kirche. Dieses öffentliche Handeln aber wird leer, wenn es nicht immer wieder zurückgebunden wird an das Geheimnis des Evangeliums. Im Leben der Kirche gehören Öffentlichkeit und Geheimnis zusammen; und ihr wichtigster Beitrag zum Verständnis dessen, was mit Öffentlichkeit gemeint ist, besteht eben darin, den Zusammenhang von Öffentlichkeit und Geheimnis festzuhalten. Eine Stelle des Neuen Testaments prägt für diesen Zusammenhang die unübertrefflich dichte Formel, es gehe im Reden des Apostels und der Kirche darum, in freimütiger, öffentlicher Rede das Geheimnis des Evangeliums bekanntzumachen (Eph. 6,19). Die öffentliche Verkündigung der Kirche ist die Bekanntmachung eines Geheimnisses, das doch seinen Geheimnischarakter durch diese Bekanntmachung nicht verliert. Die älteste Christenheit versuchte dieses Geheimnis dadurch zu wahren, daß sie ihren Gottesdienst mit einer Arkandisziplin umgab; sie sollte die Geheimnisse des Glaubens vor Profanierung schützen. Die Öffentlichkeit der Kirche ist auf ein Geheimnis bezogen, das ihr selbst entzogen bleibt. Löst sie diesen Bezug auf, dann verkommt ihr öffentliches Reden zur Selbstdarstellung und ihr öffentliches Handeln zur Selbstbehauptung. Öffentlichkeit ohne Geheimnis ist leer; öffentliche Verkündigung ohne Arkandisziplin ist blind; öffentliche Verantwortung der Kirche ohne den Rückbezug auf das Geheimnis des Evangeliums endet in der Beliebigkeit. Aus diesem unlöslichen Zusammenhang von Öffentlichkeit und Geheimnis ergeben sich Konsequenzen, die weit über den Bereich der Kirche hinaus ausstrahlen. Nicht nur, aber gerade für die Kirche gilt: Öffentlichkeit ohne Geheimnis ist Boulevard; Arkandisziplin ohne Öffentlichkeit aber ist Ghetto[2].

Der Zusammenhang zwischen Öffentlichkeit und Geheimnis, zwischen öffentlicher Verantwortung und Vergewisserung des Glaubens, zwischen dem tätigen Gehorsam der Kirche und der ihr aufgetragenen Botschaft wird meistens überspielt, wenn von dem Öffentlichkeitsanspruch der Kirche die Rede ist. Das Ergebnis solcher Selbstvergessenheit ist freilich verhängnisvoll: Die Kirche erscheint dann zwar in einem äußeren Sinn als einflußreich, aber als in Wahrheit fremdbestimmt; sie ist wirksam, aber zugleich abhängig. Der deutsche Protestantismus hat in der Zeit des »Dritten Reichs« lernen müssen, wie verheerend sich eine solche Fremdbestimmung und Abhängigkeit der Kirche auswirkt. Doch man kann sich fragen, ob diese Lehre in der Geschichte des Nachkriegsprotestantismus in ausreichendem Maß beherzigt worden ist. In mancherlei Hinsichten hat die Kirche sich auch nach 1945, weithin unbefragt, in herrschende Denkmuster und Verhaltensweisen eingefügt: Sie hat die Denkmuster akzeptiert, unter denen der Kalte Krieg geführt wurde; und sie hat die Verhaltensweisen gestützt und in hohem Maß für ihren eigenen Bereich übernommen, die sich mit ständig wachsendem wirtschaftlichem Wohlstand verbanden. Sie stand, aufs ganze gesehen, nicht in vorderster Front, als es galt, aus der Einsicht Konsequenzen zu ziehen, daß der Ost-West-Konflikt immer mehr durch die wachsende Disparität zwischen Nord und Süd überlagert wird; und sie war auch nicht der Vorreiter, als es darum ging, Folgerungen aus der Einsicht in die Grenzen des Wachstums zu ziehen. Sie blieb hinter der notwendigen Klarheit zurück, als die Versuche politischer Entspannung unter die Räder des Rüstungswettlaufs gerieten; und sie blieb bei zweideutigen Auskünften stehen, als das

2 Siehe oben S. 198.

Problem massenhafter Arbeitslosigkeit sich als mit den herkömmlichen Methoden der Industriegesellschaft unlösbar erwies. Und so mag auch in der Gegenwart die Hoffnung kühn sein, daß die Kirche einer Denkweise Widerstand leistet, die auf die internationalen Krisen der Gegenwart mit den Mustern der fünfziger Jahre antwortet, daß sie jedem weiteren Ausbau von Massenvernichtungspotentialen ein klares Nein entgegensetzt und gleichzeitig nicht zuläßt, daß der Nord-Süd-Konflikt erneut vom Ost-West-Konflikt überlagert wird. Und ebenso mag die Hoffnung kühn sein, daß die Kirche allen Entscheidungen entgegentritt, die ökonomischer Steigerung den Vorrang vor der Erhaltung ökologischer Lebensbedingungen einräumen.

Die Frage nach der politischen Gestaltung des Friedens und dem Abbau von Rüstungen sowie die Frage nach der ökologischen Vertretbarkeit ökonomischer Entscheidungen sind in unserer Gegenwart Schlüsselfragen, an denen sich zeigt, ob die Kirche ihre öffentliche Verantwortung in einer Weise wahrnimmt, die der ihr geschenkten Freiheit entspricht, oder ob sie sich durch Fremdbestimmung eindeutige Stellungnahmen zu diesen Fragen verbieten läßt. Ob sie zu solchem freimütigen, öffentlichen Reden in der Lage ist: dies hängt, so sahen wir, damit zusammen, ob die öffentliche Verantwortung der Kirche ihren Grund hat im Geheimnis des Glaubens oder ob der Anspruch der Kirche auf öffentliche Resonanz aus ihrem Interesse an Selbstdarstellung und Selbsterhaltung hervorgeht.

II

Zu den zentralen Aussagen der befreienden Botschaft, die der Kirche anvertraut ist, gehört es, daß sie von der Parteinahme Gottes Zeugnis ablegt. Sie aber gilt den Schwachen und Gedemütigten, den Leidenden und Entrechteten, denjenigen, die im neutestamentlichen Gleichnis vom Weltgericht als die geringsten Brüder Jesu bezeichnet werden (Mt. 25,13ff.). Vorgegeben ist der Kirche diese Parteinahme Gottes, für die die Geschichte Jesu exemplarischen Charakter trägt. Die Kirche ist deshalb, solange sie sich als die Gemeinschaft derer versteht, die Jesus nachfolgen, in ihrer eigenen Parteinahme nicht frei. Vielmehr ist diese durch den Weg Jesu, der ans Kreuz ging, vorbestimmt.

Diese Einsicht freilich steht in erheblicher Spannung zur Wirklichkeit und zum Selbstverständnis unserer Kirche als einer Kirche für alle. Diese Spannung wird heute besonders im ökumenischen Dialog bewußt. Denn eines seiner zentralen Themen ist die Frage nach der der Kirche gebotenen Parteinahme. Die Frage nach der Gestalt einer Kirche, die in Solidarität mit den Armen lebt, bildet hierfür eine Schlüsselfrage. Nicht zuletzt aus dieser ökumenischen Diskussion ergeben sich kritische Rückfragen an das Verständnis der Volkskirche als einer Kirche für alle.

Diese Rückfragen sollen hier nur in pointierter Zuspitzung rekapituliert werden. Für die Volkskirche gilt es als kennzeichnend, daß sie für alle Glieder der Gesellschaft gleichermaßen offen ist. Ihre Aufgabe wird entscheidend dadurch bestimmt, daß sie auf die unterschiedlichen Erwartungen ihrer Mitglieder in differenzierter Weise eingeht und dabei die häufig gegensätzlichen Optionen der Mitglieder, vor allem auf dem Feld der Politik, berücksichtigt. Gegenüber den unterschiedlichen politischen Richtungen und den einflußreichen gesellschaftlichen Interessen muß die Kirche also, folgt sie diesem Konzept, dem Grundsatz der »Äquidistanz«, des nach allen Seiten gleichen Abstands, folgen. Sie darf sich gerade nicht dem Vorwurf der Parteilichkeit aussetzen.

Gelegentlich wird diese Position theologisch aus dem umfassenden Charakter des Evangeliums abgeleitet. Sie wird also mit der Aussage verknüpft, daß die Botschaft von der Rechtfertigung allen Menschen gilt. Insbesondere für die evangelische Kirche, die in besonderem Maß beansprucht, »Kirche der Rechtfertigung« zu sein, muß dann gelten, daß sie »Kirche für alle« ist.

Doch dieses Konzept hat vielfältigere theologische Implikationen, als der Hinweis auf die Rechtfertigungslehre allein erkennen läßt. In ihm wird nämlich die das Geschehen von Kirche begründende Öffentlichkeit der Offenbarung vorrangig unter dem Gesichtspunkt gesehen, daß alle Menschen deren Adressaten sind. In den Hintergrund tritt dagegen, daß der Offenbarung eben darum Öffentlichkeit eignet, weil sie den Aufruf zur Umkehr, zur Entscheidung, zur Nachfolge in sich enthält. An der Öffentlichkeit des Gottesdienstes wird in diesem Konzept vorrangig unter dem Gesichtspunkt festgehalten, daß er eine Einladung an alle darstellt; keine Gruppe in der Gemeinde zu brüskieren – und sei es mit noch so guten theologischen Gründen –, gehört dann zu den unerläßlichen Berufspflichten des Pfarrers. Daß zum Gottesdienst das Element des Bekenntnisses gehört, tritt in den Hintergrund. Und schließlich: Ausgewogenheit wird – wie in den Rundfunkanstalten – ein wichtiges Kriterium für die öffentlichen Äußerungen der Kirche. Dieses Kriterium gewinnt leicht die Oberhand gegenüber zwei anderen Kriterien, an denen man kirchliche Äußerungen durchaus auch messen könnte: den Kriterien nämlich der Schriftgemäßheit und der Sachgemäßheit.

Bei einer derart pointierenden Beschreibung muß man sich in besonderem Maß vor Mißverständnissen hüten. Natürlich verkenne ich die Zwänge nicht, aus denen sich ein derartiges kirchliches Handlungskonzept ergibt, das ich zudem um der Klarheit willen in einseitiger Zuspitzung charakterisiere. Die Kirche ist die gesellschaftliche Form des Christentums und hat an den Mechanismen teil, die sich in allen gesellschaftlichen Organisationen ausprägen. Es gibt zwar Fälle, in denen die der Kirche gebotene Parteinahme mit Versuchen verwechselt wird, die Kirche ins parteiliche Machtkalkül einzuspannen; ihnen gegenüber kann nicht nachdrücklich genug auf dem Unterschied zwischen Parteinahme und Parteilichkeit beharrt werden. Was jedoch noch mehr zur Beunruhigung Anlaß gibt, ist die von theologischen Skrupeln scheinbar oft unberührte Selbstverständlichkeit, mit der das Konzept einer »Kirche für alle« weithin befolgt wird. Solcher theologischen Unbefangenheit gegenüber wird man aber doch festhalten müssen: Die »Kirche für alle«, die nicht dazu bereit und in der Lage ist, zur »Kirche für andere« durchzudringen, gibt sich selbst preis[3]. Die Offenheit der Kirche ist nur dann legitim, wenn sie der Eindeutigkeit des Bekenntnisses Raum gibt. Und das öffentliche Reden der Kirche kann nur dann verantwortet werden, wenn es zur klaren Parteinahme für diejenigen führt, deren Lebensmöglichkeiten beschädigt und deren Rechte verletzt werden.

Stellvertretend für andere dazusein ist seit ihren Anfängen Grundbestimmung kirchlicher Existenz. Für diese Stellvertretung haben sich in der Geschichte der Kirche vor allem drei Grundformen ausgebildet, die sich mit den Stichworten der Interpretation, der Interpellation und der Interzession charakterisieren lassen.

Interpretation bedeutet, daß die Kirche die Lage derer öffentlich darstellt, die nicht für sich selber sprechen können, und daß sie in einem nächsten Schritt, wo immer möglich, diesen Betroffenen dazu verhilft, daß sie selbst eine Stimme gewinnen und ihr Lebensrecht zur Geltung bringen können.

Interpellation bedeutet, daß die Kirche sich gegenüber politischen Instanzen oder gesellschaftlichen Kräften zum Anwalt derer macht, die in ihren elementaren Rechten bedroht und verletzt sind, daß sie also deren Lage nicht nur interpretiert, sondern für deren begründete Lebensinteressen eintritt, indem sie Staat und Gesellschaft ihre Verantwortung einschärft und damit nicht aufhört. Solche Interpellation erscheint heute als dringend nötig in mancherlei Hinsicht. Die Kirche ist in einem Industrieland wie dem unseren Anwalt der Lebensinteressen von Millionen von Menschen in den Ländern der Dritten Welt. Sie ist Anwalt diskriminierter Gruppen in unserem eigenen Land, Anwalt der Asylsuchenden, der ausländischen Mitbürger, der Behinderten. Sie ist Anwalt für die Lebensrechte der heute noch gar nicht Geborenen, also für die Interessen der kommenden Generationen. Und schließlich kann man sagen, daß die Kirche, die sich zu Gott dem Schöpfer bekennt, auch ein Anwalt der außermenschlichen Natur gegen das Ausbeutungsinteresse der technischen Gesellschaft ist. Interpellation bedeutet auch, daß die Kirche sich zum Anwalt des Friedens macht, ökumenische Kontakte nutzt, die eigene Regierung zur Überprüfung ihres Sicherheits- und Verteidigungskonzepts auffordert sowie Initiativen zur Einleitung von Abrüstungsmaßnahmen fördert. Die Glaubwürdigkeit solcher Interpellationen hängt unter anderem daran, daß sie vom Bewußtsein der Gemeinden getragen sind. Die Sensibilität für die sozioökonomischen Konflikte im Weltmaßstab, die Bereitschaft, Ausländer als Mitbürger aufzunehmen, das Umdenken in unserem Verhältnis zur Natur und schließlich die Revision unseres Sicherheitsverständnisses werden damit zu zentralen Themen von Bildungsprozessen an der Basis der Gemeinden.

Doch die öffentliche Aufgabe der Kirche beschränkt sich nicht auf Interpretation und Interpellation, sondern umfaßt nicht zuletzt die Interzession,

3 Siehe oben S. 180.203f.

das praktische Eintreten für die anderen. Deren Grundform ist die Fürbitte. Doch aus ihr ergeben sich vielfältige Formen diakonischen und politischen Handelns. Dabei beobachten wir in unserer Gegenwart nach wie vor ein Ungleichgewicht zwischen der innergesellschaftlichen Diakonie, die weitgehend in das Versorgungssystem des Sozialstaats eingegliedert ist, und der weit weniger entwickelten ökumenischen Diakonie, deren Aufgaben im Lastenausgleich zwischen den reichen und den armen Kirchen und vor allem in wirksamer Hilfe für die von Hunger und Krankheit, von Ausbeutung und Unterdrückung betroffenen Menschen in der Dritten Welt besteht. Um der Glaubwürdigkeit der Kirche willen ist hier eine Neuverteilung der Gewichte kirchlichen Handelns dringend nötig. Die Kirche wird in allen ihren Lebensvollzügen ökumenisch sein, oder sie wird vor der Aufgabe versagen, unserer Gegenwart die befreiende Botschaft von Jesus Christus zu bezeugen.

III

Das öffentliche Handeln einer Kirche bestimmt sich keineswegs ausschließlich, ja vielleicht nicht einmal in erster Linie nach deren konfessionellen Besonderheiten; sondern es ist weithin geprägt durch ihren gesellschaftlichen Ort und den ihr vorgegebenen gesellschaftlichen Spielraum. Das zeigt sich gerade an der erstaunlichen Parallelität und weitgehenden Gemeinsamkeit, durch welche die öffentlichen Äußerungen und politischen Verhaltensweisen von katholischer und evangelischer Kirche in der Bundesrepublik immer wieder gekennzeichnet sind. Differenzen im Öffentlichkeitsverständnis der jeweiligen konfessionellen Traditionen werden durch solche Parallelen und Gemeinsamkeiten nicht aufgehoben; doch angesichts gemeinsamer gesellschaftlicher Bedingungen und Zielsetzungen werden sie relativiert.

Man kann diese Beobachtung exemplarisch an zwei Stellungnahmen überprüfen, die im Jahr 1979 von evangelischer und katholischer Kirche gemeinsam abgegeben wurden: zum einen der Erklärung über »Gerechtigkeit und Solidarität in der internationalen Wirtschaftsordnung«, die von der Gemeinsamen Konferenz der Kirchen für Entwicklungsfragen zur 5. Welthandelskonferenz (UNCTAD V) herausgegeben wurde[4]; sodann der Erklärung »Grundwerte und Gottes Gebot«, die von einer Arbeitsgruppe vorbereitet und vom Rat der EKD und der Deutschen Bischofskonferenz verantwortet wurde[5]. Ich will beide Erklärungen in einigen groben Strichen charakterisieren.

Die Erklärung zu UNCTAD V geht von der Feststellung aus, daß die Kirchen durch ihr entwicklungspolitisches Engagement zum Anwalt der Menschen in den Entwicklungsländern geworden sind. Sie haben die Verpflich-

4 epd-Dokumentation 12/1979.

5 Grundwerte und Gottes Gebot, hg. vom Rat der EKD und der Deutschen Bischofskonferenz, 1979.

tung übernommen, für die berechtigten Interessen der Menschen einzutreten, die keine Stimme haben. Deshalb fordern sie substantielle Fortschritte in den Verhandlungen zwischen den Industrieländern und den Ländern der Dritten Welt. Die Erklärung verlangt, daß der Nord-Süd-Dialog stärker von Wahrhaftigkeit und Offenheit bestimmt sein muß und nennt als Bereiche, in denen die Verhandlungen der UNCTAD keine Fortschritte gebracht haben, vor allem die Rüstungsausgaben und die Rolle der transnationalen Unternehmen. Die Frage, der die Erklärung sich dann zuwendet, heißt, wie Gerechtigkeit und Solidarität auch in der Ordnung und dem Ablauf der internationalen Wirtschaftsbeziehungen zur Geltung kommen können. Dabei orientiert sie ihre Überlegungen an dem ordnungspolitischen Modell einer sozial verpflichteten Marktwirtschaft im Weltmaßstab. Daraus werden kritische Konsequenzen für die Notwendigkeit eines Bewußtseinswandels und für den Übergang zu einem qualifizierten Wachstum in den Industrieländern abgeleitet. An dieser Stelle zeigt sich besonders deutlich, daß die Parteinahme für die berechtigten Interessen anderer nur dann glaubwürdig ist, wenn sie mit einer kritischen Revision eigener Positionen verbunden wird. Verantwortete Parteinahme und Selbstkritik gehören zusammen. Aus diesen grundsätzlichen Überlegungen werden dann Konsequenzen für eine Reihe von Einzelthemen gezogen.

Diese Erklärung erscheint mir als ein im Ansatz entschiedener und in der Durchführung durchaus moderater Text. Sie ist im Ausgangspunkt von einer klaren und begründeten Parteinahme bestimmt und versucht, von hier aus konsensfähige und politisch durchsetzbare Vorschläge zu formulieren, die mit dieser Parteinahme zumindest vereinbar sind; viele ihrer Überlegungen weisen in eine Richtung, wie sie seitdem auch in den beiden Berichten der Brandt-Kommission ins Auge gefaßt wurde[6]. Doch die Erklärung ging manchen, die in einer der Kirchen Verantwortung trugen, zu weit. Die Entwicklungsexperten seien, so hieß es, dem kirchlichen Konsens davongeeilt. Die »Gemeinsame Konferenz der Kirchen für Entwicklungsfragen« wurde in »Gemeinsame Konferenz für Kirche und Entwicklung« umbenannt; dadurch sollte die Gefahr gebannt werden, daß Stellungnahmen der Konferenz als Äußerungen *der* Kirchen mißverstanden wurden. Die Stellungnahme zur UNCTAD V wurde von den leitenden kirchlichen Organen nicht übernommen.

Zu eigen machten sich aber Rat der EKD und Deutsche Bischofskonferenz die Erklärung über »Grundwerte und Gottes Gebot«. Deren vornehmliche Bedeutung, so heißt es im Vorwort, »liegt in ihrer Gemeinsamkeit«[7]. Denn sie zeigt, daß Vertreter der beiden großen Konfessionen sich theologisch gemeinsam äußern können, wenn sie den Ansatz bei der Auslegung biblischer Texte suchen. Wichtig ist diese Gemeinsamkeit aber vor allem des-

6 Das Überleben sichern. Bericht der Brandt-Kommission, 1980; *W. Brandt* (Hg.), Hilfe in der Weltkrise. Ein Sofortprogramm, 1983.
7 Grundwerte und Gottes Gebot, S. 7.

halb, weil sie eine Übereinstimmung der Kirchen darüber, daß angesichts einer verbreiteten Unsicherheit über die Grundwerte menschlichen Lebens das Zusammenleben erneut an gemeinsam bejahten sittlichen Werten ausgerichtet werden muß, erkennen läßt.

Schon mit dieser Art der Fragestellung fällt eine wichtige Vorentscheidung: Gegenwärtige Orientierungskrisen werden nicht als Ausdruck eines Wandels in den gesellschaftlichen Lebensbedingungen und den aus ihnen hervorgehenden Lebensauffassungen, sondern als Verfall gedeutet, dem durch den Rückgang auf gemeinsam bejahte Werte gesteuert werden muß und kann. Die Frage nach den Ursachen solcher Orientierungskrisen im sozialen Wandel ist verstellt; sie werden vielmehr einfach den Mitgliedern der Gesellschaft angelastet, die nicht mehr bereit sind, »ethische Selbstverständlichkeiten zu akzeptieren«. Dieser Tendenz gegenüber wird der Versuch unternommen, auf grundlegende ethische Forderungen zurückzugehen, deren Überzeugungskraft nicht in Frage gestellt werden kann[8].

Diese Behauptung von einer inhaltlichen »Evidenz des Ethischen« ist ein naturrechtliches Argument, das die evangelischen Mitverfasser der Erklärung übernommen haben. Das Interesse an einer Selbstevidenz des Ethischen wird dann zum Auslegungskanon der zehn Gebote, an denen die Erklärung sich in ihrem Aufbau orientiert. Sie aber werden damit – auch wenn die Verfasser anderes im Sinn haben – für die Begründung eines nicht hintergehbaren Gesellschaftsethos funktionalisiert. Dieses Gesellschaftsethos aber wird hintergründig – durch den Titel »Grundwerte und Gottes Gebot« (im Singular!) – mit dem Gebot Gottes identifiziert. Das Ergebnis wird folgendermaßen zusammengefaßt: »Leben, Ehe und Familie, Freiheit, Menschenwürde, Gut und Ehre eines jeden Menschen sind unantastbar«[9]. Dieses Ergebnis läuft, wie Horst Ehmke das in anderem Zusammenhang genannt hat, hinaus auf »den bürgerlichen Sozial-Kanon von dem im Schutz von Ehe und Familie ›selbstseienden‹ Individuum als Maßstab. An ihm gemessen erscheint der Kampf der Industriegesellschaft um eine ihr gemäße soziale und politische Verfassung als bloße Verfallsgeschichte«[10].

Daß hier der Begriff des göttlichen Gebots zugunsten eines vermeintlich selbstevidenten Gesellschaftsethos funktionalisiert wird, zeigt sich nicht zuletzt daran, daß die Erklärung die Formulierung von »besonderen sittlichen Forderungen, die Menschen außerhalb der christlichen Kirchen nicht einsehbar und zugänglich wären«, ausdrücklich ablehnt[11]. Daß indes vom Gebot Gottes nicht die Rede sein kann, ohne daß man das Doppelgebot der Liebe im Sinn der radikalen Parteinahme für die Entrechteten auslegt, entschwindet dem Blick. Die spezifische Differenz zwischen der Nachfolge

8 Ebd., S. 15.
9 Ebd., S. 39.
10 *H. Ehmke*, Was ist des Deutschen Vaterland?, in: *J. Habermas* (Hg.), Stichworte zur ›Geistigen Situation der Zeit‹, Bd. 1, 1980, S. 51ff. (55f.).
11 Grundwerte und Gottes Gebot, S. 42.

Christi und den selbstverständlich akzeptierten Handlungsregulierungen einer Gesellschaft wird kaum ausdrücklich betont. Die Frage nach der Gerechtigkeit wird von der Frage nach einem Wertkonsens der Gesellschaft überlagert, Grundwerte werden wichtiger als Grundrechte[12].

Die Erklärung zur UNCTAD V beruht auf der Voraussetzung, daß den Kirchen eine kritische Funktion in der Öffentlichkeit zukommt. Die Grundwerte-Erklärung dagegen entspricht einem Konzept, nach dem die wichtigste öffentliche Aufgabe der Kirche diejenige der Integration ist. In Krisenzeiten finden Versuche der Integration oft mehr Beifall als Bemühungen um konstruktive Kritik. Doch gerade in den besorgniserregenden Entwicklungen, die unsere Gegenwart kennzeichnen, kommt es darauf an, daß die Kirche sich zu ihrer kritisch-befreienden Aufgabe bekennt und an ihr festhält. Nicht von Grundwerten sollte sie sprechen; sondern sie sollte die Hoffnungen einschärfen, ohne die politisches Handeln in unserer Gegenwart unmöglich wird: die Hoffnung auf Frieden und einen Abbau der Rüstungen; die Hoffnung auf Gerechtigkeit und einen Abbau unvertretbarer wirtschaftlicher Gegensätze; die Hoffnung auf Solidarität und einen Abbau von Unfreiheit und Unterdrückung. Auf Grund dieser Hoffnungen sollte die Kirche sich in der Krise der Gegenwart auf die Seite derer stellen, die nach wirksamen Handlungsmöglichkeiten suchen, durch die Frieden, Gerechtigkeit und Solidarität gefördert werden können.

12 Vgl. *H.-R. Reuter*, Grundwerte als Gottes Gebot?, in: ZEE 24, 1980, S. 73ff.

3. Bekenntnis in der Gefährdung des Friedens

Ist die Friedensfrage eine Bekenntnisfrage?

I

Zum zweiten Mal in der Geschichte des neueren deutschen Protestantismus ist die Frage des Friedens mit allem Nachdruck zur Bekenntnisfrage erklärt und ist im Blick auf diese Frage der Status confessionis ausgerufen worden; zum zweiten Mal ist gefordert worden, daß angesichts der Massenvernichtungsmittel aus den theologischen Einsichten der Barmer Erklärung entschiedene und eindeutige Konsequenzen gezogen werden.

Das erste Mal geschah dies in der Atomdebatte der ausgehenden fünfziger Jahre. Die entscheidende Formulierung der Frankfurter Erklärung der Kirchlichen Bruderschaften vom 4. Oktober 1958 hieß:

»Die Einbeziehung von Massenvernichtungsmitteln in den Gebrauch staatlicher Machtandrohung und Machtausübung kann nur in faktischer Verneinung des Willens des seiner Schöpfung treuen und den Menschen gnädigen Gottes erfolgen. Ein solches Handeln ist christlich nicht vertretbar. Der Standpunkt der Neutralität in dieser von uns als Sünde erkannten Sache ist mit dem Bekenntnis zu Jesus Christus unvereinbar. Jeder Versuch, solches Handeln und solche Neutralität theologisch zu rechtfertigen, wird zur Irrlehre, bewirkt Verführung und setzt den Willen des dreieinigen Gottes außer Geltung«[1].

Aus demselben Jahr 1958 – ein paar Monate zuvor, am 16. April 1958 veröffentlicht – stammt eine Erklärung der Bischofskonferenz der Vereinigten Evangelisch-Lutherischen Kirche Deutschlands, deren Schlüsselsätze folgendermaßen lauten:

»Es ist Pflicht der Christenheit, mit allen ihr gegebenen Mitteln dafür einzutreten, daß ein Atomkrieg abgewendet wird. Darüber hinaus ist es Aufgabe der Christenheit, an der Verhinderung von Kriegen und an der organisatorischen Sicherung des Weltfriedens zu arbeiten... Es gehört nicht zum Amt der Kirche, aus Gottes Wort verbindliche politische Einzelanweisungen über die Durchführung der Abrüstung zu geben. Aber es ist ihre Aufgabe, die Gewissen aller derer, die hier Verantwortung tragen, anzureden und sie zu bitten, alle Vorschläge, die zu einer Entspannung führen, sorgfältig zu prüfen und alles zu tun, um zwischen den Völkern eine Atmosphäre des Vertrauens zu schaffen. Die eigentliche Pflicht der Christenheit bleibt es zu bezeugen, daß Gott auch im atomaren Zeitalter im Regimente sitzt und daß der Glaube an ihn die Furcht überwindet ...«[2].

Der Anlaß solcher Erklärungen war schon in den ausgehenden fünfziger Jahren die politische Absicht der Stationierung atomarer Waffen auf deut-

1 *Chr. Walther*, Atomwaffen und christliche Ethik. Der deutsche Protestantismus und die atomare Aufrüstung 1954–1961, 1981, S. 97f.

2 Ebd., S. 96f.

schem Boden. Die Diskussion verlief theologisch, kirchlich und politisch in erheblichem Umfang im Sande. Die atomaren Waffen wurden auf deutschem Boden stationiert, wenn auch nicht in deutscher Verfügungsgewalt. Die Heidelberger Thesen von 1959 machten mit ihrer Komplementaritätsformel einen Vorschlag, wie die Entscheidung zum Waffenverzicht als christliche Handlungsmöglichkeit und die Beteiligung an dem Versuch, »durch das Dasein von Atomwaffen einen Frieden in Freiheit zu sichern«, als eine heute noch mögliche christliche Handlungsweise in der Kirche koexistieren könnten[3]. Doch ob die Entwicklung und Stationierung atomarer Waffen ein Anlaß sein könne, den Status confessionis zu erklären, blieb ungeklärt. Und ob die von den lutherischen Bischöfen vorgeschlagene Unterscheidung zwischen der »eigentlichen Pflicht« der Kirche, einer davon abgehobenen »Pflicht« der Kirche und schließlich dem, was nicht zum Amt der Kirche gehört, wirklich zur Klärung führt, auch dies blieb unklar und umstritten.

Insofern war der deutsche Protestantismus theologisch und kirchlich schlecht vorbereitet, als eine erneute Diskussion über ihn hereinbrach, die in Anlaß und Verlauf deutliche und keineswegs überraschende Parallelen zur Debatte der späten fünfziger Jahre aufweist. Anlaß war erneut die politische Absicht zur Stationierung nuklearer Waffen auf westeuropäischem, insbesondere auf deutschem Boden. Die wichtigste und im Fall ihrer Durchführung nach der Überzeugung vieler die lebensgefährlichste rüstungspolitische Entscheidung der NATO im nuklearen Bereich seit den fünfziger Jahren, nämlich der Beschluß vom Dezember 1979 über europäische Mittelstreckenwaffen, löste in den Kirchen eine Bewegung aus, die an Umfang und Vehemenz diejenige der fünfziger Jahre noch übertrifft. Mit neuer Intensität wird die Friedensaufgabe der Christen wahrgenommen. Mit neuer Direktheit wird auch erkannt und anerkannt, daß diese Friedensverantwortung über allgemeine Appelle und über die unverbindliche Erklärung des allgemeinen Wohlwollens gegenüber Abrüstungsbemühungen (die man dann insgeheim doch für illusorisch hält) hinausgehen muß, daß sie nicht nur theoretisch, sondern auch praktisch verbindlich sein muß. Konsequenzen hat dieses Drängen auf Verbindlichkeit der Friedensverantwortung für eine erhebliche und seit dem Jahr 1981 wachsende Bewegung in den Kirchen; ihre Aktionen kristallisieren sich um die Überzeugung, daß zu den Massenvernichtungsmitteln nur ein Nein ohne jedes Ja gesprochen werden kann und daß jeder weitere Schritt des nuklearen Wettrüstens deshalb verhindert werden muß. Das Bekenntnis zum Frieden Gottes, die Einsicht in die Friedensverantwortung der Christen und die Bereitschaft zu eigenem Engagement werden von einer wachsenden Zahl von Menschen als ein unlöslicher Zusammenhang gesehen und wahrgenommen. Andere ziehen andere Konsequenzen. Sie verstärken etwa ihr Eintreten für Lösungen auf dem Verhandlungsweg; oder sie meinen, daß gerade zum gegenwärtigen Zeitpunkt

3 Vgl. *G. Howe* (Hg.), Atomzeitalter, Krieg und Frieden, 1959 (1963).

die Aufgabe der Kriegsverhütung durch militärisches Gleichgewicht besonderen Vorrang hat; oder aber sie trennen die im Glauben begriffene Friedensverantwortung von der Frage des politischen Handelns.

Wie wird diese Situation theologisch und kirchlich verarbeitet und bewältigt? Der erste Eindruck ist: Da in entscheidenden theologischen Grundfragen nicht zureichend weitergearbeitet wurde, kehren die Argumentationsmuster der fünfziger Jahre nahezu unverwandelt wieder. So begegnet auf der einen Seite in vielfältigen Variationen die Argumentation, die zwischen dem unterscheidet, was die eigentliche Aufgabe der Kirche, dem, was im übrigen auch noch Aufgabe der Kirche, und dem, was unter keinen Umständen mehr Aufgabe der Kirche sei. In bezug auf kirchenamtliches Handeln mag dies ein löblicher Unterscheidungsversuch sein. Doch in bezug auf die Lebenssituation von Christen, in bezug auf die Lebenssituation der Gemeinde Jesu Christi ist eine solche Unterscheidung abstrakt. Denn sie zergliedert, was im Lebensvollzug christlicher Existenz faktisch zusammengehört. Deshalb tritt solchen Unterscheidungsversuchen auf der anderen Seite eine Argumentation entgegen, die die Friedensfrage unmittelbar zur Bekenntnisfrage erklärt. In diesem Zusammenhang taucht der Begriff des Status confessionis auf. Am nachdrücklichsten ist dies in der vom Moderamen des Reformierten Bundes im Sommer 1982 veröffentlichten Erklärung über »Das Bekenntnis zu Jesus Christus und die Friedensverantwortung der Kirche« geschehen. Sie erklärt:

»Die Friedensfrage ist eine Bekenntnisfrage. Durch sie ist für uns der Status confessionis gegeben, weil es in der Stellung zu den Massenvernichtungsmitteln um das Bekennen oder Verleugnen des Evangeliums geht.« Die Entwicklung, Bereitstellung und Anwendung von Massenvernichtungsmitteln wird als mit dem Bekenntnis des christlichen Glaubens unvereinbar erklärt; denn diese Waffen können »den von Gott geliebten und zum Bundespartner erwählten Menschen ausrotten und die Schöpfung verwüsten«. Ihnen gilt deshalb ein aus dem Bekenntnis zu Gott dem Schöpfer, Versöhner und Erlöser gesprochenes bedingungsloses »Nein!«, ein »Nein ohne jedes Ja«[4].

Diese Erklärung wirft eine Reihe von theologischen Fragen auf, die der Klärung bedürfen. Auch der Druck aktueller Herausforderungen entbindet nicht von dem Versuch theologischer Klärung; er dient vielmehr der Aufgabe, die uns gegenwärtig abgenötigte Verantwortung besser zu verstehen und wahrzunehmen. Einer solchen Klärung sollen die weiteren Überlegungen dienen; sie sind folgenden Fragen, die mit dem gegenwärtigen Diskussionsstand aufgeworfen sind, gewidmet:

– Ist die Friedensfrage eine Bekenntnisfrage?

– Wird ihr Bekenntnischarakter durch den Begriff des Status confessionis angemessen zum Ausdruck gebracht?

4 Das Bekenntnis zu Jesus Christus und die Friedensverantwortung der Kirche. Eine Erklärung des Moderamens des Reformierten Bundes, 1982, S. 6.7.9.

— In welchem Prozeß wird der Bekenntnischarakter dieser Frage geklärt?
— Welche Schritte im Prozeß des Bekennens stehen heute an?[5]

II

1. »Unser ganzes Handeln ist Bekenntnis. Tota nostra operatio confessio«[6]. Mit dieser knappen Formel gibt Luther die Weite des Bekenntnisbegriffs an, der für die lutherische wie auch bei allen Modifikationen im einzelnen für die calvinische Reformation charakteristisch ist. Der Rede vom Bekenntnis bei Luther entspricht es nicht, wenn man einen statutarischen Bekenntnisbegriff der lutherischen Reformation einem dynamischen Begriff der reformierten Tradition entgegensetzt. Vielmehr ist auch bei Luther das Bekenntnis als ein aktualer Lebensvollzug verstanden; fixierte Bekenntnistexte stehen in dessen Dienst. Confessio, Bekenntnis, ist eine terminologische Neuprägung der Reformation. Damit wird der verantwortliche Vollzug des antwortenden Zeugnisses vom Wort Gottes bezeichnet. Die Grundaussage heißt: Das Christenleben im ganzen ist eine solche confessio. Die ganze Lebensspanne, die Vielzahl der Lebensvollzüge des einzelnen wie der christlichen Gemeinde ist davon geprägt.

Was für den einzelnen Christen gilt, gilt auch für die Gemeinschaft der Christen, für die Kirche. Der Vollzug des Bekennens in diesem umfassenden Sinn macht die Sichtbarkeit der Kirche aus; daraus, daß sie vom Wort Gottes antwortend Zeugnis ablegt, wird sie in ihrer Sichtbarkeit erkannt. Wegen des Bekenntnisses ist die Zusammenkunft der Kirche sichtbar; das Bekenntnis zählt für Luther zu den Kennzeichen der Kirche: »des Bekenntnisses wegen ist die Zusammenkunft der Kirche sichtbar, . . . aus dem Bekenntnis erkennt man die Kirche«[7]. Wie für den einzelnen, so gehören also auch für die Kirche Glaube und Bekenntnis unmittelbar zusammen. Zu den Wesensmerkmalen des Glaubens zählt für die Reformation, daß er sich im Bekenntnis äußert.

Diese Befunde zeigen: Der reformatorische Bekenntnisbegriff insgesamt ist vom Bekenntnisvollzug, vom aktualen Bekennen her entworfen. Dieses aktuale Bekennen ist als Lebensvollzug der christlichen Gemeinde verstanden; es ist also ein Bekennen in Wort und Tat gemeint — »Glauben und Gehorsam« (Barmen III) sind in ihrem unlöslichen Zusammenhang erfaßt. Die anderen Bedeutungsschichten im Begriff des Bekenntnisses sind konsequent dieser grundlegenden Bedeutung zuzuordnen. Zu nennen sind als andere Bedeutungsebenen, die sich hieraus ergeben, die Bekenntnishaltung,

5 Formuliert wurden diese Überlegungen in der Situation des beginnenden Jahres 1983; zuerst vorgetragen in Loccum am 14. Januar 1983.

6 *M. Luther,* WA 57, S. 137,5; vgl. die zusammenfassenden Hinweise bei *J. Wirsching,* Bekenntnisschriften, in: TRE V, 1980, S. 487ff. (494f.); *G. Scharffenorth,* Den Glauben ins Leben ziehen . . . Studien zu Luthers Theologie, 1982, S. 39ff.

7 *M. Luther,* WA 39/2, S. 161,9; vgl. auch WA 50, S. 628ff.

der Bekenntnisinhalt, die Bekenntnisaussage und schließlich der Bekenntnisstand einer Bekenntnisgemeinschaft[8].

In Teilen der lutherischen Tradition hat sich über weite geschichtliche Phasen hinweg eine Identifikation des Bekenntnisbegriffs mit der historisch ein für allemal fixierten Bekenntnisaussage, mit den Bekenntnisschriften vollzogen. Der Zusammenhang von Bekenntnisschrift und Bekenntnisstand wurde zum bestimmenden Thema. Doch gegenüber solchen Verengungen ist es immer wieder angezeigt, an die Weite des reformatorischen Bekenntnisbegriffs zu erinnern und die in sich notwendigen und legitimen Fragen nach Bekenntnisschrift und Bekenntnisstand in diese Weite des reformatorischen Verständnisses einzuordnen.

2. Für das christliche Bekennen ist die Einheit von Stetigkeit und Variabilität, die Einheit von höchster Konzentration und äußerster Weite kennzeichnend. Von seinen Anfängen an ist das christliche Bekennen zunächst durch Stetigkeit und Konzentration bestimmt. Es ist in all seinen Variationen Bekenntnis zu Jesus Christus als dem Herrn. Gerade diese Konzentration ermöglicht aber eine große Breite der Gestaltungsformen. Die Geschichte der altkirchlichen Bekenntnisbildung ist dafür ein anschauliches Beispiel. Zwar wurde im Prozeß der Bekenntnisbildung bestimmten altkirchlichen Bekenntnissen eine hervorgehobene Bedeutung zuerkannt (die durch die Namen dieser Bekenntnisse unterstrichen werden sollte: Apostolicum, Nicaenum und Athanasianum). Doch die Vielfalt des aktualen Bekennens wie auch die Variabilität von Bekenntnisformulierungen wurde durch diese Fixierung und Hervorhebung einzelner Bekenntnistexte keineswegs aufgehoben.

Dafür sind die lutherischen wie auch die reformierten Bekenntnisschriften ein deutliches Beispiel. Sie zeigen eindrucksvoll, wie sich im christlichen Bekennen die Konzentration auf das Christusbekenntnis mit äußerster Weite des thematischen Horizonts nahtlos verbindet. Nichts jedenfalls liegt den reformatorischen Bekenntnissen ferner als die Vorstellung, es gebe Fragen, die nicht ein möglicher Gegenstand christlichen Bekennens seien. Eindeutig ist jedenfalls, daß die Grundfragen der politischen Ethik im Problemhorizont des 16. Jahrhunderts mit allem Nachdruck zu Themen des Bekenntnisses geworden sind.

Luther entfaltet in seinem Bekenntnis von 1528 unter anderem seine Lehre von den drei Ständen, dem Priesteramt, dem Ehestand und der weltlichen Obrigkeit im Rahmen einer Bekenntnisformulierung. Und er verbindet diese Unterscheidung interessanterweise mit folgender Aussage:

»Über diesen drei Stiften und Orden [d.h. über den drei Ständen des Priesteramts, des Ehestands und der weltlichen Obrigkeit, W. H.] ist nun der allgemeine Orden der christlichen Liebe, in dem man nicht allein den drei Orden, sondern auch allgemein einem jeden Bedürftigen mit

8 Vgl. *F. K. Schumann*, Die Bekenntnisse und das Bekenntnis, in: *ders.*, Wort und Gestalt. Gesammelte Aufsätze, 1956, S. 272ff. (273f.).

allerlei Wohltat dient – wie: Speisen die Hungrigen, Tränken die Durstigen, Vergeben den Feinden, Bitten für alle Menschen auf Erden, Leiden allerlei Böses auf Erden.« Ausdrücklich hebt Luther hervor, daß dies zwar gute, heilige Werke, aber kein Weg zur Seligkeit sind. Denn diese vermittelt allein der Glaube an Jesus Christus. Wohl aber sind diese Werke Vollzug des Bekennens. Denn: »Gott will solche Werke von uns haben zu seinem Lob und Ehre. Und alle die, die in dem Glauben an Jesus Christus selig sind, die tun diese Werke und halten diese Orden«[9].

Dies ist ein Beispiel aus einem Bekenntnis Luthers, das in die Bekenntnisschriften keinen Eingang gefunden hat. Man kann dasselbe jedoch leicht auch aus den im Konkordienbuch gesammelten Bekenntnisschriften der lutherischen Reformation belegen. Der Nachdruck, mit dem die Confessio Augustana auf Fragen der politischen Ethik Bezug nimmt, ist bei der bekannten Zurückhaltung dieser Schrift besonders bemerkenswert[10]. Und vergessen sollte man insbesondere nicht, daß auch die Katechismen Luthers Eingang in die Bekenntnisschriften gefunden haben. Für die Tradition der lutherischen Kirchen gehört deshalb die Auslegung der zehn Gebote und insbesondere das praktische Tun, das aus ihnen folgt, unlöslich in den Zusammenhang des Bekennens.

Die Barmer Theologische Erklärung schließt sich in ihrer Konzentration auf Jesus Christus als das eine Wort Gottes wie in der Weite ihres thematischen Horizonts an die Tradition des reformatorischen Bekenntnisbegriffs an; mit ihm verbunden ist sie auch in der Einsicht, daß der Glaube und das aus ihm folgende Handeln im Vollzug christlichen Bekennens zusammengehören. Insofern kommt in dieser Theologischen Erklärung das reformatorische Bekenntnis auch dann angemessen und verbindlich zum Ausdruck, wenn nicht alle bereit sind, sie als eine »Bekenntnisschrift« anzuerkennen; gerade darin zeigt sich noch einmal der Vorrang des aktualen Bekennens vor dem statutarischen Begriff der Bekenntnisschrift.

3. Aus dem Zusammenhang zwischen Konzentration und Weite sowie aus der unlöslichen Verknüpfung zwischen Glauben und Handeln im Begriff des Bekenntnisses ziehe ich die Folgerung: Wie Leben geschützt und erhalten, wie Frieden gewahrt und gefördert wird, wie die Hungrigen gespeist, die Durstigen getränkt, die Verfolgten gerettet, die Gefolterten befreit werden, wie den Feinden vergeben und das Böse ertragen wird: all dies sind Fragen des Bekennens. Die Antworten, die wir auf sie finden, entscheiden nicht über die Seligkeit. Denn auch diesen Antworten gegenüber gilt: »Einen anderen Grund kann niemand legen als den, der gelegt ist, welcher ist Jesus Christus« (1. Kor. 3,17). Aber in den Antworten, die wir finden und verwirklichen, zeigt sich, ob wir zu praktizierter Antwort auf die Gnade Gottes bereit sind. Verweigern wir solche Antworten, so verdunkeln wir die Ehre Gottes. Solche Antworten werden derzeit von uns insbesondere verlangt in der

9 WA 26, S. 505; hier in der Fassung von Luther, Ausgewählte Schriften, hg. von *K. Bornkamm* und *G. Ebeling*, 1982, Bd. 2, S. 257f.
10 Vgl. insbesondere Art. XVI der Confessio Augustana (Die Bekenntnisschriften der evangelisch-lutherischen Kirche, 4. Aufl. 1959, S. 70f.).

Frage, wie wir Krieg verhüten und Frieden fördern, in der Frage, wie wir die schreiende Ungerechtigkeit zwischen Reich und Arm vermindern und Apartheid im großen wie im kleinen abbauen, in der Frage, wie wir an unserem Ort die gefährdete Schöpfung bewahren. Im Bereich der Werke, mit denen wir Gott loben und die Ehre geben sollen, sind dies, so denke ich, für uns heute vorrangige Fragen.

4. Die Friedensfrage ist also eine Bekenntnisfrage. Sie wird dies um so intensiver, je massiver es in ihr um Leben und Tod geht. Doch nicht erst dadurch, daß es moderne Massenvernichtungsmittel gibt, ist die Friedensfrage für die Christenheit eine Bekenntnisfrage. Die Massenvernichtungswaffen aber sind nicht erst seit dem Beschluß der NATO vom Dezember 1979, sondern spätestens seit dem August 1945 ein Bekenntnisproblem der Kirche. Wenn wir erst heute oder heute erneut wahrnehmen, daß wir in dieser Frage vor einem Thema des Bekennens stehen, so liegt darin zuallererst ein Eingeständnis unserer Schuld, eines Versagens, in dem wir den Zusammenhang von Frieden und Bekenntnis verdrängt haben. Es ist der Ton des Erschrekkens über uns selbst, wenn wir bekennen müssen, daß die Gleichgültigkeit gegenüber der fortdauernden Tötung gottgegebenen Lebens als Folge steigender Rüstungsausgaben »unerträglich und unchristlich« ist[11].

Die Friedensfrage ist also unausweichlich eine Bekenntnisfrage. In manchen vorschnellen Reaktionen auf die Erklärung des Reformierten Bundes vom Sommer 1982 ist das bezweifelt oder bestritten worden[12]. Dennoch hoffe ich, daß der Rat der Evangelischen Kirche der Union am 5. Oktober 1982 einen gesamtkirchlichen Konsens aussprach, als er ausdrücklich anerkannte, daß Fragen des politischen Handelns das Bekenntnis herausfordern, und als er ferner der Aussage zustimmte, daß es in der Stellung zu den Massenvernichtungsmitteln um das Bekennen oder Verleugnen des Evangeliums geht[13].

III

Doch mit Absicht habe ich bisher das Wort »Bekenntnisfrage«, nicht aber den Ausdruck »Status confessionis« verwendet. Denn »Bekenntnisfrage« und »Status confessionis« sind nicht miteinander identisch.Unklarheit, ja Verwirrung sind unvermeidlich, wenn man beides gleichsetzt. Deshalb wen-

11 *J. Hanselmann*, in: EvKomm 16, 1983, S. 5.

12 Vgl. die Erklärung der Kirchenleitung der VELKD vom September 1982, in der es heißt: »Wir können dem Aufruf des reformierten Moderamens nicht zustimmen, politische Entscheidungen — selbst solche auf Leben und Tod — zu Bekenntnisfragen der Kirche zu erklären«, sowie den Satz in dem Kommuniqué über die Sitzung des Rats der EKD vom 20. September 1982, wo gesagt wird: »Fragen des innerweltlichen Überlebens, so wichtig sie sind, dürfen nicht mit Fragen des Glaubens verwechselt und zu Bekenntnisfragen gemacht werden« (epd-Dokumentation 45/1982, S. 16.17). Beide Formulierungen erscheinen mir als theologisch unhaltbar.

13 epd-Dokumentation 50/1982, S. 13ff.

de ich mich nun der Frage zu: Was bedeutet es, wenn die Friedensfrage als Bekenntnisfrage zum »Status confessionis« erklärt wird?

1. Wer als Christ oder als Gemeinschaft von Christen eine Frage zum »Status confessionis« erklärt, will damit seinen Mitchristen die Dringlichkeit dieser Frage ins Gewissen schreiben; er versucht, seine eigene Betroffenheit von dieser Frage anderen zu vermitteln und jedem Ausweichen in Neutralität den Weg zu verstellen. Wer eine solche Erklärung des »Status confessionis« ernstlich diskutieren will, muß zunächst und vorrangig auf das Sachproblem achten, das mit solcher Dringlichkeit angemeldet wird.

Doch im Rahmen einer solchen Diskussion muß man auch theologisch fragen: Was ist in einem solchen Zusammenhang mit dem Begriff des Status confessionis gemeint? Die Antwort muß mit der Beobachtung einsetzen: Bekenntnisfrage und Status confessionis sind nicht identisch. Die Erklärung des Reformierten Bundes über »Das Bekenntnis zu Jesus Christus und die Friedensverantwortung der Kirche« hat indes beide Begriffe wie Synonyme gebraucht; in vielen Erwiderungen auf diese Erklärung ist das gleiche geschehen. Einen Ansatz zu einer Unterscheidung hat eine Studie des Lutherischen Weltbunds angeboten, die zwischen einem »normalen Bekenntnisfall« und einem »besonderen Bekenntnisfall (Status confessionis)« unterscheidet[14].

Will man den Begriff des Status confessionis genauer bestimmen, leidet man an einem bemerkenswerten Mangel an bisheriger Auseinandersetzung mit diesem Thema. Es kommt in Handbüchern, Nachschlagewerken und dogmatischen Lehrbüchern in der Regel nicht vor. Weder nach dem Kirchenkampf noch nach der Erklärung der Kirchlichen Bruderschaften von 1958 wurde es für nötig gehalten, in den Lehrbüchern der Dogmatik der Frage nach dem Status confessionis eine eigene Überlegung zu widmen; auch diejenigen, die selbst den Status confessionis ausgerufen hatten, machten ihn in der Regel nicht zum Thema theologischer Lehre. Eberhard Bethge hat deshalb einen historischen Weg gewählt, um zu rekonstruieren, was es mit dem Begriff auf sich hat[15]. Ich will versuchen, aus den historischen Stationen, die er dargestellt hat, systematische Merkmale dieses Begriffs zu entwickeln.

2. Wenn man sich am ersten Auftauchen von Status confessionis beziehungsweise Casus confessionis in den adiaphoritischen Streitigkeiten des Reformationsjahrhunderts orientiert[16], dann meint der Casus confessionis zuallererst eine Situation der Unterdrückung von außen, in der bekannt

14 Vgl. *E. Lorenz*, Politik als Glaubenssache? Zur Klärung des Status confessionis — ein Beitrag des Lutherischen Weltbunds, in: Luth. Monatshefte 22, 1983, S. 39ff.

15 Vgl. *E. Bethge*, Status confessionis — Was ist das? Anmerkungen aus dem eigenen Erfahrungsbereich, in: epd-Dokumentation 46/1982, sowie *U. Möller*, Das Problem des Status confessionis in Reformation und Gegenwart, wiss. Hausarbeit Detmold 1983 (masch.), zusammengefaßt in: Reformierte Kirchenzeitung 124, 1983, S. 122ff.

16 Der Ertrag dieser Auseinandersetzungen ist zusammengefaßt in Art. X der Konkordienformel (Die Bekenntnisschriften der evangelisch-lutherischen Kirche, a.a.O., S. 813ff.1053ff.).

werden muß. Wenn durch politischen Druck das freie Bekenntnis zur Rechtfertigung allein aus Glauben zum Schweigen gebracht oder eingeengt wird, sind auch Fragen, die in einer anderen Situation zu den »Adiaphora«, zu den »Mitteldingen«, gehören können, nicht länger beliebig entscheidbar. Das ist der Sinn des Satzes, in dem der Ertrag dieser Auseinandersetzungen zusammengefaßt wurde: In casu confessionis nihil est adiaphoron – im Bekenntnisfall ist nichts mehr ein Mittelding, ist nichts mehr gleichgültig. Bekenntnis und Ordnung der Kirche rücken in einer solchen Lage unmittelbar zusammen; auch bei Fragen der äußeren Ordnung steht in einer derartigen Verfolgungssituation das Bekenntnis zum Evangelium von der freien Gnade Gottes unmittelbar auf dem Spiel. Man verkürzt diese Auffassung vom Casus confessionis, wenn man sagt, unsere heutige Frage habe mit dem Problem des Reformationsjahrhunderts deshalb nichts mehr zu tun, weil es in ihm lediglich um zeremonielle oder rituelle Fragen gegangen sei[17]. Zwar waren diese zeremoniellen oder rituellen Fragen diejenigen Themen, an denen in der Situation der Verfolgung auch bekannt werden mußte; aber der Casus confessionis selbst war nicht durch diese Fragen ausgelöst und bestimmt, sondern durch die Verfolgung und Unterdrückung des freien Bekenntnisses zur freien Gnade Gottes.

3. Zu Beginn des Kirchenkampfs hat am nachdrücklichsten Dietrich Bonhoeffer vom Status confessionis gesprochen. Er sah ihn dann gegeben, wenn der Staat ein »Zuviel« oder ein »Zuwenig« an Recht und Ordnung verwirklichte[18]. Diese Verwendung zeigt eine mit der Situation des Reformationsjahrhunderts vergleichbare Struktur, soweit der Status confessionis sich gegen ein »Zuviel« des staatlichen Recht- und Ordnungschaffens richtete, nämlich gegen staatliche Eingriffe in die Freiheit der Kirche zur eigenständigen Gestaltung ihrer Verkündigung und ihrer äußeren Ordnung. Unvergleichbar mit der nachreformatorischen Verwendung ist aber das andere Element in Bonhoeffers Verständnis, wonach der Staat die Kirche dadurch in einen Status confessionis stellt, daß er ein »Zuwenig« an Recht und Ordnung verwirklicht, indem er nämlich eine Gruppe von Menschen – die Juden – rechtlos macht. Diese massive und beharrliche Verletzung elementarer menschlicher Rechte bedeutet für Bonhoeffer einen Status confessionis; er ist unabhängig davon, ob die Betroffenen Glieder der christlichen Kirche sind oder nicht. Zu den bedrückenden Resultaten eines Rückblicks auf den Kirchenkampf gehört es, daß genau dieses zweite, neue Element in Bonhoeffers Auffassung schon von der Bekennenden Kirche nicht in vollem Umfang aufgenommen wurde; auch in ihr ist, sieht man aufs Ganze, die Einsicht nicht mitvollzogen worden, daß die Kirche durch staatliches Handeln, das eine ganze Gruppe von Menschen in die Rechtlosigkeit drängt, vor den Status confessionis gestellt wird. Die Barmer Theologische Erklärung hat diese

17 Vgl. *H.-J. Kraus*, Bekenntnis in der Politik. Vom Umgang mit Unvereinbarkeit, in: EvKomm 15, 1982, S. 686ff. (686).
18 Siehe oben S. 82ff.185f.

Frage umgangen. Wir Heutigen jedoch haben allen Anlaß, diesen Schritt zu vollziehen. Denn nach dem Holocaust kann niemand mehr sagen, daß ein solches »Zuwenig« an »Recht und Ordnung«, das heißt an Menschenrechten und Frieden, die Kirche nicht in den Status confessionis stellt.

4. In beiden Fällen – in den nachreformatorischen Auseinandersetzungen wie im Kirchenkampf – trägt der Status confessionis den Charakter der neuen Situation. Er ist ein besonders herausgehobener Punkt im Prozeß kirchlichen Bekennens, der nicht zum Dauerzustand werden kann. Das Bekenntnis im Status confessionis ist partikular; es richtet sich auf eine einzelne, zugespitzte Frage[19]. Es kommt im übrigen nicht so sehr darauf an, daß der Status confessionis erklärt, sondern daß er unter Einschluß seiner praktischen Konsequenzen vollzogen wird. Vollzogen aber wird er, wie beide Beispiele zeigen, nicht zuletzt im Leiden.

5. Die beiden Beispiele, an denen ich mich bisher orientierte, stimmen gerade darin überein, daß der Status confessionis in gesellschaftlich-politischen Umständen seinen Ursprung hat. Das gilt auch für die Erklärung des Lutherischen Weltbunds bei seiner Vollversammlung von Daressalam im Jahr 1977, die im Blick auf die südafrikanische Rassentrennungspolitik und ihre kirchlichen Auswirkungen den Status confessionis erklärte; der Reformierte Weltbund ist ihm hierin 1982 gefolgt. Auch die Arnoldshainer Konferenz hat 1982 in einem Votum über »Möglichkeiten und Grenzen eines politischen Zeugnisses der Kirche« dieses Element im Begriff des Status confessionis aufgenommen und erklärt:

> »Es kann geschehen, daß in der Öffentlichkeit Positionen vertreten werden, die ein uneingeschränktes Nein herausfordern, weil mit ihnen der Glaube an Jesus Christus und die Nächstenliebe in Frage gestellt oder verleugnet werden. In einer solchen Situation dürfen Christen nicht schweigen, auch wenn dies zu Widerspruch, ja möglicherweise zu einem Bruch mit andersdenkenden Christen führt (Status confessionis). Die Feststellung, daß dieser Fall gegeben sei, ist in politischen Fragen von besonderer Problematik«[20].

Doch der Status confessionis unterscheidet sich von einfacher politischer Parteilichkeit. Diese Unterscheidung muß auch daran erkennbar sein, daß der Status confessionis in Begriffen und Kategorien der christlichen Lehre ausgelegt werden kann. Darin liegt in einem solchen Fall eine spezifische und zugleich begrenzte Aufgabe der Theologie und der Theologen. Ihre Aufgabe ist es zu klären, ob das, was auf dem Spiel steht, so in Kategorien der christlichen Lehre ausgelegt werden kann, daß der Unterschied zu politischer Parteilichkeit offenkundig wird. Dietrich Bonhoeffer, der im Jahr 1933 einer der ganz wenigen war, die die Situation der beginnenden Judenverfolgung sogleich als Status confessionis wahrnahmen, hat im selben Jahr in einem knappen Text über die Aufgaben des Theologiestudenten den Status confes-

19 Vgl. *K. Barth*, KD III/4 (1951), S. 79ff.

20 Möglichkeiten und Grenzen eines politischen Zeugnisses der Kirche und ihrer Mitarbeiter. Ein Votum des Theologischen Ausschusses der Arnoldshainer Konferenz, 1982, S. 15.

sionis mit aller Konsequenz in Begriffen der christlichen Lehre ausgelegt; er hat es zur dringlichen Aufgabe des Theologiestudenten – ich will hinzusetzen: jedes Theologen – erklärt, daß er sich durch nüchterne und sachliche theologische Arbeit darauf vorbereitet, den Status confessionis, wenn er eintritt, zur rechten Zeit auch erkennen zu können:

»Er soll wissen, wo die Quelle des Lebens der Kirche liegt und wie sie verstopft und vergiftet werden kann. Er muß erkennen lernen, wo und wann die Kirche Christi in der Stunde der Entscheidung und des Bekennenmüssens, im Status confessionis steht. Und ist die Kirche, der er dient, im Status confessionis [nun folgt die Erläuterung des Begriffs, W. H.], muß er erkennen, daß das Evangelium in Irrlehre verkehrt wird, muß er mit seinem geschulten Blick durchschauen, daß sich hinter den alten Worten neue, fremde Inhalte verbergen, so wird er das an seinem Ort offen auszusprechen haben. Aber er soll und kann als Student der Theologie nichts anderes tun, als immer aufmerksamer, immer sachlicher, immer wahrhaftiger, immer mehr in der Liebe nach dem wahren Evangelium zu fragen«[21].

Je mehr man sich äußersten Grenzen nähert, desto mehr ist Wachsamkeit geboten. Je näher man dem Status confessionis ist, desto dringlicher ist theologische Nüchternheit am Platz.

6. Auch im Status confessionis hat das Ja des Bekenntnisses Vorrang vor jedem Nein. Doch das Besondere des Status confessionis liegt darin, daß die Kirche in ihm ausdrücklich die Grenzen anerkennt, die ihr von außen entgegentreten[22]. Erklärt sie den Status confessionis, so nimmt sie das Risiko von Trennungen bewußt auf sich, auch wenn diese Erklärung selbst keineswegs auf den Vollzug solcher Trennungen gerichtet ist. Ulrich Möller hat in diesem Zusammenhang vorgeschlagen, zwischen dem Status confessionis und dem Status separationis zu unterscheiden[23]. Ein solcher Vorschlag ist darin begründet, daß die Erklärung des Status confessionis nicht selbst Trennungen vollzieht. Sondern in ihr wird mit Eindeutigkeit etwas bekannt, worüber Kommunikation angestrebt wird; ob Trennung unausweichlich ist, kann sich erst durch deren Vollzug ergeben. Doch da die Erklärung des Status confessionis das Anerkenntnis von Grenzen einschließt, ist auch die Möglichkeit unausweichlicher Trennung in ihm selbst enthalten.

IV

Nach diesem Versuch, Grundelemente im Begriff des Status confessionis zu klären, muß nun von den spezifischen Grenzen dieser theologischen Denkfigur die Rede sein.

1. Der Begriff des Status confessionis ist punktuell. Er bezeichnet eine spezifische Situation, die als neu wahrgenommen wird. Der Status confes-

21 *D. Bonhoeffer*, GS III, S. 246.
22 Siehe oben S. 187.
23 *U. Möller*, in: Ref. Kirchenzeitung 124, 1983, S. 129.

sionis ist kein Dauerzustand. Grundlegende Widersprüche in der Erfahrung der Wirklichkeit können nicht zum Status confessionis erklärt werden. Daß die »noch nicht erlöste Welt« (Barmen V) in ihrer Sündhaftigkeit dem Heilswillen Gottes widerspricht, ist kein Aufruf zur Erklärung des Status confessionis, sondern Anlaß zum Kampf gegen die Sünde und ihre Folgen.

2. In der bisherigen Geschichte des Begriffs ist der Gesichtspunkt der Trennung weithin vorherrschend; zwischen Status confessionis und Status separationis ist bisher nicht mit der nötigen Klarheit unterschieden worden. Wer eine Situation zum Status confessionis erklärt, kann in der Regel nicht deutlich machen, daß er damit gerade gegensätzliche Auffassungen in einen Prozeß der Kommunikation einbeziehen will; seine Erklärung wird vielmehr im Sinn einer versuchten Exkommunikation (miß-)verstanden.

3. Ungeklärt bleibt bei der Verwendung dieses Begriffs, in welchem Prozeß die Fragen kirchlichen Bekennens angesichts situativ bedingter Herausforderungen geklärt werden. Der Begriff kann nur das Ergebnis eines Prozesses bezeichnen, über dessen Vollzug er nichts aussagt. Soll aber die Erklärung des Status confessionis auf neue, veränderte Erkenntnis und auf neues, verändertes Handeln zielen, dann gehört der Prozeß, durch den diese Veränderung zustande kommen soll, zu jenem Ergebnis hinzu; zwischen beiden kann nicht getrennt werden.

4. Die Fragen nach den politischen Voraussetzungen und den politischen Folgen eines Status confessionis bleiben häufig ungeklärt. Die Sprache des Bekennens drückt dann die Sprache der politischen Erwägung in den Hintergrund.

Dafür kann zunächst die Erfahrung des Kirchenkampfs als Beispiel dienen. Das Zurücktreten der politischen Dimension kirchlicher Verantwortung im Kirchenkampf kann man als Hinweis darauf deuten, daß die Erklärung des Status confessionis gerade nicht dazu geeignet war, die Unausweichlichkeit dieser politischen Dimension bewußt zu machen. Dietrich Bonhoeffer hat auf seinem Weg vom kirchlichen Kampf zum politischen Widerstand den Begriff des Status confessionis nicht mehr verwendet.

Vor allem aber verdeutlicht die Erklärung des Reformierten Bundes zur Friedensverantwortung der Kirche das genannte Problem. Sie rückt die Frage nach den politischen Folgerungen aus dem von ihr erklärten Nein zu Massenvernichtungsmitteln in den Hintergrund. Sie »theologisiert« die Frage nach der politisch-operationalen Umsetzung der von ihr getroffenen Grundentscheidung. Dadurch bleibt der Weg undeutlich, auf dem man von einer grundlegenden, im Bekenntnis gebundenen Entscheidung über das Nein zu Massenvernichtungsmitteln zur Prüfung unterschiedlicher politischer Optionen kommt, die alle an das »Maß menschlicher Einsicht und menschlichen Vermögens« (Barmen V) gebunden bleiben. Der Anschein entsteht, als sei eine bestimmte Option des praktisch-politischen Handelns die allein mögliche und unausweichliche Konsequenz; dies aber grenzt diejenigen, die von derselben Grundentscheidung aus zu einer anderen Einschätzung politischer Handlungsmöglichkeiten kommen, aus der Gemeinschaft des Bekennens aus. Das aber kann nicht der Sinn einer solchen Bekenntniserklärung sein. Ihr Sinn liegt vielmehr darin einzuschärfen, daß das christlich gebotene Nein zu Massenvernichtungsmitteln politische Konsequenzen haben muß, durch die der Einsatz solcher Mittel unwahrscheinlicher und die Drohung mit ihnen so schnell wie irgend möglich abgebaut wird. Doch welche Maßnahmen dafür gefordert und ergriffen werden müssen, ist eine Frage, die der politischen Klärung bedarf. Der Begriff des Status confessionis hat in diesem Zusammenhang seine Grenze darin, daß das Verhältnis zwischen theologischer und politischer Sprache, zwischen dem Vollzug des Bekenntnisses und der Prüfung politischer Alternativen unbestimmt bleibt.

5. Die Erklärung des Status confessionis enthält die Nötigung, den Urheber der Situation zu identifizieren, die diese Erklärung hervorruft. In den geschichtlichen Beispielen, in denen der Begriff auftritt, ist dies der nationale Staat. Diese Tradition wirkt sich auch noch in einer Lage aus, in der eine solche eindeutige Identifikation kaum mehr als möglich erscheint. Auch das sei an der Erklärung des Reformierten Bundes verdeutlicht. In ihr heißt es:

> »Zu bedenken ist: In der noch nicht erlösten Welt ist der Staat wie auch die Kirche von der Macht des Bösen bedroht. Er kann sogar zum Handlanger und Vollstrecker des Bösen werden. Wo der Staat verlangt, was gegen Gottes Gebot ist, wo er sich Autorität und Macht anmaßt, die Gott allein zukommen, wo er zu seiner Machterhaltung Recht und Gerechtigkeit mit Füßen tritt und wo er Massenvernichtungsmittel in seine Machtmittel einbezieht, da wird er zu einer solchen widergöttlichen Macht«[24].

Der Wahnsinn einer internationalen Situation des beständigen Wettrüstens mit Massenvernichtungsmitteln wird hier auf den nationalen Staat projiziert und mit einer Situation in Parallele gesetzt, in der dieser Staat Recht und Gerechtigkeit zerstört. Darin aber liegt eine Dämonisierung des nationalen Staats, die die Ursachen der gegenwärtigen Friedensgefährdung eher verdunkelt als erhellt. Sie vollzieht sich deshalb, weil der wirkliche Urheber derjenigen kollektiven Lebensgefährdung und Lebensverachtung, gegen die christliches Bekennen sich heute richten muß, abstrakt und anonym geworden ist. Denn der Urheber, gegen den die Erklärung des Reformierten Bundes sich der Sache nach und dann zu Recht wendet, ist nicht der isolierte Staat Bundesrepublik Deutschland, sondern die Gesamtsituation der wissenschaftlich-technischen Welt, deren technischer Fortschritt in Weltzerstörung umzuschlagen droht. Die Erklärung des Status confessionis ist Ausdruck des Protests gegen den Exterminismus, die Nekrophilie, die Todesverfallenheit unserer Zivilisation insgesamt. Sie richtet sich gegen eine weltpolitische Situation, in der zwei hochgerüstete Machtblöcke gegeneinander stehen, die beide nicht davon ablassen, die Zerstörungsmittel, die der technische Fortschritt ihnen anbietet, in den Dienst ihrer Politik zu stellen. Sie richtet sich gegen eine Verfaßtheit des politischen Denkens und Handelns, die das, was als Wahnsinn erkannt ist, gleichwohl tut und als um der Sicher-

24 A.a.O., S. 26.

heit menschlichen Lebens willen unumgänglich darstellt. Weil dieser Urheber unserer Situation abstrakt und anonym ist, wird der überlieferte Urheber, nämlich der eigene Nationalstaat, dämonisiert. Anders als im totalen Staat kann man aber heute den Urheber eines derartigen Status confessionis, denjenigen, der ein Zuviel oder Zuwenig an Recht und Ordnung herbeiführt, nicht mehr so leicht identifizieren. Angesichts dieses Befunds muß die negative Frage, wozu Nein zu sagen uns heute geboten ist, in die konstruktive Frage münden, wie wir als begrenzte politische Subjekte, wie unser Staat selber wieder zu einem verantwortlich handelnden Akteur in einem Prozeß werden kann, dessen Verhängnischarakter immer offensichtlicher wird.

V

Wegen der geschilderten, für den Begriff des Status confessionis in seinen historischen Ausprägungen charakteristischen Grenzen plädiere ich dafür, in den Überlegungen zur Friedensverantwortung der Christen und der Kirche diesen Begriff zu verlassen und statt dessen vom Processus confessionis, vom Prozeß kirchlichen Bekennens in der Friedensfrage zu sprechen. Dabei ist meine Absicht nicht, die besondere Herausforderung, vor die wir heute durch das, für frühere Zeiten unvorstellbare, militärische Vernichtungspotential gestellt sind, in den kontinuierlichen Vorgang kirchlichen Bekennens zu allen Zeiten und aus allen Anlässen einzuebnen; vielmehr will ich mit allem Nachdruck daran festhalten, daß unser Bekennen durch diese Situation in besonderem Maß herausgefordert ist. Daß das bekennende Ja zu Gott dem Schöpfer ein vorbehaltloses Nein zu allen Massenvernichtungsmitteln einschließt, die die Schöpfung in Chaos verwandeln können, ist eine uns heute abgenötigte Zuspitzung christlichen Bekennens. Im »Prozeß kirchlichen Bekennens« geht es indes nicht nur um diese Aussage als solche, sondern zugleich um ihre Konsequenzen. Es geht um die Klärung der Schritte, die im Widerspruch gegen die tödlichen Folgen des technischen Zeitalters von uns gefordert sind.

Dietrich Bonhoeffer, der für die Geschichte des Begriffs »Status confessionis« eine wichtige Bedeutung hat, hat ihn mit der Aussage verbunden, das Organ, das ihn für die evangelische Kirche zu erklären habe, sei ein »evangelisches Konzil«[25]. Ich forme diese Aussage in die These um: Der Prozeß, in dem Klarheit über die Schritte kirchlichen Bekennens gewonnen wird, ist der Prozeß der Konziliarität. An die Stelle der Bonhoefferschen Begriffe »Status confessionis« und »Konzil« setze ich das Begriffspaar »Prozeß des Bekennens« und »Konziliarität«.

Mit dem Begriff der Konziliarität sollte in der ökumenischen Diskussion der letzten Jahre eine Antwort auf die Frage gegeben werden: Wie wird Gemeinschaft angesichts der vorhandenen Verschiedenheiten auf allen Ebe-

25 Siehe oben S. 187.191.

nen und in allen Gestalten der Kirche möglich? Ich will diesen Diskussionsprozeß nicht nachzeichnen, sondern beschränke mich darauf, unter Zuspitzung auf unser Problem einige Grundelemente zu nennen, die für Konziliarität als Grundstruktur kirchlichen Lebens und kirchlicher Gemeinschaft charakteristisch sind[26].

1. Ausgangs- und Zielpunkt konziliarer Prozesse ist die gottesdienstliche Gemeinschaft der Kirche. Das Problem der Versöhnung in der Verschiedenheit entsteht am massivsten an der Frage, ob gottesdienstliche Gemeinschaft möglich ist und ob das Herrenmahl gemeinsam gefeiert werden kann. Die Zusage der in Christus verbürgten Einheit im Gottesdienst ist der Ausgangspunkt, die Verwirklichung voller gottesdienstlicher Gemeinschaft ist das Ziel von Konziliarität.

2. Für die Klärung strittiger Fragen ist es entscheidend, daß die christliche Kirche in ihren verschiedenen Formen und Positionen einen gemeinsamen Bezugspunkt in der Heiligen Schrift hat; Schriftgemäßheit ist ein entscheidendes Kriterium der zu treffenden Entscheidung.

3. Konziliarität meint diejenige Lebensform der Kirche, in der Konfliktfähigkeit und Konsensbereitschaft nicht als einander ausschließende Alternativen gelten; als konziliar wird die Bereitschaft bezeichnet, durch den Konflikt hindurch und nicht an ihm vorbei Möglichkeiten gemeinsamen Sprechens und Handelns zu finden. Als konziliar gelten diejenigen Verfahren, durch die gegensätzliche Positionen eine faire Chance auf Gehör erhalten und in der Hoffnung auf neue, gemeinsame Wahrheitserkenntnis überprüft werden können. Die Beteiligung der Betroffenen, die Möglichkeit angstfreien Redens und die gleiche Chance sind wichtige Elemente konziliarer Prozesse. Partizipation, Freiheit und Gleichheit gehören also zu ihren Kriterien. Möglichst große Nähe zu Gemeinden und christlichen Gruppen ist eine der Folgerungen. Partizipation wo möglich und Repräsentation wo nötig ist eine der Grundregeln von Konziliarität. Auch in der Kirche sind Entscheidungen ohne gewählte Vertretungsorgane nicht möglich; Konziliarität ist ein Kriterium für die Zusammensetzung und für die Verfahren von presbyterialen und synodalen Organen.

4. Konziliarität stellt sich nur her, wo der Mut zu eindeutigem Reden vorhanden ist und wo der Pflicht zu klaren und eindeutigen Positionsbestimmungen nicht um der Einheit der Kirche willen vorschnell ausgewichen wird. In konziliaren Entscheidungen hat inhaltliche Klarheit den Vorrang vor formaler Autorität; denn nur inhaltliche Klarheit ermöglicht einen weiteren Prozeß der Klärung in christlichen Gemeinden und Gruppen.

5. Ein grundlegendes Element von Konziliarität ist die Rezeption getroffener Entscheidungen durch die Gemeinden; ihre Reaktionen und Antworten, ihre Zustimmung und ihr Widerspruch sind selbst Teil des konziliaren Prozesses. Von ihm kann nur dann die Rede sein, wenn die Kompetenzen

26 Vgl. dazu ausführlicher *W. Huber*, Der Streit um die Wahrheit und die Fähigkeit zum Frieden, 1980, S. 119ff.

in der christlichen Gemeinde für die entsprechenden Sachfragen ernsthaft genutzt und wenn die jeweiligen Handlungskonsequenzen für die Gemeinden verdeutlicht werden.

Insgesamt zeigt sich: Konziliarität ist die der Kirche gemäße Organisationsform notwendigen Streits. Sie ist von der Hoffnung auf immer wieder erneuerte gemeinsame Wahrheitserkenntnis geleitet und deshalb auf Kommunikation, nicht auf Exkommunikation gerichtet. Das eindrücklichste Beispiel für einen solchen konziliaren Prozeß in der Friedensfrage hat sich in den letzten Jahren in der holländischen Reformierten Kirche vollzogen[27]. Charakteristisch ist das Wechselverhältnis zwischen einer eindeutigen Positionsbestimmung durch einen kirchlichen Ausschuß, der eine erste »Handreichung« vorlegte, und den Stellungnahmen der Gemeinden. Diese Stellungnahmen wurden abgewartet, bevor die Synode sich in einem Pastoralen Brief äußerte. Man muß sich die Frage vorlegen, warum es den Kirchen in der Bundesrepublik so viel schwerer fällt, in der Friedensfrage einen vergleichbaren Prozeß zu organisieren. Am nächsten kommt bisher dem holländischen Beispiel der Klärungsprozeß, der in der Westfälischen Landeskirche unter Beteiligung von Gemeinden, Kirchenkreisen und kirchlichen Werken stattgefunden hat; in der Erklärung der Landessynode zur Friedensverantwortung der Kirche vom 4. November 1982 hat er ein wichtiges Ergebnis hervorgebracht, das von anderen Landessynoden übernommen wurde[28]. Doch in erheblichem Umfang steht den Kirchen in der Bundesrepublik der notwendige konziliare Prozeß in der Friedensfrage noch bevor.

VI

Abschließend will ich Elemente dieses heute nötigen konziliaren Prozesses in der Friedensfrage inhaltlich zu beschreiben versuchen. Vorgreifend auf einen solchen Prozeß will ich Schritte des Bekennens in der Friedensfrage nennen, von deren Notwendigkeit ich überzeugt bin, Schritte, in denen mir eine Übereinstimmung, ein Konsens im Streit, vielleicht sogar neue Einsicht als möglich erscheint. Ich formuliere Thesen und verzichte auf die jeweils nötigen und möglichen Erläuterungen im einzelnen[29].

1. Die Gefährdung des Friedens ist in den letzten Jahren gewachsen und wächst bedrohlich weiter. Die gegenwärtige politische Situation zeigt, wenn überhaupt, dann nur ganz wenige Ansatzpunkte dafür, daß die Spannungen zwischen den Machtblöcken nachlassen, daß der schreiende Gegensatz zwischen Industriestaaten und Dritter Welt verringert wird, daß die absurde

27 Siehe die Angaben oben S. 108.

28 Evangelische Kirche von Westfalen, Erklärung zur Friedensverantwortung der Kirche vom 4. November 1982, 1983.

29 Ich nehme dabei Gesichtspunkte wieder auf, die ich oben S. 95ff. im Anschluß an die 5. Barmer These entwickelt habe. Zu der hier vorausgesetzten Analyse der politischen Situation vgl. bes. *E. Bahr*, Was wird aus den Deutschen?, 1982; Gemeinsame Sicherheit. Der Bericht der Palme-Kommission, 1982; *E. Eppler*, Die tödliche Utopie der Sicherheit, 1983.

Rüstungsspirale gestoppt und ein Schritt zu niedrigeren Rüstungsniveaus unternommen wird. In dieser Situation haben für große Gruppen von Menschen in den westeuropäischen Ländern der NATO-Beschluß vom Dezember 1979 und die ab Herbst 1983 drohende Stationierung neuer eurostrategischer Waffen eine symbolische Bedeutung für die Friedensgefährdung und das Problem der Friedenssicherung im Ganzen gewonnen. Es ist das Verdienst der Friedensbewegung, daß sie vielen Menschen diese in erheblichem Umfang verdrängten Fragen bewußt gemacht hat. Wie in der Gesellschaft im Ganzen so hat sie auch in der Kirche zu einer Intensivierung der Friedensdiskussion beigetragen; daran hat die zentrale Rolle mitgewirkt, die kirchlich orientierten und christlich motivierten Gruppen innerhalb der Friedensbewegung zukommt. Manche politischen Entscheidungen seit 1981 zeigen, daß die Regierungen auf den Einfluß der Friedensbewegung Rücksicht zu nehmen versuchen; das Ausmaß der Friedensgefährdung ist dadurch noch nicht geringer geworden.

2. Dazu, in der gegenwärtigen Lage auf den Frieden zu hoffen, sind Christen nicht durch irgendeinen Optimismus veranlaßt. Dazu veranlaßt sie vielmehr das Bekenntnis zu dem leidenden, gekreuzigten und auferweckten Jesus Christus, dem ohnmächtigen Gottesknecht, der die Mächte der Welt überwindet. Dazu veranlaßt sie das Vertrauen zu Gott dem Schöpfer, der seiner Schöpfung auch dann treu bleibt, wenn wir Menschen in unserer Gottlosigkeit sie zu zerstören drohen. Dazu veranlaßt sie das Zutrauen zur Gegenwart des Geistes, der ihnen auch dann noch den Weg weist, wenn die Zukunft versperrt zu sein scheint. Dazu veranlaßt sie die Hoffnung auf das Reich Gottes, das in Jesus von Nazareth angebrochen ist und durch ihn vollendet wird.

3. Aufgrund dieser Hoffnung auf einen Frieden, der nicht von Menschen gemacht wird, an der politischen Gestaltung und Sicherung des Friedens, den wir Menschen zu verantworten haben, mitzuarbeiten, ist ein für Christen selbstverständliches Werk, das kein Weg zur Seligkeit, aber selbstverständlicher Teil ihres Bekenntnisses ist. Wenn die Kirche zum Frieden in der Gesellschaft beitragen will, muß ihre erste Frage heißen, wie es mit dem Frieden in der Kirche bestellt ist. Wenn man den Frieden politisch gestalten und sichern will, muß man den unlöslichen Zusammenhang von Frieden und Gerechtigkeit festhalten. Deshalb gibt es Gründe des christlichen Bekenntnisses, den Rechts- und Sozialstaat als einen Versuch der Verbindung von Frieden und Gerechtigkeit im Innern ernst zu nehmen; man nimmt ihn dann ernst, wenn man an seiner Weiterentwicklung arbeitet. Doch der unlösliche Zusammenhang von Frieden und Gerechtigkeit gilt nicht nur nach innen, sondern auch nach außen. Deshalb hat die Kirche allen Grund, einer Isolierung des Ost-West-Problems gegenüber dem Nord-Süd-Problem entgegenzutreten.

4. Das christliche Bekenntnis handelt vom Unterschied zwischen Gott und Mensch – und das heißt auch: vom Unterschied zwischen dem, was Gottes, und dem, was des Staates ist. Zu den Aufgaben der Kirche gehört es,

den Staat an seine Grenzen zu erinnern. Er überschreitet diese Grenze, wo er sich anmaßt, über Leben und Identität der Menschen zu verfügen; er anerkennt diese Grenze, wenn und soweit er sich an Grundrechte bindet. Er überschreitet diese Grenze aber auch, wenn er durch weitreichende, irreversible Entscheidungen die Lebensmöglichkeiten künftiger Generationen beschneidet. Der Aufbau von Potentialen globaler Vernichtung überschreitet deshalb die Grenzen staatlicher Macht. Deshalb gilt jeder Fortsetzung des Wettrüstens der Widerspruch der Kirche. Bei anstehenden Rüstungsentscheidungen liegt deshalb die Aufgabe der Kirche nicht darin, die Entscheidungsverfahren zu verbessern und die Akzeptanzchancen für die zu treffenden Entscheidungen zu erhöhen, sondern Entscheidungen, deren Kosten künftige Generationen zu bezahlen haben, wo immer möglich aufzuhalten und zu verhindern.

5. Für Christen gilt der Vorrang der Gewaltfreiheit. Viele Christen ziehen daraus für sich die Folgerung eines prinzipiellen Gewaltverzichts. Doch nicht für alle und nicht für jeden Fall schließt der Vorrang der Gewaltfreiheit die Anwendung von Gewalt in äußersten Notsituationen aus. Notwehr, Polizei, Verteidigung nach außen und gewaltsamer Widerstand gegen Unterdrückung sind für Christen denkbar und möglich. Massenvernichtungsmittel können aber unter keinen Umständen als mögliche Mittel der Verteidigung gelten. Denn sie beruhen auf der Bereitschaft, die Schöpfung in Chaos zu verwandeln; sie drohen zu zerstören, was sie verteidigen sollen; sie heben die Unterscheidung zwischen Kombattanten und Nichtkombattanten auf. Deshalb kann es für Christen zu den Massenvernichtungsmitteln nur ein Nein geben. Dieses Nein ist eine Frage des Bekenntnisses, Indifferenz ist nicht möglich.

6. Dies gilt nicht nur für den Einsatz, sondern es gilt auch für die Drohung mit Massenvernichtungsmitteln. Denn auch die Verfügung über solche Waffen zum Zweck der Abschreckung ist nur sinnvoll, wenn sie sich mit der ausdrücklichen Bereitschaft verbindet, sie auch einzusetzen, und das heißt: die Schöpfung in Chaos zu verwandeln. Die Meinung, daß der Einsatz von Atomwaffen unter bestimmten Umständen vertretbar sei, muß also als christlich ebenso unmöglich gelten wie die Meinung, man könne die Aufgabe der Kriegsverhütung auf Dauer mit den Mitteln der atomaren Abschreckung lösen.

7. Aus einer solchen Überzeugung ergibt sich die Aufgabe, nach politischen Wegen zu suchen und an der Herstellung von politischen Bedingungen mitzuwirken, durch die der Frieden gesichert, militärische Rüstungen abgebaut und Massenvernichtungswaffen gebannt werden können. In diesem Prozeß besteht der spezifische Beitrag der Kirchen darin, Anstöße zur politischen Umsetzung von Feindesliebe zu geben und den Abbau falscher Feindbilder zu fördern; das politische Konzept, für das sie sich einsetzen können, liegt in der Vorstellung von gemeinsamer Sicherheit bei bleibenden Differenzen; das vordringlichste Ziel ist die Minimierung der Drohpotentiale. Im Blick auf diese Aufgabe ist der Vorschlag kalkulierter einseitiger

Schritte zur Abrüstung ein wichtiger, in unserem Land zu Unrecht weithin tabuisierter Vorschlag, über den eine öffentliche Auseinandersetzung stattfinden muß. Die Kirchen können dafür eintreten, daß dieser wie andere Vorschläge zu einer Umkehr des Rüstungswettlaufs ernsthaft geprüft und in politische Schritte umgesetzt werden. Sie können das Bewußtsein stärken, daß wirksame Abrüstungsprozesse nur in Gang kommen, wenn in ihnen nichtausgehandelte Initiativen eine wichtige Rolle spielen. Doch sie werden diese Überzeugung von einem heute politisch gebotenen Weg nicht unmittelbar zur Bekenntnisfrage oder zum Fall eines Status confessionis erklären. Wohl aber tritt ein solcher Fall für sie dann ein, wenn die Gefahren des atomaren Wettrüstens beharrlich verharmlost und Wege zu einer wirksamen Abrüstung nicht mit dem nötigen Nachdruck gesucht und eingeschlagen werden. Die Kirche kann und soll darauf drängen, daß alle in ihr vertretenen Positionen sich der Überprüfung an den bisher genannten, für Christen in der Gegenwart aus Gründen des Bekenntnisses verpflichtenden Kriterien aussetzen.

8. Was bedeutet dies für die Entscheidungen und Auseinandersetzungen über die Stationierung weiterer nuklearer Waffen in Europa? Versucht man, auf diese im Jahr 1983 sich zuspitzende Frage zu Beginn dieses Jahres eine Antwort zu geben, so muß man zwei Ebenen unterscheiden.

Auf der einen Seite wird die Kirche wie auch die Friedensbewegung alle Abrüstungsverhandlungen, und zwar gerade durch ihre kritische Begleitung, zu stärken versuchen. An einem positiven Ausgang solcher Verhandlungen sind sie elementar interessiert; ihre Kritik an Verhandlungspositionen und Formen der Verhandlungsführung, an der verschleiernden Funktion vieler öffentlicher Erklärungen von beiden Seiten soll allein darauf drängen, daß Abrüstungsverhandlungen nicht länger nur der kooperativen Steuerung des Wettrüstens dienen, sondern effektive Rüstungsreduktionen zur Folge haben und die Stationierung neuer Waffen verhindern.

Auf der anderen Seite ist die Frage zu stellen: Welche Konsequenzen ergeben sich, wenn es zur Stationierung neuer Nuklearwaffen — das heißt in der Situation des Jahres 1983 vor allem: von Pershing II und Cruise Missile — kommt? Im Blick auf diese Frage muß man sich zuerst deutlich machen: Von keiner der in den christlichen Kirchen gegenwärtig mit Gründen vertretenen friedensethischen Positionen aus kann man eine Fortsetzung des Wettrüstens rechtfertigen; vielmehr stimmen sie alle darin überein, daß der Einsatz von Massenvernichtungsmitteln durch keine ethischen Gründe legitimiert werden kann und daß deshalb auch das System atomarer Drohung, das auf der Möglichkeit eines solchen Einsatzes beruht, nicht auf Dauer fortgesetzt werden kann. Dies gilt nicht nur für die Position des prinzipiellen Pazifismus, sondern auch für Argumentationen, die — wie zuletzt die nordamerikanische katholische Bischofskonferenz oder die Anglikanische Kirche — an die Tradition der Lehre vom gerechten Krieg anknüpfen[30]. Es gilt

30 Die Herausforderung des Friedens: Gottes Verheißung und unsere Antwort. Hirtenbrief der Konferenz der katholischen Bischöfe der USA zu Krieg und Frieden, 1983; The Church and

für die Auffassung, daß zu den Massenvernichtungsmitteln aus Gründen des christlichen Bekenntnisses ein Nein ohne jedes Ja gesprochen werden müsse, aber auch für diejenigen friedensethischen Konzeptionen, die an die Komplementarität von Waffengebrauch und Waffenverzicht, wie sie 1959 von den Heidelberger Thesen entwickelt wurde, anknüpfen. Nur das letzte sei durch einen Hinweis auf die Friedensdenkschrift der EKD von 1981 verdeutlicht.

Die Denkschrift wiederholt die Aussage der Heidelberger Thesen, daß die Beteiligung an dem Versuch, durch das Dasein von Atomwaffen einen Frieden in Freiheit zu sichern, eine noch mögliche christliche Handlungsweise sei. Sie fügt aber hinzu, die Beteiligung an einem solchen Versuch sei nur in einem Rahmen ethisch vertretbar, in welchem alle politischen Anstrengungen darauf gerichtet sind, Kriegsursachen zu verringern, Möglichkeiten gewaltfreier Konfliktbewältigung auszubauen und wirksame Schritte zur Senkung des Rüstungsniveaus zu unternehmen[31]. Eine »Nachrüstung« mit eurostrategischen Nuklearwaffen genügt allen drei Kriterien nicht.

Sodann: Die Denkschrift plädiert dafür, daß der »Sinn für Näherungslösungen« gestärkt wird, und nennt dafür vier Elemente: zunächst allgemein den Ausbau einer internationalen Friedensordnung und dann verdeutlichend die Entwicklung umfassender Kooperation, die Verwirklichung eines typisch defensiven Verteidigungskonzepts und Schritte zu effektiver Abrüstung[32]. Erneut muß man sagen: Wenn dieselbe Kirche, die ihre Glieder dazu auffordert, ihren Sinn für derartige Näherungslösungen zu stärken, nicht gleichzeitig erklären würde, daß eine »Nachrüstung« solchen Näherungslösungen nicht entspricht, würde sie selbst mit ihrer Denkschrift unglaubwürdig.

Der Prozeß kirchlicher Urteilsbildung führt heute von unterschiedlichen Ausgangspunkten aus zu dem Ergebnis, daß eine Fortsetzung der Rüstungsspirale und deshalb auch eine »Nachrüstung« mit neuen eurostrategischen Waffen durch keines der Konzepte kirchlicher Friedensethik interpretiert und legitimiert werden kann.

9. Diese Schritte im Prozeß kirchlichen Bekennens schließen auch Negationen ein. Ich nenne Beispiele für Positionen, die dadurch mit einem klaren Nein beantwortet werden:

– die Gleichgültigkeit und vermeintliche Neutralität gegenüber den Problemen von Kriegsverhütung und Friedensförderung;

– die Legitimation der Existenz und des Einsatzes von Massenvernichtungsmitteln, insbesondere deren Legitimation mit theologischen (z.B. apokalyptischen) Aussagen;

– jede politische Planung, die die Führung des Kriegs überhaupt, keines-

the Bomb. Nuclear Weapons and Christian Conscience. The Report of a Working Party under the Chairmanship of the Bishop of Salisbury, 1982 (8. Aufl. 1983).

31 Frieden wahren, fördern und erneuern. Eine Denkschrift der EKD, 1981, S. 58.

32 Ebd., S. 70ff.

wegs nur des nuklearen Kriegs, als Mittel zur Durchsetzung politischer Ziele planmäßig vorsieht;

– jede Denkweise, die gemeinsamen Frieden und gemeinsame Sicherheit durch die Dämonisierung des Gegners unmöglich macht.

10. Dies sind Beispiele für Positionen, denen in einem solchen Prozeß kirchlichen Bekennens ein klares Nein gelten muß. Dieses Nein gilt insbesondere jedem weiteren Ausbau und dem drohenden Einsatz von Potentialen kollektiver Vernichtung. Dieses Nein wird umfaßt von einem Ja zum Leben, das im Bekenntnis des christlichen Glaubens zu Gott als dem Schöpfer und Versöhner der Welt seinen Grund hat.

Sachregister

Personenregister